Missionnaires italiens et enseignement en Égypte (1890-1970)

De la pastorale migratoire à la coopération technique

ANNALAURA TURIANO

Missionnaires italiens
et enseignement en Égypte
(1890-1970)

De la pastorale migratoire
à la coopération technique

ÉCOLE FRANÇAISE
DE ROME

Histoire, Archéologie, Sciences sociales

INSTITUT FRANÇAIS D'ARCHÉOLOGIE ORIENTALE

RECHERCHES D'ARCHÉOLOGIE,
DE PHILOLOGIE ET D'HISTOIRE 49 – 2025

ÉCOLE FRANÇAISE DE ROME

BIBLIOTHÈQUE DES ÉCOLES FRANÇAISES
D'ATHÈNES ET DE ROME 406 – 2025

Dans la même collection :

Christophe Corbier, Sibylle Emerit, Christophe Vendries (éd.), *De Villoteau à Saint-Saëns. Une archéologie de la musique antique au XIXᵉ siècle*, 2024.

Malak Labib, *Recenser l'Égypte. Dette publique et politiques de quantification à l'ère impériale (1875-1922)*, 2024.

Marion Claude, Abraham Ignacio Fernández Pichel (éd.), *Cultes et textes sacrés dans l'Égypte tardive. Diffusion, circulation et adaptation*, 2023.

Renaud Soler, *Écrire, initier et transmettre. Identité locale et tradition confrérique dans la Ḥāfiẓiyya Ḫalwatiyya, une confrérie soufie de Moyenne Égypte (XIXᵉ et XXᵉ siècles)*, 2021.

Tayeb Chouiref, *Soufisme et Hadith dans l'Égypte ottomane. ʿAbd al-Raʾūf al-Munāwī (952/1545 - 1031/1622)*, 2020.

Marie-Lys Arnette (éd.), *Religion et alimentation dans l'Égypte et l'Orient anciens*, 2 vol., 2019.

Aziza Boucherit, Heba Machhour, Malak Rouchdy (éd.), *Mélanges offerts à Madiha Doss. La linguistique comme engagement*, 2018.

**Ouvrage publié avec le soutien de l'Iremam
(Aix-Marseille Université-CNRS, Aix-en-Provence, France).**

© INSTITUT FRANÇAIS D'ARCHÉOLOGIE ORIENTALE, Le Caire, 2025
© ÉCOLE FRANÇAISE DE ROME, Rome, 2025

ISBN 978-2-7247-1081-6   ISSN 1011-1883
ISBN 978-2-7283-1615-1

Mise en page : Mina Medhat
Couverture : Ismaïl Seddiq

À la mémoire de Florent

Sommaire

DEUXIÈME PARTIE

DU DELTA AU CANAL. RUPTURES ET RECOMPOSITIONS
(1920-1939)

TROISIÈME PARTIE

LE TEMPS DE LA COOPÉRATION (1940-1970)

Remerciements

D E MARSEILLE au Caire, en passant par Rome, Alexandrie et Paris, les chercheurs, collègues, amis et proches à remercier sont nombreux. Par leurs conseils, leurs remarques, leurs critiques toujours bienveillantes ou, simplement, par leur présence, ils ont tous contribué à l'élaboration de ce projet et à son arrivée à bon port.

Cet ouvrage est le fruit d'une thèse de doctorat dirigée par Ghislaine Alleaume. Je voudrais ici la remercier d'avoir partagé sa passion pour la recherche et l'Égypte. Ses conseils et ses encouragements ont été des maillons essentiels dans la conception de ce travail et son réajustement au fil du temps. Je tiens aussi à exprimer ma gratitude à l'équipe de chercheurs de l'Institut de recherches et d'études sur les mondes arabes et musulmans (IREMAM) et plus particulièrement à Iris Hersch, Juliette Honvault, Nicolas Michel, Christine Mussard et Isabelle Grangaud pour leurs remarques critiques au cours des séminaires où j'ai présenté l'avancement de mon travail. Le personnel de la médiathèque de la Maison méditerranéenne des sciences de l'homme (MMSH), et tout particulièrement Olivier Dubois, Évelyne Disdier et Berengère Clément, ont fait preuve d'une gentillesse et d'une disponibilité sans limite durant ces années. Qu'ils en soient remerciés.

En Égypte, plusieurs personnes et institutions méritent d'être remerciées. Toute ma gratitude va à l'ancien directeur du Centre d'études alexandrines (CEAlex), Jean-Yves Empereur, pour m'avoir accueillie à plusieurs reprises à Alexandrie et m'avoir orientée dans les réseaux alexandrins. Franco Greco, président de l'Associazione nazionale pro italiani d'Egitto (Anpie), et Franco Monaco, président de la Società italiana di beneficenza (Sib), m'ont fourni plusieurs contacts dans le milieu italien et facilité l'accès aux archives consulaires italiennes. Qu'ils en soient remerciés. Je tiens à exprimer ma gratitude aux membres de l'Institut français d'archéologie orientale (Ifao) et, en particulier, à son ancienne directrice, Laure Pantalacci, ainsi qu'à l'ancienne directrice des études, Sylvie Denoix. Les deux bourses que le conseil scientifique de l'institut m'a accordées m'ont permis de compléter mon terrain en Égypte.

Après l'Égypte, Rome. J'aimerais ici remercier l'ancienne directrice de l'École française de Rome (EFR), Catherine Virlouvet, et l'ancien directeur de la section Époques moderne et contemporaine, François Dumasy, pour m'avoir accueillie en tant que boursière à deux reprises et m'avoir facilité l'accès à certaines archives. Les membres de l'Associazione Italiani d'Egitto (Aide) Gaetano Santoro, Roberto Ruberti et Mario Giordano m'ont introduite dans les milieux des « rapatriés » d'Égypte dans les années 1950-1960. Ces contacts ont été précieux pour conduire les entretiens avec les anciens élèves des instituts Don Bosco résidant en Italie.

Je souhaite également exprimer ma gratitude au personnel de différents centres d'archives aussi bien en Égypte qu'en Italie et, en particulier, le personnel des Archives nationales au Caire, de l'Archivio storico-diplomatico du ministère des Affaires étrangères (ASDMAE) à Rome et M. Maiuri, secrétaire de l'Associazione nazionale per soccorrere i missionari italiani (ANSMI). Les Salésiens doivent aussi être remerciés pour m'avoir permis, après des réticences initiales, d'être une pionnière dans l'exploration de leurs archives conservées en Égypte.

Au fil de la recherche, j'ai pu bénéficier d'échanges critiques aussi divers que fructueux avec de nombreux chercheurs, dans le cadre de séminaires, de colloques ou dans des contextes plus informels. Je tiens à remercier en particulier Frédéric Abécassis, feue Madiha Doss, Iman Farag, Will Hanley, Catherine Mayeur-Jaouen, Chantal Verdeil, Stéphane Mourlane, Bernard Botiveau, Heather Sharkey, Mercedes Volait, Leyla Dakhli et Vincent Lemire. Leurs remarques ont été des jalons essentiels dans l'élaboration de ce travail.

Les collègues avec qui j'ai partagé un bout de parcours doctoral ne sauraient être ici oubliés : Elka Correa, Charlotte Deweerdt, Chiara Diana, Marianna Ghiglia, Mélanie Henry, Nofret Hernandez, Iris Hersch, Malak Labib, Angelos Dalachanis, Aude Simony, Anthony Santilli et Joseph Viscomi. C'est avec une partie de cette équipe de jeunes chercheurs qu'il a été possible d'organiser deux ateliers sur le thème du cosmopolitisme alexandrin. Les échanges et la mise en partage d'interrogations et de réflexions ont été une source d'inspiration constante pour ce travail.

Un remerciement spécial va aux chercheurs rencontrés durant mes années postdoctorales, au cours desquelles cet ouvrage a pris forme : Norig Neveu, Philippe Bourmaud, Karène Sanchez Summerer, Gaétan du Roy, Bernard Heyberger, Charlotte Courreye, Annick Lacroix, Augustin Jomier, M'hamed Oualdi, Anne-Claire de Gayffier-Bonneville, Sylvia Chiffoleau, Jacob Krais, Gudrun Kraemer, Francesca Biancani, Esther Moeller, Adam Mestyan, Magdi Girgis, Bianca Gaudenzi et Séverine Gabry-Thienpont. Les collègues de l'École française de Rome ne sauraient être oubliés. C'est entre les murs du majestueux Palais Farnèse que les premières pages de ce livre ont été rédigées. Je tiens plus particulièrement à exprimer ma reconnaissance envers Brigitte Marin, Fabrice Jesné, Philippe Lefeuvre, Élodie Oriol, Nina Valbousquet et Hugo Vermeren.

Je souhaite également remercier Abbès Zouache et Laura Pettinaroli, ainsi que les services des publications de l'Ifao et de l'EFR pour la disponibilité et la patience dont ils ont fait preuve durant la préparation de cette monographie. En particulier, les relectures rigoureuses de Yassine Temlali ont permis de rectifier les erreurs et d'éclaircir mon propos. Des parties remaniées de la thèse dont cet ouvrage est issu ont paru sous forme d'articles dans *Social Sciences and Missions* et *Modern Italy* ; je remercie les lecteurs anonymes pour leurs suggestions en vue de les améliorer.

Beaucoup d'amis m'ont soutenue pendant ces années. Un remerciement spécial va à Raphaël, Mariangela, Malak, Marianna, Charlotte, Danilo, Eleonora, Nofret, Nicolas, Yaëlle, Benoît, Michele, Lucia, Gianni, Gennaro, Shady, Laura, Cettina et Mohammed. Je n'ai pas assez de mots enfin pour exprimer ma gratitude à mes deux familles, l'une biologique, sicilienne, et l'autre d'adoption, marseillaise, pour leur tendresse et leur soutien sans faille dans les heures les plus difficiles. Enfin, je souhaite dire un grand merci à mon compagnon, Frank Mueller, pour ses encouragements et sa patience infinie.

Translittération de la langue arabe et conventions de langue

Consonnes

ء	:	ʾ	ر	:	r	ف	:	f
ب	:	b	ز	:	z	ق	:	q
ت	:	t	س	:	s	ك	:	k
ث	:	th	ش	:	sh	ل	:	l
ج	:	j	ص	:	ṣ	م	:	m
ح	:	ḥ	ض	:	ḍ	ن	:	n
خ	:	kh	ظ	:	ẓ	ه	:	h
د	:	d	ع	:	ʿ	و	:	w
ذ	:	dh	غ	:	gh	ي	:	y

Voyelles

◌َ	:	a
◌ُ	:	u
◌ِ	:	i
ى, آ	:	ā
و◌	:	ū
ي◌	:	ī

Diphtongues

◌َوْ	:	aw
◌َيْ	:	ay

Nous tenons compte de la prononciation de l'arabe égyptien. Les mots arabes sont écrits en italique à l'exception des noms propres. Lorsque des noms propres possèdent une transcription française largement répandue, celle-ci est employée tout au long du texte (par exemple : Assouan, Ismaïlia).

Liste des abréviations

AAHA	Amicale d'Alexandrie hier et aujourd'hui
AFMAA	Archives des Filles de Marie Auxiliatrice à Alexandrie
AAV	Archives apostoliques du Vatican
AC	Ambassade (italienne) au Caire
ACEO	Archives de la Congrégation pour les Églises orientales
ACGIA	Archives du consulat général d'Italie à Alexandrie
ACPF	Archives de la congrégation Propaganda Fide
ACS	Archivio Centrale dello Stato
AESA	Archives de l'école salésienne d'Alexandrie
AESC	Archives de l'école salésienne du Caire
AIDE	Associazione Italiani d'Egitto
AIE	Annuario degli Italiani d'Egitto
AMAE	Archives du ministère (français) des Affaires étrangères
ANPIE	Associazione Nazionale Pro-Italiani d'Egitto
ANSMI	Associazione Nazionale per Soccorrere i Missionari Italiani all'Estero
AP	Affaires politiques
AS	Archivio Scuole
ASC	Archivio Salesiano Centrale
ASDMAE	Archivio Storico Diplomatico del Ministero degli Affari Esteri
BS	Bollettino Salesiano
CEAlex	Centre d'études alexandrines
CICM	Commission internationale catholique pour les migrations
CIME	Comité intergouvernemental pour les migrations européennes
CPDPN	Conseil permanent pour le développement de la production nationale

DWQ	Dār al-wathā'iq al-qawmiyya (Archives nationales égyptiennes)
ED	Egyptian Directory
MAE	ministère des Affaires étrangères
IPI	Istituto Professionale per l'Industria
ITI	Istituto Tecnico Industriale
RCGIA	Rapport du consulat général d'Italie à Alexandrie
SIB	Società Italiana di Beneficenza

Préface

L<small>E SOUVENIR</small> des Italiens d'Égypte, dont la plus célèbre en France est la chanteuse Dalida, est souvent l'occasion d'exprimer une nostalgie pour l'Égypte cosmopolite de l'époque coloniale, disparue avec l'époque nassérienne, la crise de Suez et les nationalisations du temps de la République arabe unie. De même, l'histoire des missions catholiques en Égypte pourrait être réduite à une chronologie triomphale (les implantations au XIXᵉ siècle), puis à celle d'un âge d'or (l'entre-deux-guerres jusque vers 1936) et, enfin, à l'histoire d'un déclin associé à la disparition des communautés levantines après la crise de Suez.

Rien de nostalgique ni de téléologique ou de simplificateur dans le livre d'Annalaura Turiano sur les écoles des missions salésiennes en Égypte, de leur arrivée à l'extrême fin du XIXᵉ siècle à 1970. Annalaura Turiano fait la ferme «hypothèse que l'histoire de la mission permet d'éclairer une histoire plus vaste», tout en étudiant finement les établissements scolaires salésiens et leurs élèves, inscrits dans la société égyptienne. Attentif aux renouvellements historiographiques, appuyé sur des sources en italien, en français, en anglais et en arabe, son livre recourt aussi bien aux archives congréganistes salésiennes à Rome, à Alexandrie et au Caire qu'aux archives consulaires et diplomatiques italiennes, tout en faisant des sondages dans les archives du Vatican (Congrégation pour la propagation de la foi et Congrégation pour les Églises orientales) et dans les archives de la nonciature en Égypte et celles du ministère de l'Éducation égyptien. La mobilisation d'annuaires et de registres de sociétés, et surtout la trentaine d'entretiens menés avec d'anciens élèves des écoles salésiennes, permettent au livre, agrémenté d'une belle iconographie, de s'ouvrir sur la période contemporaine et de « sonner » toujours actuel et vivant, grâce à ces voix du passé et à ces témoignages.

Ainsi, contrairement à l'histoire classique de l'enseignement étranger en Égypte, Annalaura Turiano installe son récit en amont et en aval de la rupture nassérienne, sans réduire l'enseignement salésien à l'époque coloniale. Une autre originalité du livre consiste à inscrire fermement les Italiens d'Égypte dans leur histoire migratoire, puisque ce n'est qu'en 1910 que la majorité des membres de cette communauté nombreuse furent effectivement des natifs d'Égypte. Ces Italiens d'Égypte sont d'abord des migrants pauvres, souvent très pauvres – venus de Calabre, des Pouilles ou de Sicile – qui aspirent à intégrer une petite classe moyenne urbaine active. Leur implantation à Alexandrie, au Caire et dans les villes du Canal (surtout Port-Saïd), leurs itinéraires ainsi que leurs choix et finalement leur départ sont à mettre en perspective avec l'histoire des Grecs d'Égypte au XXᵉ siècle, récemment étudiée par Angelos Dalachanis[1]. Au moment où les Salésiens fondent leur école à Alexandrie, le recensement de 1897 y atteste l'existence d'un prolétariat italien (petits artisans, ouvriers de la construction, du cuir et du textile) comparable au prolétariat grec des quartiers populaires. Trente ans plus tard, le recensement des Italiens de l'étranger conduit en 1928 montre que la majorité des 30 050 Italiens résidant en Égypte est formée d'artisans et d'ouvriers peu ou pas qualifiés. C'est précisément à eux que s'adressent en priorité les Salésiens et leurs écoles. C'est dire si l'histoire des écoles de la mission salésienne tranche sur celle des écoles de missions catholiques huppées du Caire et d'Alexandrie (Jésuites et Frères des écoles chrétiennes pour les garçons, Mère de Dieu et Sacré-Cœur pour les filles) qui s'adressaient à des communautés européennes et levantines plus fortunées, les Syriens d'Égypte notamment, dont elles formaient l'élite.

La tension entre italianité et catholicisme est présente dès le début. En s'installant à Alexandrie tout à la fin du XIXᵉ siècle, à la rencontre des migrants, les Salésiens étendent à l'Égypte, comme ils l'ont déjà fait en Amérique latine et à Tunis, le projet de leur congrégation enseignante, la Société de Saint-François de Sales née à Turin, dans l'inspiration de son fondateur Giovanni Bosco (1815-1888), figure du catholicisme social de l'époque. Il s'agit de rechristianiser les classes laborieuses et de restaurer

---

1. Angelos Dalachanis, *The Greek Exodus from Egypt: Diaspora Politics and Emigration, 1937-1962*, New York, 2017.

chez elles les valeurs morales qui leur permettront de résister à la pauvreté et aux aléas de la migration : loyauté, discipline, précision, rigueur, méthode et ponctualité. L'institut Don Bosco recrute ses élèves parmi les milieux catholiques défavorisés et vise, par le régime d'internat, à les moraliser et à les affermir dans la foi. En même temps, l'Associazione nazionale per soccorrere i missionnari italiani all'estero, fondée en 1886 à Florence et présidée par l'égyptologue Ernesto Schiaparelli, apporte un appui décisif à la première école salésienne en Égypte. Le nationalisme italien, doublé d'un impérialisme fondé sur les réminiscences de l'Antiquité, finit par soustraire la mission salésienne à la protection de la France – traditionnelle protectrice des ordres latins au Proche-Orient – au profit d'une tutelle italienne. L'histoire diplomatique italienne, l'histoire transnationale des missions et l'histoire impériale sont convoquées par Annalaura Turiano, qui montre que l'expansionnisme italien tantôt se fait farouchement anticlérical (au début surtout), tantôt soutient les missions. Si les écoles de l'État italien en Méditerranée sont laïques à partir de 1910, le gouvernement subventionne les établissements religieux passés sous protection italienne malgré l'opposition des libres-penseurs. À l'heure du fascisme, dans l'entre-deux-guerres, l'« esprit neuf » censé animer l'école fasciste désapprouve l'attitude ouverte des Salésiens, pragmatiques, face à la société égyptienne dans sa diversité communautaire et confessionnelle. Les écoles des Salésiens, conçues par les autorités fascistes comme un lieu privilégié de défense de l'italianité, restaient pour les missionnaires d'abord des écoles catholiques.

C'est dire si l'approche nationaliste égyptienne souvent présente dans l'historiographie et les condamnations des Frères musulmans – qui, dès l'entre-deux-guerres, menèrent campagne contre les écoles étrangères soupçonnées de convertir les jeunes musulmans – s'avèrent généralement peu pertinentes face aux écoles salésiennes, qui visaient à former de « bons chrétiens et d'honnêtes travailleurs », et, dans le cas des Italiens, des patriotes.

Comme pour les autres missions catholiques, l'âge d'or de la mission salésienne en Égypte (deux écoles à Alexandrie, trois dans les villes du canal de Suez et trois au Caire) est l'entre-deux-guerres, au moment même où l'indépendance égyptienne (1922) est confirmée par le traité de 1936 et, surtout, par la conférence de Montreux (1937), qui abolit les capitulations et détermine la nationalité égyptienne, régie par la loi de 1929. Les catholiques de rite latin en Égypte se trouvent désormais, comme les communautés catholiques orientales, placés sous la juridiction de la Congrégation pour les

Églises orientales. Dans l'entre-deux-guerres, l'arabisation des missionnaires devient un enjeu important, d'où l'essor de vocations de missionnaires arabes, souvent palestiniens. Durant cette période, la crise économique et l'absence croissante de débouchés pour les diplômés de l'enseignement général, à un moment où l'avenir des établissements d'enseignement étrangers est incertain, voire menacé, conduisent les Salésiens à donner résolument la priorité à leurs écoles professionnelles. Ils ouvrent l'institut Don Bosco (pensionnat et école des arts et métiers) en octobre 1928 à Rawḍ al-Farag, dans le quartier de Shubrā, au Caire – où vit une importante communauté italienne – et ouvrent une école de mécanique en 1931.

Après 1945, la mission des Salésiens fut encouragée par le développementalisme égyptien comme par la politique méditerranéenne de l'Italie : c'est bientôt le « temps de la coopération », temps de l'arabisation et des décolonisations, sous la pression à la fois du Saint-Siège – à l'heure de Vatican II – et du ministère de l'Éducation égyptien. Les missionnaires, qui ne parlent pas l'arabe, ne cultivent certes pas les vocations indigènes, mais on verra ce choix s'infléchir face à la pénurie de personnel technique et enseignant. Annalaura Turiano montre comment les écoles salésiennes changèrent de public de 1960 à 1970, au fur et à mesure qu'Européens et Levantins quittaient le pays. C'est l'occasion pour le gouvernement italien – désormais tutelle des écoles salésiennes – de conclure des accords bilatéraux avec l'Égypte dans le cadre d'une politique méditerranéenne renouvelée.

La congrégation enseignante des Salésiens, conclut Annalaura Turiano, aura donc déjoué à plusieurs reprises les pronostics qui la condamnaient, notamment grâce au choix stratégique et original de l'enseignement technique et professionnel. Cet enseignement devient la marque de fabrique des Salésiens. Première école du réseau missionnaire à dispenser un enseignement industriel, l'institut Don Bosco d'Alexandrie participe à l'émergence d'un enseignement professionnel dans cette ville, avec les initiatives contemporaines des Frères des écoles chrétiennes et de la communauté israélite. Certains anciens élèves deviendront de petits patrons dans le bâtiment ou la mécanique, mais la plupart, ouvriers spécialisés, enseignants ou interprètes, trouvent d'abord à s'employer dans des secteurs liés au fonctionnement d'une économie coloniale. Annalaura Turiano reconstitue les réseaux de ces Italiens d'Égypte au milieu des autres communautés perçues comme allogènes : Syro-libanais, Grecs, Arméniens, Austro-Hongrois, Maltais... Ces communautés qui n'avaient rien d'homogène interagissaient entre elles selon les alliances matrimoniales, les communautés de métiers, le voisinage et les relations des anciens élèves des écoles salésiennes.

En deçà de l'échelle institutionnelle, Annalaura Turiano s'intéresse finalement à l'échelle individuelle, celle des élèves et, à travers eux, à l'histoire des communautés de métiers forgées, sur plusieurs générations, dans ces écoles fréquentées par des Italiens et par des Égyptiens d'origine variée. Au Caire, les élèves sont généralement chrétiens, majoritairement orthodoxes (grecs-orthodoxes, coptes, Arméniens), ou d'origine levantine – à partir des années 1930. À Alexandrie, comme la section de mécanique, entièrement payante, ouvre la voie à des qualifications mieux rémunérées, l'on y remarque une plus grande mixité nationale et confessionnelle. D'anciens sujets ottomans ont opté pour la nationalité égyptienne, mais surtout les élèves musulmans constituent progressivement une minorité non négligeable, qui passe de 10 % à 26 % entre 1931 et 1939. Les autres sections, destinées aux couches défavorisées, restent plutôt homogènes et s'adressent avant tout aux catholiques. Après la Seconde Guerre mondiale, la part des élèves musulmans décroît considérablement, et les Salésiens – toujours majoritairement italiens – se replient sur une clientèle chrétienne dans laquelle les coptes constituent une minorité négligeable.

Ainsi l'histoire sociale du travail au Caire, à Alexandrie et à Port-Saïd est-elle au centre du livre d'Annalaura Turiano. L'exploration des archives consulaires, de *l'Annuario degli Italiani d'Egitto* et des annuaires égyptiens, des listes du personnel ouvrier des sociétés industrielles et des compagnies concessionnaires européennes, ainsi que des archives du consulat italien à Alexandrie, met en lumière les secteurs où trouvent à s'employer les anciens élèves des Salésiens, et le petit entrepreneuriat familial auquel ils se destinent : bois et construction dans les premières décennies du XXᵉ siècle, travail des métaux et surtout mécanique, à partir de l'entre-deux-guerres, avec l'apparition des électrotechniciens dans les années 1940. Des diplômés réussissent à se mettre à leur compte. Ainsi découvrira-t-on, au hasard du livre, l'histoire de réussites professionnelles égyptiennes, comme celle de ce diplômé de la section de mécanique d'Alexandrie en 1939, Aḥmad al-Sawwāq, qui dirige en 1948 une fabrique de pâtes alimentaires, ou celle de son ancien condisciple Muḥammad Muṣṭafā Zakī, qui dirige une entreprise de travaux sanitaires. La même année 1948, au Caire, Dimitri Roussos codirige une entreprise de travaux électriques, quand d'autres diplômés se dirigent vers des emplois administratifs et entrent à la Société générale des sucreries et des raffineries d'Égypte, à la Compagnie des eaux, à la Compagnie du gaz et d'électricité Lebon et à la Compagnie des tramways, toutes sociétés concessionnaires aux capitaux européens.

Au temps du nassérisme, quand l'Égypte fait de l'industrialisation une priorité de sa politique économique, les lois n°s 22, 261 et 262 de 1956 réorganisent l'enseignement industriel, et des instituts techniques supérieurs sont destinés à former des techniciens. Les Italiens d'Égypte partent en masse, notamment en 1960, aidés par les instituts Don Bosco d'Alexandrie et du Caire qui mettent en place des cours de qualification professionnelle destinés aux candidats au départ, mais un nouveau public occupe les places vacantes dans les écoles. Le 20 septembre 1958, la loi n° 160 égyptianise les établissements d'enseignement, qu'ils soient religieux ou laïcs : direction et personnel doivent être égyptiens, et les programmes d'enseignement doivent être ceux du gouvernement, notamment pour les matières dites « nationales » (histoire, géographie et instruction civique). Les Salésiens n'ont pas de peine à souligner la « neutralité » de l'enseignement professionnel, et une partie d'entre eux adhère aux politiques développementalistes, d'autant que Vatican II et l'encyclique *Populorum Progressio* (1967) incitent les catholiques à s'engager dans l'aide au développement du Tiers-Monde. Le 27 mars 1970, un protocole d'entente établit la création d'un Institut technique italien au Caire confié aux Salésiens et fixe au passage le statut définitif des écoles salésiennes et des autres écoles italiennes en République arabe unie. Ce sont désormais des Égyptiens qui sont scolarisés dans les écoles des missions salésiennes – sans que celles-ci n'aient pourtant jamais vraiment perdu leur identité première.

Servi par une écriture dense et précise, le livre d'Annalaura Turiano va à l'essentiel : il montre comment les missionnaires salésiens italiens surent progressivement occuper une place singulière, et même unique, dans le paysage de l'enseignement en Égypte, grâce à leur spécialisation dans l'enseignement technique et professionnel. Ainsi vient-il à son tour occuper une place singulière et précieuse dans l'historiographie des missions catholiques en Égypte.

Catherine Mayeur-Jaouen
Sorbonne-Université

Introduction

LES INSTITUTS DON BOSCO représentent pour des centaines d'Italiens nés en Égypte et qui ont quitté définitivement ce pays entre les années 1940 et 1960 le lieu quasi mythique de leur scolarisation, le symbole à la fois d'une jeunesse et d'une Égypte révolues. Pour les religieux vivant encore à Alexandrie et au Caire, la mémoire doit être préservée «pour les générations à venir[1]». Elle donne tout son sens au présent de la communauté, en le légitimant. Aux mémoires des Salésiens et des «Italiens d'Égypte» s'en ajoutent d'autres. L'un de nos interviewés, issu d'une famille d'origine syro-libanaise, rappelle que «les Salésiens n'avaient pas que des écoles pour les Italiens. Leurs écoles professionnelles scolarisaient une majorité d'Égyptiens, d'Arméniens et de Grecs[2]».

Or, le travail de l'historien consiste à se rapprocher le plus possible de la vérité, par-delà les mémoires, souvent rivales, des acteurs et des témoins. Comme écrivait Paul Veyne, «l'histoire n'a aucune exigence: du moment qu'on raconte des choses vraies, elle est satisfaite[3]». Qu'il nous soit donc permis d'énoncer tout de suite ce que ce travail n'est pas: il ne s'agit ni de la lecture hagiographique d'une histoire missionnaire, ni du récit nostalgique d'une Égypte cosmopolite révolue tel que l'entretiennent les acteurs vivants

---

1. *Tārīkh Mi'at 'ām li-ajl al-shabība wa ma'a al-shabība. Ma'had Dūn Buskū, al-Iskandariyya, 1896-1996 - Cento anni di storia, Istituto Don Bosco, Alessandria, 1896-1996* (Une histoire de cent ans pour la jeunesse et avec la jeunesse, institut Don Bosco, Alexandrie, 1896-1996), Alexandrie 1996.
2. Entretien avec J. B., Alexandrie, 21 juillet 2009.
3. Veyne 1971, p. 25.

ainsi que certains ouvrages littéraires[4]. Comment donc en est-on venu à cet objet d'études singulier[5]?

I.   Une histoire à la fois locale et globale

En 2013, la congrégation salésienne administrait au Caire et à Alexandrie, outre un jardin d'enfants et deux écoles à la fois primaires et secondaires de statut égyptien, une école d'enseignement technique et deux écoles professionnelles préparant, en cinq et trois ans respectivement, des diplômes italiens reconnus comme équivalents par le gouvernement égyptien. Dans ces filières, tout l'enseignement est encore aujourd'hui dispensé en italien à l'exception de la langue arabe, des matières civiques et de l'enseignement religieux. Scolarisant chacune entre 500 et 600 élèves par an, les écoles salésiennes semblent faire partie de l'ensemble des établissements d'enseignement étrangers qui ne cessent d'alimenter des débats animés, relayés périodiquement par la presse égyptienne[6]. Ceux-ci portent sur la prolifération des écoles privées à partir des années 1990 qui a engendré une segmentation sociale croissante du secteur éducatif. Mais contrairement aux établissements de fondation récente, l'histoire des écoles salésiennes s'inscrit dans un temps long. La première école est ouverte à Alexandrie en 1896. À cette date, plusieurs autres missions protestantes et catholiques sont présentes en Égypte. Leur installation est encouragée par les Britanniques qui occupent le pays depuis 1882.

Les établissements salésiens ont connu un destin singulier par rapport aux écoles dépendant d'autres ordres et congrégations religieuses qui, tout en maintenant un enseignement à « niveau de langue étrangère renforcé », ont été intégrées, durant les années nassériennes, au système d'enseignement national[7]. Faut-il voir dans l'exception qu'ils semblent constituer la survivance d'un passé colonial marqué par l'hégémonie européenne en

---

4. Aciman 2011 ; Fishman 2006.

5. Plusieurs fois au cours de nos recherches en Égypte, on nous a demandé pourquoi nous nous intéressions aux écoles de la mission salésienne et non pas aux écoles d'ordres et de congrégations plus prestigieux tels que les Jésuites ou les Frères des écoles chrétiennes, qui disposaient, dans les années 1930, d'un réseau étoffé d'écoles et qui ont largement participé à la formation des élites égyptiennes.

6. Farag 1994b, p. 263.

7. Nous renvoyons aux travaux de Frédéric Abécassis en bibliographie.

Égypte et l'expansionnisme italien en Méditerranée ou encore le signe d'une arabisation et d'une égyptianisation manquées ? C'est cette singularité qui a éveillé notre intérêt et permis de formuler l'hypothèse que l'histoire de la mission est susceptible d'éclairer une histoire plus vaste.

Après avoir ouvert une école des arts et métiers destinée à une population européenne d'origine immigrée, les Salésiens se trouvent à la tête de plusieurs établissements d'enseignement au Caire et dans les villes du Canal (Suez, Ismaïlia, Port-Saïd). La géographie de leur implantation est calquée sur celle des communautés allogènes établies en Égypte. Les écoles scolarisent majoritairement un public italien à l'exception des filières professionnelles qui recrutent, avant tout, auprès des communautés chrétiennes, latines et orientales. Le réseau scolaire de la mission connaît, au fil des années, des recompositions importantes. Après l'abolition des capitulations, l'heure n'est plus aux fondations mais à la mise en valeur des écoles existantes. Dans les années 1950, les Salésiens sont à la tête d'établissements que tout – diplômes préparés, nationalité des religieux et de la majorité du public scolaire – semble orienter hors d'Égypte. Le système éducatif égyptien est nationalisé et marginalise un enseignement étranger des colonies et des communautés allogènes qui a, jusqu'à la fin des années 1930, occupé une place relativement importante[8].

Le départ des étrangers et de minorités confessionnelles, qui devient massif après la crise de Suez (1956) et la deuxième vague de nationalisations (1961-1962) consécutives à la nationalisation du canal (banques, assurances, commerce extérieur, sociétés industrielles étrangères, etc.), affecte sensiblement les établissements salésiens. La mission semble s'acheminer vers une lente disparition à mesure que son public scolaire quitte l'Égypte. Pourtant, les filières professionnelles continuent de recruter quelques centaines d'élèves. La survie de ces écoles, qui préparent aux diplômes italiens, invite à s'interroger, d'une part, sur la portée des politiques d'arabisation de l'État égyptien et, d'autre part, sur un modèle d'enseignement technique qui a assuré un ancrage durable à la mission.

Ce travail se veut d'abord l'histoire d'une mission catholique et de son action éducative. Les Salésiens sont observés dans leur interaction avec une pluralité d'acteurs : les supérieurs en Italie et en Palestine, les diplomates italiens, les autorités locales, municipales et ministérielles,

8. Abécassis 2006, p. 138.

les autres congrégations enseignantes chrétiennes et les parents d'élèves. Les Salésiens essayent de s'inscrire dans un temps immobile, mais leurs établissements n'échappent pas à l'histoire nationale. À un moment donné, la nécessité d'un *aggiornamento* s'impose pour garantir la pérennité de l'œuvre. Toutefois, contrairement au schéma de l'acculturation qui a été proposé pour la plupart des congrégations implantées en Égypte et au Proche-Orient, il s'agira d'éclairer les raisons d'une arabisation tardive[9].

Il sera aussi question de la longévité des établissements professionnels salésiens, au-delà de la nationalisation de l'enseignement étranger sous Nasser, liée aux nécessités de construire un enseignement technique pérenne en Égypte dans un contexte de modernisation et d'industrialisation volontariste. L'analyse porte sur les objectifs, les contenus et les enjeux de cet enseignement, afin de mettre en lumière la spécificité des écoles de la mission, ainsi que la manière dont elles essayent de répondre à la demande des familles et d'un marché économique et scolaire en recomposition.

L'histoire de plusieurs générations d'élèves, dont nous retraçons les origines sociales et le devenir professionnel, est tout aussi centrale. L'étude de leur scolarisation et de leur professionnalisation apporte des éléments nouveaux sur les modes de cohabitation intercommunautaire et interconfessionnelle à l'école, ainsi que sur la formation d'un fond commun de savoir-faire pratiques et techniques. L'attrait que ces établissements exercent, à partir de la fin des années 1930, sur un nombre croissant de familles égyptiennes, y compris musulmanes, permet d'éclairer les étapes de l'«appropriation» d'un modèle d'enseignement étranger par un public égyptien.

Les archives missionnaires sont aussi mises au service d'une histoire sociale du travail et des métiers de l'artisanat urbain. L'analyse du devenir des élèves et des configurations relationnelles dans lesquelles ils s'inscrivent permet de cartographier leurs activités professionnelles à l'échelle urbaine. Appliquée à Alexandrie, cette analyse est une contribution nouvelle à l'histoire d'une ville trop souvent réduite à celle de ses élites cosmopolites. Les écoles de la mission sont ainsi utilisées comme un point d'observation pour une histoire sociale des communautés de métiers qu'elles contribuent à former.

---

9. Voir les travaux de J. Bocquet sur les Lazaristes à Damas (2005 ; 2008) et ceux de F. Abécassis sur l'enseignement étranger en Égypte et le Collège de la Sainte-Famille au Caire (1992 ; 2000).

Enfin, l'histoire des Salésiens et de leur réseau d'enseignement en Égypte s'inscrit dans des cadres plus larges qui dépassent l'horizon égyptien : l'histoire des migrations et des ambitions italiennes en Méditerranée aux XIXᵉ et XXᵉ siècles, l'histoire transnationale de l'éducation et du catholicisme, l'histoire des relations entre l'Église et l'État italien et celle des relations italo-égyptiennes et italo-arabes. La redéfinition du statut des écoles en 1970, date de clôture de la période étudiée dans ce travail, constitue l'un des volets des accords de coopération technique et culturelle négociés entre l'Italie et l'Égypte. Ces négociations s'inscrivent à leur tour dans le contexte plus large d'une politique arabe de l'Italie tournée, entre autres choses, vers l'aide au développement.

2. Précisions terminologiques, protagonistes et figurants

Les termes de « mission » et de « missionnaires » renvoient à un projet d'évangélisation des « infidèles ». Chantal Verdeil a mis en évidence la spécificité des missions chrétiennes en terre d'islam : tournées vers les chrétiens, européens ou orientaux, et dans une moindre mesure vers les juifs, elles ne sont pas d'abord destinées à convertir les musulmans. Dans ce contexte, les missions catholiques pourraient être qualifiées de missions « intérieures » au vu des objectifs qu'elles poursuivent (la réforme des chrétiens et la consolidation de leur foi) et de « missions extérieures » de par les modalités qu'elles adoptent[10].

Peut-on parler de mission à propos des Salésiens alors qu'une grande partie de leur apostolat consiste, jusque dans les années 1950, en l'encadrement des fidèles latins et plus particulièrement les Italiens ? Revenons brièvement sur les catégories employées par les acteurs. Dans les sources diplomatiques italiennes[11] produites avant la Première Guerre mondiale, les Salésiens sont qualifiés de missionnaires au même titre que les Franciscains, bien que les diplomates prennent soin de distinguer les premiers, « dont l'œuvre d'italianité est connue », des seconds, plus anciennement implantés dans le

---

10. Verdeil 2013, p. 6-7.
11. Dans les notes de bas de pages, la description des sources primaires en italien ou en arabe est une traduction de leurs titres dans ces deux langues. Étant donné qu'il s'agit d'une traduction et non pas des titres originaux, nous ne les avons pas insérés entre guillemets/ soulignés en italique.

pays et qui, en Haute-Égypte, travaillent de préférence en milieu «indigène» (auprès de la communauté copte-catholique notamment[12]).

En 1947, le père Henry Ayrout, jésuite de rite oriental, fondateur de l'Association de Haute-Égypte[13] et figure incontournable du catholicisme égyptien d'après-guerre, émet de vives critiques à l'encontre de la «mission» salésienne. Au lendemain du conflit, celle-ci, d'après lui, s'adresse quasi exclusivement aux ressortissants italiens, délaissant les chrétiens égyptiens (coptes-orthodoxes et coptes-catholiques[14]). De leur côté, les Salésiens, s'ils s'assignent, parmi leurs objectifs, l'encadrement des latins, n'en revendiquent pas moins d'avoir une mission apostolique auprès des chrétiens orientaux, scolarisés dans leurs filières professionnelles[15]. Durant les premières années de leur installation, ils cultivent même des espoirs de conversion de quelques élèves musulmans qui fréquentent leurs écoles.

À partir de 1950, le terme de «missionnaire» apparaît plus régulièrement dans les sources religieuses et laisse entrevoir les inflexions des objectifs apostoliques à mesure que les Salésiens entrent en contact avec un nouveau public. Si ses usages et ses interprétations varient d'une source à l'autre et selon la perspective et les finalités politiques des acteurs, il est toujours question de «mission». Le terme et la réalité qu'il recouvre, loin d'être univoques, font l'objet, au fil des années, de contestations, d'appropriations et de redéfinitions.

Il sera question tout au long de ce travail de communautés, de colonies, de minorités et de communautés allogènes. Il convient de s'arrêter brièvement sur ces termes, notamment pour les lecteurs peu familiers avec l'histoire de l'Égypte et de l'Empire ottoman. Dans l'Empire ottoman au XIXᵉ siècle coexistent plusieurs groupes institutionnalisés et reconnus comme tels par le pouvoir, dont les millets ou communautés, chargées d'encadrer dans leur vie quotidienne les sujets ottomans non musulmans en fonction de leur rattachement ethnico-confessionnel. Le vaste programme de réorganisation des services et des appareils de l'État, connu sous le nom de *tanzimāt*, vise

12. ASDMAE, AC, b.151, Rapport sur les missions italiennes en Égypte, 1916. À propos de l'Église copte-catholique et de ses relations avec les missionnaires chrétiens, voir Mayeur-Jaouen 2019.
13. À propos de cette association, voir Mayeur-Jaouen 2019, p. 140.
14. ASC, F041, Le P. Ayrout au recteur majeur, 3 août 1947.
15. ASC, F741, institut Don Bosco d'Alexandrie, Chronique de l'école de la fondation à l'année 1937.

à la centralisation de l'État ottoman, entre autres choses. Il s'accompagne du renforcement des structures des millets chez les non-musulmans. Ces communautés connaissent alors une homogénéisation sans précédent à plusieurs niveaux (religieux, linguistique, réglementaire, etc.[16]).

Alors que le critère religieux a pendant longtemps constitué le seul référent, l'identité issue des revendications nationales devient déterminante au XIXᵉ siècle. Dans ce cadre, les structures communautaires tendent à s'assimiler de plus en plus à des mouvements nationaux[17]. L'Égypte reste formellement une province ottomane même après l'occupation britannique (1882). Avec l'effondrement de l'Empire ottoman et l'indépendance octroyée unilatéralement par les Britanniques (1922), le pays s'engage plus encore que par le passé dans un processus de construction nationale sur tous les plans. Mais le modèle ottoman, fondé sur l'ordre communautaire, se perpétue jusqu'aux années 1950.

À l'instar de Robert Ilbert, nous entendons par « communauté » le « plus petit commun dénominateur des hommes », à la fois religieux et national, qui organise les loyautés et fixe le statut personnel de chacun[18]. Cette dernière notion doit être comprise dans sa double dimension régissant, d'un côté, le droit privé des individus et, de l'autre, le rapport à l'État[19]. La communauté dispose de larges pouvoirs en matière de finance et de justice. Elle constitue donc tout à la fois un cadre social, politique et économique. À Alexandrie en 1907, on dénombre 14 instances communautaires non musulmanes : les latins, les coptes (catholiques et orthodoxes), les Grecs (catholiques et orthodoxes), les Arméniens (catholiques et orthodoxes), les maronites, les protestants et les israélites (locaux et européens[20]).

À mesure que de nouvelles populations en provenance d'Europe et de la Méditerranée s'implantent en Égypte, elles s'organisent sur le modèle des communautés, autour du consulat. « Expression sociale du regroupement des hommes que le consulat représente » selon l'expression de Robert Ilbert, la colonie joue à l'égard de ses ressortissants un rôle comparable à celui des

---

16. Sur les réformes ottomanes, voir Bouquet 2007 ; Georgeon 2003 ; Hitzel 2015. Pour une synthèse de la politique de réformes ottomane, voir Bozarslan 2013, p. 53.
17. Ilbert 1996, p. 416.
18. Ilbert 1996, p. 416.
19. Abécassis 2006, p. 133.
20. Ilbert 1996, p. 414-415.

communautés[21]. Grâce aux avantages obtenus par les capitulations, qui leur concèdent un statut particulier et leur permettent de jouir d'importants privilèges, essentiellement en matière commerciale, les colonies constituent des entités autonomes du point de vue juridique, administratif et financier[22]. Loin d'être des institutions rivales, les colonies et les communautés se complètent pour encadrer les différentes populations étrangères ou méditerranéennes qui cohabitent sur le territoire égyptien. Elles attestent la complexité et la pluralité d'allégeances qu'offre le cadre ottoman. Avec l'éveil des nationalismes, la frontière entre colonie et communauté tend à s'estomper[23].

Par «minoritaires», nous entendons les individus appartenant à des minorités confessionnelles ou nationales, distinctes des groupes majoritaires et/ou dominants: minorités chrétiennes, minorités étrangères, etc. Bien que souvent utilisés comme synonymes, les termes de «minorité» et de «communauté» ne se recouvrent pas, le dernier renvoyant à des groupes institutionnalisés[24]. La locution «communautés allogènes» est utilisée en référence aux populations issues de l'immigration «tant européenne que levantine[25]». Marius Deeb qualifie ces groupes de *local foreign minorities*, mettant l'accent sur le fait que, malgré leur longue résidence en Égypte, certains comme les Grecs ou les Italiens maintiennent leur langue et leur culture tandis que d'autres, parmi lesquels une large proportion de Syro-libanais ou de Juifs immigrés en Égypte, ont tendance à acquérir une protection ou une nationalité étrangères[26]. Un autre terme employé pour les désigner est celui de *mutamaṣṣirūn* (ceux qui se sont égyptianisés). Tout en

21. Ilbert 1996, p. 417.
22. Traités signés à l'origine entre la France et la Sublime Porte (1536), ils accordent des facilités aux commerçants étrangers vivant sur le territoire ottoman. Progressivement, les capitulations sont étendues à l'ensemble des États européens et aux États-Unis. Elles permettent à leurs bénéficiaires de jouir d'un statut d'extraterritorialité qui les soustrait à la juridiction ottomane. Ce n'est qu'en 1937, à la conférence de Montreux, que les capitulations sont supprimées en Égypte. Une période transitoire de douze ans (1937-1949) est prévue avant leur abolition définitive. Abécassis, Le Gall-Kazazian 1992.
23. Ilbert 1996, p. 418.
24. Pour une histoire de la notion de minorité, voir Heyberger 2019, p. 243.
25. Volait 1987, p. 137.
26. Deeb 1978, p. 11. Les protégés d'une puissance étrangère échappent à la juridiction exclusive de leur nationalité d'origine et bénéficient d'un certain nombre de droits et de privilèges de la puissance protectrice sans pour autant être soumis à l'ensemble des

mettant en évidence leur longue résidence en Égypte et leur participation à la vie politique et économique du pays, ce terme renvoie à l'idée d'une intégration imparfaite ou inachevée à la société égyptienne[27].

À la profusion de termes pour désigner ces minoritaires s'ajoute le fait qu'ils ont rarement joui d'une image positive dans l'historiographie égyptienne. Une approche nationaliste les a décrits comme des «intrus», alliés de l'impérialisme et du capitalisme[28]. D'autres approches les ont décrits comme des isolats, des enclaves autonomes séparées les unes des autres et de la majorité égyptienne[29]. Des travaux récents, dans la lignée desquels cette étude s'inscrit, remettent en cause cette vision statistique, soulignant les interactions, la porosité des frontières communautaires tout comme le manque d'homogénéité de chaque communauté[30].

Les Salésiens sont, avec leurs élèves, des protagonistes de cette histoire. Univers entièrement masculins, leurs écoles forment à des «métiers d'homme» (mécaniciens et, à partir des années 1940, électrotechniciens notamment), contribuant à la division genrée de l'enseignement professionnel. La fabrique scolaire de la masculinité dans les écoles salésiennes a déjà fait l'objet de deux articles et ne sera pas traitée dans cet ouvrage[31]. De même, nous ne ferons qu'évoquer la branche féminine de la congrégation salésienne, les Filles de Marie Auxiliatrice, qui s'installe en Égypte à la veille de la Première Guerre mondiale[32]. Les activités des religieuses sont plutôt tournées vers la formation domestique, l'enseignement de la couture et de la broderie. Leur analyse permet d'éclairer d'autres problématiques relatives à la place des

obligations prévues pour les ressortissants étrangers. Pour un historique de la notion de protection, voir Heyberger 2019, p. 252.

27. Gorman 2003, p. 175.

28. Gorman 2003, p. 174.

29. Voir à ce propos les contributions contenues dans Ilbert 1992.

30. Pour une synthèse des approches récentes sur les minorités, voir l'introduction de Assan *et al.* 2019. D'autres travaux récents s'interrogent sur la participation des minorités chrétiennes à la fabrique de l'Égypte moderne. Voir à ce propos Costet-Tardieu 2016.

31. Turiano 2021; 2024. Sur la fabrique de la masculinité dans l'Égypte coloniale, voir Jacob 2011. Plus récemment, Hammad (2016) a interrogé les articulations entre genre et classes ouvrières dans l'entre-deux-guerres. Pour ce qui est de l'Empire ottoman finissant, voir la thèse de Yildiz (2015). Sur les articulations entre missions protestantes et masculinité dans la Palestine ottomane et mandataire, voir Okkenhaug 2005.

32. Lorsqu'il sera question de la politique de confessionnalisation de l'enseignement italien. Se reporter au chapitre 4.

missions dans une économie de la formation féminine au Proche-Orient[33]. Enfin, les sources que nous mobilisons ne permettent que ponctuellement et pour des épisodes spécifiques de prendre la mesure des relations que les Salésiens entretiennent avec le clergé oriental et *vice versa*. Les représentants des Églises orientales font donc partie des acteurs qui n'apparaissent qu'en pointillé.

3. Au confluent de plusieurs historiographies

De l'histoire des missions chrétiennes à l'histoire sociale de l'enseignement, en passant par l'histoire du travail et des métiers urbains, cette étude entend contribuer à plusieurs champs de la recherche. Elle s'inscrit par ailleurs dans l'actualité égyptienne la plus contemporaine marquée par la multiplication, ces dernières années, des établissements d'enseignement privés et étrangers[34].

3.1. *« Nouvelle histoire » des missions chrétiennes et sociétés du Proche-Orient*

Longtemps reléguée aux marges de l'histoire de l'Église, l'histoire des missions connaît depuis une trentaine d'années un profond renouvellement favorisé par l'ouverture des archives missionnaires, de plus en plus accessibles aux chercheurs laïcs. Cette histoire participe désormais d'une histoire beaucoup plus vaste. Elle est étudiée dans une perspective transnationale attentive aux réseaux, aux circulations et à leurs vecteurs.

Depuis une quinzaine d'années, la recherche sur les missions prend en compte les contributions de la « nouvelle histoire impériale » dont l'un des principaux apports a été la mise en évidence des connexions multiples entre la métropole et les colonies, entre les différents territoires d'un même empire et entre les différents empires[35]. Les chercheurs insistent sur les effets en retour des missions sur les sociétés européennes ou américaines d'où les missionnaires sont issus[36]. Cette approche globale va de pair avec une attention renouvelée pour les sociétés d'accueil, leurs attentes et leurs

33. Nous avons consacré quelques analyses à ce sujet. Turiano 2020 ; 2022.
34. Roushdy 2023.
35. Cooper, Stoler 1997.
36. Sharkey 2013, p. 6.

mutations au contact des missions. L'idée qui traverse la plupart de ces études est que les «rencontres missionnaires» ont été tout à la fois locales et globales[37].

«Phénomène transnational[38]» par excellence, le fait missionnaire est de plus en plus interrogé à travers le prisme du genre. Plusieurs travaux s'intéressent à l'histoire des congrégations enseignantes et à la fabrique du genre dans les écoles missionnaires implantées dans différentes régions du monde. Partant du constat que les femmes missionnaires sont, dès la fin du XIXe siècle, plus nombreuses que les hommes, ces travaux s'intéressent à l'histoire transnationale des congrégations féminines[39]. Ils prolongent, relativement au catholicisme, les réflexions de Claude Langlois sur la mission au féminin[40] et celles d'Élisabeth Dufourcq et de Sarah Curtis sur les «aventurières de Dieu» dans l'empire colonial français. Croisant histoire de l'éducation et du *care*, histoire du genre et histoire coloniale, ces recherches rendent compte de la circulation de modèles pédagogiques, de leur adaptation aux différents contextes et à la demande locale. Elles interrogent la participation des missions à l'édification d'empires coloniaux tout comme à leur démantèlement[41].

Sans nier les rapports asymétriques de pouvoir propres à la situation missionnaire, ces approches insistent sur la capacité d'action (*agency*) des populations des pays de mission, les manières dont elles intériorisent, s'approprient ou encore contestent les modèles transmis ainsi que les services offerts par les religieux et les religieuses. L'accent est mis à la fois sur les effets de la présence missionnaire et sur la manière dont les missionnaires sont eux-mêmes transformés par les contacts qui se produisent sur le terrain. Plus que le fruit d'une stratégie définie à l'avance, la mission apparaît dans ces approches comme un «espace de contacts[42]», traversé et façonné par

---

37. Sharkey 2008, p. 14.
38. Sur la mission en tant que «phénomène transnational par excellence» (Iriye, Saunier 2009, 716-719), voir Foisy *et al.* 2021.
39. Dumons 2020 ; Brejon de Lavergnée 2016. Sur l'histoire transnationale du catholicisme contemporain, voir Dumons, Sorrel 2017.
40. Langlois 1984 ; Dufourcq 1993 ; 2009 ; Curtis 2010.
41. À propos des missionnaires françaises, voir Rogers 2014 ; Guidi 2018. Sur les missionnaires issues de la péninsule italienne, voir Di Pasquale, Giorgi 2016 ; Turiano 2020 ; 2022.
42. Boulos 2016, p. 7.

de multiples interactions, compromis et négociations avec les populations des pays d'accueil[43].

Le phénomène missionnaire au Proche-Orient fait aussi l'objet d'un renouveau historiographique qui prend ses distances à la fois vis-à-vis d'une approche nationaliste qui décrit les missions comme un simple vecteur d'un impérialisme culturel et d'une approche nostalgique qui érige les écoles missionnaires en symbole de sociétés cosmopolites révolues. La recherche récente interroge les empreintes durables des missions au-delà des communautés chrétiennes auxquelles elles s'adressent en priorité[44]. À défaut de compter beaucoup de conversions, l'influence des missions chrétiennes au Proche-Orient s'exerce en effet dans plusieurs domaines : l'éducation, la santé et les œuvres sociales notamment.

À quelques exceptions près[45], les historiens se sont surtout intéressés aux missions françaises et américaines et à leurs établissements d'enseignement les plus prestigieux, dont ils ont étudié l'implantation et l'évolution au XIXᵉ siècle jusqu'aux décennies qui précèdent les indépendances. En prenant pour objet la congrégation salésienne sur près d'un siècle, ce travail apporte une dimension italienne à l'étude du phénomène missionnaire au Proche-Orient et en interroge le devenir postcolonial. En même temps, il déplace la focale vers un secteur d'enseignement peu étudié sur le terrain égyptien et plus généralement au Proche-Orient, celui de la formation professionnelle.

La spécificité des Salésiens réside dans leur double mission : d'une part, l'encadrement religieux et scolaire de migrants issus de la péninsule italienne et, d'autre part, l'apostolat auprès des communautés chrétiennes latines et orientales dans les écoles professionnelles de la mission (suivi de l'ouverture à un public musulman à partir de la fin des années 1930). Le premier aspect invite à s'interroger sur les relations qu'ils tissent avec les diplomates italiens au moment de l'essor de l'impérialisme dans le dernier quart du XIXᵉ siècle, à l'heure du fascisme, puis de la politique méditerranéenne élaborée par le gouvernement italien au lendemain de la Seconde Guerre mondiale. Se pose

---

43. Hauser 2015, p. 40.
44. Verdeil 2011 ; Makdisi 2008 ; Boulos 2016 ; Fleischmann 2006 ; Okkenhaug 2010 ; Bourmaud 2012 ; Bourmaud *et al.* 2021 ; Sanchez Summerer 2013 ; Murre-van den Berg 2006 ; Okkenhaug, Sanchez Summerer 2020 ; Sharkey 2009 ; Gabry-Thienpont, Neveu 2021 ; Sanchez Summerer *et al.* (éd) 2022.
45. Hauser 2005.

aussi la question des référents identitaires d'une mission qui se veut à la fois catholique et italienne.

Tout en insistant sur l'ambiguïté de ces relations, ce travail s'attache à montrer comment s'opère le processus de construction de l'identité salésienne sur le terrain égyptien et la manière dont elle est renégociée au fil du temps et au rythme des recompositions du public scolaire. À travers l'étude de plusieurs générations d'élèves, l'objectif est aussi d'éclairer la fonction sociale des écoles de la mission tout en les insérant dans une histoire plus large de l'enseignement.

3.2.   *Histoire de l'enseignement : approches sociales et transnationales*

Champ d'étude en pleine effervescence, l'histoire de l'éducation à la période coloniale et postcoloniale offre de nouveaux éclairages sur les reconfigurations de l'idée de « mission civilisatrice » des États colonisateurs ainsi que sur la complexité, la nature ambivalente et les continuités marquant les institutions et les systèmes scolaires à l'heure des décolonisations[46]. Partagée par de nombreux travaux académiques, l'approche transnationale, voire transimpériale du fait éducatif se concentre sur la mise en évidence des liens entre métropoles et colonies et entre les différents empires[47]. Depuis une quinzaine d'années, ces recherches s'orientent vers une histoire plus culturelle et sociale des phénomènes éducatifs, attentive aux acteurs et s'interrogeant sur les liens entre genre et école, écoles et fabrique impériale. Se nourrissant des acquis de cette historiographie récente, notre ouvrage entend contribuer à une histoire sociale et transnationale de l'enseignement en Égypte et au Proche-Orient contemporains.

À partir de l'univers scolaire, les chercheurs qui travaillent sur ces terrains s'attachent à comprendre l'évolution des sociétés proche-orientales et les conditions d'émergence de l'État moderne ainsi qu'à saisir les « rapports intimes des sociétés musulmanes à des modèles culturels importés jusque dans le terrain de l'éducation[48] ». Mettant en parallèle différentes

---

46. Matasci *et al* 2020 ; Rogers 2018 ; Barthélémy 2010 ; Reynaud-Paligot 2020 ; Seri-Hersch 2018.
47. Goodman *et al.* 2009 ; Baghchi *et al.* 2014 ; Droux, Hofstettert 2014.
48. Dupont 2007, p. 10.

institutions éducatives – écoles ottomanes, institutions islamiques, écoles étrangères et établissements missionnaires –, plusieurs travaux académiques montrent que les écoles de tout statut représentent un élément-clef de la transformation sociale et culturelle au Proche-Orient contemporain[49]. Les systèmes d'enseignement public, les institutions éducatives islamiques, les réseaux missionnaires, les écoles fondées à l'initiative d'associations caritatives et communautaires ainsi que les établissements d'enseignement supérieur commencent à être mieux connus. Les études disponibles s'interrogent sur la participation des systèmes scolaires à une modernité sociale et politique tout comme à l'émergence de nouvelles catégories professionnelles[50].

Sur le terrain égyptien, l'ouvrage de ʿIzzat ʿAbd al-Karīm qui étudie l'histoire de l'enseignement au XIXe siècle demeure incontournable[51]. D'autres travaux consacrés à l'époque contemporaine ont mis l'accent sur plusieurs dichotomies : enseignement étranger *vs* enseignement national, institutions modernes *vs* institutions traditionnelles, etc. Partageant une approche par le haut, ils ont abordé avant tout la question de la fabrique des politiques éducatives. En outre, la chronologie de l'histoire de l'éducation a été souvent calquée sur les grandes dates de l'histoire politique[52].

Depuis une vingtaine d'années, l'histoire de l'enseignement en Égypte connaît un renouvellement des objets et des approches[53]. Des travaux ont vu le jour sur les établissements d'enseignement islamique al-Azhar et Dār al-ʿUlūm[54]. Des recherches sont en cours sur l'éducation progressive

---

49. Dupont 2007 ; Bocquet 2010 ; Cabanel 2006 ; Hauser *et al.* 2016 ; Verdeil 2017.
50. Fortna 2002 ; 2010 ; Evered 2012 ; Le Thomas 2012 ; Hersch 2018 ; Herrera, Torres 2006 ; Diana 2014.
51. ʿAbd al-Karīm 1945. Voir aussi Heyworth-Dunne 1968.
52. Farag 1994a, p. 13.
53. Voir les travaux de F. Abécassis (2000 ; 2005) sur l'enseignement étranger ainsi que les recherches de M. Russell (2004) et L. Pollard (2005) sur l'éducation des filles et les manuels scolaires. À ces travaux, s'ajoutent les analyses d'I. Farag (2002) sur les revues pédagogiques de l'entre-deux-guerres ou encore les recherches de N. de Lavergne sur les *kuttāb*-s (2007). Il convient également d'évoquer l'ouvrage de G. Starrett sur l'éducation et l'islam (1998).
54. Raineau 2012 ; Kalmbach 2014. *Dār al-ʿUlūm* est instituée en 1872 pour former des enseignants des matières « modernes ». Lorsque les universités égyptiennes commencent à former aux carrières de l'enseignement, elle perd sa raison d'être et fusionne avec l'université du Caire. Kalmbach 2012, p. 109.

(*progressive education*) et la formation professionnelle des femmes[55]. Elles mettent en évidence les passerelles entre enseignement dit « traditionnel » et enseignement dit « moderne » et soulignent les continuités entre des périodes généralement décrites comme distinctes (la période libérale et l'Égypte nassérienne[56]). Sans réhabiliter la période du protectorat britannique et le déficit scolaire qui l'a caractérisée, d'autres soulignent la convergence d'objectifs entre élites réformatrices égyptiennes et autorités britanniques[57]. En plus de participer aux débats historiographiques encore ouverts sur le rôle et la place de l'enseignement étranger en Égypte[58], c'est sur un secteur de l'enseignement peu scruté, la formation technique et professionnelle, que ce travail se penche.

En 1995, Frédéric Abécassis soulignait que les écoles étrangères, par les débats qu'elles ont alimentés, s'inscrivent « au cœur même de la modernité politique en Égypte[59] ». Une approche nationaliste a décrit ces établissements comme l'un des symboles de la mainmise étrangère sur l'Égypte. Reprenant les principaux arguments développés par Girgīs Salāma[60], l'historien Nabīl ʿAbd al-Hamīd Sayyid Aḥmad n'y voit qu'une menace pour l'islam et une « entrave à la cohésion nationale[61] ».

Outre qu'elle masque la diversité des acteurs, des projets et des époques, cette approche ne rend pas compte du double paradoxe qui a marqué presque partout l'histoire coloniale : le désir des populations colonisées de bénéficier d'un enseignement de type européen et la participation de ces écoles, le plus souvent à leur corps défendant, à l'émergence d'élites nationalistes engagées dans la lutte pour l'indépendance[62]. À l'opposé de cette approche nationaliste, une approche nostalgique a décrit les écoles étrangères comme le symbole

---

55. Voir à ce sujet la thèse de F. Makar, *Progressive Education, Modern Schools and Egyptian Teachers: 1922-1956* (St. Anthony's College, University of Oxford, 2023) et la thèse en préparation de L. Pesquet, *Éduquer à la naissance en Égypte : les sages-femmes et les infirmières dans les politiques de la maternité et de contrôle de population de 1832 jusqu'à la fin de la période nassérienne* (université Paris 1). Il convient aussi d'évoquer les travaux de H. A. Yousef sur l'alphabétisation et le système scolaire en Égypte (2014 ; 2012-2013).
56. Ikeda 2005 ; Raineau 2012 ; de Lavergne 2007 ; Russell 2001.
57. Russell 2001.
58. Sur les écoles internationales en Égypte, voir Roushdy 2021.
59. Abécassis 1995b, p. 104.
60. Salāma 1963. Voir à propos de cet ouvrage Abécassis 1994.
61. Ahmad 2004, p. 123.
62. Verdeil 2009a, p. 182.

d'une Égypte cosmopolite révolue[63]. Au-delà des débats historiographiques et mémoriels, la question de l'enseignement étranger demeure d'une grande actualité ; les écoles internationales augmentent et attirent une minorité d'élèves fortunés tandis que la masse des élèves égyptiens est scolarisée dans un enseignement public fortement discrédité[64].

Les recherches récentes, dans la lignée desquelles le présent ouvrage s'inscrit, proposent une approche plus nuancée de la place et du rôle de l'enseignement étranger et de la pérennité d'établissements scolaires d'origine coloniale[65]. Ces travaux ont porté principalement sur les établissements étrangers et missionnaires les plus prestigieux visant à la formation de l'élite administrative et économique du pays[66]. D'autres établissements, offrant un enseignement technique et professionnel destiné à un public plus modeste, demeurent peu étudiés[67]. Ce secteur de l'enseignement fait l'objet d'un intérêt grandissant chez les historiens du colonialisme et de l'éducation en Afrique du Nord et dans l'Empire ottoman. Ils s'interrogent sur ses structures, ses contenus ainsi sur les débats qu'il a pu susciter dans un objectif de « mise en valeur » des colonies[68].

C'est à ce chantier encore peu avancé sur le terrain égyptien[69] que notre travail entend contribuer. Les Salésiens portent avec eux en Égypte un projet de rechristianisation des classes laborieuses. Notre analyse est centrée non

---

63. Hamouda, Colin 2002.
64. Voir à ce sujet Farag 1994b ; Roushdy 2021.
65. Trimbur 2004, p. 9.
66. Verdeil 2011 ; Bocquet 2008 ; Mayeur-Jaouen 1987.
67. À l'exception de l'étude de R. Loffler (2006) sur les établissements professionnels du réseau Schneller en Palestine entre la fin du XIXe et le milieu du XXe siècle et des recherches sur les orphelinats industriels en Égypte et en Syrie. Baron 2010 ; Hauser 2015.
68. Voir les travaux de Stéphane Lembré sur l'enseignement technique et professionnel dans le Maghreb colonial (Lembré 2015 ; 2017 ; 2020). La recherche doctorale de Mélina Joyeux (université d'Aix-Marseille) est consacrée à l'enseignement professionnel des filles dans cette même région à la même époque. D'autres travaux se sont intéressés à l'enseignement professionnel en situation coloniale (Di Pasquale 2007). A. L. Stoler (2009) a étudié les débats qu'a suscités dans les Indes néerlandaises la question de l'enseignement technique à destination de catégories « interstitielles » comme les enfants métis et les « blancs paupérisés ». Pour ce qui est de l'Empire ottoman finissant, voir Maksudyan 2011.
69. Il convient de mentionner ici les travaux d'Élisabeth Longuenesse sur les diplômés des écoles techniques égyptiennes (2003 ; 2007). En langue arabe, l'ouvrage de E. F. Shunūda (1967) portant sur l'enseignement industriel en Égypte de 1805 à 1952 reste incontournable. À propos de l'offre d'enseignement industriel dans l'Égypte coloniale, voir Turiano 2017a.

seulement sur les objectifs apostoliques qu'ils s'assignent – et qui consistent à former des « ouvriers chrétiens » – mais aussi sur le changement des postures et des habitus qu'ils espèrent susciter[70]. Des espoirs de réforme morale des catégories sociales modestes sont nourris à la même période en Égypte par les notables communautaires, le clergé oriental et les élites réformatrices musulmanes. Ils se traduisent par la fondation d'écoles privées, dont plusieurs écoles professionnelles. Au miroir des établissements salésiens, c'est l'essor et le développement d'un enseignement technique et professionnel en Égypte, les enjeux éducatifs, économiques et politiques qu'il représente et l'impulsion qu'il reçoit dans l'Égypte nassérienne que nous interrogeons.

3.3. *Migrations, travail et sociabilités professionnelles*

Daniel Hurel a souligné l'importance des archives des congrégations religieuses « non seulement au regard de l'histoire interne de chacune d'elles, mais aussi comme élément de l'histoire d'une société[71] ». Depuis, plusieurs travaux ont confirmé la richesse de ces sources pour écrire l'histoire des sociétés européennes et proche-orientales[72]. Une large part de notre étude est consacrée au public scolarisé dans les écoles de la mission salésienne ainsi qu'aux effets de l'enseignement à travers l'analyse du devenir professionnel des diplômés. En déplaçant le focus sur les usagers des écoles, il est possible d'apporter une contribution originale à l'histoire des migrations, des métiers urbains et des sociabilités professionnelles.

Les études sur les migrations européennes et les groupes diasporiques en Méditerranée s'intéressent depuis quelques décennies aux processus de construction identitaire et aux multiples interactions qui se produisent en

---

70. La présente étude se penche également sur la réception de l'action missionnaire. Elle prend en compte les apports de l'historiographie récente sur les missions qui suggère de remplacer le concept de transformation par celui de négociations. Hauser 2016.

71. Hurel 2001, p. 13.

72. Sur les archives des congrégations religieuses féminines pour écrire une histoire des sociétés européennes à l'époque contemporaine, voir Jusseaume 2016. Dans son étude consacrée au collège Saint-Vincent des Lazaristes à Damas, J. Bocquet (2008) appréhende la réalité du quartier chrétien de Bāb Tūma ainsi que les stratégies de scolarisation de familles en quête de notabilité. Prenant comme objet le collège des Frères des écoles chrétiennes dans la Jérusalem de l'époque mandataire, K. Sanchez (2009) interroge la construction des appartenances et des identités linguistiques.

situation diasporique[73]. S'écartant de la thèse d'enclaves statiques et fermées qui a longtemps prédominé, les études récentes adoptent une approche relationnelle, qui met l'accent sur les interactions des diasporas entre elles et avec les sociétés d'accueil[74]. Ces travaux, y compris ceux portant sur les réseaux consulaires en Méditerranée, bénéficient des apports des approches transnationales, voire transimpériales[75].

En croisant l'histoire de la colonisation et celle des migrations, plusieurs analyses récentes sur la présence italienne au Maghreb colonial font dialoguer de manière féconde deux courants d'étude qui se sont pendant longtemps ignorés[76]. D'autres travaux portent une attention majeure à l'histoire sociale des groupes diasporiques (Grecs, Arméniens, Juifs, etc.). Si par le passé, les élites et les sources qu'elles ont produites ont été l'objet d'étude principal, les approches récentes se tournent vers les catégories sociales moyennes, voire modestes. Elles n'hésitent pas à emprunter les concepts et les outils méthodologiques des études subalternes[77].

Ces perspectives s'appliquent aussi au cas égyptien. Mobilisant de nouvelles sources, souvent en langue arabe, l'histoire des migrations vers l'Égypte aux XIXe et XXe siècles connaît aujourd'hui un renouvellement. Les travaux de Will Hanley, de Khaled Fahmy et d'Angelos Dalachanis ont déplacé le focus vers les catégories sociales modestes et les travailleurs peu qualifiés, les *second class foreigners* pour reprendre l'expression de Will Hanley[78], qui ont été pendant longtemps négligés[79]. Ces études explorent, dans le cas égyptien, les questions soulevées par Ann Laura Stoler, Frederick Cooper et Julia Clancy-Smith dans leurs travaux pionniers sur les « Européens paupérisés » dans d'autres contextes impériaux[80]. L'idée qui les traverse est que les Européens, loin de représenter une catégorie homogène, constituent

---

73. Grenet 2016 ; Bardinet 2013 ; Oppizzi 2022.
74. Dalachanis 2022.
75. Marzagalli 2015 ; Jesné 2017 ; Aglietti *et al.* 2020.
76. Vermeren 2018 ; Oppizzi 2022.
77. Dalachanis 2017 ; Abdulhaq 2015. L'approche des études subalternes est au cœur de l'ouvrage coordonné par C. Paonessa consacré au cas italien dans l'Égypte coloniale (2021).
78. Hanley 2017, p. 292.
79. Biancani 2018 ; Fahmy 2004a ; 2004b ; Hanley 2008 ; 2017 ; Dalachanis 2017 ; Bardinet 2013.
80. Stoler 1989 ; Clancy-Smith 2002.

une mosaïque ; ils ne partagent pas les mêmes normes culturelles, ni ne jouissent des mêmes privilèges politiques[81].

Notre étude reprend à son compte les apports récents de cette « histoire par le bas ». L'école professionnelle que les Salésiens fondent à Alexandrie se destine dans un premier temps à un prolétariat immigré en provenance du Mezzogiorno italien et du sud de la Méditerranée, auquel les religieux prêtent toutes sortes de vices et qu'ils se proposent de moraliser. Si leurs écoles professionnelles élargissent progressivement le bassin de recrutement à d'autres catégories sociales, jusqu'aux années 1950 la plus grande partie des élèves italiens provient de familles modestes dépourvues, aux yeux des religieux, de tout « référent religieux et moral » : orphelins, enfants nés hors mariage, fils de manœuvres, de femmes isolées et enfants issus de couples mixtes. Les archives congréganistes et consulaires, auxquelles ce travail puise abondamment, donnent à voir une image plus feuilletée de cette communauté italienne que celle qui a été longtemps véhiculée par l'historiographie sur les Italiens d'Égypte[82]. Ces archives révèlent l'existence de ressortissants de seconde classe que, dans l'entre-deux-guerres, les autorités consulaires n'hésitent pas à qualifier de « fardeaux » ou encore de « parasites »[83].

C'est aussi à l'histoire de l'univers ouvrier et artisanal en Égypte aux XIXe et XXe siècles que ce travail apporte une modeste contribution. Cette histoire a été longtemps appréhendée sous l'angle de l'activisme et de ses rapports avec le mouvement national[84]. À l'autre bout de l'échelle sociale, les cadres (les médecins et les ingénieurs avant tout) issus des écoles « modernes » créées dès le XIXe siècle ont fait l'objet de plusieurs travaux qui les décrivent comme des « vecteurs de modernité[85] ». Les catégories intermédiaires (contremaîtres, techniciens, mais aussi comptables et employés de bureau) demeurent, quant à elles, sous-représentées dans les études sur les métiers et les professions au

---

81. Clancy-Smith 2006, p. 74.
82. Briani 1982. Sur la construction du « mythe » des Italiens d'Égypte, voir Petricioli 2007 ; Santilli 2013.
83. ASDMAE, AC, b. 312, Rapport du consulat général d'Italie à Alexandrie à la légation au Caire, 15 juin 1938.
84. Beinin, Lockman 1987 ; ʿAbbās 1975 ; Golberg 1986 ; Chalcraft 2004. Consacré à l'histoire des ouvriers des usines textiles d'al-Maḥalla al-Kubrā dans l'entre-deux-guerres, l'ouvrage de H. Hammad (2016) adopte une approche d'histoire sociale qu'elle articule avec les études de genre.
85. Alleaume 1993b ; Sraieb 1994 ; Bourmaud 2007 ; Verdeil 2009b.

Proche-Orient, et ce, en dépit du rôle essentiel qu'elles ont joué dans les mutations économiques des XIXe et XXe siècles, comme le suggère Élisabeth Longuenesse à propos des diplômés des écoles techniques égyptiennes[86].

À travers les trajectoires biographiques et professionnelles des anciens élèves des écoles Don Bosco, il est possible d'éclairer la participation d'écoles missionnaires à la formation et à la reproduction de catégories intermédiaires de travailleurs (ouvriers qualifiés, contremaîtres, techniciens, mais aussi moniteurs, employés de bureau, enseignants et traducteurs), ainsi que la mutation de ces catégories au rythme des restructurations du marché. Aussi ce travail apporte-t-il une contribution aux recherches récentes qui s'intéressent aux pratiques et aux espaces d'interaction et, plus précisément, aux sociabilités professionnelles. Longtemps appréhendées sous l'angle de l'opposition entre étrangers et Égyptiens[87], les relations qui se nouent sur les lieux de travail font l'objet de nouvelles lectures qui mettent l'accent à la fois sur les solidarités et les concurrences entre groupes ethniques et confessionnels[88]. Le cas salésien permet de montrer comment les écoles de la mission concourent à former des communautés de métiers qui marquent de leur empreinte l'espace urbain.

4. Le Caire, Rome, Londres : connecter des sources dispersées

Ce travail s'appuie sur un vaste corpus de sources hétérogènes et discontinues en plusieurs langues (italien, anglais, français et arabe). Elles ont été recueillies entre 2009 et 2013, dans divers centres d'archives, publics et privés, et dans plusieurs bibliothèques en Égypte, en Italie, en France et en Grande-Bretagne.

Le corpus central est constitué par les archives de la congrégation salésienne conservées à Rome, au Caire et à Alexandrie. Notre questionnement nous a amené à privilégier cinq types de sources qui ont fait l'objet d'une analyse systématique : la chronique ou le coutumier de l'école, les rapports d'inspection des pères visiteurs, la correspondance interne et externe à la congrégation, les textes règlementaires et les emplois du temps, ainsi que

---

86. Longuenesse 2003, p. 175.
87. Beinin, Lockman 1987 ; Goldberg 1986.
88. Gorman 2008 ; 2010 ; Bardinet 2013 ; Dalachanis 2022 ; Abdulhaq 2015.

les registres des élèves. Nous reviendrons tout au long de l'ouvrage sur la nature de ces sources et la manière dont elles peuvent être mises au service d'une histoire sociale de l'enseignement.

Le second ensemble documentaire est constitué par les archives consulaires, diplomatiques et d'État italiennes : les archives du consulat général d'Italie à Alexandrie, les fonds conservés au ministère des Affaires étrangères à Rome et les archives de personnalités politiques italiennes. Les archives de l'Associazione nazionale per soccorrere i missionari italiani (ANSMI), dont le rôle est central dans l'implantation des Salésiens en Égypte et le développement de leur réseau scolaire jusqu'à la Seconde Guerre mondiale, viennent compléter cet ensemble documentaire, qui révèle le point de vue de plusieurs instances italiennes[89].

Nous avons effectué quelques sondages dans les archives apostoliques du Vatican, de la Congrégation pour la propagation de la foi[90] et de la Congrégation pour les Églises orientales[91]. Les fonds consultés permettent d'interroger la politique du Saint-Siège à l'égard des missions. Pour la période correspondant au pontificat de Pie XII (1939-1958), le fonds « Nonciature en Égypte » offre des aperçus du rôle joué par la Délégation apostolique d'Égypte durant et après la Seconde Guerre mondiale à l'heure de l'*aggiornamento* des modèles et des pratiques missionnaires[92].

La situation de l'enseignement technique et professionnel en Égypte et le point de vue du gouvernement égyptien sur les accords de coopération culturelle et technique passés avec le gouvernement italien (1959-1970) ont été examinés à partir de sources du ministère de l'Éducation égyptien (rapports et statistiques) et du fonds « Présidence du Conseil des ministres » (Majlis al-wuzarā' ; Majlis al-nuẓẓār wa-l-wuzarā') conservé aux Archives nationales

---

89. Sur les archives de l'ANSMI, voir Turiano, Sanchez Summerer 2020.

90. La congrégation est fondée en 1622 par Grégoire XV dans le cadre de la réforme tridentine, avec une double mission : œuvrer à l'union des Églises orthodoxes et protestantes, d'une part, et promouvoir et organiser la mission parmi les non-chrétiens, d'autre part.

91. Depuis 1862 est active une section dédiée aux Églises orientales au sein de la congrégation Propagande Fide. En 1917, le pape Benoît XV rend autonome cette section sous le nom de Congrégation pour les Églises orientales. Elle a compétence exclusive sur toutes les matières qui touchent aux Églises non latines, qu'il s'agisse de personnes, de discipline ou de liturgie, même si ces questions présentent un caractère mixte et qu'elles intéressent aussi les latins.

92. Seulement quelques sondages ont pu être effectués dans ces fonds ouverts au public en mars 2020.

égyptiennes (Dār al-wathā'iq al-qawmiyya). Dans le fonds «Office des sociétés» (Maṣlaḥat al-sharikāt), il a été possible d'identifier les principales sociétés et compagnies concessionnaires qui recrutaient une partie de leur personnel parmi les diplômés des écoles salésiennes.

Nous avons effectué des sondages dans les archives du Foreign Office à Londres, ainsi que dans les archives diplomatiques françaises. Grâce à ce matériel documentaire, il a été possible d'éclairer le point de vue des autorités britanniques et françaises sur les écoles italiennes et les rivalités impériales qui se jouent sur le terrain scolaire. Les archives diplomatiques de La Courneuve ont pu également être mobilisées pour comparer la politique française à celle menée par le gouvernement italien dans le champ de la coopération technique et de l'aide au développement à partir du milieu des années 1960.

Afin de répondre aux questions sur l'itinéraire professionnel des anciens élèves, en plus de l'exploitation de sources écrites (Office des sociétés et annuaires téléphoniques, dont *l'Egyptian Directory* et *l'Annuario degli Italiani d'Egitto* de 1933), nous avons réalisé près de trente entretiens, sous la forme de récits de vie et d'entretiens semi-directifs, avec des anciens élèves scolarisés entre 1940 et 1970. Nous nous sommes heurtée initialement au problème du repérage des interlocuteurs. À Alexandrie comme au Caire, l'association des anciens élèves mène une vie précaire. Aucun annuaire n'a pu être trouvé[93]. Une troisième difficulté, peut-être la plus importante, vient de l'éparpillement des diplômés : beaucoup d'anciens élèves non égyptiens ont quitté l'Égypte entre les années 1940 et 1960. Les problèmes de repérage ont concerné aussi le nouveau public, majoritairement égyptien, qui investit les écoles dès le milieu des années 1950. Ces difficultés renvoient plus largement à la question de l'invisibilité des catégories professionnelles intermédiaires soulevée par Élisabeth Longuenesse dans son travail sur les diplômés des écoles techniques égyptiennes[94].

En Égypte, la méthode de proche en proche a fini par se révéler fructueuse. Deux lieux ont été centraux pour la prise de contact et la rencontre avec les enquêtés à Alexandrie : le cercle de la paroisse Sainte-Catherine et la maison de retraite italienne (*al-Malga' al-iṭālī*) sise à al-Shāṭbī. L'internet

---

93. Cette source a permis aux chercheurs travaillant sur l'histoire des écoles missionnaires de retracer les carrières et les itinéraires professionnels des anciens élèves. Au sujet du Collège de la Sainte-Famille du Caire, voir Mayeur-Jaouen 1987.
94. Longuenesse 2003.

et les réseaux sociaux ont aussi joué un rôle important : des amicales, dont notamment Alexandrie hier et aujourd'hui (AAHA), ainsi que des groupes constitués sur Facebook nous ont permis d'entrer en contact avec d'anciens élèves qui résident aujourd'hui en Italie ou en France. Au départ, la constitution de l'échantillon a été complètement fortuite et s'est effectuée au gré des rencontres et des prises de contact. Au fur et à mesure des entretiens, l'échantillon a acquis un certain degré de représentativité. La promotion de 1975 de l'Institut technique du Caire a pu être presque entièrement reconstituée.

La richesse et la diversité des sources dépouillées ne sauraient cacher leurs limites, ni les difficultés que leur dispersion et leur accessibilité limitée ont représentées. Pour ce qui est des sources missionnaires, nous avons été confronté à la réticence des religieux qui considèrent souvent l'historien comme un importun à écarter, quitte à dissimuler les documents qu'ils détiennent ou à en minimiser l'intérêt[95]. Le chercheur est en outre confronté à la fois à la surabondance d'un certain type de sources très normalisées (la correspondance) et à l'absence et à la rareté d'autres fonds : les programmes d'enseignement, les manuels scolaires, les cahiers ou les copies des élèves et les registres comptables des ateliers[96].

5. Approche multiscalaire et structure de l'ouvrage

Ce travail se base sur une approche qualitative des sources, notamment les enquêtes orales, mais ne renonce pas aux méthodes propres à l'histoire sérielle (traitement statistique). Partant du postulat que l'histoire de la mission salésienne est à la fois locale et globale, il se fonde sur le principe de la variation d'échelles qui « rend possible la construction d'objets complexes et la prise en compte de la structure feuilletée du social[97] ».

---

95. Après deux tentatives infructueuses en 2009, c'est à l'automne 2010 que la direction du Caire nous a autorisé à consulter l'ensemble des fonds conservés. À Alexandrie, l'accès est demeuré restreint à certaines typologies d'archives : la correspondance avec les diplomates italiens et avec la municipalité ainsi que les registres des élèves.
96. Voir Bocquet 2010, p. 17.
97. Revel 1996, p. 20.

Il propose une analyse à plusieurs niveaux en ce qui concerne les acteurs et les espaces dans lesquels ils sont insérés. Quant aux acteurs, trois échelles ont été prises en considération :

- l'échelle individuelle : elle permet d'appréhender le parcours des élèves, leurs trajectoires biographiques et professionnelles et les configurations relationnelles dans lesquelles ils s'inscrivent. Quelques profils de missionnaires ont pu aussi être esquissés. S'écartant d'une représentation désincarnée d'individus poursuivant une mission sans faille, cette échelle permet de saisir les religieux dans leurs états d'âme, dans les remises en question de soi et de la mission qu'ils mènent[98] ;

- l'échelle institutionnelle : l'observation porte sur une communauté religieuse dans son interaction avec une pluralité d'autres acteurs «institutionnels» (diplomates, représentants de la municipalité alexandrine ou de différents ministères égyptiens, etc.). On peut observer un univers qui partage un certain nombre de valeurs, des règles et des inquiétudes, mais qui est aussi traversé par des clivages et des points de vue discordants ;

- l'échelle étatique : ce niveau d'analyse permet d'appréhender la politique d'influence de l'État italien qui passe aussi à travers l'appui donné aux religieux et à leurs institutions scolaires. L'analyse porte également sur la législation produite par l'État égyptien, d'une part, pour étendre son contrôle sur l'enseignement étranger et, d'autre part, pour donner une impulsion à l'enseignement technique censé soutenir les projets de développement et d'industrialisation du pays. Cette échelle permet également d'analyser les négociations bilatérales égypto-italiennes, qui portent, entre autres choses, sur la redéfinition du statut des écoles italiennes en République arabe unie (RAU).

Dans les pages qui suivent nous étudions également plusieurs espaces :

- l'intérieur des établissements scolaires : ce niveau permet d'observer de près la mise en œuvre du projet missionnaire, ainsi que l'action, à la fois apostolique et pédagogique, auprès des élèves. L'école est appréhendée dans le même temps comme un lieu de mixité et de reproduction des distinctions sociales, ethniques et confessionnelles. Soumis à une stricte réglementation, l'espace scolaire n'en apparaît pas moins traversé par plusieurs formes de résistances ;

---

98. Sur le profil de quelques missionnaires catholiques en Kabylie, voir Dirèche 2004, p. 46.

- la ville : Alexandrie, pour laquelle l'on dispose de plus d'éléments que pour Le Caire, retient notre attention davantage que la capitale égyptienne. L'observation porte à la fois sur le quartier où s'implantent les Salésiens et sur la géographie professionnelle des élèves ;
- l'Égypte : c'est d'abord la géographie de l'implantation missionnaire (Delta et Canal) qui retient notre attention. Cette échelle permet aussi d'observer la fin d'un ordre communautaire et le processus de construction de l'État-nation qui tend à rejeter vers l'extérieur tout ce qui semble porter atteinte à l'ordre national ;
- l'espace méditerranéen et l'espace monde : l'arrivée des Salésiens à Alexandrie s'inscrit dans le cadre des migrations méditerranéennes. La prise en compte de cet espace permet d'appréhender les mobilités du personnel salésien non seulement entre un centre et une périphérie missionnaire (Italie-Égypte), mais aussi entre l'Égypte et les anciennes provinces de l'Empire ottoman où siège le provincialat salésien. Le cadre méditerranéen est aussi le théâtre où se déploie, tout au long de la période étudiée, la politique d'expansion et d'influence italienne : des rêves fascistes d'une Méditerranée transformée en « lac italien » à la politique méditerranéenne élaborée au lendemain de la Seconde Guerre mondiale et visant à faire de l'Italie un « pont » entre l'Europe et le sud de la Méditerranée. Enfin, l'espace monde est celui des itinéraires migratoires des communautés étrangères et des minoritaires qui constituent le public principal des établissements confessionnels et dont beaucoup quittent l'Égypte entre les années 1940 et 1960.

Passant de l'inscription de l'école dans un quartier de la ville d'Alexandrie à l'élaboration à Rome d'une politique arabe, ce travail entend montrer que les établissements salésiens sont loin d'être un objet anodin et qu'ils participent d'une histoire méditerranéenne sinon mondiale.

L'ouvrage est structuré en trois parties chrono-thématiques. La première est consacrée aux débuts de la présence missionnaire à Alexandrie. Le premier chapitre analyse l'essor de la congrégation en Italie avant d'éclairer les mobiles de son implantation en Égypte. La fondation et le fonctionnement de l'école des arts et métiers sont au cœur du chapitre suivant. Les objectifs de rechristianisation des classes laborieuses que les Salésiens s'assignent sont mis en parallèle avec les projets de réforme morale du peuple qui animent, dans les mêmes années, les milieux réformateurs égyptiens. En ce temps de fondation, toutes les tentatives pour élargir le terrain d'intervention de la mission ne sont pas couronnées de succès. Les religieux se heurtent notamment à un puissant lobby anticlérical au sein de la colonie italienne (chapitre 2). Si pour les modes de mobilisation des ressources humaines et financières, la mission semble s'apparenter à une organisation internationale, les premières décennies de sa présence à Alexandrie sont marquées par le processus de construction de son italianité (chapitre 3).

La deuxième partie analyse les recompositions du réseau scolaire salésien dans l'entre-deux-guerres, période qui se caractérise par une crise économique sans précédent et l'essor de mouvements nationalistes et islamistes. Âge d'or pour la mission, les années 1920 sont marquées par l'émergence de plusieurs impérialismes rivaux, qui s'affrontent aussi sur le terrain scolaire. Dans ce contexte d'âpres rivalités, la mise à contribution des missionnaires dans la politique d'expansion de l'Italie fasciste est interrogée (chapitre 4). Dans les années 1930, les Salésiens accordent la priorité aux sections professionnelles qui accueillent un public hétérogène du point de vue national et confessionnel. L'analyse de la gestion de la mixité permet d'éclairer le regard que portent les religieux sur leurs élèves. Les modes de scolarisation des élèves et leur devenir professionnel révèlent, d'une part, les stratégies des familles et, d'autre part, les effets de la formation professionnelle dans l'Égypte de l'entre-deux-guerres (chapitre 5).

La dernière partie se concentre sur la mission et son réseau scolaire à l'heure de l'arabisation et des décolonisations. Au lendemain de la Seconde Guerre mondiale, les Salésiens dirigent les seules écoles italiennes de garçons au Caire et à Alexandrie. Leurs réponses aux injonctions d'adaptation qui viennent à la fois du Saint-Siège et du ministère de l'Éducation égyptien sont au cœur du chapitre 6. L'enseignement professionnel apparaît comme un gage de durabilité à l'heure où l'Égypte fait de l'industrialisation une priorité de sa politique économique. Les médiations entre les gouvernements italien et égyptien pour le maintien des écoles de la mission, tout comme les restructurations des filières d'enseignement, sont analysées dans le chapitre 7. Ce chapitre restitue ces ajustements dans le cadre plus large des politiques de coopération et d'aide au développement menées par l'Italie et d'autres anciennes puissances coloniales. Enfin, suivre le parcours des anciens élèves révèle, d'une part, les effets de la formation professionnelle et, d'autre part, les fonctions sociales qu'un nouveau public scolaire assigne aux écoles de la mission durant trois décennies, allant de l'Égypte nassérienne aux premières années de la présidence de Hosni Moubarak (chapitre 8).

PREMIÈRE PARTIE

UNE MISSION À ALEXANDRIE
(1896-1920)

L A FONDATION de la Société Saint-François de Sales à Turin s'inscrit dans le cadre du réveil religieux qui concerne toutes les nations et toutes les Églises au XIXᵉ siècle[1]. Au moment où le Piémont pré-unitaire s'engage dans une politique de sécularisation, les Salésiens s'organisent, comme d'autres congrégations enseignantes, sur le terrain de l'éducation et des initiatives charitables. L'objectif est de lutter contre la sécularisation et, plus tard, contre le socialisme montant. Portés par l'élan missionnaire qui caractérise le «long XIXᵉ siècle[2]», les Salésiens se consacrent aussi à l'évangélisation de territoires d'outre-mer, en commençant par l'Argentine.

L'ambition de conquérir des nouvelles âmes au catholicisme se double de la volonté d'assister spirituellement les populations migrantes. La question de la pastorale migratoire, relativement bien connue pour ce qui concerne le continent américain, demeure, en revanche, peu explorée dans le cadre méditerranéen[3]. Or, les migrations vers le sud et l'est de la Méditerranée alimentent des préoccupations comparables dans les milieux catholiques. Les migrants sont perçus comme étant doublement en danger: du fait de vivre au milieu d'une population majoritairement musulmane et du fait d'être exposés à un anticléricalisme très répandu dans les milieux européens expatriés.

Après avoir accueilli nombre d'exilés politiques fuyant la Restauration, l'Égypte attire, à la fin du XIXᵉ siècle, des travailleurs en quête d'emploi. Grecs,

1. Gadille, Mayeur 1995, p. 6.
2. Hobsbawm 2005, p. 9.
3. Pour approfondir la question de la pastorale migratoire dans le Nouveau Continent, voir les travaux de Matteo Sanfilippo (2001 ; 2009 ; 2011) et de Gianfausto Rosoli (1989 ; 1991).

Italiens et Maltais pour la plupart, ils sont très actifs dans les sociétés ouvrières qui voient le jour à Alexandrie. C'est pour encadrer ce prolétariat immigré et l'affermir dans la foi que les Salésiens s'installent en Égypte.

Aussi bien à Alexandrie que dans d'autres villes égyptiennes, les Salésiens ambitionnent de diversifier leurs œuvres. Les projets de fondations révèlent les priorités qu'ils s'assignent et l'inflexion de la stratégie missionnaire au gré des opportunités offertes par le terrain. Les tentatives d'élargir leur audience ne sont pas toutes couronnées de succès. Les atermoiements et les échecs que révèle la lecture des sources internes à la congrégation contredisent la vision triomphaliste véhiculée dans les documents officiels et la presse missionnaire.

Alors que durant les premières années ils doivent faire face à une violente opposition anticléricale, véhiculée par la presse anarchiste et libertaire italophone, à la fin de la Première Guerre mondiale, les Salésiens sont décrits comme de précieux vecteurs d'italianité. Interroger le revirement qui s'opère en l'espace de quelques décennies permet d'éclairer le processus de construction de l'italianité de la mission. Les Salésiens ne nouent pas pour autant des relations exclusives avec les milieux italiens en Égypte. L'attention portée aux aspects matériels et à la mobilisation des ressources humaines révèle, au contraire, une mission insérée dans un réseau de relations qui s'étend au-delà du cadre national.

Durant les premières décennies de leur implantation en Égypte, c'est la parole des missionnaires qui prime. Rapports, lettres et statistiques visent à informer les supérieurs des progrès de la mission. Évoquer le contexte de leur production et les normes qui président à leur rédaction permet de montrer leur utilité pour une analyse fine et située de la mission, mais aussi d'en souligner les limites.

Chapitre premier

De Turin à Alexandrie

Fondée au xixᵉ siècle dans le Piémont pré-unitaire, la congrégation salésienne s'engage sur le terrain de l'éducation et des œuvres caritatives. L'attention portée aux catégories modestes, notamment la jeunesse ouvrière, se décline en plusieurs actions qui s'inscrivent dans le cadre d'un catholicisme social émergent. En 1869, les Salésiens sont reconnus en tant que congrégation de vœux simples par le Saint-Siège. Dans les mêmes années, ils prennent part au réveil missionnaire qui confère au christianisme une dimension inédite tout au long du xixᵉ siècle. Toutefois, d'un terrain de mission à l'autre, les objectifs divergent.

L'Amérique latine constitue une destination privilégiée pour les missions salésiennes. Leur action auprès des migrants italiens et des populations de ce continent a fait l'objet de quelques études[1]. En revanche, la présence salésienne au Proche-Orient et en Afrique du Nord, pourtant attestée depuis la fin du xixᵉ siècle, demeure encore peu connue[2]. L'arrivée des Salésiens à Alexandrie et les modalités de leur insertion dans le tissu urbain révèlent des objectifs quelque peu différents de ceux des autres congrégations catholiques installées en Égypte et au Proche-Orient.

Du quartier Valdocco à Turin à l'arrondissement alexandrin de Bāb Sidra, l'essor de la congrégation et son implantation en Égypte s'inscrivent dans des cadres plus vastes : l'histoire du renouveau religieux et du réveil missionnaire en Europe et en Italie, l'histoire des migrations et des diasporas italiennes en Méditerranée et l'histoire du phénomène missionnaire au Proche-Orient.

---

1. Voir les travaux de Rosoli (1989 ; 1996).
2. L'article de P. Pieraccini (2019) constitue une exception.

1.1.   Les Salésiens en Italie

La fondation de la société salésienne doit être insérée dans le cadre du renouveau religieux qui caractérise l'Europe de la Restauration. La reconstitution d'ordres anciens s'accompagne de la fondation de nouveaux instituts religieux qui se consacrent majoritairement à l'action éducative. Dans le royaume de Piémont-Sardaigne, les débats autour de l'instruction du peuple se multiplient et se traduisent par une multitude d'initiatives privées. Ces initiatives sont portées par des philanthropes, de nouvelles congrégations, avant tout féminines, et de jeunes prêtres qui mettent en œuvre de nouveaux modèles pastoraux. Les lois de sécularisation adoptées par le royaume, puis étendues au nouvel État italien, ne mettent pas un frein à ce dynamisme. La congrégation salésienne participe à définir les contours d'un catholicisme social qui trouve dans la doctrine sociale de l'Église (1891) une formulation théorique.

1.1.1.   *Renouveau religieux et essor congréganiste*

Marqué par l'essor des idées libérales et la naissance des mouvements nationaux, le milieu du XIXe siècle se caractérise par un nouvel élan religieux en Europe. Ce renouveau aux formes diverses conforte la foi face aux doutes hérités du Siècle des lumières et au « traumatisme » de la Révolution française. Différents courants de piété et de religiosité se diffusent et prennent une dimension transnationale (l'ultramontanisme catholique et le piétisme protestant en sont les principaux exemples[3]). Le renouveau religieux se traduit également par la réorganisation de confréries et d'associations pieuses ainsi que par la reconstitution d'ordres anciens fortement éprouvés pendant la période révolutionnaire et napoléonienne, à l'image des Jésuites, rétablis en 1814. De nouveaux instituts, avant tout féminins, voient le jour. Ils reflètent l'importance accordée aux femmes dans la reconquête religieuse de la société. Dans un monde à reconstruire après les sursauts révolutionnaires, ces instituts font de l'éducation l'un des principaux vecteurs de la charité chrétienne[4].

---

3. Sur la religiosité et le renouveau de la spiritualité entre 1815 et 1915, voir Fattorini 1997.
4. Ostenc 2011, p. 70-73.

Les congrégations dites «de vie active», avec à leur tête un supérieur général ou une supérieure générale, remplacent progressivement les ordres contemplatifs, d'abord en France et aux Pays-Bas, puis dans les autres pays européens. En France, elles connaissent un essor inédit après la suppression des ordres monastiques contemplatifs par la Révolution : près de 400 nouvelles congrégations actives sont fondées entre 1800 et 1880, avec un point culminant entre 1820 et 1860. Les religieuses passent de 13 000 au lendemain de la Révolution à 130 000 en 1880. Les femmes qui adhèrent à ce nouveau modèle de vie religieuse rompent avec la tradition de la clôture et s'éloignent des couvents pour travailler comme infirmières, enseignantes et dans le secours des pauvres, répondant à une demande sociale grandissante[5].

Dans l'Italie pré-unitaire, l'Église est partagée autour de 1839 entre des États aux traditions politiques, administratives, culturelles et religieuses très différentes. La diversité régionale se reflète aussi dans le renouveau religieux qui concerne tout à la fois la réorganisation de l'enseignement catéchistique, la reconstitution de confréries et d'associations religieuses, le rétablissement de grands ordres et la création de nouvelles congrégations[6]. Ces dernières connaissent dans la première moitié du XIXe siècle une véritable floraison, contribuant à la féminisation croissante de la vie religieuse : sur les 140 nouvelles congrégations créées entre 1800 et 1860, 120 sont des congrégations féminines[7]. Ces dynamiques intéressent quasi exclusivement le Nord de la péninsule, plus précisément la Lombardie-Vénétie autrichienne (Vérone, Brescia et Bergame sont les centres les plus dynamiques). Dans le royaume des Deux-Siciles, les monastères restent majoritaires.

Les deux tiers de ces nouvelles congrégations se consacrent à l'enseignement. Dans le royaume de Piémont-Sardaigne, les *Regie patenti* de 1822 ouvrent largement les portes de l'enseignement aux congrégations religieuses. Les Frères des écoles chrétiennes acquièrent en peu de temps une grande notoriété. Véritable nouveauté du siècle, l'instruction féminine connaît un développement au-delà des cercles aristocratiques. En Vénétie, la congrégation de Madelaine de Canossa, les Filles de la charité, joue un

---

5. Sur la dynamique du fait congréganiste féminin et la «féminisation croissante des cadres permanents du catholicisme français» au XIXe siècle, voir Langlois 1984. Sur les congrégations féminines voir Brejon de Lavergnée 2016 ; Jusseaume 2017 ; 2019.
6. Ostenc 2011, p. 69.
7. Rocca 1992, p. 214.

rôle de premier plan dans ce domaine en ouvrant des écoles qui dispensent un enseignement primaire et professionnel[8].

Ces établissements innovent peu d'un point de vue pédagogique, mais l'instruction qu'ils dispensent devient un moyen d'intégration des classes populaires dans la société, ce qui explique leur succès. De manière générale, dans l'Italie de la Restauration, l'Église retrouve des prérogatives étendues en matière d'éducation et d'assistance charitable qu'elle exerce sous le contrôle de l'État. La pensée pédagogique chrétienne se préoccupe de l'éducation populaire et du rôle des femmes dans la société[9]. Les nouvelles congrégations religieuses jouent un rôle actif dans ces dynamiques aux côtés de philanthropes, de théologiens et de pédagogues comme l'atteste le cas du royaume de Piémont-Sardaigne.

I.I.2. *Éducation et charité dans le royaume de Piémont-Sardaigne*

Les révolutions constitutionnalistes qui éclatent un peu partout dans la péninsule italienne se traduisent, dans le royaume de Piémont Sardaigne, par l'octroi en 1848 du *Statuto albertino*. Ce dernier déclenche un processus de sécularisation qui passe, entre autres choses, par le contrôle de l'État sur l'enseignement. Des lois votées en 1850 suppriment le for et les immunités ecclésiastiques. La loi dite «des couvents» (1855) supprime en partie les chapitres collégiaux et les ordres religieux non spécialisés dans les soins des malades et l'enseignement. L'objectif est de séparer l'État de l'Église sans pour autant entraver la liberté de celle-ci, selon la formule restée célèbre de Cavour : «Une Église libre dans un État libre».

Alors que les mouvements insurrectionnels sont écrasés et l'ordre rétabli partout dans la péninsule (1849), le nouveau roi de Sardaigne Victor-Emmanuel II s'affirme comme le défenseur de la liberté et de l'unité italienne. Turin devient la ville-refuge de patriotes persécutés dans les différents États italiens. C'est dans cette ville en pleine mutation démographique et urbanistique qu'agissent et écrivent les principaux

---

8. De Marco 1995, p. 27.
9. Ostenc 2011, p. 80.

penseurs du *Risorgimento*[10]. Libéraux, conservateurs, libéraux-catholiques et révolutionnaires, trouvent un canal de diffusion de leurs idées dans la presse, qui connaît un essor inédit durant les mêmes années[11].

Berceau d'idées libérales, Turin est aussi le théâtre d'un réveil religieux qui se manifeste dans la pensée et les écrits de certains théologiens issus de la mouvance catholique-libérale ainsi que dans la floraison d'initiatives charitables venant de religieux ou de laïcs. Contrairement au courant intransigeant et contre-révolutionnaire avec à sa tête le pape, basé sur le refus des valeurs et des idéaux de la société libérale, la mouvance catholique-libérale essaye de concilier société moderne et christianisme, Église et État. Influencés à la fois par le jansénisme et par le protestantisme suisse, les catholiques-libéraux italiens envisagent une réforme du catholicisme qui aille dans le sens d'une adaptation aux temps modernes[12].

Parmi les principaux représentants de ce courant, le théologien et philosophe Antonio Rosmini propose d'accompagner la réforme politique, visant à l'instauration d'un ordre politique d'inspiration chrétienne, d'un programme de réformes ecclésiales, dans le but de restaurer la simplicité des origines[13]. Par ses écrits pédagogiques, il joue aussi un rôle de premier plan dans le mouvement éducatif piémontais. Auteur de *Dell'educazione cristiana* (1821) et de *Sull'unità dell'educazione* (1826), le prêtre de Rovereto fait de la religion le principe fondamental de l'éducation et voit en la morale le couronnement de tout enseignement. Ses idées pédagogiques inspirent beaucoup de nouvelles congrégations. Son influence dans les milieux catholiques piémontais est grande et nourrit la réflexion sur l'éducation populaire[14].

Plusieurs courants s'affrontent. Un courant conservateur affirme que le peuple n'a besoin que d'une éducation au catéchisme et qu'une instruction

---

10. La population de Turin passe de 89 000 habitants en 1820 à près de 127 000 en 1840. À partir de 1820, la ville s'étend dans toutes les directions. Navire 2009, p. 276. Pour l'histoire de Turin pendant le *Risorgimento*, voir Levra 2000.

11. Navire 2009, p. 287.

12. Durand 1995a, p. 267.

13. Ces idées sont présentées dans son livre *Delle cinque piaghe della santa chiesa* paru en 1848. L'année suivante, l'ouvrage est condamné par le pape Pie IX qui l'associe au libéralisme montant et à une vision ecclésiale trop éloignée de la sienne. Durand 1995a, p. 618 ; Menozzi 1993, p. 76.

14. Chiosso 2007, p. 131.

plus poussée constituerait un risque pour l'ordre établi. Un deuxième courant, plus ouvert quoique toujours modéré, défend l'idée de l'utilité d'une instruction préventive ; il rejette les préjugés qui voient en les progrès de l'alphabétisation l'une des causes de la révolution qui, depuis la France, aurait « contaminé » le Piémont. Alors que la modernisation s'accélère, l'instruction est considérée comme un moyen de moraliser et de christianiser le peuple, en l'éloignant des tentations révolutionnaires[15]. À l'origine de ces débats, il y a aussi un phénomène démographique récent : l'arrivée à Turin d'un flux migratoire important provoqué par les disettes qui caractérisent les premières décennies de la Restauration. Ce flux conduit vers la capitale une population instable qui se trouve rapidement aux marges de la communauté urbaine[16].

Philanthropes et laïcs catholiques, d'une part, congrégations religieuses et bas-clergé, de l'autre, mettent en œuvre, au nom de la philanthropie, de la charité et du prestige personnel, des projet éducatifs destinés à assurer le « progrès harmonieux de la société » à travers la lutte contre la misère, la mendicité et les désordres sociaux[17]. Une des premières initiatives philanthropiques est l'Opera di Mendicità qui, à partir de 1816, recueille les enfants pauvres ou abandonnés des familles des faubourgs turinois et les forme au travail du bois, du cuir et du fer. En 1846, l'Œuvre confie aux Frères des écoles chrétiennes des cours du soir destinés aux classes laborieuses. En transférant le modèle mis en application à Paris une dizaine d'années plus tôt, les Frères enseignent la géométrie, le dessin ornemental, le français et la comptabilité[18].

Une centaine d'enfants plus jeunes, issus de familles indigentes, sont accueillis dans les salles du palais Barolo que le marquis Tancredi et son épouse Giulia, qui comptent parmi les plus importants et actifs philanthropes de l'époque, ont ouvertes pour les éduquer[19]. Ces salles sont officiellement approuvées en 1849, lorsque le souverain autorise la fondation de la Società promotrice di asili e di scuole infantili[20]. Du côté du clergé, les initiatives viennent d'une nouvelle génération de prêtres issus de séminaires qui privilégient les exigences pastorales et l'action de terrain en comparaison de

15. Morandini 2003, p. 14.
16. Levi 1990, p. 1353.
17. Chiosso 2007, p. 110.
18. De Fort 2011, p. 22.
19. De Marco 1995, p. 28.
20. Morandini 2003, p. 16.

la spéculation théologique. À cette génération appartiennent Don Cocchi, Don Murialdo, Don Tasca et Don Bosio, fondateurs, en 1850, de la société de charité Pro Giovani Abbandonati di Torino, qui ouvre rapidement une école des arts et métiers[21]. Ces initiatives, qui visent à dépasser le principe de l'aumône individuelle par une charité active, fondée sur l'action économique et sociale, constituent autant de prémices d'un catholicisme social émergent[22].

1.1.3. *Catholicisme social et* Rerum Novarum *(1891)*

En s'efforçant d'adapter les anciennes pratiques charitables à une société en pleine mutation, œuvres, patronages et associations contribuent à définir les contours du catholicisme social naissant. Le plus souvent décrit comme une doctrine, ce dernier se caractérise, pour reprendre l'expression de Denis Pelletier, par «un ensemble de pratiques charitables dictées à des militants et à des notables par les problèmes nouveaux que suscite le XIXe siècle[23]».

En Italie, ces nouvelles pratiques connaissent un essor et une diversification après l'unification (1861). Elles s'adressent en priorité aux classes populaires dans le but de porter remède à la «question sociale», terme par lequel on se réfère génériquement à l'ensemble des problèmes nés de la révolution libérale et de l'industrialisation. Toutefois, elles ne se limitent pas à ces classes sociales. En défendant «un projet global de société[24]», elles ont une ambition plus grande : bâtir une contre-société face au libéralisme révolutionnaire et au socialisme étatiste. Aussi diverses qu'elles puissent être, au point qu'on a pu parler de «nébuleuse[25]», ces pratiques «militantes[26]» partagent un même objectif consistant à marquer la société de l'influence chrétienne après le traumatisme révolutionnaire. Qui plus est, elles plongent leurs racines dans la même mouvance, le courant catholique intransigeant, marqué par le refus de la société née de la Révolution et par la volonté de reconquérir au catholicisme la société moderne[27].

21. De Giorgi 1999, p. 99.
22. Gadille 1995, p. 35.
23. Pelletier 2004, p. 372.
24. Mayeur 1986, p 9.
25. Duriez 2016, p. 13.
26. Pelletier 2004, p. 374.
27. Mayeur 1972, p. 485.

C'est dans ce cadre que les premières grandes organisations catholiques laïques commencent à s'organiser dans le dernier quart du XIXe siècle. En Italie, l'Œuvre des congrès (1874) est l'une des principales expressions du catholicisme social. L'objectif fondamental de l'Opera est de promouvoir et de fédérer l'action des associations catholiques et leurs œuvres caritatives. Organisée en comités paroissiaux, diocésains et régionaux, elle sert également à canaliser l'opposition politique des catholiques au libéralisme[28]. Elle œuvre à la promotion de l'action catholique, restant fidèle au *non expedit*[29] et reprend à son compte la condamnation des «erreurs modernes» contenue dans le *Syllabus*. Parmi les plus importants représentants italiens du catholicisme social, l'économiste Giuseppe Toniolo (1845-1918) joue aussi un rôle de premier plan dans l'essor de la sociologie catholique à travers la fondation de revues et d'associations[30].

À ces pratiques variées, la doctrine sociale de l'Église fournit, à la fin du siècle, un cadre théorique. L'encyclique *Rerum Novarum* (1891) affirme la légitimité de l'intervention de l'Église en matière sociale[31]. Le souverain pontife Léon XIII (1878-1903) identifie dans la prolétarisation grandissante à la fois un risque et une opportunité. L'encyclique se base sur un double refus : d'une part, du libéralisme, jugé responsable de la condition ouvrière et, d'autre part, du socialisme montant[32]. Si elle laisse de nombreuses questions ouvertes, elle constitue le «premier jalon officiel du catholicisme social» et est présentée comme un «dogme social». Le catholicisme social apparaît ainsi comme une troisième voie entre le libéralisme et le socialisme[33]. Dans les années qui suivent la promulgation de la *Rerum Novarum*, d'autres textes pontificaux alimentent le corpus doctrinal et mettent à jour l'enseignement social de l'Église[34].

---

28. Sur l'Œuvre des congrès, voir Pazzaglia 1981.

29. Interdiction faite par le pape Pie IX aux catholiques italiens de participer comme électeurs ou candidats à la vie politique du royaume entre 1868 et 1919.

30. À propos de l'œuvre de Toniolo, voir Sanfilippo 2017.

31. Elle ne naît pas pour autant d'un «désert théorique», comme le rappelle Denis Pelletier (2004). Le *Syllabus* et l'encyclique *Quanta Cura* (1864), ainsi que les travaux des jésuites de la *Civiltà Cattolica*, en constituent les prémices. Ils esquissent les grandes lignes d'une réponse de l'Église à la question sociale.

32. Sur l'encyclique, il existe une abondante historiographie. Il convient de signaler l'ouvrage collectif *Rerum Novarum* (1997).

33. Mayeur 1972, p. 494.

34. Durand 2013, p. 320.

Sur le plan de l'action, l'encyclique donne une impulsion à des initiatives diverses (mouvements, syndicats, organisations, etc.) et à un engagement qui préconise une résolution chrétienne de la question sociale[35]. En Italie, l'Œuvre des congrès est remplacée par l'Action catholique qui coordonne le mouvement associatif[36]. En 1889, Giuseppe Toniolo fonde à Padoue l'Unione cattolica di studi sociali dans le but de relancer le programme d'action proposé par l'encyclique, notamment la prise en charge de la classe ouvrière, des paysans et des migrants[37].

Les congrégations enseignantes sont appelées à s'adapter aux nouvelles réalités urbaines et à répondre à l'urgence de la question sociale. Sous le pontificat de Léon XIII, la congrégation salésienne se met au service du mouvement catholique, en confirmant son engagement en faveur des catégories modestes et de la jeunesse ouvrière[38].

1.1.4. *Valdocco, berceau turinois de la société salésienne*

C'est dans le cadre de ces initiatives socio-éducatives visant à la rechristianisation du peuple après les sursauts insurrectionnels que s'inscrit l'action de Giovanni Bosco (1815-1888), fondateur de la congrégation salésienne. Issu d'une famille de paysans de la vallée d'Asti, il accomplit une partie de ses études au séminaire de Chieri avant de se rendre au Convitto ecclesiastico de Turin pour étudier la théologie. Ce collège est un vivier de nouveaux prêtres qui rejettent le jansénisme, le rigorisme et le pessimisme moral et s'ouvrent à l'univers de la piété populaire[39].

Ordonné en 1841, le père Bosco est, comme d'autres prêtres contemporains, avant tout un pédagogue. Faisant de saint François de Sales (1567-1622) le modèle pastoral de sa démarche éducative, il vise à donner au peuple une instruction essentiellement morale et religieuse, fondée sur une pédagogie de la familiarité et de la convivialité. Ce modèle doit beaucoup à l'héritage spirituel de Philippe Néri, animé par la foi en la nature humaine, la simplicité et la mansuétude. En ce sens, la spiritualité de Don Bosco, tout en n'étant

---

35. Rémond 1997, p. 662.
36. Sur l'Action catholique et les organisations catholiques féminines, voir Gaiotti De Biase 2002 ; Della Sudda 2014 ; 2019.
37. Voir à ce propos, Bazzichi 2012.
38. Stella 1983, p. 223. Sur le mouvement catholique en Italie, voir Traniello, Campanini 1997.
39. Tassani 2006, p. 163.

pas particulièrement novatrice, le conduit à « un mariage heureux entre ecclésiologie théorique et ecclésiologie vécue[40] ».

Par les objectifs qu'il assigne à l'éducation, à savoir « sauver les jeunes pauvres et abandonnés » et par le modèle pédagogique qu'il prône, contenu dans son *Traité sur la méthode préventive en éducation* (1876), Don Bosco s'inscrit dans le courant qui considère l'instruction comme un moyen de prévention. Ces idées trouvent une traduction dans l'ouverture d'un premier patronage dominical à Turin où il regroupe de jeunes apprentis afin de leur enseigner le catéchisme[41]. Celui-ci est ensuite transféré dans le quartier de Valdocco à Turin et s'élargit au fil des années pour accueillir des cours du soir (1844), un foyer d'apprentis (1844), une école secondaire (1848) et des cours professionnels (1853). Dans ces cours professionnels, l'instruction primaire est associée à la prévention de l'immoralité par l'initiation au travail. Il s'agit aussi d'éloigner les jeunes apprentis des idées anticléricales qui gagnent du terrain dans les milieux populaires[42]. En effet, après son refus de s'engager dans une guerre contre l'Autriche aux côtés du Piémont (1848), le pape est devenu, aux yeux des partisans de l'unité italienne, un traître et un ennemi de la patrie. Comme l'a relevé Jean-Dominique Durand, un anticléricalisme parfois virulent, identifié aux revendications nationales et libérales, se répand au point de devenir « une donnée fondamentale de la vie religieuse en Italie[43] ».

C'est dans ce contexte que s'inscrivent les initiatives salésiennes en faveur de la jeunesse populaire. L'ouverture de cours professionnels doit aussi permettre de pourvoir aux besoins matériels de la petite communauté religieuse qui s'est constituée autour du P. Bosco. Dans le patronage de Valdocco, les premiers ateliers sont ceux des cordonniers et des couturiers. L'ouverture d'une typographie est liée, quant à elle, aux besoins de la propagande catholique face à la montée de l'anticléricalisme. C'est dans cet atelier que seront édités les *Letture cattoliche* et, plus tard, le *Bollettino salesiano*, organe d'information de la congrégation sur les activités qu'elle mène en Italie et dans les pays de mission[44]. L'activité éditoriale devient

---

40. Ostenc 2011, p. 70. Sur le « modèle salésien », voir Traniello 2007, p. 200.
41. Sur les patronages dans l'Italie contemporaine, voir Tassani 2006.
42. Chiosso 2011, p. 151.
43. Durand 1995a, p. 263.
44. Panfilo 1976, p. 71.

importante au fil des années, comme l'atteste le nombre croissant d'apprentis typographes[45].

Dans les années qui suivent son installation à Valdocco, la communauté multiplie la fondation d'écoles professionnelles (qui passent de 15, en 1888, à 70, en 1910[46]) et de collèges-pensionnats. Si ces derniers paraissent en contradiction avec les objectifs charitables revendiqués par Don Bosco, ils traduisent la volonté d'élargir et de diversifier le rayonnement de la communauté religieuse. Les collèges sont par ailleurs considérés comme des foyers potentiels de vocations pour alimenter la congrégation que Don Bosco envisage de fonder. Elle est créée en 1859, sous le nom de Société de Saint-François de Sales. Dix-neuf membres, dont deux prêtres, un laïc et seize novices, en font partie. En 1869, elle obtient le décret d'approbation de Rome comme congrégation de vœux simples. C'est donc dans la première capitale de l'Italie unifiée que la congrégation salésienne se développe.

1.1.5. *Les Salésiens dans l'État unitaire : une expansion rapide*

La législation du nouvel État unitaire, qui étend à la péninsule la politique piémontaise, vise à reléguer l'Église à la stricte sphère religieuse. Les lois de 1866 et de 1867 entraînent la suppression de plus de 700 maisons religieuses et la dispersion d'environ 12 000 religieux. Elles privent les ordres et les congrégations de leurs biens immobiliers et de la possibilité d'exister en tant qu'entité juridique (jusqu'au concordat de 1929). Néanmoins, les lois de suppression n'arrêtent ni l'expansion ni la création de nouvelles congrégations qui, au contraire, font preuve d'une grande vitalité. Elles peuvent mener leur activité religieuse, d'enseignement et de charité sous la forme de « libres associations[47] ».

Comme le relève Lucetta Scaraffia à propos des congrégations féminines, les nouveaux instituts « s'inventent de nouvelles formes d'existence juridico-économique[48] ». Selon cette historienne, la nécessité de trouver de nouvelles ressources aboutit à l'émergence d'un « esprit entrepreneurial » chez les fondatrices des congrégations. C'est aussi le cas des Salésiens qui,

---

45. Stella 1980, p. 175, 327.
46. Pazzaglia, De Giorgi 2003, p. 69.
47. Cabanel, Durand 2005, p. 201.
48. Scaraffia 1997, p. 479.

sur le plan du droit commun, constituent une association de libres citoyens unis dans un but charitable et soumis aux lois de l'État. En ouvrant des écoles, des pensionnats ou encore des ouvroirs, ils s'inscrivent dans la logique de l'économie libérale de leur temps et parviennent à garantir des assises financières solides à leur institut.

À l'image d'une grande partie de l'univers catholique, les Salésiens sont hostiles au nouvel État et à ses valeurs, dont la laïcisation de l'instruction. Toutefois, ils s'écartent de la posture intransigeante officielle de l'Église qui entend rejeter tout contact et tout compromis avec la société moderne. Ni catholique libéral ni intransigeant, Don Bosco entretient des liens réguliers avec des représentants du gouvernement libéral. La formation professionnelle que les écoles salésiennes dispensent rencontre, en outre, une certaine faveur auprès des entrepreneurs et de certaines administrations, comme la direction turinoise des chemins de fer qui puise dans l'école d'apprentis de Valdocco une partie de sa main-d'œuvre[49].

Dans le dernier quart du siècle, la reconquête chrétienne du peuple, que l'on identifie désormais avec le prolétariat urbain, devient encore plus urgente aux yeux des Salésiens[50]. Turin connaît, en effet, une immigration importante depuis 1870 : les paysans qui quittent la campagne grossissent les rangs du prolétariat dans lequel l'industrie, avec à sa tête le secteur automobile, puise largement[51]. Les congrégations ont dès lors l'impression d'opérer en pays de mission dans les nouvelles banlieues ouvrières qui se développent autour de la ville et qui sont dépourvues de paroisses et de toute autre structure d'encadrement religieux[52]. Plus que jamais, les initiatives dans le domaine de l'éducation populaire sont considérées comme indispensables pour conjurer le risque de déchristianisation lié à la rapidité de l'urbanisation et de l'industrialisation. Il s'agit surtout de contrer l'influence grandissante du socialisme auprès des couches laborieuses. Le Parti socialiste élabore un programme de politique scolaire orientée vers l'intégration des catégories salariées dans la modernité industrielle. Sur le terrain turinois, ce programme se traduit par la fondation d'écoles du soir et l'ouverture de

---

49. De Fort 2011, p. 26.
50. Capitolo generale IV, 1886 (proposte) ; cité par Wirth 2001, p. 91.
51. Gribaudi 1987, p. 15.
52. Menozzi 1973, p. 70.

cours professionnels ainsi que par un soutien moral et matériel aux sociétés de secours mutuel[53].

Dans les années qui suivent sa fondation, la congrégation fait preuve d'un grand dynamisme. En 1860-1870, elle fonde plusieurs séminaires et collèges à Turin et dans d'autres villes du Piémont et de la Ligurie. Le nombre de ses membres augmente rapidement. En 1870, ils s'élèvent à 109, dont une majorité de novices[54]. Elle se dote de structures juridiques et de gouvernement : les constitutions sont approuvées en 1880, les chapitres généraux sont formés et les premières provinces, censées améliorer le gouvernement local de la congrégation, sont créées. Deux autres institutions voient le jour : la branche féminine de la congrégation, les Filles de Marie Auxiliatrice (1872), et les Coopérateurs salésiens (1878-1903[55]). Dès le dernier quart du siècle, c'est vers l'extérieur de l'Italie que la congrégation tourne ses regards, dans un but d'évangélisation mais aussi d'encadrement de populations migrantes.

1.2. En mission en Amérique latine et au Proche-Orient

Le renouveau missionnaire du XIXe siècle plonge ses racines dans le réveil religieux qui caractérise l'ensemble des Églises et trouve sa justification dans la conviction de l'universalité du message et du salut chrétiens. La mission lointaine s'inscrit dans le modèle catholique intransigeant, qui se base sur le dévouement au pontife et s'efforce de réaliser outre-mer l'encadrement de la société mis à mal par la sécularisation en Europe[56]. Avec l'accélération des transports, les missions catholiques et protestantes gagnent la plupart des continents. Les fondations se multiplient à mesure que l'Europe étend sa domination dans le monde et que de larges empires sont édifiés. Les missionnaires semblent ainsi incarner, aux côtés des marchands et des

---

53. Moins intéressés aux débats sur les écoles secondaires et les lycées, considérés comme les écoles de la bourgeoisie par excellence, les socialistes misent davantage sur l'élévation de l'âge de la scolarité obligatoire, la fondation d'écoles populaires gratuites et une amélioration de l'enseignement technique et professionnel que les lois votées jusque-là n'ont pas réussi à promouvoir. Ivani 2011, p. 59.
54. Stella 1980, p. 303.
55. Wirth 2001, p. 74.
56. Sur l'expansion missionnaire et la centralisation romaine sous Léon XIII, voir Prudhomme 1994.

militaires, les agents privilégiés de ces empires[57]. La France joue un rôle de premier plan dans cet élan missionnaire. À la fin du xixe siècle, les trois quarts des missionnaires catholiques sont français et en majorité des femmes[58].

Nous ne disposons pas de données exhaustives sur l'ensemble des missionnaires, hommes ou femmes, originaires de la péninsule italienne. D'après Mgr Simon Delacroix, au cours du xixe siècle, 18 ordres missionnaires féminins sont fondés dans la péninsule. À ces ordres, il convient d'ajouter les congrégations qui, tout en n'étant pas missionnaires à proprement parler, préparent une partie de leur personnel à l'évangélisation des non-chrétiens[59]. Dès le dernier quart du xixe siècle, les Salésiens s'implantent en Amérique latine. Ces mobilités religieuses accompagnent l'accélération des migrations européennes en direction du Nouveau Continent. Les Salésiens se tournent aussi, dans les mêmes années, vers l'Afrique du Nord et le Proche-Orient. Les communautés européennes à encadrer y sont nombreuses et les chrétiens orientaux n'attendent, aux yeux des missionnaires, que d'être « régénérés ».

1.2.1. *Mobilités transocéaniques et pastorale migratoire*

En 1875, le premier groupe de Salésiens part en direction de Buenos Aires. Cette première expédition outre-mer est avant tout destinée à assurer l'encadrement des migrants italiens dont le nombre s'élève à quelques dizaines de milliers, concentrés pour la plupart dans la capitale argentine[60]. Le phénomène migratoire au départ de la péninsule italienne atteint, au cours du xixe siècle, une ampleur inédite et constitue une source d'inquiétude pour les milieux catholiques[61]. Beaucoup de migrants s'installent dans des pays à majorité protestante (Grande-Bretagne, Allemagne, États-Unis et

---

57. À propos des liens entre missions et empire, voir Prudhomme 2009 ; Etherington 2005.

58. En 1900, on dénombre 10 000 femmes missionnaires et 7 000 hommes. Curtis 2010, p. 10.

59. Delacroix 1959, p. 23.

60. Le premier recensement argentin (1869) dénombre, sur un total de 1 737 000 habitants, près de 212 000 étrangers, dont un tiers est constitué d'Italiens. Rosoli 1996, p. 393. Sur les migrations italiennes en Argentine, voir Devoto 2007.

61. Sur les migrations italiennes aux xixe et xxe siècles, voir Sanfilippo 2018 ; Corti 2013 ; Fauri 2015 ; Franzina 2017 ; Milza 1986 ; Mourlane, Paini 2017 ; Mourlane *et al.* 2022 ; Pretelli 2011.

Canada) ou dans les pays où l'on enregistre un fort courant anticlérical (France, Espagne, pays d'Amérique latine[62]).

Dès les années 1850, une littérature alarmiste se répand dans les milieux catholiques. Pointant du doigt la pénurie de structures d'encadrement dans les pays d'accueil, elle décrit les migrants comme courant le risque de «perdre la foi»[63]. Les écrits de Gaetano Bedini, internonce au Brésil, alimentent ces craintes. Dans les missives qu'il adresse au pontife, il insiste sur l'urgence d'un encadrement spirituel. Le principal danger viendrait, d'après ce prélat, moins de la propagande protestante sur place que de la présence, parmi les migrants, d'exilés des mouvements insurrectionnels de 1848[64]. Profondément anticléricaux, ces exilés considèrent le pontife comme le principal responsable de l'échec des insurrections. Ils risquent, par leur propagande, de «contaminer» les nouveaux migrants[65].

Après la prise de Rome (1870), la question migratoire devient encore plus urgente. L'anticléricalisme semble gagner du terrain comme l'atteste l'explosion, en 1874, de violentes manifestations qui prennent pour cible le collège Salvador des Jésuites et l'épiscopat à Buenos Aires[66]. Aux menaces représentées par le protestantisme et l'anticléricalisme, s'ajoute le poids des anarchistes et des socialistes dont les idées exercent un attrait croissant sur les classes laborieuses, qui constituent la majorité des migrants[67]. La congrégation Propaganda Fide décide dès lors de confier à Scalabrini, évêque de Plaisance, la fondation d'un institut chargé d'assister et d'encadrer les migrants catholiques dans le continent américain[68]. Le Saint-Siège fait aussi appel à d'autres communautés religieuses, dont certaines de fondation récente. Tout en n'ayant pas été créées dans ce but, elles répondent favorablement aux invitations du pontife, des évêques locaux et de Propaganda Fide. Les congrégations enseignantes, particulièrement nombreuses, trouvent dans

---

62. Sanfilippo 2009, p. 178.
63. Rosoli 1996, p. 289.
64. Pour des approfondissements sur ce thème, voir Isabella 2014.
65. Sanfilippo 2001, p. 130.
66. Rosoli 1996, p. 401. Pour des approfondissements sur les réactions suscitées par la prise de Rome, voir Sanfilippo 1997.
67. Sanfilippo 2009, p. 180.
68. Rosoli 1989, p. 540.

ces missions un exutoire à leur personnel à mesure que la sécularisation de l'enseignement progresse en Europe[69].

C'est en réponse à l'appel de Pie IX, soucieux d'endiguer la propagande anticléricale et socialiste qui agite les communautés immigrées en Argentine, que les premiers salésiens partent pour Buenos Aires[70]. En 1876, ils ouvrent dans la capitale argentine un patronage et une école des arts et métiers. L'archevêque leur confie le service de l'église Mater misericordiae, plus connue sous le nom d'« Iglesia de los Italianos ». Dans les années suivantes, les Salésiens ouvrent une autre résidence dans le quartier de La Boca, où l'exigence d'un encadrement religieux est particulièrement ressentie au vu du nombre élevé d'anarchistes et de républicains qui y résident[71]. Comme d'autres congrégations appelées à encadrer les populations migrantes, ils concilient action pastorale et œuvre de sauvegarde de l'italianité[72].

Ces premiers missionnaires ne sont pas animés seulement par la perspective d'une pastorale migratoire, mais aussi par les projets d'évangélisation des « indigènes ». En cela, ils participent, comme d'autres congrégations, à l'élan missionnaire qui caractérise le long XIXe siècle[73]. L'attrait exotique de continents lointains, le rêve de reconstituer un royaume chrétien et de regagner à l'Église la place qu'elle a perdue dans le Vieux Continent sont des thèmes récurrents dans le *Bollettino salesiano*[74]. Le cas argentin offre la possibilité de conjuguer l'assistance aux migrants et l'action d'évangélisation des « indigènes » de Patagonie. Les résidences de Buenos Aires servent ainsi de base pour les premières missions parmi les « Indios » qui accompagnent la conquête militaire menée par l'armée argentine entre 1875 et 1880[75].

Dans les mêmes années, les Salésiens s'implantent en Afrique du Nord et dans le Levant. Il s'agit d'encadrer des communautés italiennes

---

69. Sur l'engagement du Saint-Siège en faveur des migrants italiens au tournant du XXe siècle, voir Sani 2021.

70. Sanfilippo 2001, p. 130.

71. Rosoli 1996, p. 406.

72. Sani 2017. Sur le rôle de la branche féminine de la congrégation, les Filles de Marie Auxiliatrice, dans l'assistance aux migrants italiens, voir Loparco 2017.

73. Sur l'expansion des missions catholiques sous le pontificat de Léon XIII, voir Trinchese 1995. Pour le « moment français » dans l'histoire des missions catholiques aux XIXe et XXe siècles, voir Prudhomme 2014, p. 375-377.

74. BS, XI, n° 10 (oct. 1887), p. 122 ; n° 8 (août 1885), p. 115.

75. Rosoli 1996, p. 386.

numériquement importantes installées dans les colonies françaises et britanniques. À ce motif s'ajoute, dans le cas du Proche-Orient, l'attrait représenté par les lieux de l'histoire sainte et l'image d'une chrétienté orientale «décadente» que les missionnaires ambitionnent de «revivifier».

1.2.2. *L'attrait de la Terre sainte et l'encadrement des communautés italiennes*

En 1880, les Salésiens se rendent en Palestine ottomane à l'appel du père Belloni. Chanoine du Saint-Sépulcre, il dirige depuis 1863 l'Œuvre de la Sainte-Famille destinée à accueillir des orphelins. Elle comprend à la fin du siècle trois établissements – deux orphelinats à Bethléem et Crémisan et une colonie agricole à Bayt Jamāl – ainsi que d'autres terrains à Nazareth, Jérusalem et Mādabā. Les Salésiens prêtent leur concours pour l'implantation d'une école des arts et métiers. En 1891, pour assurer la pérennité de l'Œuvre, le P. Belloni, plutôt âgé, s'affilie à la congrégation salésienne qui prend dès lors la direction des trois établissements[76].

Les objectifs que les Salésiens poursuivent ici diffèrent de leurs objectifs sur le terrain argentin. Comme la plupart des missionnaires catholiques installés au Proche-Orient, c'est aux chrétiens qu'ils s'adressent et à l'affermissement des Églises uniates[77] qu'ils œuvrent en priorité. Missionnaires latins et protestants partagent l'image d'un Orient appauvri spirituellement et culturellement, où les chrétiens ne seraient plus que des chrétiens de nom. Le déclin est imputé à l'«ignorance» du clergé oriental et à la «faiblesse» du réseau éducatif[78]. En décrivant dans leurs sources un désert scolaire, les missionnaires ignorent ou feignent d'ignorer le mouvement de réformes impulsé par l'Empire ottoman tout autant que les débats sur l'éducation qui animent les cercles intellectuels de la *Nahḍa*[79] au Proche-Orient. Ces débats se traduisent par la fondation d'écoles aussi bien sous la houlette des

---

76. Della Seta 1989, p. 86.
77. Rattachées à Rome aux XVIIe et XVIIIe siècles, ces Églises reconnaissent la primauté du Saint-Siège tout en conservant leur rite et leur organisation ecclésiale coiffée par un patriarche. Sur les Églises uniates, voir Hajjar 1962 ; 1979.
78. Dogan, Sharkey 2011, p. 18.
79. Mouvement de renaissance culturelle, politique et religieuse au Proche-Orient qui se développe en même temps que les réformes ottomanes (à partir de 1839). Sur la *Nahḍa* voir Dakhli 2014 ; Dupont 2004 ; Khuri-Makdisi 2008.

instances centrales de l'Empire ottoman qu'à l'initiative des communautés confessionnelles ou encore de particuliers[80].

Passant sous silence ces dynamiques, les missionnaires s'assignent pour but la «régénération» des chrétiens d'Orient. Vue comme une étape préliminaire vers la rechristianisation des terres d'islam, celle-ci doit être favorisée par la fondation d'écoles et de séminaires destinés à la formation du clergé oriental[81]. La conversion des musulmans n'est pas exclue, mais elles se situe dans un horizon lointain[82]. Par leurs écrits et leurs multiples activités, les missionnaires contribuent à la redécouverte de la Terre sainte[83] et participent à la «sanctuarisation» des lieux de l'histoire biblique, pour reprendre l'expression de Vincent Lemire. D'après cet historien, la «gigantesque fabrique patrimoniale», qui concerne avant tout Jérusalem et ses environs, a pour but de reconstituer la «Jérusalem du Christ[84]».

La concurrence entre les congrégations et les sociétés missionnaires qui s'installent au Proche-Orient est particulièrement âpre. Elles multiplient leurs établissements d'enseignement et diversifient les terrains d'intervention (elles sont particulièrement actives dans le domaine du soin, par exemple[85]). Cette concurrence est aussi soulignée par les Salésiens. Dans les correspondances qu'ils adressent aux supérieurs et dans les chroniques qui paraissent dans le *Bollettino,* ils n'hésitent pas à grossir le danger que représente le protestantisme pour légitimer leur présence et obtenir des appuis matériels pour leurs missions[86].

Dès le dernier quart du XIXe siècle, les Salésiens multiplient aussi leurs fondations dans les colonies françaises d'Afrique du Nord. Ils orientent leur action prioritairement, voire exclusivement, vers les communautés

---

80. À propos des réformes ottomanes dans le domaine de l'éducation, voir Fortna 2002. Pour les initiatives éducatives dans le Proche-Orient ottoman, voir Hauser *et al.* (éd.) 2016. Nous reviendrons dans le chapitre 2 sur les transformations que connaissent les minorités chrétiennes de l'Empire ottoman et leurs initiatives scolaires.

81. Verdeil 2001, p. 267.

82. Verdeil 2013.

83. Laurens 1999. L'historien montre comment au cours du XIXe siècle, la petite Palestine devient un enjeu de luttes politiques et de conflits scientifiques entre puissances étrangères rivales qui finissent par se faire la guerre pour établir leur protectorat sur les Lieux saints. Sur la connaissance de l'Orient chrétien, voir Bourmaud *et al.* 2021.

84. Lemire 2013, p. 87.

85. Sanchez Summerer 2013, p. 233 ; 258 ; Bourmaud 2012.

86. Desramaut 1986, p. 223.

italiennes qui y sont installées. Dans la régence de Tunis, par exemple, la communauté italienne est évaluée à près de 11 000 individus en 1881[87]. Après l'instauration du protectorat français, les filles de Marie Auxiliatrice s'installent dans le village d'al-Marsā, où réside un noyau important de pêcheurs italiens[88]. Trois ans plus tard, les Salésiens prennent la direction d'un orphelinat agricole à Tunis. Partout les activités liées à l'encadrement des diasporas italiennes priment : un secrétariat pour les migrants est fondé en plus d'un patronage et de différents cercles pour la jeunesse[89].

Au tournant du XXe siècle, les Salésiens sont présents sur plusieurs « fronts », pour reprendre le vocabulaire militaire dont ils usent abondamment. Des pays d'Amérique latine à la Méditerranée, les missions poursuivies sont multiples. Pastorale migratoire, évangélisation et action parmi les chrétiens d'Orient animent les partants et se conjuguent parfois sur le même terrain. Les fondations dans telle ou telle ville constituent souvent une base de départ pour d'autres expéditions dans les États et les régions proches ou frontalières. Elles constituent avant tout le réservoir de personnel auquel puisent les religieux pour bâtir de nouvelles résidences. C'est parmi le personnel établi en Palestine que sont recrutés les premiers salésiens destinés à Alexandrie, où la congrégation ouvre une école en 1897.

1.3.   S'implanter en Égypte

Alexandrie est depuis le milieu du XIXe siècle un important nœud commercial et un pôle d'attraction pour des travailleurs en quête d'emploi. L'occupation britannique (1882) déclenche pour elle une nouvelle phase de croissance démographique et économique. Entre 1882 et 1897, la population passe de 232 000 à 319 000 habitants[90]. On se représente en général cette croissance démographique comme étant le fait de la population étrangère. Or, bien que la ville continue d'attirer des migrants d'Europe

---

87. Melfa 2008, p. 15. Sur les communautés d'Italiens en Tunisie, voir Oppizzi 2022 et Montalbano 2023.
88. Wirth 2002, p. 308. Sur les pêcheurs italiens au Maghreb colonial, voir les travaux de Vermeren (2017 ; 2020).
89. Rosoli 1996, p. 428.
90. Ilbert 1996, p. 245.

méditerranéenne, la croissance est due d'abord à ceux venus de l'intérieur, de la Haute-Égypte, ainsi que des provinces de l'Empire ottoman[91].

L'occupation britannique favorise la consolidation d'un groupe de notables d'origine européenne ou syro-libanaise appartenant à la bourgeoisie marchande apparue dès le milieu du siècle (comme les Zizinia, Debbané, Abbani, Menasce, Aghion et Sursock). Ces familles siègent dans le conseil municipal nouvellement créé (1891), qui est à l'initiative de nombreux projets urbanistiques entre 1890 et 1910[92]. Cette «communauté d'intérêts», pour reprendre l'expression de Robert Ilbert, concourt à façonner la ville ou du moins certaines de ses parties[93].

L'utilisation quasi exclusive par toute une génération d'historiens des sources qu'a produites cette minorité de notables francophones a contribué à véhiculer et à entretenir l'image d'une ville cosmopolite «hors d'Égypte[94]». Cette perspective *top-down* a eu pour résultat l'invisibilisation de la majorité des habitants d'Alexandrie. Plusieurs historiens se sont attelés récemment à restituer une histoire sociale émancipée du «mythe» cosmopolite[95]. En intégrant les catégories sociales les plus modestes et la majorité de la population (musulmane) urbaine au récit, ils ont montré que cette ville est non seulement «bel et bien en Égypte»[96], mais qu'elle constitue aussi un haut lieu de la «confrontation entre intérêts égyptiens et convoitises coloniales[97]».

L'attention portée aux catégories aisées, notables et négociants, a amené également à négliger jusqu'à récemment la partie la moins visible, bien que nombreuse, de la présence européenne à Alexandrie : le prolétariat déraciné, les marginaux, ceux que Robert Ilbert qualifie de «milieu mouvant d'Européens déclassés, difficiles à gérer et extrêmement instables[98]». À la fin

91. Mabro 2004, p. 247.

92. Ilbert 1996, p. 290.

93. Les travaux d'assainissement de la ville s'accompagnent du développement du réseau de transports et de la voirie. Ils n'intéressent toutefois qu'une partie de ses quartiers, négligeant d'autres où la présence étrangère est faible. La sélectivité des opérations d'aménagement urbain suscite de violentes critiques dans la presse arabe de l'époque. Voir à ce propos Chiti 2013, p. 93.

94. Ilbert 1996, p. 20.

95. Voir Hanley 2008 ; Fahmy 2004a ; Chiti 2016 ; El-Chazli 2018.

96. Ilber 1996, p. 20.

97. Chiti 2013, p. 103.

98. Ilbert 1996, p. 170.

du XIXᵉ siècle, les consuls européens s'inquiètent de l'arrivée incessante de ces migrants, d'autant plus que certains débarquent en Égypte illégalement. Le cas italien permet d'appréhender la manière dont l'immigration européenne devient problématique aux yeux des autorités et les mesures mises en place pour assister ces migrants. C'est ce prolétariat déraciné que les Salésiens se proposent d'encadrer.

1.3.1. *De migrants « indésirables »*

Pendant le règne de Muḥammad ʿAlī (1805-1848), plusieurs migrants arrivent en Égypte en provenance de la péninsule italienne. La première cause de ces migrations est à chercher dans le contexte politique d'une Italie en voie d'unification qui amène certains groupes à émigrer : juifs fuyant la Toscane et les États pontificaux, francs-maçons interdits de séjour dans certains États, opposants politiques sommés de choisir entre l'emprisonnement et l'exil[99]. L'Égypte constitue une destination privilégiée pour ces exilés (tableaux 1 et 2). La politique commerciale du pacha, fortement spéculative et extravertie, favorise les mobilités professionnelles en donnant des opportunités économiques aux candidats à l'expatriation[100].

	1878	1882	1897	1907	1917	1927	1937	1947
Italiens	14 524	18 665	24 454	34 926	40 198	52 462	47 706	27 958
Étrangers	68 653	90 886	112 574	147 220	205 594	225 600	186 515	145 915

Tableau 1. Recensement des communautés italienne et étrangères de 1882 à 1947. Source : Amicucci 2000, p. 82.

	Égypte	Le Caire	Alexandrie
1871	13 906 (a)	3 367 (a)	7 539 (a)
	16 000 (b)		
1882	14 251 (R)	4 969	11 579 (R)
	18 665 (b)		
1897	2 4454	8 670	1 1734
1907	34 926	13 296	16 669
1917	40 198	15 655	17 860

99. Volait 1987, p. 141.
100. Alleaume 2012, p. 187.

	Égypte	Le Caire	Alexandrie
1927	52 462	18 571	24 280
	49 107 c		
1937	47 706	16 443	22 881

a) Régny : Statistique de l'Égypte d'après les documents officiels, 1872.
b) Sammarco : Gli italiani in Egitto, 1937.
c) Briani : Italiani in Egitto, 1982.
R) Recensement de 1882.
Les autres données sont extraites des recensements décennaux.

Tableau 2. Répartition géographique de la communauté italienne de 1871 à 1937.
Source : Volait 1987, p. 139.

En 1819, près de 500 exilés politiques viennent offrir leurs services au pacha[101]. Les faveurs se poursuivent sous le khédive Ismāʿīl (1863-1879) qui confie à des techniciens italiens l'organisation de la police, des postes et des services sanitaires[102].

Dans la seconde moitié du XIXᵉ siècle, l'émigration vers l'Égypte est moins liée à des causes politiques qu'aux difficultés économiques que connaît l'Italie post-unitaire. Les régions du Mezzogiorno (Pouilles, Calabre, Sicile, etc.) sont les premières à fournir les candidats au départ. Travailleurs peu qualifiés et paysans illettrés débarquent sur le sol égyptien en quête de travail. Le percement du canal de Suez (1859-1869) attire vers les villes de l'isthme un grand nombre d'ouvriers[103].

Ainsi, si les premières vagues d'immigrés italiens sont composées d'éléments aisés et professionnellement qualifiés, dans la seconde moitié du XIXᵉ siècle, le nombre d'ouvriers et de migrants peu ou non qualifiés est plus important[104]. Le recensement de 1897 atteste l'existence à Alexandrie d'un prolétariat italien, constitué de petits artisans, d'ouvriers de la construction, du cuir, du textile, etc. et comparable en nombre au prolétariat grec[105]. Les évolutions de la géographie résidentielle rendent compte de la prolétarisation de la colonie italienne. Si les Italiens sont nombreux dans un premier temps à

101. Volait 1987, p. 140-141.
102. Grange 1994, p. 507.
103. À ce sujet, voir Carminati 2019, 2023.
104. Lazarev 1987, p. 22. La croissance de la composante ouvrière est un trait commun aux autres communautés italiennes implantées en Afrique du Nord. La propagande coloniale italienne, préparant l'invasion de la Tripolitaine, insistera largement sur ce « caractère prolétarien ». Cresti 2008.
105. Grange 1994, p. 516-520.

al-ʿAṭṭarīn, les nouveaux arrivants investissent progressivement des quartiers populaires comme al-Labbān (carte 1[106]).

Au tournant du siècle, la croissance de ce prolétariat immigré inquiète les diplomates. Les milliers d'Italiens attirés par les travaux du barrage d'Assouan n'ont pas pu tous être embauchés. Seule une partie de cette main-d'œuvre excédentaire est réutilisée pour les travaux d'aménagement de la corniche d'Alexandrie qui sont confiés à la société Almagià[107]. Les diplomates italiens essayent de décourager l'arrivée de nouveaux migrants qui, sans possibilité de trouver un travail, risquent de «grossir les rangs des indigents», obligeant les autorités consulaires à dépenser de fortes sommes, soit pour les assister, soit pour les faire rapatrier[108]. À ce propos, le consul d'Italie au Caire signale en 1909 que dans sa seule circonscription, «depuis le début de l'année, il y a eu 314 rapatriements de ressortissants indigents, immigrés depuis peu en Égypte et rapatriés après des recherches d'emploi infructueuses[109]» (tableau 3).

	N^bre de rapatriés	Frais	Remboursements
Messine	110	9 867,20	3 439,00
Naples	73	8 828,80	4 665,00
Livourne	22	3 621,00	1 042,50
Gênes	1	1 895,00	1 884,50
Brindisi	12	519,00	410,00
Bari	14	1 336,50	1 258,50
Ancône	10	610,50	337,50
Venise	59	6 037,50	4 994,50
Total	314	32 714,50	18 031,50

Tableau 3. Le rapatriement de ressortissants italiens au 1er septembre 1909 (unité : piastre égyptienne). Source : ASDMAE, AC, b.116, Le consul du Caire au MAE, 1909.

106. Ilbert 1996, p. 398.
107. Ilbert 1996, p. 512.
108. ASDMAE, AC, b.116, Le consul au ministre d'Italie au Caire, 19 juillet 1909.
109. ASDMAE, AC, b.116, Le ministre d'Italie au Caire au ministère des Affaires étrangères, 12 mai 1909.

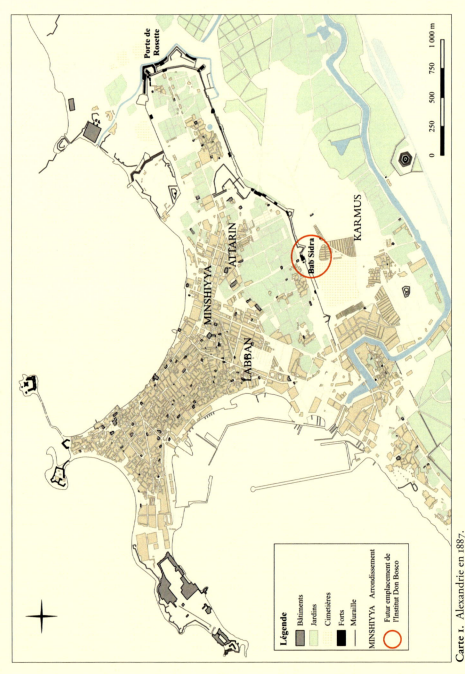

Carte 1. Alexandrie en 1887.
SIG ALOM/CEAlex/IREMAM. Fond de carte : plan d'Alexandrie par Maḥmūd al-Falakī, 1865 et plan d'Alexandrie dressé en 1887 par le *tanẓīm* (service de la voirie urbaine).

Ce diplomate prône des mesures de contrôle plus sévères depuis les régions de départ pour que ces éléments «indésirables», qui semblent être encore plus nombreux dans la circonscription d'Alexandrie, ne finissent pas par «nuire à l'image de la nation italienne[110]». Ces dispositifs se révèlent toutefois d'une efficacité limitée. Les migrants arrivent à contourner les interdictions et à se rendre en Égypte, provoquant l'embarras des autorités consulaires[111]. De son côté, le gouvernement égyptien s'efforce depuis le milieu du siècle de contrôler ces vagues migratoires. Un décret de 1858 établit que tout étranger débarquant à Alexandrie doit être muni d'un passeport ou d'un permis délivré par les autorités consulaires[112]. Les dispositifs progressivement mis en place attestent la volonté de contrôler une population jugée turbulente et à la moralité douteuse.

Les tavernes de la ville, comme celles qui longent la rue Sab' Banāt, sont souvent le théâtre de rixes et de règlements de comptes, que la police associe à la consommation d'alcool[113]. C'est près de cette rue que se trouve le quartier de la prostitution, appelé «quartier des Vénus». Nombreux sont les Italiens qui s'adonnent à des activités illicites: banditisme, proxénétisme et trafics de toutes sortes[114]. Inquiets, les notables italiens adressent en 1884 une pétition au ministre des Affaires étrangères Pasquale Stanislao Mancini pour que le gouvernement intervienne énergiquement contre la «plaie de la prostitution» en Égypte, qu'ils estiment devenue une «prérogative» des femmes italiennes (500 dans la seule Alexandrie[115]).

L'évocation du vice et de l'immoralité est fréquente dans les documents officiels de l'époque. Il y a certainement une part de préjugés à l'égard de ces nouveaux migrants, pour la plupart paysans illettrés issus des régions du Mezzogiorno. Du fait qu'ils s'installent dans les quartiers les plus pauvres de la ville et qu'ils vivent en contact journalier avec d'autres migrants pauvres et avec la population égyptienne, ils sont considérés comme des

---

110. ASDMAE, AC, b.116, Le ministre d'Italie au Caire au ministère des Affaires étrangères, 12 mai 1909.
111. «Emigrazione in Egitto», *Bollettino del Ministero degli Affari Esteri*, 1900, p. 432.
112. Fahmy 2004b, p. 297.
113. Fahmy 2004b, p. 291; Hanley 2017, p. 45.
114. Grange 1994, p. 516.
115. MCRR, Carte Mancini, 651/19/2, *Promemoria prostituzione in Egitto*, 1884. Sur le thème de la prostitution dans l'Égypte coloniale voir Biancani 2018.

« demi-Européens » par les notables de la communauté[116]. C'est avant tout l'origine sociale de ces immigrés qui est problématique aux yeux des instances consulaires. Ce prolétariat déraciné est perçu comme une classe dangereuse et potentiellement subversive, d'autant plus que plusieurs ressortissants italiens militent dans les organisations ouvrières de la ville[117].

De nombreuses sociétés de bienfaisance sont créées à la fin du siècle pour encadrer ces expatriés[118]. De leur côté, les missionnaires sont de plus en plus perçus par les notables et les consuls comme des garants du maintien de l'ordre et de la moralité. Avec leur réseau d'écoles et de services sociaux, ils semblent susceptibles d'encadrer, d'instruire et de discipliner des migrants « moralement et socialement abandonnés[119] ».

1.3.2. *Encadrement moral et sauvegarde de l'italianité*

Plusieurs missions catholiques et protestantes sont déjà présentes à Alexandrie à la fin du XIXᵉ siècle. Pour ce qui est des premières, la fondation de la délégation apostolique d'Égypte par la congrégation Propaganda Fide en 1839 donne une impulsion à l'implantation missionnaire. Les Lazaristes, accompagnés des Sœurs de Saint-Vincent-de-Paul, sont les premiers à s'installer à Alexandrie (1834), à la demande des catholiques de la ville. Les Frères des écoles chrétiennes, après avoir enseigné quelques années chez les Lazaristes, ouvrent leur propre école en 1853. En l'espace de quelques décennies, grâce aux facilités d'installation que leur accordent les gouvernements khédiviaux et devant la demande croissante des familles chrétiennes en matière d'éducation, les congrégations multiplient leurs fondations[120].

Dans ce contexte de dynamisme missionnaire, les Pères franciscains encouragent la venue des Salésiens à Alexandrie pour qu'ils assistent la population catholique immigrée, et plus particulièrement les Italiens qui se trouvent d'après eux « dans un état spirituel lamentable[121] ». La colonie

---

116. Hanley 2017, p. 298.
117. Gorman 2008, p. 240-242.
118. Ilbert 1996, p. 421.
119. ASDMAE, AC, b.63, Le consul du Caire au MAE, juillet 1895.
120. Abécassis 2005, p. 128.
121. ASC, F741, institut Don Bosco d'Alexandrie, Chronique de la fondation jusqu'en 1937, p. 10.

italienne s'est dotée dès 1860 d'un important réseau scolaire, mais celui-ci ne comprend que des écoles laïques, dépendantes du gouvernement italien[122]. L'appel à une congrégation italienne s'explique aussi par la volonté de contrebalancer le poids de missions françaises qui deviennent de plus en plus nombreuses à la fin du siècle[123].

Qui plus est, les Salésiens représentent aux yeux des Franciscains, depuis longtemps installés dans le pays, une congrégation nouvelle particulièrement adaptée à une société en voie d'urbanisation. Ils les invitent à fonder une école des arts et métiers, qui semble convenir davantage au profil démographique de la ville. Le vicaire apostolique estime à son tour qu'une école professionnelle peut contribuer efficacement « au relèvement moral et civil de la jeunesse italienne qui se trouve plus que les autres nations dans le besoin d'un établissement de ce genre[124] ». D'après le clergé latin, il s'agit d'éloigner ce prolétariat fraîchement débarqué des courants libertaires, alors très influents parmi les Européens installés à Alexandrie.

Anticléricaux, libres penseurs et exilés des mouvements révolutionnaires européens sont en effet nombreux et souvent haut placés dans les institutions d'encadrement des colonies européennes. Les nombreuses loges actives à Alexandrie témoignent du dynamisme de la franc-maçonnerie[125]. À la fin du siècle, la mouvance anarchiste, qui compte parmi ses membres une majorité d'Italiens, ouvre plusieurs cercles et salles de lecture[126]. Recrutant ses membres dans les milieux ouvriers, notamment parmi les typographes, les ouvriers des transports et de l'industrie du tabac, le mouvement exerce une influence grandissante sur les premières organisations syndicales. Celles-ci se développent dans le dernier quart du siècle et recourent à la grève pour faire entendre leurs revendications[127].

---

122. À propos des écoles italiennes en Méditerranée, voir Grange 1994. Nous reviendrons plus en détail dans le chapitre 2 sur les réseaux scolaires italiens.

123. Abécassis 2005, p. 128.

124. ASC, F383, Mgr Bonfigli au P. Rua, 28 novembre 1896.

125. Mola 1991, p. 189. Comme le souligne l'auteur, la franc-maçonnerie italienne est active en Égypte dès l'unification italienne, mais elle atteint son expansion maximale en 1923. À cette date, le nombre de loges affiliées au Grande Oriente d'Italia s'élève à 11 dont 6 dans la seule Alexandrie.

126. Galián Hernández, Paonessa 2018, p. 33. Au sujet de l'anarchisme à Alexandrie à la fin du XIXᵉ siècle, voir aussi Carminati 2017.

127. Gorman 2008, p. 51.

Comme à Buenos Aires, les Salésiens sont donc appelés à mener une action de prévention. Pour le père Rossi, la fondation d'une école des arts et métiers confessionnelle constitue une opportunité pour « sauver les fils du peuple de la dépravation intellectuelle et morale vers laquelle les pousse la propagande sectaire[128] ». Les préoccupations du clergé latin sont partagées par les diplomates. Le consul général d'Alexandrie s'inquiète de la montée des « groupes subversifs[129] ». Il craint par ailleurs les « désordres » que peut engendrer la paupérisation croissante de la colonie[130]. Alors que la question romaine[131] est encore ouverte, les diplomates voient de manière favorable l'arrivée des Salésiens en Égypte[132].

Un troisième acteur joue un rôle déterminant dans l'installation de la congrégation en Égypte : l'Associazione nazionale per soccorrere i missionari italiani all'estero (ANSMI), fondée en 1886 à Florence et présidée par l'égyptologue Ernesto Schiaparelli. L'association voit le jour à l'heure où un nouveau nationalisme, lié à l'impérialisme, émerge dans la péninsule italienne[133]. Ce nationalisme décrit la nation comme une communauté organique en concurrence avec les autres nations et puise dans le répertoire du « passé glorieux » italien, à savoir Rome et les républiques maritimes[134]. Les nationalistes reformulent le mythe de la « Grande Italie » en termes de politique de puissance, d'expansion et de conquête[135].

---

128. ASC, F383, Le P. Rossi à P. Rua, 1888.

129. ASDMAE, AC, b.139, dossier Anarchistes et subversifs, 1913.

130. ASDMAE, AC, b.139, dossier Indigents, 1913.

131. La question romaine désigne le différend entre le Saint-Siège et l'Italie unifiée au sujet de la souveraineté de Rome. Le pape Pie IX et ses successeurs rejettent les garanties qui leur ont été accordées par la loi de 1871, destinée à définir les prérogatives du pape et à régler ses relations à l'Etat. Cette question a été réglée définitivement par le traité du Latran de 1929, entre Mussolini et le pape Pie XI.

132. ASDMAE, AC, b.63, Le consul du Caire au MAE, juillet 1895.

133. Après l'unification, l'Italie ambitionne de devenir une grande puissance européenne et, pour cela, elle envisage la constitution de colonies et la mise en place de zones d'influence. À partir des années 1880, la péninsule entre dans le *scramble for Africa,* en même temps qu'elle s'emploie à accroître son influence en Méditerranée orientale. La défaite d'Adoua (1896) et la chute du gouvernement Crispi marquent un temps d'arrêt dans la politique d'expansion inaugurée quinze ans plus tôt. Toutefois, au lieu d'entraîner un repli, cette défaite engendre une radicalisation des thèses expansionnistes. Voir Labanca 2002.

134. Jesné 2006, p. 278.

135. Gentile 2009, p. 109. Ces thématiques trouvent une expression dans de nombreux périodiques, revues et bulletins qui paraissent entre 1896 et 1908, notamment à Florence.

Ce nationalisme agressif, dont le chef de file est Enrico Corradini, gagne progressivement plusieurs segments de la société italienne[136]. Les réseaux associatifs qui prônent une plus grande Italie sont réactivés et amplifient leur propagande. Il convient d'évoquer la société Dante Alighieri fondée en 1889 et dont l'objectif originel est de défendre la langue et la culture des Italiens dans le monde, notamment dans les provinces irrédentes[137]. Le soutien à l'irrédentisme se mue rapidement en défense et en exaltation de l'italianité, au point que l'association finit, comme le relève Gilles Pécout, par «donner à l'impérialisme italien sa légitimité culturelle[138]».

C'est dans ce contexte qu'est fondée l'ANSMI, avec l'ambition de contribuer à la protection des intérêts politiques et religieux de l'Italie en Méditerranée. La naissance de l'association, ainsi que la biographie de son fondateur, sont bien connues et nous ne nous attarderons pas dessus ici[139]. Il suffit de rappeler que, à mi-chemin du politique et du religieux, elle travaille à l'expansion des intérêts de l'Italie par le biais du soutien aux missions, perçues à la fois comme un instrument d'influence culturelle et un vecteur de maintien de l'italianité parmi les migrants[140]. L'ANSMI réussit à fédérer en Italie de nombreuses personnalités appartenant à la bourgeoisie catholique transigeante qui souhaite un rapprochement entre l'Église et l'État et voit dans ces missions un terrain potentiel d'entente[141].

Dès 1890, Ernesto Schiaparelli prend contact à la fois avec les supérieurs salésiens et les diplomates italiens. Dans la correspondance qu'il entretient avec les premiers, cet égyptologue insiste sur la présence à Alexandrie d'une jeunesse immigrée, «maltaise et italienne, livrée à elle-même» et qui

---

136. Gentile 2009, p. 68-69.

137. Après les années 1870, l'expression *terre irredente* désigne les terres restées sous domination austro-hongroise ou ayant fait partie des États pré-unitaires. Défendu par différents groupes et associations, l'irrédentisme réclame l'intégration de ces territoires au royaume d'Italie.

138. Pécout 2004, p. 285. Pour une analyse du réseau associatif, nous renvoyons à Grange 1994, p. 617-620. Sur la Dante Alighieri en Méditerranée orientale, voir De Nardis 2014 ; Van Kessel 2016.

139. L'ouvrage de Grange (1994) ainsi que l'étude de Pellegrino-Confessore (1976) demeurent des références incontournables. À propos des archives de l'ANSMI et de leur potentiel pour une étude renouvelée de la présence italienne en Méditerranée, voir Turiano, Sanchez Summerer 2021.

140. Grange 1994, p. 825.

141. Grange 1981, p. 286.

n'attend que d'être « sauvée [142] ». Dans ses échanges avec les diplomates, il souligne l'intérêt que la congrégation représente pour l'influence italienne en Égypte [143]. Jouant sur ce double registre, l'ANSMI se pose en intermédiaire entre les missionnaires et le gouvernement italien alors que les rapports entre l'Église et l'État sont officiellement suspendus.

L'appui de l'Associazione se révèle essentiel pour le lancement de l'œuvre salésienne à Alexandrie. Elle promet un soutien financier aux religieux tandis que ses représentants en Égypte s'occupent des démarches pour l'acquisition d'un terrain. La question la plus délicate est celle du statut juridique de la mission et de la future école. À la fin du XIXe siècle, presque tous les ordres religieux implantés au Proche-Orient se trouvent sous la protection de la France qui fait des consuls français les tuteurs des établissements religieux et les intermédiaires du clergé latin avec les autorités ottomanes et locales [144].

L'ANSMI entend précisément briser ce monopole, en ramenant les missionnaires dans l'orbite italienne. S'il y a eu des antécédents et que d'autres congrégations ont réclamé une protection nationale [145], en Égypte, le passage des Salésiens sous protection italienne risque de provoquer un incident diplomatique avec la France, ainsi qu'une levée de boucliers chez les anticléricaux hostiles à toute initiative religieuse, notamment dans le secteur scolaire [146].

La question est finalement résolue par la signature, en 1897, d'une convention entre les Salésiens et l'association qui rend celle-ci propriétaire des lieux et fait des missionnaires de simples enseignants à son service. Cette formule permet de placer le futur institut sous la dépendance d'une association laïque et d'esquiver, du moins officiellement, la question de la protection. C'est en ces termes que s'exprime le ministre d'Italie au Caire au lendemain de la signature de cette convention :

> De la sorte, l'institut aura l'apparence d'une fondation privée, appartenant à une société laïque et autonome. Tout péril d'ingérence étrangère sera écarté

---

142. ASC, F383, Schiaparelli au P. Rua, 3 juin 1890 ; Schiaparelli au P. Rua, 13 décembre 1896.
143. ASDMAE, AC, b.63, Schiaparelli au consul général d'Alexandrie, 13 juillet 1895.
144. À propos de la diplomatie française et du protectorat de la France sur les Églises catholiques au Proche-Orient, voir Hajjar 1979, p. 155-160.
145. Les religieuses de Saint-Charles Borromée ont quelques années auparavant demandé la protection allemande.
146. ASC, F383, L'avocat Verità au P. Rua, 7 décembre 1895.

et le fait que l'institut dépende de l'Associazione Nazionale suffira à assurer que l'instruction sera animée par un esprit d'italianité. J'ai confiance dans le fait que l'école des arts et métiers portera de bons fruits et constituera un grand bénéfice pour l'influence italienne en Égypte[147].

À partir de 1904, en réaction à la politique anticléricale de la France et à la détérioration des relations franco-vaticanes, le Vatican adopte une politique d'abstention, laissant les congrégations libres de choisir leur protecteur. Sans devenir caduc, le protectorat français se vide peu à peu de sa substance[148]. En outre, par l'accord franco-italien conclu en 1905, la France reconnaît le passage des congrégations sous protection italienne lorsqu'il est « spontanément » réclamé par les religieux ou les religieuses. Dès 1905, devient donc officiel le passage des Salésiens, déjà réalisé dans la pratique, sous protection italienne. D'autres congrégations en suivent l'exemple (les Franciscains de Tripolitaine et les Dominicains de Turquie[149]).

L'ANSMI continue de jouer le rôle d'intermédiaire entre les congrégations et le gouvernement italien, prenant des engagements au nom de ce dernier et servant de canal pour les subsides versés aux missions. C'est grâce à l'intercession de Giuseppe Verità, avocat aux Tribunaux mixtes et représentant de l'Associazione en Égypte, que les Salésiens acquièrent un vaste terrain dans le quartier de Bāb Sidra[150].

I.4.   Bāb Sidra : géographie d'une fondation missionnaire

L'arrivée des Salésiens à Alexandrie correspond à un moment charnière de son développement urbain : des quartiers entiers commencent à être modernisés, les fortifications de l'ancienne ville sont rasées et la cité s'étend progressivement vers le sud. Les missionnaires s'implantent à Bāb Sidra, qui constitue l'un de ses huit arrondissements en 1897 (carte 2[151]). La porte du Jujubier qui lui donne son nom est l'une des portes des fortifications qui

147. ASDMAE, AC, b.63, Le MAE au ministre au Caire Tugini, 5 avril 1897.
148. Grange 1994, p. 792 ; 801.
149. Grange 1994, p. 801.
150. ASC, F383, Giuseppe Verità au P. Rua, 23 janvier 1896.
151. Bāb Sidra est divisée à son tour en sept circonscriptions administratives : al-Ginīna al-Kibīra, al-Farāhda, al-Nag', Bāb Sidra al-Guwwānī, Ginīnat al-'Uyūnī, Kūm al-Shuqāfa al-Guwwānī wa-l-Burṣa, Kūm Bakīr wa-l-Ibrāhīmī.

entourent la ville intra-muros depuis la conquête arabe. C'est par là qu'on entrait en ville quand on arrivait du Caire par la voie fluviale.

À l'exception de quelques noyaux anciens, à commencer par le village de Bāb Sidra (al-Nagʿ), qui lui valent l'appellation de « Village arabe » dans les récits de voyageurs, cet arrondissement est presque entièrement occupé par des jardins et des terres agricoles en 1865. Dans le dernier quart du siècle, les remparts sont progressivement rasés pour faire place à de grandes installations : des entrepôts, des activités industrielles ou des écoles. En 1898, une nouvelle ligne de tramways, qui longe le tracé des murailles et conduit jusqu'à Ramleh, est inaugurée. Bāb Sidra connaît dès lors une lente et progressive urbanisation à l'image d'autres arrondissements de la ville tels que al-Labbān et al-ʿAṭṭarīn qui se densifient en direction sud (carte 1).

1.4.1. *La muraille et le clocher*

C'est sur le tracé des fortifications, entre la porte de Bāb Sidra et celle de ʿUmar Bāsha[152], que les Salésiens achètent un premier terrain (carte 3 ; annexe 3, figure 1). Ils l'obtiennent à un prix fort intéressant pourvu qu'il soit destiné à la construction d'une école à but charitable. Il est occupé en grande partie par le fossé des murailles. Un deuxième terrain contigu, comprenant une partie des fortifications ayant ensuite servi de prison, est acheté l'année suivante (1897) sous la même condition.

L'arrivée des Salésiens en Égypte et leur implantation à Bāb Sidra nous sont connues principalement par la chronique salésienne. Cahier dactylographié d'une trentaine de pages, cette source relate les événements les plus marquants ayant touché de près ou de loin la communauté religieuse au cours de l'année. À la différence des diaires, tenus au jour le jour par d'autres missionnaires, cette chronique est une reconstruction *a posteriori* d'évènements passés. Celle qui est rédigée en 1937 a pour but de perpétuer le souvenir des origines, le temps de fondation. Elle retrace, selon une perspective apologétique, le cheminement et le développement de la mission. L'emplacement choisi par les Salésiens pour bâtir leur résidence et l'école est décrit de manière minutieuse, tout comme les travaux effectués par les membres de la première communauté afin de rendre la propriété habitable et d'accueillir les premiers élèves.

---

152. Nous translittérons les titres ottomans « pacha » et « bey » suivant la prononciation arabe égyptienne (*Bāsha* et *Bik*, respectivement).

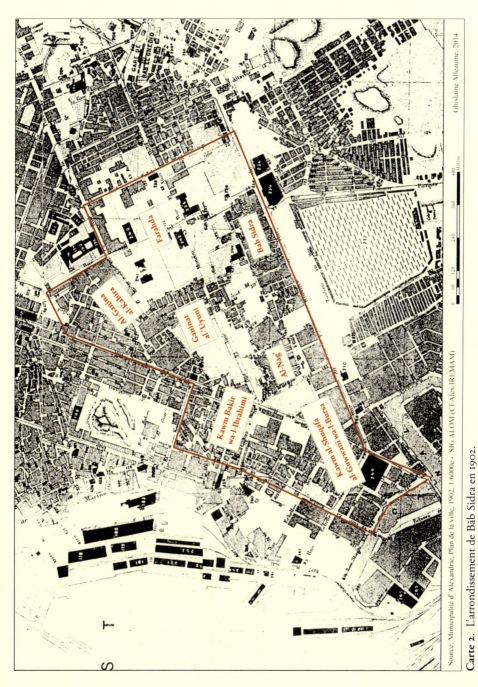

Source: Municipalité d'Alexandrie, Plan de la ville, 1902, 1/6000e - SIG ALOM (CEAlex/IREMAM)

Ghislaine Alleaume, 2014

Carte 2. L'arrondissement de Bāb Sidra en 1902.
SIG ALOM/CEAlex/IREMAM. Municipalité d'Alexandrie, plan de la ville, 1902.

Le récit de la démolition de ce qui reste des remparts a des accents épiques et revêt une forte charge symbolique : c'est sur les ruines de l'ancienne ville que les premiers salésiens, qualifiés de « pionniers », bâtissent leur œuvre. Les religieux, en démolissant les murs, trouvent les vestiges d'un ancien sanctuaire musulman qu'ils attribuent à « quelques santons locaux dont la mémoire s'est perdue[153] ». Pour des hommes convaincus d'apporter la « vraie foi », cela symbolise la première étape dans leur lutte contre les « superstitions[154] ». Le récit, à la tonalité héroïque, insiste sur l'état misérable de la propriété acquise et sur le travail inlassable des religieux qui, au milieu de mille difficultés, s'empressent d'inaugurer l'école[155].

En réalité, les Salésiens ne raseront pas tout. En attendant d'éponger la dette contractée lors de l'achat du terrain pour pouvoir construire de nouveaux bâtiments, ils restaurent l'ancienne prison. Elle abrite les premières salles de cours ainsi que les premiers dortoirs et ne sera démolie qu'en 1926. L'arcade de l'ancienne porte (Bāb Sidra) est laissée intacte et accueille la première chapelle. En 1898, lors de l'ouverture de l'école, la propriété comprend un terrain de près de 13.000 m² situé entre la rue al-Khidīwī al-Awwal au nord, la rue de la Colonne de Pompée à l'ouest, la rue Ibn Ṭūlūn à l'est et le grand cimetière de la colonne de Pompée au sud (carte 3).

Les Salésiens ne choisissent pas leur implantation au hasard : la disponibilité de vastes terrains cédés aux missions ou aux nations étrangères à un prix de faveur pour l'érection d'écoles et d'œuvres de bienfaisance fait que la présence chrétienne dans ce secteur de la ville est remarquable (carte 4). Au nord-ouest de l'arrondissement s'érige l'église arménienne entourée d'un vaste jardin qui accueille l'orphelinat de Saint-Vincent-de-Paul. L'église Sainte-Catherine borde l'arrondissement au nord. En 1897, plusieurs écoles missionnaires sont déjà en fonction : le collège Saint-François-Xavier des Pères jésuites et l'école des Sœurs de la congrégation de Charles Borromée s'ouvrent sur la rue Abū al-Dardā'. Les Frères des écoles chrétiennes ouvrent le Collège de la Sainte-Famille et, en 1897, une école des arts et métiers dans le quartier d'al-Farāhda, à quelques centaines de mètres de l'institut Don Bosco[156].

---

153. Plusieurs sanctuaires, qui attestent le culte voué aux saints, ponctuent le quartier.
154. ASC, F741, Alexandrie, Chronique de la fondation à 1937, p. 7.
155. ASC, F741, Alexandrie, Chronique de la fondation à 1937, p. 7.
156. Poffandi 1897, p. 188-189.

Carte 3. Le tracé des murailles à Bāb Sidra.
SIG ALOM/CEAlex/IREMAM. Fond de carte : plan d'Alexandrie par Maḥmūd al-Falakī, 1865 et plan d'Alexandrie dressé en 1887 par le *tanẓīm* (service de la voirie urbaine).

Carte 4. Écoles communautaires en 1910.
SIG ALOM/CEAlex/IREMAM. Fond de carte : Survey of Egypt, 1910.

Dans ce même secteur s'installent d'autres écoles missionnaires ou étrangères durant les premières décennies du xxe siècle dont une école commerciale italienne (1914). Possédant de vastes emprises foncières, ces établissements marquent de leur empreinte l'architecture du lieu. L'esprit de conquête qui anime les missionnaires se manifeste, comme le relève Chantal Verdeil à propos des Jésuites au Mont-Liban, jusque dans le bâti. Ils érigent des bâtisses imposantes, qui sont souvent visibles de loin (annexe 3, figures 6 et 7[157]). C'est un immeuble à « l'architecture grandiose et monumentale » que les Salésiens se proposent de bâtir une fois la dette épongée[158]. Mais les toutes premières années sont consacrées au comblement des fossés, à la restauration des immeubles anciens et au nivellement de la cour.

La présence catholique n'est pas liée seulement aux lieux de culte et aux écoles relevant du réseau missionnaire ou des nations étrangères, mais aussi au profil confessionnel de la population. L'arrondissement de Bāb Sidra constitue un ensemble très composite par la démographie comme par la morphologie où la proportion de la population catholique est toutefois plus élevée que sa proportion moyenne dans la population générale. Une analyse fine des données fournies par le recensement de la population de 1897 permet d'observer des profils démographiques très contrastés d'un quartier à l'autre. Si au sud-ouest, le village de Bāb Sidra (al-Nagʿ) est égyptien et musulman à plus de 98 % et qu'il fait figure d'enclave « indigène » dans la ville intra-muros, à l'est al-Ginīna al-Kibīra est un quartier où les Égyptiens et les musulmans sont minoritaires (figures 1 et 2).

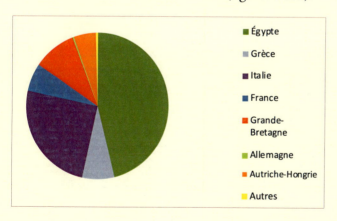

- ■ Égypte
- ■ Grèce
- ■ Italie
- ■ France
- ■ Grande-Bretagne
- ■ Allemagne
- ■ Autriche-Hongrie
- ■ Autres

Fig. 1. Al-Ginīna al-Kibīra, nationalités, 1897.
Source : Recensement général de l'Égypte, 1897.

157. Verdeil 2013, p. 21.
158. Un nouvel immeuble est construit entre 1902 et 1907. Nous reviendrons sur ce point dans le chapitre 3.

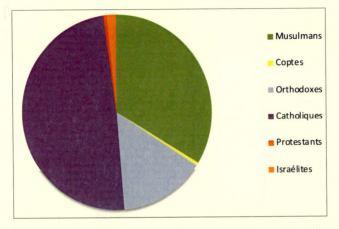

Fig. 2. Al-Ginīna al-Kibīra, distribution selon la confession, 1897.
Source : Recensement général de l'Égypte, 1897.

En 1865, ce dernier quartier est encore constitué d'un ensemble de jardins appartenant à l'origine à plusieurs propriétaires qui occupent tout le sud de l'îlot de Sainte-Catherine jusqu'à la fortification. Dans les années qui nous intéressent, il commence à être urbanisé. C'est un quartier massivement catholique mais dans lequel la proportion des orthodoxes est également deux fois plus élevée que leur proportion moyenne dans la population générale. Le surnombre de catholiques (1 474) par rapport au total des Italiens et des Français et le surnombre des Britanniques (291) par rapport au total des protestants indiquent la présence de Maltais. Ceux-ci étaient alors sujets de la Grande-Bretagne et majoritairement catholiques. Les orthodoxes, également deux fois plus nombreux que les Grecs, doivent vraisemblablement compter des Arméniens. Entre 1900 et 1910, la partie sud devient un quartier d'habitat loti en petites parcelles (60 à 100 m² en moyenne) qui continue d'accueillir principalement des migrants en provenance du sud de l'Europe.

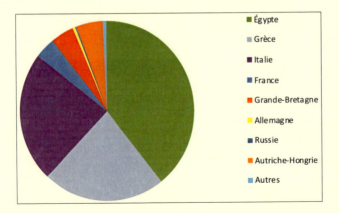

Fig. 3. Al-'Aṭṭārīn wa-Cicolani, distribution par nationalité, 1897.
Source : Recensement général de l'Égypte, 1897.

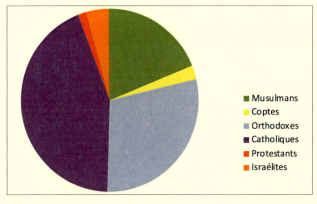

Fig. 4. Al-ʿAṭṭārīn wa-Cicolani, distribution par confession, 1897. Source : Recensement général de l'Égypte, 1897.

Le profil démographique d'al-Ginīna al-Kibīra est comparable à celui de Cicolani wa-l-ʿAṭṭārīn qui le borde immédiatement à l'est, mais qui relève d'un autre arrondissement[159]. Dans ce quartier aussi les Égyptiens sont minoritaires (moins de 40 % de la population) et moins d'un habitant sur cinq est musulman (figure 3). Très fortement dominé par les nationalités étrangères (Grecs et Italiens représentent à eux seuls 46 % de la population) et les confessions minoritaires, Cicolani wa-l-ʿAṭṭārīn est l'un des quartiers les plus catholiques d'Alexandrie (près de 3 000 individus, 43,8 % de la population). Les catholiques orientaux de nationalité égyptienne en forment le tiers (figure 4).

Espace que le catholicisme marque de son empreinte et dont la progressive urbanisation profite largement à une population immigrée en provenance de l'Europe méditerranéenne, l'arrondissement de Bāb Sidra se caractérise aussi par l'apparition, dès le dernier quart du siècle, d'établissements industriels qui répondent à la demande économique la plus récente.

1.4.2. *Un quartier d'activités artisanales et industrielles*

Le village de Bāb Sidra est un hameau de tradition artisanale. Ce sont surtout les activités textiles qui y prédominent depuis l'époque ottomane. Le village abrite aussi jusqu'au milieu du XVIIᵉ siècle un grand entrepôt d'épices destinées à l'exportation, d'où le nom de « porte du Poivre » que lui

---

159. Il s'agit d'al-ʿAṭṭārīn qui, tout comme Bāb Sidra, est un arrondissement très composite, aussi bien par la démographie que par le type d'habitat. Dans certains secteurs, la population est très mêlée et les confessions autres que la confession musulmane y représentent une proportion de trois à six fois supérieure à leur proportion dans la population générale.

attribuent de nombreux voyageurs[160]. La domination ottomane, commencée en 1517, marque pour Alexandrie une évolution à la fois économique, commerciale et architecturale qui amène sa population à quitter le site de la ville antique et médiévale pour investir de nouveaux espaces dans la Presqu'île (carte 1). C'est dans le cadre de ce transfert que le marché aux grains quitte Bāb Sidra vers 1660 pour s'installer dans les nouveaux souks. À la fin du XVIIIe siècle, lorsque les troupes de Napoléon Bonaparte débarquent à Alexandrie, l'essentiel de la population et des activités économiques s'est fixé dans les nouveaux quartiers de la Presqu'île (Manshiyya, Gumruk et Anfūshī, soit ce qu'on appelle aujourd'hui la « Ville turque »), mais Bāb Sidra abrite encore un modeste hameau d'artisans[161].

Dès le milieu du XIXe siècle, des parcelles sont données en concession par l'État à des sociétés ou à des entrepreneurs pour des installations industrielles. En 1880, ateliers, entrepôts et industries de petite et moyenne taille s'installent un peu partout dans l'arrondissement[162]. En 1897, on dénombre deux moulins à vapeur, une fabrique de cigarettes, une fonderie mécanique, une verrerie (Société des verreries d'Égypte) et plusieurs ateliers de tissage[163]. En décembre 1901, l'industriel Hassabo envisage d'ouvrir une fonderie à la rue al-Khidīwī al-Awwal, achetant les terrains occupés jusque-là par les troupes anglaises[164]. Ces terrains sont aussi convoités par les Salésiens, qui espèrent agrandir leur propriété. C'est la mission qui finit par les acheter, mais l'industriel Hassabo ouvre tout de même deux fonderies sur le côté nord de la voie[165].

Le règlement de la municipalité sur les établissements insalubres et incommodes (1906-1907) produit un changement de la géographie industrielle[166]. Les grandes usines s'installent progressivement sur les terrains proches de ceux de la Compagnie du gaz, le long du canal d'al-Maḥmūdiyya et vers al-Qabbārī (carte 1). Mais Bāb Sidra reste une zone de prédilection

---

160. Lackani 1976, p. 13-14.
161. Projet de recherche « Alexandrie ottomane » (CEAlex-IREMAM) ; disponible en ligne : http://www.cealex.org/sites/ottoman/ALEX_O_pres_F.HTM.
162. Ilbert 1996, p. 345.
163. Poffandi 1897, p. 190.
164. ASC, F741, institut Don Bosco d'Alexandrie, Chronique de la fondation jusqu'en 1937, p. 24.
165. Goad 1905, Planches 36 et 37.
166. Ilbert 1996, p. 347.

pour les activités productives de taille plus modeste (entrepôts, ateliers de menuiserie et minoteries). Entre 1900 et 1910, dans la partie nord d'al-Ginīna al-Kibīra s'implantent une cimenterie, de nouvelles halles (Alexandria New Market) et une manufacture de cigarettes[167].

Au début du xxᵉ siècle, les Salésiens font construire des échoppes le long des rues qui entourent leur propriété dans le but de s'assurer, par leur location, un revenu régulier. En 1902, douze échoppes longent la rue al-Khidīwī al-Awwal, douze autres ouvrent sur la rue de la Colonne de Pompée. Les deux dernières sont situées à la rue Ibn Ṭūlūn. Elles sont toutes louées à des commerçants et à des artisans dont l'identité et l'activité nous sont inconnues, à l'exception d'une menuiserie. En 1911, les religieux louent toute la partie nord-est de leur propriété à un entrepreneur grec nommé Himeros qui y installe une scierie[168].

Le caractère industriel de l'arrondissement s'accentue dans les années suivantes. Les Jésuites se plaignent dès 1910 du fait que leur collège est désormais coincé entre une usine de glace, la scierie Deggiardé et la fonderie Autofage[169]. C'est dans ce secteur de la ville que s'implantent dans l'entre-deux-guerres plusieurs ateliers mécaniques, des typographies et des fabriques de produits alimentaires. Ils constituent autant de débouchés pour les anciens élèves de l'école des arts et métiers Don Bosco.

Conclusion

Portée par l'éveil religieux du xixᵉ siècle, la fondation de la congrégation salésienne s'inscrit dans une période de grands bouleversements politico-religieux. Organisation originale, tant dans ses moyens que dans ses structures (patronages, écoles et ateliers professionnels), la congrégation participe à l'évolution du monde catholique italien. C'est par l'action pédagogique et une charité active que les Salésiens entendent lutter contre les menaces de déchristianisation que la montée de l'anticléricalisme et la rapide urbanisation amplifient à leurs yeux. Dans l'Italie post-unitaire, au moment de l'émergence des oppositions ouvrières et socialistes, les

---

167. Goad 1905, Planches 36 et 37.
168. ASC, F741, institut Don Bosco d'Alexandrie, Chronique de la fondation jusqu'en 1937, p. 34.
169. Ilbert 1996, p. 345.

établissements salésiens représentent, pour les milieux catholiques et le patronat, un moyen efficace d'apaisement social et de désamorçage préventif des tendances subversives.

Les projets préventifs accompagnent aussi les premières « expéditions » missionnaires en Amérique latine. Les Salésiens participent à l'encadrement des migrants, qu'ils entendent affirmer dans la foi tout en les écartant des idées anticléricales portées par les exilés des mouvements révolutionnaires. Ces idées risquent, aux yeux des religieux, de séduire les nouveaux arrivés. La pastorale migratoire va de pair avec les projets d'évangélisation des populations autochtones en Argentine et de « régénération » des chrétiens d'Orient.

À Alexandrie, les Salésiens s'installent moins pour gagner de nouvelles âmes au catholicisme que pour encadrer un prolétariat immigré d'origine européenne. Les consuls voient de manière favorable l'arrivée de la congrégation, qu'ils considèrent, du fait de ses initiatives populaires, comme étant à même de « domestiquer » des migrants pauvres et « turbulents ». Le cas salésien montre à quel point le terrain missionnaire au Proche-Orient est un « banc d'essai » pour le rapprochement entre les deux Rome (celle du pontife et la capitale du jeune État italien) que l'ANSMI tâche de préparer soigneusement[170]. Soutenant le projet expansionniste italien, l'association voit dans la congrégation un vecteur efficace d'identité nationale, centrée sur la religion et la langue.

À l'échelle du quartier, c'est dans un cadre « rassurant » que les Salésiens lancent leur mission. Ils investissent un espace que le catholicisme marque de son empreinte, à la fois par la nature des établissements qui s'y trouvent et par le profil confessionnel de la population qui y réside. Dans certains secteurs de Bāb Sidra, la concentration d'Italiens et de Maltais – c'est-à-dire la population catholique que la mission se propose d'encadrer en priorité – est particulièrement élevée. L'installation d'usines et d'entreprises donne à cet arrondissement en voie d'urbanisation un caractère industriel qui s'accentue dans les décennies qui suivent l'implantation missionnaire. Par le type d'enseignement qu'elle dispense et par la mise en location d'ateliers et de boutiques artisanales, la mission contribue à façonner l'espace et l'économie du quartier.

170. Grange 1981, p. 294.

Chapitre 2

Former de bons chrétiens,
d'honnêtes travailleurs et des patriotes

À LA FIN DU XIXe SIÈCLE, Alexandrie compte quelques œuvres philanthropiques qui dispensent un enseignement industriel aux enfants des couches sociales les plus modestes. Parallèlement, l'État égyptien ouvre des écoles industrielles et des ateliers modèles afin de former des ouvriers qualifiés pour les services techniques des différentes administrations. Fondée en 1897, l'école des arts et métiers Don Bosco participe ainsi à l'essor d'une formation professionnelle en milieu scolaire à Alexandrie.

Les Salésiens diversifient progressivement l'offre de formation et ouvrent de nouvelles sections. Étudier le fonctionnement de l'école des arts et métiers de la mission ainsi que les spécialités offertes permet de réfléchir à l'écart entre les objectifs que les missionnaires se fixent et leurs réalisations, tout comme à la dépendance des ateliers salésiens du marché local. En suivant l'itinéraire de quelques anciens élèves à la sortie de l'école, il est possible de mesurer à quel point celle-ci fonctionne comme un vecteur de mobilité professionnelle dans l'Alexandrie du premier quart du XXe siècle.

Les Salésiens nourrissent de plus grandes ambitions que la seule direction d'une école professionnelle. À l'instar des autres congrégations enseignantes implantées en Égypte, ils visent à diversifier leur public scolaire et multiplient leurs fondations. Ils ambitionnent également de contrecarrer l'enseignement laïc dispensé par les écoles dépendantes du gouvernement italien. L'occasion d'ouvrir de nouvelles écoles leur est offerte non seulement par la politique de plus en plus cléricale de l'État italien en Méditerranée, mais aussi par les appels de la hiérarchie copte-catholique et la politique orientale du Saint-Siège. Dans le cadre de cette triple dynamique, la mise en chantier de nouvelles écoles révèle les priorités que les religieux s'assignent tout comme leurs atermoiements.

Alors qu'entre 1903 et 1911, les Salésiens sont accusés d'antipatriotisme par certains secteurs de la colonie italienne, au lendemain de la Première Guerre mondiale la presse italophone d'Égypte, ainsi que les milieux consulaires italiens, les décrivent comme de précieux vecteurs d'italianité. L'analyse du positionnement des Salésiens par rapport à la colonie italienne, d'une part, et de la réception de leurs initiatives, d'autre part, permet de réfléchir au processus de construction de l'italianité de la mission sur le terrain égyptien.

2.1. Éducation et enseignement industriel en Égypte

En 1896, date du débarquement des premiers salésiens à Alexandrie, l'Égypte est placée sous une triple sujétion. Elle demeure, formellement, une province ottomane et le khédive reste un vassal du sultan. En même temps, depuis 1882, elle est occupée par les Britanniques qui détiennent la réalité du pouvoir jusqu'en 1922, lorsque le pays déclare unilatéralement son indépendance. Enfin, d'un point de vue international, les capitulations constituent une limitation importante de sa souveraineté[1].

Le développement scolaire amorcé sous le règne de Muḥammad ʿAlī (1805-1848) puis sous celui du khédive Ismāʿīl (1863-1879) se poursuit, non sans entraves et contradictions[2]. Les Britanniques ne considèrent pas le secteur éducatif comme une priorité. À l'époque de Lord Cromer, agent et consul général du Royaume-Uni de 1883 à 1907, le budget alloué à l'éducation ne dépasse pas 1 % du budget total de l'État. « Délibérément sacrifiée au profit de la recherche d'un équilibre financier », pour reprendre les paroles de Frédéric Abécassis, l'éducation est destinée à une élite étroite. Les Britanniques sont soucieux avant tout de former les fonctionnaires dont ils ont besoin pour administrer le pays. Des diplômés « indigènes » en surplus risqueraient, d'après Lord Cromer, d'alimenter le mouvement national[3]. Ce dernier, qui connaît une radicalisation dans la première décennie du XXᵉ siècle, fait de la lutte contre l'analphabétisme et de la promotion de l'instruction des moyens privilégiés pour accéder à l'indépendance. Des partis politiques, tels que le Parti national égyptien dirigé par Muṣṭafā Kāmil

---

1. Sur l'histoire contemporaine de l'Égypte, voir la synthèse proposée par De Gayffier-Bonneville (2016).
2. Sur l'éducation au XIXᵉ siècle, voir Heyworth-Dunne 1968 ; ʿAbd al-Karīm 1945.
3. Abécassis 2001, p. 4-5.

(1874-1908), font pression sur le gouvernement pour qu'il développe un enseignement d'État. En même temps, ils prennent part au mouvement de fondation d'écoles privées[4].

L'enseignement égyptien comprend ainsi à la fois des écoles dépendant du gouvernement et des établissements privés (écoles communautaires fondées par des associations de bienfaisance et écoles créées à l'initiative de personnalités engagées dans le mouvement national[5]). Ces derniers sont de loin les plus nombreux. L'université du Caire en est une illustration : c'est une fondation privée (1908) soutenue par le khédive et les milieux libéraux. Elle ne devient une université d'État qu'en 1923[6]. Pour leur part, les écoles étrangères (celles des colonies et celles gérées par des missionnaires) se développent à un rythme soutenu grâce aux privilèges que leur accordent les capitulations.

Deux filières coexistent jusqu'au milieu du XXᵉ siècle dans l'enseignement égyptien : un enseignement dit « moderne » (comprenant des écoles primaires et secondaires dont les cursus, les *curricula* et l'architecture empruntent au modèle occidental), d'une part, et un enseignement de type « traditionnel », d'autre part, qui débute dans les écoles coraniques (*kuttāb*-s) et se poursuit dans les *madrasa*-s et les mosquées. Payante, l'éducation dans les écoles primaires et secondaires de type « moderne » est le fait d'une élite restreinte[7]. Au début du siècle, les écoles coraniques restent le principal lieu d'alphabétisation de la population égyptienne[8]. Toutefois, il convient de relever que ces deux filières ne sont pas étanches : les cas d'élèves passant d'un système à l'autre sont nombreux, et au sein d'une même famille, les parcours scolaires sont souvent différenciés[9].

Depuis la première moitié du XIXᵉ siècle, il existe quelques établissements d'enseignement technique qui visent la formation d'ingénieurs et de cadres techniques intermédiaires. Leur création est liée aux ambitions

4. Sur le Parti national et le nationalisme égyptien, voir Delanoue 1977 et, plus récemment, Fahmy 2008 ; 2011.
5. Sur l'histoire de l'éducation à la période contemporaine, voir Heyworth Dunne 1968 ; 'Abd al-Karīm 1945 ; Farag 1994a ; Starrett 1998.
6. À propos de l'université égyptienne, voir Reid 1990.
7. Sur le développement d'un enseignement de type « européen » en Égypte, voir Yousef 2012-2013.
8. Sur les *kuttāb*-s et leur réforme, voir de Lavergne 2007.
9. Reid 1977. Voir aussi Dupont 2007.

modernisatrices de Muḥammad ʿAlī[10]. Ouverte en 1834, l'École polytechnique (*Muhandiskhāna*) forme plusieurs générations d'ingénieurs qui contribuent aux grands chantiers lancés par la dynastie régnante. Durant les premières années de l'occupation britannique, cette école décline et perd le prestige dont elle jouissait[11].

Tandis qu'ils négligent l'enseignement technique supérieur, les Britanniques donnent une impulsion aux formations professionnelles de niveau primaire. L'objectif est de former, en quatre ou cinq ans, la main-d'œuvre qualifiée indispensable au fonctionnement d'une économie coloniale (industrie des transports, culture et commerce du coton, etc.). En 1889, le gouvernement fonde l'école industrielle de Mansoura, dans le delta du Nil, et en 1903, les ateliers modèles de Būlāq, au Caire. Ils sont destinés à former des ouvriers qualifiés pour les besoins des différentes administrations de l'État[12]. En plus d'ouvrir quelques écoles industrielles, le département de l'enseignement technique, créé en 1906 et rattaché au ministère de l'Instruction publique, a pour tâche principale de coordonner et d'encourager les initiatives privées[13].

2.1.1. *Entre réforme sociale et « renaissance » de l'industrie égyptienne*

La fondation d'écoles industrielles privées doit être inscrite en premier lieu dans le cadre des initiatives philanthropiques qui visent l'instruction et la « moralisation » des classes laborieuses. Les acteurs engagés dans de telles initiatives sont très divers : sociétés de bienfaisance, personnalités proches de la cour ou bien actives dans le mouvement national ou encore de petits fonctionnaires. Malgré leur hétérogénéité, ces initiatives poursuivent le même objectif, à savoir la fondation d'écoles gratuites ou semi-gratuites pour le « peuple[14] ».

---

10. Sur la *Muhandiskhāna* et l'École des arts et métiers, voir Shunūda 1967 ; Alleaume 1993 ; Crozet 2008.
11. Reid 1977, p. 357.
12. Maunier 1912, p. 355.
13. À propos de ce département et du rôle de l'État dans le développement de l'enseignement technique, voir Turiano 2017a.
14. Farag 1994b, p. 204.

Comme en Europe, les débats sur la misère matérielle et morale des classes laborieuses animent les milieux réformateurs égyptiens[15]. Les réflexions portent sur les possibles remèdes contre les «fléaux sociaux» qui progressent (le vagabondage, la délinquance juvénile, l'enfance errante, pour n'en citer que quelques-uns), que ces milieux tiennent pour responsables de l'arriération de la société égyptienne. D'après eux, les vices et les défauts qui caractérisent la classe ouvrière peuvent être soignés par l'instruction, avant tout morale et professionnelle[16]. Sociétés de bienfaisance, philanthropes et conseils municipaux sont parmi les acteurs les plus actifs dans la fondation d'écoles industrielles. Aussi, de manière similaire à d'autres provinces de l'Empire ottoman, des orphelinats industriels voient-ils le jour, au Caire et à Alexandrie notamment, dans le but de «convertir» les orphelins en individus «utiles» à l'économie et à la société[17].

Reflet de la mission réformatrice que les élites s'assignent, la multiplication d'écoles et d'orphelinats industriels traduit également l'intérêt d'une bourgeoisie nationaliste naissante pour la promotion de l'industrie et de l'artisanat. Au début du xxe siècle, tandis que certaines industries font preuve de vitalité, d'autres rencontrent de nombreuses difficultés à cause du manque de toute forme de protection et de la concurrence des produits étrangers[18]. Dans ce contexte, la fondation d'écoles industrielles est vue comme l'un des moyens susceptibles d'assurer la formation d'artisans expérimentés et, à terme, de revivifier l'industrie égyptienne[19].

Dans l'étude qu'il mène en 1912 sur l'apprentissage dans la petite industrie égyptienne, René Maunier impute la crise de ce secteur à l'affaiblissement des corporations et à la «décadence» de l'apprentissage[20]. En 1854, le monopole corporatif est officiellement aboli. Dans un premier temps, l'État s'appuie sur les corporations pour la mise en œuvre de sa nouvelle politique fiscale et

---

15. Sur la réforme en Égypte, voir Roussillon 1995 et, plus récemment, le numéro 20/2019 de la revue *EgMA* dédié à la mémoire d'Alain Roussillon. Dans ce numéro, voir plus particulièrement les contributions de Ghislaine Alleaume (2019) et de Malak Labib (2019).
16. Vallet 1911 ; Sultan 1917.
17. Pour l'Empire ottoman, voir Maksudyan 2014. Sur les orphelinats industriels en Égypte, voir Baron 2014.
18. À propos des études que plusieurs contemporains consacrent à l'industrie textile au début du xxe siècle, voir Labib 2019.
19. Shunūda 1967, p. 203.
20. Sur les corporations voir Ghazaleh 2004 ; Cole 1993 ; Chalcraft 2004.

le développement de certains nouveaux services. Mais la réorganisation de l'Administration sous l'occupation britannique contribue à l'affaiblissent du cadre corporatif. Privées progressivement de leur rôle fiscal, les corporations seraient, d'après René Maunier, sur le point de disparaître et, de ce fait, dans l'incapacité d'assurer un enseignement professionnel de qualité. La solution consisterait pour l'auteur, d'une part, dans la réorganisation et la règlementation de l'apprentissage et, d'autre part, dans la multiplication d'écoles industrielles[21].

À l'instar de René Maunier, certains acteurs considèrent l'enseignement industriel comme l'un des moyens susceptibles d'assurer la formation d'artisans expérimentés et, à terme, de garantir une « renaissance » de l'industrie égyptienne[22]. C'est cet objectif que se fixe l'association de bienfaisance islamique al-'Urwa al-Wuthqā (Le lien indissoluble) fondée à Alexandrie en 1892. Dans une note envoyée à la présidence du Conseil des ministres en 1911, son président précise que l'École des arts et métiers Muḥammad ʿAlī a été fondée dans le but de « faire revivre la grandeur industrielle de l'Égypte » (iḥyāʾ majd Miṣr al-ṣināʿī[23]). Le nom donné à cette école n'est pas anodin. La référence à la politique de Muḥammad ʿAlī, qui entre 1816 et 1838 a engagé l'Égypte dans la voie d'une première industrialisation, indique bien dans quelle filiation l'association entend s'inscrire[24].

2.1.2. *Des écoles industrielles à Alexandrie*

Progressivement, l'école Muḥammad ʿAlī s'affirme comme l'une des plus importantes écoles industrielles d'Alexandrie. En 1920, elle scolarise près

---

21. Maunier 1912, p. 353.
22. Vallet 1911, p. 22.
23. DWQ, Majlis al-wuzarāʾ, 0075-008764, *Taqrīr bi-khuṣūṣ inshāʾ madrasat Muḥammad ʿAlī al-ṣināʿiyya wa taṭwīr al-taʿlīm al-ṣināʿī al-mihanī sanat 1911* (Rapport sur la fondation de l'école industrielle Muḥammad ʿAlī et le développement de l'enseignement professionnel industriel en 1911), p. 8.
24. La politique d'industrialisation de Muḥammad ʿAlī visait à réduire les importations et à assurer l'autosuffisance de l'Égypte en matière d'armements et d'équipements militaires. Sur la construction de la figure de Muḥammad ʿAlī comme « père de l'Égypte moderne » dans les années 1880, voir Mestyan 2017, p. 210-213.

de 350 élèves, dont la plupart sont accueillis à titre gratuit[25]. Proposant une durée d'études de quatre ans, elle comprend six sections (travaux mécaniques, travaux du bois, ferblanterie, sellerie et cordonnerie, couture et confection, imprimerie et reliure). Elle accueille des élèves qui suivent à la fois les cours théoriques (langues arabe et anglaise, dessin, calcul, mécanique, algèbre et chimie) et les cours appliqués, ainsi que des apprentis qui ne s'entraînent qu'à la pratique manuelle dans les différents ateliers[26].

Outre l'école Muḥammad ʿAlī, la statistique de l'enseignement recense quatre écoles industrielles à Alexandrie durant l'année scolaire 1906-1907[27]. Plus nombreuses qu'au Caire (la capitale égyptienne en compte deux à la même date), ces établissements frappent tout autant par leur proximité spatiale que par la simultanéité de leur fondation. À l'est de la ville, le secteur d'al-Shāṭbī accueille, au début du xxe siècle, une deuxième école industrielle. Fondée par des notables issus de la *kinotis,* la colonie grecque d'Alexandrie, l'école Salvagos commence à fonctionner en 1908-1909 avec deux départements : la mécanique et la menuiserie. L'année suivante, une troisième section, la ferblanterie, y est ajoutée. La durée des études est fixée à trois ans, et l'enseignement y est avant tout pratique.

L'évolution de cette école en dit long sur les priorités que se fixent les notables grecs en matière d'éducation. Si elle acquiert rapidement une bonne réputation, elle est loin d'attirer le nombre d'élèves attendu. Après plusieurs remaniements des *curricula* et des sections, à la rentrée 1914 la filière industrielle est remplacée par une école commerciale. Investis davantage dans le négoce que dans l'industrie, les notables grecs estiment qu'une telle filière peut mieux servir leurs intérêts. La courte existence de la section industrielle révèle tout de même l'intérêt suscité par un type d'enseignement que les notables considèrent comme étant très « moderne[28] ».

Dans le mouvement de fondation d'écoles industrielles au niveau local, la communauté israélite joue un rôle pionnier. En février 1897, le Comité des écoles gratuites fonde une école des arts et métiers afin de « développer parmi la jeunesse indigente des Israélites d'Alexandrie le goût du travail

---

25. *Jamʿiyyat al-ʿUrwa al-Wuthqā. Taqrīr sanawī. 1909-1910* (L'association le Lien indissoluble. Rapport annuel. 1909-1910).
26. *Jamʿiyyat al-ʿUrwa al-Wuthqā. Taqrīr sanawī. 1909-1910* (L'association le Lien indissoluble. Rapport annuel. 1909-1910).
27. Ministry of Finance 1907, p. 71, 77-78.
28. Trimi-Kirou 1996, p. 295.

manuel, de lui procurer un gagne-pain assuré par l'exercice d'un métier et d'arriver progressivement à son émancipation[29] ». L'année suivante, une deuxième initiative émane des Frères des écoles chrétiennes. Leur école des arts et métiers surgit à quelques centaines de mètres de l'institut Don Bosco, ce qui ne manque pas de susciter de vives protestations des Salésiens[30].

Bien que les deux établissements puisent dans le même bassin de recrutement (à savoir les familles catholiques démunies) et qu'ils offrent des spécialités similaires (forge, mécanique, menuiserie, cordonnerie et typographie), ils s'avéreront rapidement plus complémentaires l'un de l'autre que concurrents. Dans les années 1930, des difficultés budgétaires obligent les Frères à fermer plusieurs sections. Ils restent spécialisés dans les métiers du livre (typographie et reliure), tandis que les Salésiens comptent plusieurs sections dont la plus prisée est la mécanique[31].

La géographie de ces écoles industrielles, la simultanéité de leur fondation et la nature des formations offertes attestent les rivalités qui se jouent sur le marché scolaire. Elles révèlent également la circulation et le partage d'idées qui, par-delà les clivages communautaires et confessionnels, traversent la société alexandrine sur le type d'instruction et les modèles éducatifs à réserver aux classes laborieuses[32].

Première école relevant du réseau missionnaire à dispenser un enseignement industriel, l'institut Don Bosco participe ainsi à l'émergence d'un enseignement professionnel à Alexandrie. Destiné initialement aux enfants des migrants italiens, il ouvre progressivement ses portes à un public plus large. Il s'agit pour les Salésiens de former tout à la fois de « bons chrétiens et d'honnêtes travailleurs ».

2.2.   L'institut des arts et métiers Don Bosco

Comme d'autres initiatives affichant un but charitable, l'école des arts et métiers Don Bosco se voit octroyer dès 1898 une allocation de la part de la municipalité d'Alexandrie. En contrepartie, les religieux sont tenus de lui remettre tous les ans leur bilan financier et d'indiquer la proportion de

---

29. Fargeon 1938, p. 264.
30. ASC, F383, Le préfet de Propaganda Fide au P. Rua, 13 janvier 1897.
31. *Souvenir du centenaire de l'arrivée des Frères en Égypte*, 1847-1947, p. 102.
32. Turiano 2017a, p. 69.

gratuité de leur œuvre[33]. Un autre critère pour l'obtention de l'allocation municipale est que la bienfaisance s'étende à tous les enfants sans distinction de nationalité ou de confession[34]. L'analyse du public permet d'observer que, en dépit de ces conditions, l'école demeure plutôt homogène.

2.2.1. *Géographie du recrutement scolaire et profil des élèves*

Il est possible à partir des registres des inscriptions de procéder à une analyse fine du public scolaire. Ces sources consignent le nom de l'élève, sa date et son lieu de naissance ainsi que le montant des frais de scolarité acquittés. Elles précisent également sa nationalité et son appartenance religieuse. Lacunaires et incomplètes pour les premières années, ces données deviennent régulières à partir de l'année 1920-1921.

Les Italiens constituent le groupe majoritaire jusqu'à la fin des années 1920. De 1900 à 1910, la plus grande partie des élèves est née hors d'Égypte. Leurs villes natales sont avant tout les villes du Mezzogiorno italien : Naples, Catanzaro (Calabre), Trani (Pouilles) et Catane (Sicile), ce qui confirme le caractère méridional des migrations italiennes en cette fin de siècle. Parmi les lieux de naissance figurent aussi certaines villes de l'Empire ottoman ainsi que des colonies italiennes. C'est donc parmi des familles récemment immigrées en Égypte que recrute l'école (tableau 4).

	1900-1901	1902-1903	1904-1905	1905-1906	1906-1907	1907-1908	1908-1909	1909-1910	1910-1911
Alexandrie	gris	gris	gris	gris			gris	gris	
Le Caire	gris			gris					
Suez					gris				
Ismaïlia			gris					gris	
Port-Saïd					gris				
Port-Tawfiq							gris		
Smyrne				vert	vert		vert		
Piémont				foncé	foncé				
Pouilles			foncé						foncé

33. AESA, 4/C15, La municipalité à l'institut Don Bosco, 12 octobre 1915.
34. AESA, C24, Le P. Cardano à la municipalité, 6 décembre 1905.

	1900-1901	1902-1903	1904-1905	1905-1906	1906-1907	1907-1908	1908-1909	1909-1910	1910-1911
Campanie					■		■	■	
Calabre			■	■	■	■	■		
Sicile		■	■	■	■				
Massawa/Érythrée								■	

Tableau 4. Lieux de naissance des élèves italiens entre 1900 et 1911.
Source : AESA, Registres des inscriptions, 1900-1911.

À partir des années 1910, les sources indiquent que les élèves italiens sont pour la plupart nés en Égypte. S'il n'a pas subi un coup d'arrêt, le flux migratoire en provenance de la péninsule italienne s'est considérablement affaibli. Le consul d'Alexandrie décrit, pour sa part, une colonie plutôt stable[35]. Les élèves italiens fréquentant l'école Don Bosco sont donc généralement issus de familles installées en Égypte de manière plus ou moins durable. La géographie du recrutement dépasse la seule ville d'Alexandrie et intègre Le Caire, les villes du Canal et, dans une moindre mesure, les villes du Delta qui constituent les principaux centres de résidence des populations européennes immigrées.

Si les toutes premières générations sont composées presque exclusivement d'élèves italiens, l'école ouvre progressivement ses portes à un public plus large du point de vue de la nationalité. En 1911, un prospectus annonce que l'institut accueille « en moyenne 200 élèves, dont une majorité d'Italiens mais aussi d'autres nationalités et même des non-catholiques[36] ». À cette date, si les Italiens constituent le groupe le plus important, les non-Italiens, toutes nationalités confondues, sont majoritaires. Ces derniers sont avant tout grecs, maltais et austro-hongrois. L'école scolarise aussi des Égyptiens et des Levantins[37].

	1910-1911	1915-1916	1920-1921
Latins	18	17	42
Maronites	2	1	6
Coptes-catholiques	1		4
Grecs-catholiques	1	5	7

35. Lazarev 1987, p. 28-29.
36. ASC, F383, institut Don Bosco, Prospectus, 1911.
37. AESA, Registres des inscriptions 1910-1911 ; 1915-1916 ; 1920-1921.

	1910-1911	1915-1916	1920-1921
Arméniens-catholiques			2
Syriens-catholiques			1
Coptes-orthodoxes	2	2	2
Arméniens-orthodoxes		2	2
Grecs-orthodoxes	2	4	8
Israélites		1	1
Musulmans	2	2	5
Non spécifiés			4
Total	28	34	84

Tableau 5. Effectifs répartis selon l'appartenance confessionnelle, 1910-1921.
Source : AESA, Registres des inscriptions.

Le public scolaire est non seulement chrétien mais aussi majoritairement catholique. Les élèves appartiennent quasiment tous au rite latin. Les catholiques orientaux, tous rites confondus, sont peu nombreux durant les premières années, mais leur proportion ne cesse de croître. Cela est dû à la venue en nombre, en Égypte en général et à l'école en particulier, d'élèves d'origine syro-libanaise de la fin du XIXe siècle jusqu'aux lendemains de la Première Guerre mondiale (tableau 5). La proportion des élèves arméniens augmente également, conséquence de la forte émigration en Égypte après les massacres de 1895 et le génocide de 1915[38]. Cette augmentation concerne aussi les « schismatiques », qualificatif utilisé pour les grecs-orthodoxes dans les sources[39]. Les non-chrétiens, musulmans et juifs, sont quasiment absents. Sur quatre-vingts élèves scolarisés durant l'année 1920-1921, il n'y a que cinq musulmans et un seul israélite (tableau 5).

Les notes en marge des registres révèlent que les premiers sont souvent renvoyés[40]. Ce qui intéresse les religieux, ce sont les chrétiens et, parmi eux, avant tout les catholiques qu'il s'agit d'affirmer dans la foi. Par le public qui fréquente leur école, les Salésiens ne se distinguent pas des autres missionnaires latins pour qui les orthodoxes constituent, après les catholiques, le terrain privilégié de leur apostolat en Orient. Cela correspond

38. Le Gall-Kazazian 1990, p. 95.
39. Dans les sources salésiennes, le terme de « schismatique » désigne tantôt les grecs-orthodoxes uniquement – les autres chrétiens non catholiques étant qualifiés d'« hérétiques » –, tantôt l'ensemble des chrétiens non catholiques. En l'occurrence, le terme fait référence aux grecs-orthodoxes.
40. AESA, Registres des inscriptions 1915-1916 et 1920-1921.

aux orientations de la politique vaticane tournée, spécialement sous le pontificat de Pie XI, vers l'union avec l'Orient[41].

À l'école salésienne, le fait que la priorité soit donnée aux catholiques est confirmé par les données concernant les élèves orphelins ou issus de familles défavorisées. Pour chacun d'eux, les registres consignent le nom de la société de bienfaisance qui prend en charge les frais scolaires. La liste dressée pour l'année 1915-1916 montre qu'il s'agit exclusivement de sociétés de bienfaisance catholiques basées à Alexandrie et dans les villes du Delta (tableau 6).

Durant l'année 1900-1901, sur vingt-cinq élèves de l'école professionnelle, plus de la moitié sont des orphelins[42]. Au lendemain de la guerre, leur proportion augmente. Il s'agit d'enfants recommandés par la bienfaisance italienne d'Alexandrie et par les comités patriotiques italiens qui viennent d'être constitués[43]. À partir de 1920, parmi les sociétés de bienfaisance figure aussi la Société arménienne-catholique créée pour secourir les indigents et les rescapés du génocide[44].

Nom de la société de bienfaisance	Ville	N^{bre} d'élèves recommandés
Bienfaisance italienne et institut Mafalda	Alexandrie	11
Comité de solidarité nationale	Alexandrie	10
Bienfaisance italienne	Le Caire	9
Bienfaisance grecque-catholique	Alexandrie	3
Bienfaisance copte-catholique	Alexandrie	3
Bienfaisance autrichienne	Alexandrie	4
Bienfaisance syrienne	Tanta	2
Comité d'assistance	Le Caire	3

Tableau 6. Liste des sociétés de bienfaisance, 1915-1916.
Source : AESA, Registres des inscriptions, 1915-1916.

41. Dans ce qu'Étienne Fouilloux a qualifié d'«âge de l'unionisme» (1982), l'essentiel de l'activité apostolique est orienté vers les orthodoxes orientaux par le biais des Églises uniates et repose sur l'espoir d'extension du catholicisme. À propos de l'unionisme, voir aussi Girard 2014, p. 131-148.
42. AESA, Registre des inscriptions, 1900-1901.
43. AESA, Lettres de recommandation, Le consul général à la direction de l'institut Don Bosco, 17 octobre 1928 ; Le comité *Pro-orfani di guerra* à la direction de l'institut Don Bosco, 1er décembre 1922.
44. Voir Kazazian 1990.

En 1920-1921, les orphelins constituent un peu moins de la moitié des élèves[45]. L'état des sources ne permet pas de dresser des statistiques des milieux socioprofessionnels dont sont issus les élèves. Les registres scolaires ne consignent que rarement le métier des parents. Les religieux ne notent que les professions susceptibles de les intéresser ou de leur être utiles. Quelques informations sur la profession des parents peuvent être tirées des lettres de recommandation qui accompagnent les demandes d'admission[46].

Les parents dont le métier est mentionné sont de petits employés (concierges, gardiens, secrétaires, etc.) ou des ouvriers (maçons, mineurs, mécaniciens, tailleurs de pierre, etc.). Ces derniers travaillent dans des sociétés implantées à Alexandrie (la Compagnie des tramways et la Compagnie du gaz), au Caire (l'Egyptian State Railways) et dans les villes du Delta (la Société de Cheikh Fadl[47] et la raffinerie de sucre d'al-Ḥawāmdiyya[48]), aussi bien qu'à la Compagnie du canal de Suez[49]. Une fois le percement du canal terminé en 1869, beaucoup d'ouvriers ont été embauchés par la compagnie ou par les petites entreprises de transport liées à son activité et se sont installés avec leurs familles dans les villes de l'isthme[50].

Parmi les parents d'élèves qui font partie du personnel de la compagnie, on compte des mécaniciens, des ouvriers de la drague, des mineurs des carrières de ʿAttāqa travaillant dans les chantiers de Port-Saïd, de Suez, d'Ismaïlia et de Port-Tawfiq[51]. Il s'agit donc d'ouvriers – dont certains très qualifiés – qui travaillent dans les différents ateliers et chantiers dispersés dans les villes du Canal, notamment le service des travaux et les chantiers

---

45. Les sources font état de 38 orphelins sur 80 élèves dont 9 orphelins de père et de mère, 25 orphelins de père et 4 orphelins de mère.
46. AESA, dossier Lettres de recommandation.
47. La société de Cheikh Fadl (culture de canne à sucre et de coton) appartient à la grande famille égyptienne de confession juive Cattaoui. Alliés aux familles Mosseri, Rolo, Suares et de Menasce, les Cattaoui fondent et développent de nombreuses sociétés en Égypte. Ils sont des acteurs majeurs dans le secteur des finances à travers le Crédit foncier égyptien, la Commercial Bank of Egypt et l'Agricultural Bank of Egypt. Garret 1997, p. 77.
48. La raffinerie d'al-Ḥawāmdiyya est l'une des rares usines à raffiner la canne à sucre en Égypte avant les années 1890. Le sucre attire après cette date de nouveaux investisseurs qui créent au moins sept nouvelles compagnies. Owen et Pamuk 1998, p. 32.
49. AESA, Registres des inscriptions, 1905-1906 ; 1910-1911 ; 1915-1916 ; 1920-1921.
50. Piquet 2006, p. 300 ; Carminati 2023.
51. AESA, Registres des inscriptions 1908-1909 ; 1910-1911 ; 1915-1916 ; 1920-1921.

annexes[52]. Comme l'a relevé Caroline Piquet, le traitement qui est réservé aux ouvriers européens de la Compagnie du canal de Suez est assez privilégié par rapport à celui en vigueur dans d'autres sociétés. Les familles comptent fermement sur elle pour l'avenir de leurs enfants d'autant plus que, soucieuse d'instaurer des liens de fidélité avec son personnel, elle a mis en œuvre un recrutement sur des bases familiales[53].

Venus pour encadrer une population immigrée d'origine européenne, les Salésiens ouvrent timidement les portes de leur établissement à un public plus large du point de vue national. En revanche, l'école reste plutôt homogène au niveau confessionnel, à savoir majoritairement catholique. Elle accueille des orphelins et des enfants issus de milieux défavorisés. Seule une minorité d'élèves appartenant à des familles ouvrières embauchées par la Compagnie du canal de Suez peut s'acquitter des frais de scolarité sans recourir au soutien des sociétés de bienfaisance. Quoi qu'il en soit, les Salésiens estiment avoir affaire à des enfants issus de milieux populaires à la « moralité douteuse » et qu'il leur incombe d'instruire et de moraliser pour qu'ils deviennent des « membres utiles à la société[54] ».

2.2.2. *L'Évangile du travail*

Parmi les maux les plus graves de la société moderne, il y a celui des marginaux, ceux qui n'ont pas su, n'ont pas pu ou n'ont pas voulu choisir l'art, le métier, l'occupation qui était la plus convenable à leurs dispositions naturelles, ainsi qu'à leurs moyens. Il n'est pas rare de voir des hommes qui auraient pu devenir des travailleurs utiles à la société, devenir, au contraire, des bons à rien, des assistés de la société. Avoir des ouvriers intelligents, instruits, confiants en leur avenir et convaincus que cela dépend de leurs vertus, d'une activité constante et d'une foi solide est le désir de tous ceux qui ont à cœur le bien de la société. C'est à cette fin qu'a été érigé

---

52. Le service des travaux comprend les travaux d'entretien et les ateliers généraux qui embauchent les ouvriers les plus qualifiés (mécaniciens, charpentiers, menuisiers, forgerons, mouleurs, monteurs, ajusteurs, bobineurs). Les chantiers annexes sont chargés de l'aménagement de la zone du Canal. Ils regroupent le service des eaux, l'exploitation du domaine, l'entretien des routes et les carrières de ʿAttāqa (au sud-est de Suez). Piquet 2006, p. 260-278.
53. Piquet 2006, p. 305.
54. ASC, F383, École des arts et métiers. Origines et objectifs de l'institut, 1897.

l'institut Don Bosco à Alexandrie […] Ainsi seront exaucés les vœux de toutes les personnes nobles et généreuses qui, ayant à cœur le bien du pays, lequel dépend de la bonne orientation de la jeunesse selon ses différentes conditions, regrettaient l'absence d'un établissement qui prenne soin des jeunes d'humble origine, destinés plus tard à occuper une place honorée parmi la classe ouvrière[55].

Ardents défenseurs d'une société bien ordonnée, où chacun occupe la place qui sied à sa condition, les religieux se proposent, comme le suggère ce premier prospectus (1897), d'instiller l'*ethos* du travail dans l'esprit de leurs élèves. Ce sont de véritables conversions qu'ils affirment vouloir susciter en faisant de « marginaux » potentiels des travailleurs « utiles à la société ». En insistant sur l'inculcation de principes religieux et moraux et l'enseignement d'un « métier honnête » aux strates sociales inférieures, ils se posent en garants et en gardiens de l'ordre moral et social.

En 1899, l'école professionnelle comprend six sections : forge et mécanique, couture, cordonnerie, typographie, reliure et menuiserie. Son fonctionnement nous est connu principalement par les comptes rendus des visites des supérieurs. Comme le suggère Chantal Verdeil à propos des sources produites par les Jésuites au Mont-Liban, ces rapports sont aussi bien des moyens de gouvernement, par les informations qu'ils transmettent, que des outils voués à favoriser la cohésion de la congrégation[56].

En 1908, l'école d'Alexandrie fait l'objet d'une « visite extraordinaire » de la part du père Clemente Bretto, économe général de la congrégation. Il a pour mission de rendre compte aux supérieurs de l'état des différentes maisons qui composent la province orientale[57]. Il se propose de vérifier la bonne marche des œuvres et la conformité de l'action des missionnaires avec les directives des supérieurs, et ce, d'autant plus que de nouveaux programmes d'enseignement pour les écoles professionnelles viennent d'être établis par la maison généralice (1907). Ces derniers accordent, entre autres choses, une place importante à l'enseignement théorique, tandis que les heures consacrées à la pratique dans les ateliers diminuent conformément

55. ASC, F383, École des arts et métiers. Origines et objectifs de l'institut, 1897.
56. Verdeil 2011, p. 93.
57. Celle-ci est créée en 1902 et comprend les résidences d'Égypte et de Palestine auxquelles s'ajoutent plus tard celles fondées en Turquie.

aux changements qui ont lieu dans d'autres écoles professionnelles de la péninsule italienne[58].

Les premières années du XXe siècle sont marquées par une progressive organisation de l'enseignement professionnel en Italie[59]. Après l'unité, l'initiative dans ce secteur a été largement laissée aux particuliers et aux collectivités locales. Ce n'est qu'entre 1907 et 1908 (dans le cadre de la loi Cocco-Ortu), puis à nouveau entre 1912 et 1913, que l'enseignement commercial et industriel est réformé et rationalisé. La loi Nitti de 1912 prévoit quatre types d'écoles professionnelles (écoles industrielles, écoles des arts appliqués à l'industrie, écoles commerciales et écoles professionnelles féminines) ainsi qu'une organisation à plusieurs échelles et degrés d'enseignement. Malgré cette intervention législative, l'État italien continue pendant longtemps à exercer avant tout une fonction de tutelle, laissant une ample marge d'autonomie aux initiatives locales et privées (laïques et religieuses), du moins jusqu'à la promulgation de la réforme Gentile (1923[60]).

Si la progressive organisation de l'enseignement professionnel par l'État italien ne peut manquer d'affecter les écoles salésiennes, la doctrine sociale de l'Église exerce à son tour une certaine influence sur les programmes d'enseignement des instituts Don Bosco à travers le monde. Au lendemain de l'encyclique *Rerum Novarum*, le sixième chapitre général salésien préconise l'introduction de cours sur des thèmes aussi variés que le «capital», le «travail» et les «grèves» dans les programmes des écoles des arts et métiers afin de «protéger les élèves des erreurs modernes». Le chapitre recommande également qu'une plus large place soit faite à la «culture générale» afin de développer chez les apprentis une «conscience civile» et pour qu'ils participent à des «groupements associatifs» dans l'esprit des initiatives impulsées par l'Action catholique[61].

C'est la conformité à l'ensemble de ces nouvelles dispositions que le père Bretto est censé vérifier lors de sa visite à Alexandrie en 1908. Le supérieur

---

58. *Programma Scolastico per le scuole degli artigiani della Pia Società di S. Francesco di Sales*, 1907.
59. Sur l'histoire de l'enseignement technique et professionnel en Italie, l'ouvrage de Tonelli (1964) reste une référence incontournable. Voir aussi Hazon 1991 ; Betti, De Maria 2021 ; D'Amico 2015 ; Morandi 2014 ; Canadelli 2013 ; De Fort 2011 ; Soldani 1981 ; Morcaldi 2004 ; Martinelli 2019.
60. Morandi 2014, p. 100.
61. Sur les écoles professionnelles salésiennes, voir Prellezo 2010 ; Panfilo 1976.

dresse, en une vingtaine de pages, un état des lieux détaillé de la maison. La journée commence à sept heures moins le quart et se termine à sept heures du soir. Elle est interrompue par le déjeuner et deux récréations d'un quart d'heure chacune. Les cours théoriques ont lieu le matin et le soir, avant et après l'apprentissage pratique dans les ateliers pour un total de deux heures et demie par jour. Ils portent sur les matières suivantes : dessin, italien, arithmétique, français, anglais, histoire, géographie et sciences.

Le P. Bretto remarque l'importance qui est accordée, parmi l'ensemble des matières, au dessin (aussi bien géométrique qu'ornemental), censé apporter au futur artisan la précision nécessaire pour atteindre la « perfection de l'ouvrage[62] ». La plus grande partie de la journée est toutefois consacrée à l'apprentissage pratique dans les différents ateliers, soit environ sept heures par jour. Cet emploi du temps est légèrement modifié le jeudi et le dimanche. Les classes sont maintenues le matin et le soir et portent sur le catéchisme et d'autres matières considérées comme accessoires (exercices de bonne tenue, politesse et gymnastique). Les heures de travail pratique en atelier sont également maintenues bien que réduites[63].

D'après le père visiteur, la communauté religieuse d'Alexandrie ne s'est pas encore conformée aux nouveaux programmes des écoles professionnelles élaborés par la congrégation et aucun enseignement technique n'est dispensé aux apprentis à l'exception de quelques notions sur les outils des différents métiers[64]. Alors que les établissements salésiens de la péninsule italienne amorcent durant ces années leur transformation en écoles professionnelles, l'institut alexandrin s'apparente encore, aux yeux du visiteur, à un « ouvroir »[65]. Des modifications sont progressivement introduites dès 1912. Une plus large part est faite à la « culture professionnelle », consistant non plus seulement en l'enseignement pratique du métier, mais aussi en l'ensemble des notions techniques et des normes que l'élève est censé suivre dans l'exécution de son travail (connaissance des matériaux et des machines, procédés à suivre,

---

62. En Europe, la question de la place du dessin dans la formation professionnelle se pose avec acuité à mesure que l'industrialisation progresse et qu'elle requiert la formation à de nouveaux métiers et de nouvelles techniques pour lesquels il est jugé indispensable. Chirone 2011, p. 109-116.

63. ASC, F038, Visite extraordinaire du P. Bretto, 1908, p. 10.

64. *Programma Scolastico per le scuole degli artigiani della Pia Società di S. Francesco di Sales*, 1907.

65. ASC, F038, Visite extraordinaire du P. Bretto, 1908, p. 10.

erreurs à éviter, etc.[66]). Le nouveau programme n'est pas pour autant une reproduction à l'identique de celui adopté par les écoles salésiennes en Italie. Des matières comme la mécanique et l'électricité ne sont pas enseignées à Alexandrie. Le cours de sociologie reste rudimentaire et ne prévoit que quelques notions de base[67].

L'écart avec le programme officiel s'explique par la nécessité de s'adapter au contexte local. Les Salésiens doivent tenir compte, en premier lieu, de la grande place que tient la connaissance des langues dans une ville plurinationale et multiconfessionnelle comme Alexandrie[68]. Dès l'ouverture de l'école, les religieux expriment en outre leur intention d'adapter leur enseignement aux besoins de l'industrie égyptienne. À la fin de 1897, le directeur demande que le maître mécanicien soit autorisé à visiter l'École des arts et métiers égyptienne de Būlāq[69]. La visite doit permettre de « se rendre compte de l'état de l'industrie, de son développement et de ses besoins en Égypte[70] ».

Les remaniements des programmes sont également dictés par le fait qu'une partie du public scolaire ignore la langue italienne, langue d'enseignement de l'établissement. Le directeur demande à plusieurs reprises aux supérieurs qu'on lui envoie un professeur de langue arabe qui puisse accomplir la tâche d'assistant dans les ateliers[71]. La fonction exacte de cet assistant ne nous est pas connue. Nous supposons, sur la base de pratiques en usage dans d'autres écoles, qu'en plus d'avoir une fonction disciplinaire (assister le contremaître et veiller au maintien de la discipline dans les ateliers), il agit comme un intermédiaire – traducteur et interprète – entre les maîtres d'art et certains apprentis pour lesquels la langue italienne est une langue étrangère[72].

---

66. *Programma Scolastico per le scuole degli artigiani della Pia Società di S. Francesco di Sales*, 1907.

67. ANSMI, 5/4, Le P. Cardano à Schiaparelli, 1er février 1912.

68. ASC, F383, Compte-rendu du provincial au recteur majeur, 1907-1908.

69. Cette école (*madrasat al-ʿamaliyyāt*) est fondée en 1839 dans le but de former des ouvriers et des techniciens rompus aux techniques nouvelles mises au point en Europe. Fermée sous le règne du khédive ʿAbbās 1er (1849-1854), elle est rouverte en 1876 et réorganisée selon le modèle des écoles des arts et métiers françaises. Shunūda 1967, p. 145-158 ; Alleaume 1993b, p. 145 ; Crozet 2008, p. 123.

70. ASDMAE, AC, b.63, Le P. Festa au commissaire Tugini, 30 décembre 1897.

71. ASC, F383, le P. Cardano au P. Durando, 24 août 1900.

72. À propos de la langue d'enseignement dans les établissements d'enseignement technique dans l'Égypte du XIXe siècle, voir Crozet 1996.

Des modifications sont ainsi progressivement apportées au programme, à la fois pour se conformer aux directives centrales de la congrégation, qui cherche à maintenir l'homogénéité des écoles salésiennes situées dans les pays de mission, et pour s'adapter au contexte local. L'enseignement demeure essentiellement pratique[73]. Des ateliers de l'école sortent non seulement les objets dont a besoin la communauté religieuse (registres, manuels de piété, mobilier, uniformes pour les collégiens et pour les apprentis[74]), mais aussi des produits qui sont mis en vente[75]. Ainsi, la typologie d'exercices pratiques effectués par les apprentis dépend strictement des commandes que les clients passent à l'école.

Les archives ne conservent pas les traces des contrats passés avec les clients, ni les registres comptables des ateliers. Quelques indices sur l'identité des clients sont fournis par la correspondance. On apprend qu'en 1914, la municipalité d'Alexandrie a commandé à la section des forgerons-mécaniciens une grande balustrade[76]. La clientèle de l'école comprend aussi un certain nombre d'établissements religieux de la ville. Dès son ouverture, ceux-ci commandent à la direction de l'institut des travaux de cordonnerie, de couture, de menuiserie et de reliure d'ouvrages. L'école produit en outre des imprimés pour des banques et des sociétés ainsi que des « ouvrages en fer, des habits et des meubles » pour les particuliers[77].

La commercialisation du produit du travail des élèves est censée, en premier lieu, réduire le « déficit naturel » de l'école professionnelle et couvrir les frais d'équipement et d'entretien des ateliers[78]. Les Salésiens espèrent aussi en tirer des revenus financiers. Or, souvent, le temps consacré à l'exécution des travaux commandités l'emporte sur la dimension pédagogique. À cet égard, les rapports des visiteurs ne manquent pas de signaler les abus,

---

73. La primauté de l'aspect pratique caractérise aussi d'autres écoles professionnelles à Alexandrie. Les programmes de l'école Salvago soulignent qu'il faut laisser de côté la partie trop théorique et se concentrer sur tout ce qui est pratique. Trimi-Kirou 1996, p. 281.
74. En 1908, les apprentis mécaniciens réalisent l'installation électrique dans le nouvel immeuble dont la construction vient d'être achevée. ANSMI, 5/A, le P. Puddu à Schiaparelli, 21 décembre 1908.
75. ASC, F038, Visite extraordinaire du P. Bretto, 1908, p. 10.
76. AESA, 4/C 15, Le P. Simonetti à la municipalité, 13 janvier 1915.
77. AESA, Lettre de l'administration des Douanes au consul général d'Italie, 19 janvier 1922.
78. ASC, E483, *Programmi delle scuole professionali e agricole salesiane fasc. D, Arti della metallurgia : fabbri, meccanici, fonditori, elettricisti*, 1921.

soulignant que «trop souvent», les contremaîtres s'intéressent davantage aux travaux pour les clients qu'à la formation professionnelle des élèves[79].

Malgré la réorganisation des programmes au début du xxe siècle, la priorité accordée à l'aspect productif semble avoir été une constante dans les écoles professionnelles salésiennes, aussi bien en Italie qu'en pays de mission. Les supérieurs doivent sans cesse rappeler que les écoles «ne sont pas des usines et ne doivent pas avoir un but commercial[80]». La même tendance semble concerner les écoles professionnelles dépendant de l'État égyptien. D'après S. H. Wells, directeur de l'administration de l'enseignement technique, celles-ci «sont dirigées comme des ateliers[81]» qui répondent à la demande des clients au détriment de l'aspect pédagogique[82]. Ces remarques attestent la nature hybride de ces établissements, ni tout à fait écoles, ni à proprement parler ateliers, sur lesquels le législateur, que ce soit en Égypte ou en Italie, n'interviendra énergiquement qu'au lendemain de la Première Guerre mondiale[83].

L'enseignement dispensé à l'école Don Bosco d'Alexandrie est donc avant tout un enseignement pratique, tourné vers la production. Durant ces premières années, ni l'équipement des ateliers, ni la préparation des enseignants ne suffisent, aux dires des supérieurs, à garantir un enseignement technique de qualité[84]. Les Salésiens semblent soucieux d'assurer davantage chez leurs élèves l'acquisition d'une éthique du travail, de certaines postures et du sens du devoir.

2.2.3. L'instruction religieuse et morale

Comme les autres missionnaires, les Salésiens partagent la conviction d'être les vecteurs de la civilisation qui ne peut être autre que chrétienne, et

---

79. ASC, F038, Visite extraordinaire du P. Bretto, 1908.
80. ASC, E481, *Terza esposizione generale delle scuole professionali*, 1912.
81. Wells 1911, p. 351.
82. À propos de cette administration, voir Turiano 2017a.
83. Sur l'organisation de l'enseignement professionnel en Italie, voir Morandi 2014. Pour l'Égypte jusqu'à la Révolution des officiers libres, l'ouvrage de Shunūda (1967) reste une référence incontournable. Sur les premiers développements d'une formation professionnelle scolaire au tournant du xxe siècle en France, voir Lembré 2016.
84. ASC, F038, Visite extraordinaire du P. Bretto, 1908, p. 11.

précisément catholique[85]. Cette conviction est d'autant plus ancrée que le public auquel les religieux s'adressent est perçu comme étant dans un état « d'abandon spirituel[86] ». La première mission consiste donc à dispenser une instruction religieuse et morale. Elle passe avant tout par l'apprentissage du catéchisme et une fréquentation assidue des sacrements.

Durant l'année scolaire 1908-1909, le catéchisme est enseigné à raison d'une heure et demie par semaine. Dans son rapport, le P. Bretto remarque que l'explication de l'Évangile et le catéchisme se tiennent de manière régulière, même en dehors des heures de cours. Le catholicisme imprime sa marque à l'emploi du temps et au calendrier scolaire. La journée commence par la messe et se termine par le « sermon de la bonne nuit[87] ». Nombreuses sont par ailleurs les célébrations et fêtes religieuses qui se succèdent durant l'année et auxquelles les élèves sont tenus d'assister[88].

D'autres initiatives, dont notamment les compagnies religieuses, visent à mieux encadrer les élèves. En 1904, la Compagnie Saint-Joseph est créée[89]. Par l'organisation régulière de rencontres et de réunions où l'on débat de questions religieuses et l'on raconte des histoires édifiantes, elle a pour objectif de préparer les jeunes à la communion et, à terme, de susciter des vocations.

La formation strictement religieuse et l'enseignement du catéchisme s'accompagnent de toute une série de mesures disciplinaires. Jusqu'aux années 1930, les artisans sont tous internes. Si la pratique de l'internat est plutôt répandue à cette époque, pour les Salésiens elle est d'autant plus nécessaire qu'il s'agit de « soustraire » les apprentis aux influences « néfastes » de leur milieu d'origine[90]. Quand les élèves ne sont pas des orphelins, ils sont, nous l'avons vu, issus de milieux populaires dont la moralité ne peut qu'être « défaillante » aux yeux des religieux. Les références aux « vices » sont récurrentes dans les sources : en 1909, le consul d'Alexandrie recommande l'admission du jeune Giovanni Rapisarda dont le père est mineur sur la

---

85. Verdeil 2011, p. 407.
86. ASC, F383, Le novice Pastorini au P. Barberis, 26 octobre 1898.
87. ASC, F038, Visite extraordinaire du P. Bretto, 1908. Il s'agit du sermon que, d'après les hagiographes de Don Bosco, le fondateur de la congrégation prononçait devant la communauté religieuse avant le coucher.
88. ASC, F383, Prospectus de l'institut Don Bosco, 1897.
89. ASC, F383, Compte-rendu du provincial au chapitre supérieur, 1903-1904.
90. ASC, F038, Visite extraordinaire du P. Bretto, 1908.

montagne de ʿAttāqa. Il souligne que seul l'internat « pourra sauver l'enfant du vice[91] ». Dans le compte rendu de l'année 1908-1909, le provincial se réjouit de « l'état moral » des élèves malgré le fait que la plupart soient issus de familles « qui vivent dans le scandale[92] ».

Cette vision n'est pas propre aux Salésiens et à la société européenne dont ils sont issus. Dans les mêmes années, les débats sur la misère matérielle et morale des classes laborieuses animent aussi les milieux réformateurs égyptiens[93]. D'après ces milieux, les vices et les défauts qui caractérisent ces classes peuvent être redressés par l'éducation, et avant tout celle morale et professionnelle[94]. Pour leur part, les Salésiens sont convaincus que la moralisation des élèves requiert, entre autres choses, la limitation de tout contact avec le monde extérieur, comme l'illustre ce règlement de 1901 :

> Les élèves sont gardés dans l'institut pendant toute l'année scolaire. Dans la seconde moitié d'août, des vacances pourront être accordées si les parents en font la demande. Elles durent en moyenne entre dix et quinze jours [...] En dehors de ces vacances, toute sortie de l'institut est interdite sauf dans des cas rares et exceptionnels et toujours après l'autorisation des supérieurs [...] Il n'est permis à personne de parler aux élèves sauf en cas d'accord écrit de la part des parents [...] Il est rigoureusement interdit de remettre personnellement aux élèves des lettres, des images, des livres, des journaux de quelconque genre. Tout doit être passé en revue par les supérieurs[95].

Les sorties de l'institut ne sont admises que quelques jours par an, l'objectif étant de préserver la « pureté » des élèves et de limiter le contact avec l'extérieur, y compris avec les familles. À l'intérieur de l'établissement, les élèves ne doivent jamais être livrés à eux-mêmes et doivent être toujours encadrés et surveillés. Les enseignants, en dehors des heures de cours, sont chargés de les assister dans la cour de récréation, les dortoirs et les ateliers[96]. Dans le rapport qu'il dresse à l'intention des supérieurs, le P. Bretto se

---

91. AESA, Le vice-consul d'Alexandrie au P. Puddu, 13 septembre 1909.
92. ASC, F383, Compte-rendu du provincial au chapitre supérieur, 1908-1909.
93. Sur la réforme en Égypte, voir Roussillon 1995 et, plus récemment, Alleaume 2019 ; Labib 2019.
94. Vallet 1911 ; Sultan 1917.
95. ASC, F383, Règlement de l'institut Don Bosco, 1902.
96. ASC, F383, Compte-rendu du provincial au chapitre supérieur, 1901-1902.

réjouit de constater que toutes les salles (salles de cours et réfectoires) sont fermées à clef aux heures prescrites et que les lits dans les dortoirs sont à une distance suffisante les uns des autres[97].

Les Salésiens sont amenés, au fil des années, à assouplir leur dispositif disciplinaire. Des modifications sont apportées au règlement de l'école dès 1902, «dictées par l'expérience de quatre années d'enseignement[98]». Elles concernent avant tout la question des sorties. Avant 1902, celles-ci se limitent au jour de Noël, au Jour de l'an et au jour de Pâques. À cette date, les religieux décident d'accorder des jours de congé supplémentaires, afin de se conformer aux pratiques en usage dans d'autres établissements confessionnels : le 2 novembre, jour des Morts, le premier jour du Carême, la fête de Shamm al-Nisīm et le dimanche après la Pentecôte. Le directeur explique que ces modifications ont été apportées pour se conformer au règlement en vigueur dans d'autres écoles missionnaires et par crainte que les familles ne retirent leurs enfants de l'école.

Dans la pratique, les dispositions disciplinaires ne sont suivies à la lettre ni par les maîtres ni par les élèves. Dans leurs comptes rendus, les inspecteurs font état d'un certain laxisme de la part des enseignants et des confrères. En 1908, le P. Bretto souligne que les élèves sont bien soignés en ce qui concerne la discipline scolaire et morale, mais que l'instruction religieuse est, quant à elle, négligée[99]. Il arrive en outre qu'ils soient livrés à eux-mêmes et qu'ils sortent de l'institut tous seuls[100]. Dans le rapport de 1913-1914, le provincial fait encore remarquer que la surveillance des élèves «laisse à désirer[101]». Par ailleurs, les cas d'élèves fuyant l'internat sont assez nombreux. Lorsque cela arrive, les Salésiens rechignent à réadmettre le fugitif en raison du mauvais exemple que cela pourrait donner aux autres élèves.

Le modèle que les Salésiens offrent repose donc sur le tandem instruction religieuse-enseignement professionnel. Les conversions qu'ils déclarent vouloir susciter, en faisant de marginaux potentiels des hommes utiles à la société, se heurtent à plusieurs obstacles dont l'abandon scolaire. Dans la mise en œuvre de leur projet, ils doivent tenir compte, d'une part, des

---

97. ASC, F038, Visite extraordinaire du P. Bretto, 1908-1909.
98. ASC, F383, Le P. Cardano au P. Durando, 7 juin 1902.
99. ASC, F383, Compte-rendu du provincial au chapitre supérieur, 1908-1909.
100. ASC, F038, Visite extraordinaire du P. Bretto, 1908-1909.
101. ASC, F383, Compte-rendu du provincial au chapitre supérieur, 1913-1914.

directives des supérieurs – qui, soucieux d'assurer un modèle missionnaire performant, ne cessent de rappeler la nécessité de mettre en application les normes – et, d'autre part, du contexte égyptien et notamment de la demande des familles qui amène les religieux à assouplir leur règlement. L'école n'est pas l'univers clos que les missionnaires souhaiteraient. Les commandes des clients orientent largement la nature du travail pratique dans les ateliers et la demande du marché fait que certaines sections sont plus prisées que d'autres.

2.3. L'école et le marché du travail

L'Égypte connaît au début du xxe siècle une croissance économique importante que seule la crise de 1907 vient interrompre[102]. Le boom immobilier fait d'Alexandrie le «lieu d'une spéculation effrénée» pour reprendre l'expression de Robert Ilbert[103]. Ici le tissu industriel, plus dense qu'au Caire, s'étoffe. Ces évolutions, qui accompagnent la croissance de la population urbaine, ont un impact sur l'école dirigée par les Salésiens. Non seulement quelques sections reçoivent plus de commandes que d'autres mais, en plus, les demandes d'admission concernent davantage certains métiers que d'autres.

2.3.1. *Les métiers enseignés et l'industrie alexandrine*

Durant le dernier quart du xixe siècle, plusieurs usines s'installent le long du canal d'al-Maḥmūdiyya. En 1875, une fabrique d'allumettes est ouverte à Kūm al-Dikka. Elle emploie, à la fin du siècle, 300 ouvriers et utilise 40 machines. Les fonderies Autofage et Hassabo emploient elles aussi plusieurs centaines d'ouvriers, tout comme la scierie à vapeur des frères Deggiardé. Sans compter les presses à coton, les huileries, les savonneries et les minoteries[104]. La Grande Guerre, qui a mis en évidence la nécessité de développer toutes les branches de l'industrie à cause de l'interruption des importations, donne une impulsion supplémentaire à l'industrialisation.

---

102. La crise qui affecte le monde entier – après les difficultés du marché financier américain entre septembre 1906 et mars 1907 et les krachs boursiers qui s'en suivent – se répercute également sur l'Égypte. Berque 1967, p. 251-253.
103. Ilbert 1996, p. 342. À propos du boom immobilier au Caire, voir Owen 1969.
104. Ilbert 1996, p. 206.

Quelques grandes industries voient le jour comme la Filature nationale d'Égypte, de loin la plus grande entreprise de la ville en 1917[105]. Mais la croissance concerne surtout la petite industrie. En 1922, le rapport de la commission du commerce et de l'industrie fait état d'une grande variété de petits ateliers[106].

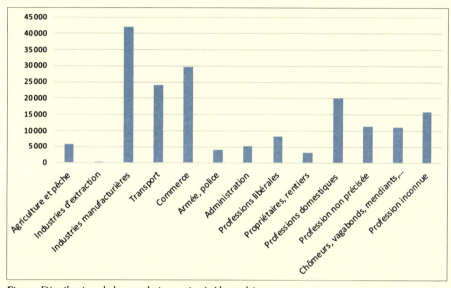

Fig. 5. Distribution de la population active à Alexandrie, 1917.
Source : Recensement de l'Égypte, 1917.

Parmi les secteurs les plus importants, l'industrie de la confection connaît la croissance la plus rapide en termes de personnel employé. Ce secteur, qui employait 10 % des ouvriers de l'industrie manufacturière en 1897, en emploie 30 % en 1917[107] (figure 5). Les chiffres indiqués par John Chalcraft dans son ouvrage sur les artisans en Égypte montrent le dynamisme de ce secteur. Couturiers et tailleurs, travaillant dans les petites boutiques urbaines, passent de 9 000 en 1897 à 29 000 en 1917. La vitalité de ce secteur s'explique, en outre, par le fait que la concurrence des produits importés est moins forte que dans d'autres secteurs[108].

105. Ilbert 1996, p. 646.
106. *Rapport de la commission du commerce et de l'industrie*, 1922 ; cité par Issawi 1975, p. 455.
107. Chalcraft 2004, p. III.
108. Chalcraft 2004, p. III.

Occupation	Total	%
Textiles	2 221	5,30
Cuir et peaux	501	1,20
Menuiserie	322	0,77
Métallurgie	3 813	9,10
Céramique	71	0,17
Produits chimiques et articles similaires	762	1,82
Produits alimentaires	7 288	17,39
Industrie du vêtement	12 426	29,64
Fabrication de meubles	4 325	10,32
Industries du bâtiment	6 019	14,36
Construction de véhicules	493	1,18
Production et transmission de l'énergie	1 047	2,50
Industries liées à la littérature et aux métiers d'art	1 874	4,47
Industries de la gestion des déchets (égoutiers, chiffonniers, éboueurs)	149	0,36

Tableau 7. Industries manufacturières, 1917.
Source : Recensement de l'Égypte 1917.

Section	1908-1909	1919-1920
Cordonniers	9	6
Forgerons-mécaniciens	18	22
Menuisiers	14	11
Relieurs	6	3
Couturiers	12	10
Typographes	5	13
Total	64	65

Tableau 8. Répartition des effectifs dans les six sections de l'école, 1908-1909 et 1919-1920.
Source : ASC, F038, Visite extraordinaire du P. Bretto, 1908 ; F383, Données statistiques 1919-1920.

L'école Don Bosco prépare ainsi à des métiers qui sont portés par la demande économique et les évolutions urbaines les plus récentes. Les élèves ne sont pas pour autant également répartis sur les différents départements. Durant les années 1908 et 1918, les seules pour lesquelles les sources consignent la ventilation des élèves, la section la plus prisée est celle des forgerons-mécaniciens (annexe 3, figure 8). En 1908, elle est suivie de la section des menuisiers (tableau 8[109]).

Le fait que la demande concerne davantage ces deux sections est à mettre en relation avec l'importance de l'industrie du bâtiment et des activités artisanales qui lui sont liées (menuiserie, travail du fer et des métaux, etc.). Les années comprises entre 1900 et 1908 sont particulièrement prospères pour le secteur de la construction[110]. De nouveaux immeubles à l'européenne avec balcons sont construits. Les petites boutiques et ateliers travaillant le fer se multiplient[111]. À ces petites usines s'ajoutent, dès la fin du XIXe siècle, quatre fonderies et des ateliers de la Marine qui emploient plusieurs centaines d'ouvriers[112]. En 1911, la ville compte douze ateliers de construction mécanique, de chaudronnerie et de fonderie ainsi que des dizaines d'ateliers de textile et de menuiserie[113].

L'industrialisation s'accompagne de la modernisation des outils de travail et de la mécanisation de la production. En 1921, à Alexandrie toutes les usines de cigarettes sont équipées de machines, et les machines à vapeur, comme les moteurs à combustion, sont très répandues[114]. Même les petites industries augmentent dans certains cas leur productivité, en recourant à une mécanisation partielle[115]. La demande en ouvriers qualifiés pour la mise en marche, l'entretien et la réparation des machines devient importante[116]. Or, dans les années 1920, la section de forge-mécanique de l'école Don Bosco forme une majorité d'ajusteurs et de tourneurs. L'offre semble se diversifier et aller dans le sens des qualifications requises par le marché[117].

Durant l'année 1919-1920, la deuxième section par le nombre d'élèves est celle des typographes (tableau 8). Du fait de l'expansion de la presse aussi bien en langue arabe qu'en langues européennes, les métiers de l'imprimerie et du livre constituent un secteur d'activité très florissant. Vers 1890, Alexandrie

---

109. ASC, F038, Visite extraordinaire du P. Bretto, 1908.
110. Vallet 1911, p. 113.
111. Arminjon 1911, p. 186.
112. Ilbert 1996, p. 206.
113. Ilbert 1996, p. 646.
114. Ilbert 1996, p. 646.
115. Chalcraft 2004, p. 110.
116. Beinin, Lockman 1987, p. 39.
117. AESA, Lettres d'admission, A. Mosti au directeur de l'institut Don Bosco, 26 août 1921.

compte déjà huit typographies européennes et sept typographies arabes[118]. Les mobilisations ouvrières et les grèves, qui se multiplient au début du siècle et impliquent de nombreux typographes, témoignent autant du dynamisme que de la politisation de ce métier[119].

De nombreux élèves sont, nous l'avons vu, des orphelins. Pour ces apprentis, l'inscription dans telle ou telle section relève moins des stratégies familiales que du choix des religieux selon les «prédispositions» des élèves, les places disponibles dans les différents ateliers ou les recommandations des sociétés de bienfaisance qui prennent en charge la scolarisation des orphelins. En 1915, la Società italiana di beneficenza (SIB) du Caire sollicite l'inscription de l'élève Salomone Piha, tout en recommandant qu'il soit formé, au vu sa santé fragile, à un «métier léger» comme celui de couturier ou de cordonnier[120].

Si la répartition entre les différentes sections ne répond pas uniquement au jeu de l'offre et de la demande, il n'en reste pas moins que certains secteurs de l'artisanat urbain, notamment la ferronnerie et la menuiserie, sont des grands demandeurs de main-d'œuvre et des domaines où les cas d'ascension professionnelle et sociale – d'ouvriers devenus patrons – sont fréquents. Les itinéraires de quelques élèves à la sortie de l'école montrent que les résultats de la formation vont au-delà des objectifs que se fixent les Salésiens.

2.3.2. *Quelques itinéraires à la sortie de l'école*

Les archives religieuses ne fournissent que rarement des renseignements sur l'itinéraire ultérieur des anciens élèves. Les traces de ces derniers s'y perdent généralement dès qu'ils quittent l'école. Quelques indices sont fournis par les fichiers personnels des ressortissants italiens conservés au consulat général d'Italie à Alexandrie. Il convient tout de même de préciser que ces dossiers ne sont que des clichés d'une situation professionnelle à un

---

118. Reimer 1997, p. 152. Voir aussi Chiti 2013, p. 170-171.
119. Sur la politisation des ouvriers typographes et leur participation à la mouvance anarchiste, voir Gorman 2010.
120. AESA, Lettres de recommandation, Le Patronato coloniale pro-minorenni au directeur de l'institut Don Bosco, 28 décembre 1918.

moment donné. C'est le plus souvent lorsqu'ils adressent au consul telle ou telle demande que les individus déclarent leur situation professionnelle.

Une autre source est constituée par *l'Annuario degli Italiani d'Egitto* publié en 1933. À l'instar d'autres publications qui paraissent dans l'entre-deux-guerres, cet ouvrage entend glorifier la contribution de l'Italie et des Italiens au progrès et à la modernisation de l'Égypte. Outre le fait qu'il est loin d'être exhaustif, les ressortissants les moins fortunés n'y sont pas mentionnés. En dépit de sa partialité, cette source s'est révélée précieuse pour notre enquête, ne serait-ce que pour les notices biographiques qu'elle renferme.

Le croisement de ces sources permet de suivre quelques itinéraires de l'entrée à la sortie de l'institut. Ancien élève de la section de mécanique entre 1905-1910, Adolfo Rinieri travaille en 1920 en tant qu'ajusteur mécanicien à la raffinerie de sucre d'al-Ḥawāmdiyya, au sud du Caire. Si on a retrouvé sa trace dans les archives du consulat italien c'est parce que, à cette date, il adresse au consul une demande d'engagement volontaire pour la Tripolitaine afin d'être recruté comme ajusteur mécanicien de moteurs d'aviation[121]. Nous ignorons si sa demande a été satisfaite, le dossier n'étant plus mis à jour après cette date.

Un autre ancien élève, dont nous avons retrouvé les traces dans les archives consulaires, est Guglielmo Gariano. Orphelin de père, il entre à l'école dans la section de menuiserie en 1911. Il bénéficie de réductions durant toute sa scolarité et obtient le diplôme de fin d'apprentissage en 1916. À la fin des années 1920, il travaille comme menuisier à la Société des presses libres égyptiennes d'Alexandrie (presses de coton[122]). Salvatore Grimaldi, quant à lui, est admis à l'école en 1915 à titre gratuit, en tant qu'« orphelin de guerre », par l'intermédiaire du comité Pro-Orfani du Caire. Diplômé de la section de forge-mécanique en 1920, il est embauché l'année suivante comme mécanicien spécialisé auprès du consulat italien[123].

Les anciens élèves ne restent pas tous de simples ouvriers. Les sources attestent des cas d'ascension professionnelle. Diplômé de la section de mécanique en 1911, Giuseppe de Martino travaille dix ans plus tard comme

---

121. ACGIA, Registres d'état civil. Sa demande suit l'annonce de l'enrôlement de volontaires militaires en Tripolitaine parue, quelques jours plus tôt, dans la presse italophone.
122. ACGIA, Registres d'état civil.
123. ACGIA, Registres d'état civil.

chef-mécanicien dans les ateliers du Conseil quarantenaire[124]. Une note sur la marge de la fiche d'état civil précise que, à la fin des années 1920, la situation économique de la famille de Martino, composée de cinq personnes (Giuseppe, son épouse et leurs trois enfants, dont l'un deviendra dessinateur), est « bonne »[125].

D'autres anciens élèves deviennent de petits patrons. C'est le cas des frères Giulio et Giuseppe Coppa qui se retrouvent, au lendemain de la Grande Guerre, à la tête d'une activité solide. En 1903, leur père Eugenio Coppa, originaire de Syracuse, ouvre au Caire un modeste atelier de fabrication de drapeaux. C'est à l'école des arts et métiers Don Bosco d'Alexandrie qu'il scolarise ses deux enfants. La situation économique de la famille Coppa est assez modeste, la scolarité des deux frères est prise en charge par la bienfaisance italienne du Caire[126]. Mais en l'espace de quelques années, l'atelier porte ses premiers fruits et après le décès d'Eugenio, survenu en 1910, son épouse hérite d'une activité bien engagée. En 1919, les frères Coppa prennent en main la direction de l'atelier qui se spécialise dans la fabrication de rideaux et de drapeaux. En 1929, l'aîné Giuseppe ouvre une succursale à Alexandrie, tandis que le siège principal demeure au Caire[127].

Les parcours ascendants des anciens élèves mentionnés s'apparentent à ceux d'autres artisans ayant fait leur apprentissage sur le tas. Les cas d'ouvriers devenus patrons sont, en effet, relativement fréquents dans les deux premières décennies du XXe siècle. Certains secteurs se prêtent plus que d'autres à la mobilité professionnelle. Comme l'a souligné Mercedes Volait, celui du bâtiment et des métiers techniques et artisanats qui y sont associés est un domaine d'activité dans lequel les Italiens réalisent de grandes réussites[128].

D'autres anciens élèves travaillent en tant que contremaîtres ou enseignants chez les Salésiens. Comme nous le verrons plus loin, la pénurie de personnel pousse les religieux à recruter des enseignants sur place. Leur choix se porte de préférence sur leurs anciens élèves. Le personnel enseignant circule entre les différentes maisons dépendant de la province orientale. Ainsi, certains anciens élèves d'Alexandrie sont-ils recrutés pour les écoles de

---

124. ACGIA, Registres d'état civil. À propos du Conseil quarantenaire, voir Chiffoleau 2007.
125. ACGIA, Registres d'état civil.
126. AESA, Registre des notes et des examens, 1903-1904.
127. *Annuario degli Italiani d'Egitto* 1933, p. 129.
128. Volait 1987, p. 143.

Palestine et *vice versa*. C'est le cas d'Aidonidis Antonio, élève typographe de l'école professionnelle d'Alexandrie de 1915 à 1920. Après une année de perfectionnement, il quitte l'Égypte pour se rendre en Palestine où il est recruté en tant que maître typographe de l'école de Bethléem[129].

Les quelques itinéraires que nous venons de retracer sont exclusivement ceux d'élèves ayant terminé les cinq années d'apprentissage. Or, un grand nombre d'élèves, si ce n'est la plupart, quittent l'école après un ou deux ans. Pour ceux qui terminent le cursus, les résultats de l'enseignement vont au-delà des objectifs envisagés par les missionnaires. Certains ne restent pas de simples ouvriers et connaissent une mobilité ascendante. Petits patrons ou contremaîtres dans la grande industrie, ils alimentent de préférence les secteurs liés à la présence et aux capitaux étrangers.

Les anciens élèves ne s'orientent pas exclusivement vers l'industrie et l'artisanat. Le cas de Filippo Accad, à la fois enseignant chez les Salésiens et interprète au tribunal consulaire, en est une illustration[130]. Son itinéraire atteste que même une formation professionnelle est susceptible d'ouvrir la voie à une carrière d'interprète. En cela, il s'apparente à celui d'autres chrétiens orientaux exerçant la fonction de traducteurs, de drogmans au service des légations et des consulats ou de procureurs des congrégations religieuses. La connaissance de plusieurs langues fait de ces individus issus d'établissements d'enseignement étrangers et missionnaires des intermédiaires privilégiés, des « hommes de l'entre-deux[131] ».

Sortir de l'institut pour suivre les itinéraires des anciens élèves a permis d'élargir l'échelle d'observation à la ville et d'interroger l'intégration des élèves dans le marché du travail. Il convient maintenant de se tourner vers un autre marché, le marché scolaire. Ce changement de focale permet, d'une part, d'analyser la demande croissante des familles en matière d'éducation, et, d'autre part, de réfléchir aux choix effectués par la mission afin de diversifier son offre scolaire et de s'assurer une assise financière.

---

129. AESA, Registre des inscriptions, 1920-1921.
130. Ancien apprenti couturier, il assure en 1925 l'enseignement de plusieurs matières (arabe et français, histoire et géographie). ASC, F383, F. Accad au P. Gusmano, 17 décembre 1912.
131. Voir à ce propos Heyberger, Verdeil 2009.

2.4. Diversifier les publics et l'offre scolaire

« Vers la fin de juillet, nous pourrons inaugurer la nouvelle école tant souhaitée par de nombreux pères de familles de la colonie italienne. » Alors que l'école des arts et métiers vient d'ouvrir ses portes, le père Festa, premier directeur de l'institut Don Bosco, s'adresse en ces termes au supérieur le P. Durando[132]. Ce sont avant tout des considérations budgétaires qui poussent les Salésiens à envisager l'ouverture d'un collège : les frais de scolarité payés par les élèves assureraient à l'institut des recettes régulières tout en lui permettant d'accueillir une partie du public de l'école professionnelle à titre gratuit. Les Salésiens entendent aussi contrecarrer l'emprise des écoles dépendantes du gouvernement italien qu'ils estiment être entre les mains de « francs-maçons et bouffe-curés[133] ».

2.4.1. *Le collège-pensionnat et la concurrence scolaire*

Dès le milieu du XIXe siècle, l'enseignement italien en Égypte a été instauré sur des bases laïques. Héritières des établissements fondés par les *fuoriusciti* et les exilés des mouvements révolutionnaires européens, les écoles italiennes s'adressent à la fois aux colonies installées dans le pays et à la population locale. À la fin du siècle, elles sont marquées, aussi bien dans leurs traditions que dans leur personnel, par les idéaux libéraux et anticléricaux des fondateurs[134].

Le gouvernement italien commence à s'intéresser aux écoles en Méditerranée à partir des années 1870, mais c'est à l'époque de Francesco Crispi, avec le décret du 8 décembre 1889 et celui du 23 août 1894, que l'organisation des écoles à l'étranger prend son aspect définitif. En 1894, une bonne partie des écoles fondées par les colonies italiennes en Méditerranée passe sous le contrôle gouvernemental. Si l'école a toujours été considérée comme un vecteur d'italianité, après la promulgation de la loi Crispi elle se voit confier un triple rôle : assurer la cohésion des colonies italiennes,

---

132. ASC, F383, Le P. Festa au P. Durando, 7 mai 1897.
133. ANSMI, 5/A, Le P. Festa à Schiaparelli, 14 juillet 1898.
134. Bardinet 2013, p. 153.

raffermir les liens avec la mère patrie et répandre l'influence de celle-ci en facilitant les relations commerciales[135].

Ce triple objectif correspond à la vision expansionniste du Premier ministre qui voit dans l'émigration un facteur potentiel d'accroissement de la puissance du pays et un élément pouvant contribuer au développement du commerce. Dans ce cadre, la fonction des écoles italiennes à l'étranger, placées sous la direction et le contrôle de l'État, ne se borne pas à la préservation de la langue italienne et au maintien d'un lien entre les migrants et la mère patrie. Elle devient un instrument d'influence culturelle, politique et commerciale[136].

Dans ce dispositif expansionniste, les établissements d'enseignement à l'étranger sont tenus de se conformer aux programmes des écoles primaires et secondaires de la péninsule (régis par la loi Casati de 1859[137]). Sont toutefois admises les modifications rendues nécessaires par les conditions des pays d'accueil[138]. Pour sa part, l'État italien nomme les enseignants et les directeurs, fournit le matériel scolaire et détermine le contenu des programmes et des examens. Il est responsable également de l'attribution des prix et finance intégralement ou partiellement les écoles[139].

À côté de ces écoles d'État, des établissements privés, gérés par des associations ou des missionnaires et dispensant un enseignement en langue italienne, voient le jour. À la fin du XIXe siècle, un double réseau scolaire italien est donc en place en Égypte tout comme dans le pourtour de la Méditerranée : d'une part, les écoles dépendantes du gouvernement italien ; d'autre part, les écoles privées tenues notamment par des congrégations

---

135. Grange 1994, p. 644.
136. Medici 2009, p. 4.
137. Adoptée en 1859 par le royaume de Piémont-Sardaigne puis étendue à toute l'Italie, la loi Casati constitue le texte organique de référence du système d'instruction dans ce pays. Elle montre la volonté d'établir dans tout le royaume d'Italie une administration centralisée. Pour des approfondissements sur l'histoire de l'éducation dans l'Italie contemporaine, voir Sani 2018 ; Ricuperati 2015 ; D'amico 2010 ; Chiaranda 2010 ; Pécout 2007 ; Pazzaglia, Sani 2001 ; Ostenc 1998 ; Soldani, Turi 1993.
138. Floriani 1976, p. 15.
139. Au sujet des effets de la loi Crispi sur les écoles italiennes en Égypte, voir Verlato 2021, p. 79.

enseignantes (masculines et féminines), dont la langue véhiculaire est l'italien mais qui sont soumises, pour la plupart, à la protection française[140].

C'est dans ce contexte de dynamisme scolaire que les Salésiens décident de diversifier leur offre de formation à Alexandrie. À l'automne 1898, le collège-pensionnat ouvre ses portes à côté de l'école professionnelle. À la fin de l'année scolaire, les religieux se déclarent satisfaits : le collège comprend cinq classes primaires et la première classe du cours technique « [scolarise] une quinzaine d'élèves de bonne famille[141] ». En 1901-1902, il en accueille 145[142]. Leur nombre ne cesse d'augmenter dans les années suivantes. En 1908, les 215 élèves sont répartis entre les six classes élémentaires et les quatre classes du cours technique commercial[143].

Le collège ne peut toutefois pas prendre son envol, comme le souhaitent les religieux. La première raison réside dans le fait que les diplômes délivrés ne sont pas reconnus par le gouvernement italien. Cet aspect est de première importance pour les religieux. Ils estiment qu'il décrédibilise leur enseignement aux yeux des parents d'élèves et qu'il est, de ce fait, un obstacle à l'élargissement du recrutement[144]. Les Salésiens multiplient dès 1907 les pourparlers avec les diplomates, toujours par le truchement de l'ANSMI[145]. Un compromis est trouvé quelques années plus tard : pour que leurs diplômes soient validés, les élèves doivent passer en tant qu'externes les examens tenus dans les écoles gouvernementales italiennes.

À la question des diplômes s'ajoute la concurrence d'autres écoles étrangères, notamment celles relevant de la mouvance française. Entre 1906 et 1952, elles accueillent près de la moitié des élèves scolarisés dans l'enseignement étranger en Égypte, soit un effectif variant de 20 000

---

140. En 1910, les écoles gouvernementales italiennes dans le monde sont au nombre de 93. Principalement concentrées en Méditerranée, elles scolarisent 16 800 élèves. Les écoles subventionnées laïques sont au nombre de 301 avec 28 100 élèves, tandis que les écoles religieuses sont au nombre de 244 avec 27 800 élèves. Floriani 1975, p. 57.
141. ANSMI, 5/A, Le P. Festa à Schiaparelli, 12 août 1898.
142. ASC, F383, Compte-rendu de l'année scolaire, 1901-1902.
143. ASC, F383, Prospectus de l'école 1911.
144. Dès 1885, le diplôme du collège Sainte-Catherine, tenu par les Frères des écoles chrétiennes, est considéré comme équivalent au baccalauréat de l'enseignement secondaire spécial français, Abécassis 2005, p. 128.
145. ANSMI, 5/A, Le P. Festa à Schiaparelli, 12 août 1898.

à 35 000 élèves[146]. Le français, que ces écoles contribuent à répandre, jouit d'un grand prestige dans ce pays. À la fin du XIXᵉ siècle, il est la langue étrangère la plus répandue et devient petit à petit une langue de distinction pour les Égyptiens[147].

L'italien, de son côté, perd le rôle qui a été le sien jusqu'au milieu du siècle. En 1850, il est encore la langue du commerce et des relations extérieures. Il est employé couramment par les Maltais, la colonie austro-hongroise et la plus grande partie des Juifs orientaux. Il est connu du clergé catholique qui a étudié à Rome. D'après Daniel Grange, au début du XXᵉ siècle, bien qu'il demeure l'une des langues officielles des Tribunaux mixtes, « il ne lui reste plus que la boutique, la rue et l'atelier[148] ». La fondation d'institutions culturelles telles que la Dante Alighieri est liée à la volonté d'endiguer ce déclin.

Le succès des congrégations françaises ne peut que porter ombrage aux initiatives éducatives émanant des religieux italiens[149]. Qui plus est, aux yeux des Salésiens, la concurrence des écoles confessionnelles françaises se double, à partir de la deuxième décennie XXᵉ siècle, par celle des écoles laïques italiennes qui sont réorganisées[150]. En 1914, une grande école commerciale italienne est inaugurée à la rue al-Khidīwī al-Awwal, à quelques dizaines de mètres de l'école salésienne. En l'espace de quelques années, elle scolarise plusieurs centaines d'élèves. Située dans un « édifice élégant » et très vaste, elle ne peut que « nuire » à l'institut Don Bosco, d'après le P. Simonetti[151]. C'est à sa concurrence que le nouveau directeur impute la contraction des

---

146. Aux établissements tenus par les congrégations catholiques installées dans le pays s'ajoutent les établissements de la Mission laïque française. L'École de droit constitue la pièce maîtresse du dispositif d'enseignement français en Égypte. Voir à ce propos Abécassis 2000, p. 806.

147. Doss 2004, p. 76.

148. Grange 1994, p. 531.

149. Abécassis 2005, p. 128.

150. Après quelques décennies de crise, qui voient le budget des écoles étatiques diminuer au profit des écoles confessionnelles subventionnées, les écoles italiennes à l'étranger sont réorganisées. Avec la loi Tittoni du 18 décembre 1910, le budget augmente passant de 1 650 000 à 2 850 000 lires italiennes (LI). Les maîtres voient leur traitement aligné à peu près sur ceux des collègues de la péninsule italienne. Floriani 1976, p. 47.

151. ASC, F383, Le P. Simonetti au P. Albera, 18 décembre 1914.

effectifs durant l'année 1916, alors que celle-ci est plus probablement liée à la paupérisation entraînée par la guerre[152].

Sur le moyen terme, les deux écoles se révèlent être plus complémentaires que rivales. Le collège Don Bosco recrute un public majoritairement catholique, composé en grande partie de latins et, dans une moindre mesure, de catholiques orientaux[153]. Les écoles laïques italiennes scolarisent, quant à elles, un public mixte, où le nombre d'Égyptiens de confession musulmane est plus important[154]. Alors qu'elles accueillent des élèves externes, le collège Don Bosco, lui, n'est ouvert qu'aux seuls internes. Il recrute, de ce fait, bien au-delà de la seule ville d'Alexandrie. Plus de la moitié des élèves internes proviennent d'autres villes égyptiennes, et notamment du Caire et de la zone du Canal[155]. Remarquable est aussi le nombre d'élèves issus des colonies italiennes (Érythrée) ou des régions de l'Empire britannique (Soudan[156]). Ces derniers, déjà scolarisés dans des établissements catholiques, poursuivent à Alexandrie leurs études secondaires.

En 1919, on est loin des espoirs de rayonnement que les opportunités de la première heure ont suscités chez les missionnaires. Les écoles laïques italiennes qu'ils entendent contrecarrer connaissent un nouvel essor. À cela s'ajoute la concurrence des écoles françaises dont le pouvoir d'attraction ne fait que s'accroître. Le collège Don Bosco a tout de même réussi à s'assurer une petite clientèle parmi des familles des classes moyennes pour qui l'enseignement dispensé par des religieux représente une plus-value et la garantie d'une formation morale.

Une éducation à deux degrés est désormais en place à l'institut Don Bosco : le collège-pensionnat pour les familles des classes moyennes et l'école des arts et métiers destinée, quant à elle, aux orphelins et aux familles ouvrières[157]. S'il faut attendre l'entre-deux-guerres pour voir la mission s'implanter dans d'autres villes égyptiennes, les opportunités d'une fondation au Caire

---

152. ASC, F383, Le P. Simonetti à Salvago Raggi, 1er septembre, 1916. Le montant des frais de scolarité, plutôt modeste en temps normal, devient prohibitif pour certaines familles durant le conflit.
153. AESA, Registres des inscriptions, 1900-1920.
154. Bardinet 2013, p. 146-148.
155. AESA, Registres des inscriptions, 1900-1920.
156. AESA, Registres des inscriptions, 1900-1920 ; Lettres de recommandation ; ASC, F383, «L'Istituto Don Bosco di Alessandria d'Egitto», Il Corriere d'Italia, 15 août 1912.
157. ASC, F383, institut Don Bosco d'Alexandrie, Prospectus, 1911.

remontent à la fin du xixᵉ siècle. Les premières demandes viennent, dès 1890, du clergé copte-catholique et sont à mettre en lien avec le dynamisme que connaissent les communautés chrétiennes orientales.

2.4.2. *Les appels de la hiérarchie copte-catholique pour une fondation au Caire*

Lorsque les Salésiens débarquent à Alexandrie, les minorités chrétiennes de l'Empire ottoman connaissent depuis des décennies des changements de statut juridique et des transformations économiques et sociales sous la double impulsion des réformes ottomanes (*tanzīmāt*) et de l'expansion européenne. L'ambitieux plan des réformes que la Sublime Porte met en œuvre à partir de la première moitié du xixᵉ siècle a pour principal objectif de bâtir un État mieux administré et mieux défendu. Les premières mesures concernent l'organisation de l'armée et la collecte des impôts. Mais la réforme s'étend progressivement à d'autres domaines, dont l'éducation et le statut des minorités non musulmanes. En garantissant l'égalité des sujets de l'empire devant l'impôt, la justice et l'accès aux fonctions administratives, les *tanzīmāt* transforment la place des chrétiens et des juifs en son sein[158].

Aux droits nouveaux que ces réformes concèdent aux minorités de l'empire, s'ajoutent les effets de la protection des puissances européennes qui espèrent, par la «clientélisation» des non-musulmans, accroître leur influence en Méditerranée orientale[159]. Comme l'a montré Henry Laurens, la question de la protection des minorités chrétiennes et juives par les puissances européennes devient un enjeu central dans la «question d'Orient[160]». Les chrétiens bénéficient de l'essor du commerce entre l'Europe et le Proche-Orient en devenant des intermédiaires entre négociants européens et producteurs locaux. Leur dynamisme économique et démographique s'exprime aussi sur le plan religieux et culturel.

Dans les mêmes années, les Églises chrétiennes, orthodoxes et uniates obtiennent une reconnaissance officielle de la part de l'empire. Cette

---

158. À propos des réformes et de leur issue, voir Bozarslan 2013, p. 53-55.
159. Le dernier quart du xixᵉ siècle est marqué par un afflux massif de capitaux étrangers, notamment français. L'empire se trouve divisé en zones d'influence économique, ce qui contribue à son endettement. Sur la «clientélisation» des non-musulmans, voir Laurens 2006, p. 49.
160. Laurens 2006, p. 50.

reconnaissance politique, conjuguée à l'organisation juridique nouvelle des Églises, renforce l'autorité des patriarches. Ces évolutions s'accompagnent d'un renouveau intellectuel et spirituel sans précédent. Les Églises créent des séminaires, fondent des écoles et lancent leurs propres journaux. Tout cela va de pair avec un renouveau des langues liturgiques telles que le copte et le syriaque[161].

En Égypte, le renouveau religieux et culturel de l'Église copte-orthodoxe s'effectue sous la houlette du patriarche Cyrille IV (1854-1861), appelé le « Réformateur » (abū al-iṣlāḥ). Il passe, entre autres choses, par la multiplication d'écoles où se forment des personnalités appelées à jouer un rôle de premier plan dans la communauté copte et dans la société égyptienne de manière générale. Cyrille IV fonde notamment le Collège patriarcal copte (1855) qui permet aux élèves de poursuivre l'instruction secondaire qui leur est refusée dans les établissements scolaires de l'État égyptien. Les patriarchies Démétrius II et Cyrille V poursuivent l'œuvre réformatrice et éducative de leur prédécesseur, en multipliant les écoles et en rénovant églises et monastères[162].

À la fin du XIXe siècle, l'Église copte-catholique est la dernière des Églises uniates à obtenir une reconnaissance officielle. Son institutionnalisation doit beaucoup à l'action des missionnaires catholiques, notamment les Franciscains et les Jésuites. Ces derniers sont appelés par le pape Léon XIII à fonder un séminaire copte-catholique au Caire en 1879. Dix ans plus tard, l'établissement d'un patriarcat parachève l'institutionnalisation de l'Église et s'accompagne de la volonté d'encadrer une communauté en plein essor (concentrée avant tout en Haute-Égypte, elle passe de 14 576 individus en 1908 à 25 000 en 1927). Des écoles sont créées et, sur le modèle des missions catholiques féminines, des congrégations de femmes prennent en charge l'éducation des filles[163].

Certains auteurs voient dans ce mouvement de fondation d'écoles autochtones une réaction au dynamisme des missionnaires dont les établissements d'enseignement attirent bon nombre de fidèles des Églises

---

161. Mayeur-Jaouen 1995, p. 813-814. Sur les chrétiens au Proche-Orient contemporain, voir Heyberger 2013 ; Heyberger, Girard 2015. Sur le renouveau des musiques coptes en Égypte contemporaine, voir Gabry-Thienpont 2013.

162. À propos du renouveau de l'Église copte-orthodoxe, voir Seikaly 1970 ; Armanios 2011 ; Ibrahim 2011 ; Guirguis, Van Doorn-Harder 2011.

163. Catherine Mayeur-Jaouen 2019, p. 57-60.

orientales. Or, comme Chantal Verdeil l'a montré à propos de la mission jésuite en Syrie, les relations entre missionnaires latins et clergé catholique oriental sont plus complexes. Le dynamisme des Églises orientales et la multiplication d'écoles visant à l'encadrement de la jeunesse n'excluent pas la collaboration avec les missionnaires latins. Ces derniers sont souvent appelés pour ouvrir une école ou un séminaire. Au sein du clergé local, il y a en outre de fervents partisans de la dévotion latine[164].

C'est dans ce cadre qu'il faut inscrire les appels lancés par le clergé copte-catholique pour une fondation salésienne au Caire. La congrégation est réputée pour ses établissements d'enseignement professionnel qu'elle dirige dans plusieurs pays de mission. Ses écoles semblent particulièrement aptes à affirmer la jeune communauté copte-catholique dans la foi et à moraliser les couches les plus démunies par l'apprentissage d'un métier artisanal.

Les appels de la hiérarchie copte-catholique doivent aussi être inscrits dans le cadre de la politique orientale du Saint-Siège. Depuis son accession au trône pontifical en 1878, Léon XIII fait preuve d'un intérêt sincère pour les chrétiens d'Orient et oriente une grande partie de sa politique vers l'unité des Églises. Durant « l'âge de l'unionisme », le Saint-Siège cherche à ramener les chrétiens séparés en son sein[165]. Il se tourne essentiellement vers les orthodoxes orientaux par le biais des Églises uniates. La politique orientale de Léon XIII débouche sur la promulgation de l'encyclique *Orientalium Dignitas* (1894). Appelée à régir l'activité missionnaire, elle impose aux missions le respect des rites orientaux et interdit les pratiques latinisantes[166].

Lorsqu'au Vatican se déroule la conférence des patriarches orientaux, qui aboutit à la publication de l'encyclique, les supérieurs salésiens mettent l'accent sur l'intérêt d'une fondation au Caire destinée aux coptes-catholiques. Le P. Cagliero souligne en particulier à quel point ce projet s'inscrit dans les soucis contemporains de la papauté :

Mgr Sogaro est venu me voir avec l'évêque copte, qui est le chef de la délégation copte venue récemment à Rome. Il m'a demandé d'intercéder auprès de Don Rua et des membres du chapitre pour la fondation d'une école des arts et métiers au Caire. L'un et l'autre m'ont assuré que le moment

164. Verdeil 2011, p. 241.
165. Fouilloux 1982, p. 31.
166. Sur la politique orientale du Saint-Siège, voir Hajjar 1979 ; Soetens 1977 ; Fouilloux 1982.

est vraiment propice. Le Saint-Père est très soucieux des coptes et il tient dans la plus haute estime l'évêque évoqué plus haut, au point que l'on peut prédire qu'il sera le prochain patriarche copte[167].

La politique orientale du Saint-Siège ne suffit pas à impulser la mise en chantier d'une école pour la communauté copte-catholique au Caire. Alors que les formalités pour l'ouverture d'une école des arts et métiers à Alexandrie sont en cours, les Salésiens préfèrent repousser à plus tard la proposition de l'évêque Kyrillos Macaire, futur patriarche copte-catholique. L'occasion se représente en 1898. À cette date, le même évêque les invite à ouvrir une école agricole, sur le modèle de l'école que la congrégation dirige en Palestine ottomane :

L'école des arts et métiers que dirigent les fils de Don Bosco à Alexandrie fait sans doute un grand bien à la jeunesse de cette ville. Mais il est une œuvre qui, je crois, rendrait au pays, surtout à la nation copte, des services plus grands ; je parle d'une école d'agriculture, qui pourrait être fondée dans les environs du Caire. Notre pays est avant tout agricole et toutes ses ressources avec tous ses avantages lui viennent de son sol. Je suis persuadé que votre Révérence porte le plus grand intérêt aux coptes et n'hésitera pas à entreprendre cette œuvre, spécialement pour l'éducation de jeunes gens de notre nation qui s'adonnent à l'agriculture. Le grand pape Léon XIII, qui depuis plusieurs années prodigue ses soins paternels au peuple de saint Marc en Égypte, ne manquera pas d'accorder sa bénédiction à une œuvre aussi utile[168].

Le projet d'une école agricole est aussi fortement soutenu par Schiaparelli, président de l'ANSMI. Ce dernier souligne les avantages d'une œuvre adressée aux catholiques « indigènes » dans le contexte de la nouvelle politique vaticane[169]. Même à cette occasion, les Salésiens déclinent la proposition, en arguant de la pénurie de moyens et de personnel. L'école d'Alexandrie vient en effet d'ouvrir ses portes alors que le personnel est incomplet. Les

---

167. ASC, F414, Le P. Cagliero au P. Durando, 5 octobre 1895.
168. ASC, F414, L'administrateur du Patriarcat copte-catholique au P. Festa, 12 décembre 1898.
169. ASC, F414, Schiaparelli au P. Durando, 14 juin 1901.

dettes contractées pour l'achat du terrain pèsent lourdement sur le bilan[170]. En déclinant les deux propositions, les Salésiens laissent à d'autres ordres le soin exclusif des coptes[171]. C'est le cas de la province toscane de l'ordre des Frères mineurs chargés de la mission *in auxilium coptorum* (aide aux coptes) dans la Haute-Égypte[172]. Alors qu'ils restent sourds aux appels du clergé copte-catholique, les missionnaires de Don Bosco répondent favorablement aux propositions faites en 1902 par les diplomates italiens dans le cadre la politique de confessionnalisation de l'enseignement italien en Méditerranée.

2.4.3. *L'appui de l'État italien aux écoles missionnaires en Méditerranée*

À la fin du XIXe siècle, alors que les écoles religieuses de langue italienne en Égypte se multiplient, les établissements scolaires dépendant du gouvernement italien posent toute une série de problèmes et font l'objet de critiques sévères de la part des inspecteurs envoyés par le ministère des Affaires étrangères : les locaux sont vétustes ; ils ne permettent pas un cycle complet d'études (de la maternelle au baccalauréat) ; les personnels enseignants reçoivent de maigres salaires ; enfin, les notables des colonies italiennes préfèrent inscrire leurs enfants dans les écoles étrangères, françaises notamment[173]. Très rapidement, dans les milieux diplomatiques italiens, se fait jour l'idée que, pour des raisons budgétaires et de réussite pédagogique, les écoles confessionnelles sont « plus adaptées au Levant ». À partir de ce moment, le ministère des Affaires étrangères procède progressivement au remplacement du personnel laïc par un personnel religieux dans les écoles d'État en Méditerranée[174]. En 1903, il confie aux Salésiens les écoles italiennes de Smyrne et de Constantinople.

Ce processus de désengagement de l'État et d'appui aux congrégations religieuses est rendu possible par le lent réchauffement des relations de l'Église et de l'État italien. Au pouvoir de 1901 à 1914, le gouvernement

---

170. ASC, F383, Le P. Festa au P. Lazzero, avril 1897.
171. Il faudra attendre la fin de la Seconde Guerre mondiale pour que les Salésiens ouvrent plus largement les portes de leurs établissements aux élèves coptes-catholiques. Voir les chapitres 6 et 7.
172. À ce propos, voir Mayeur-Jaouen 2019.
173. Grange 1994, p. 530.
174. Floriani 1976, p. 28.

Giolitti tente de se rapprocher du Vatican. Le souverain pontife Léon XIII n'entend pas modifier la politique du *non expedit* et le secrétaire d'État Rampolla refuse de porter atteinte au protectorat français. Avec Pie X (1903-1914), la situation change en raison notamment de l'anticléricalisme officiel du gouvernement français[175]. À cela, il faut ajouter le dynamisme de Schiaparelli et de son Associazione Nazionale qui sert d'intermédiaire entre les deux parties.

En Égypte, l'ambassadeur italien, Salvago Raggi, propose de confier les écoles italiennes de la capitale à la congrégation salésienne par le biais de l'Associazione[176]. Les Salésiens, après quelques hésitations, acceptent la proposition, mais la nouvelle de l'imminente cession des écoles à la congrégation provoque une vague de protestations dans les milieux anticléricaux italiens[177]. Le 10 mai, un appel est lancé par la Società italiana dei reduci delle patrie battaglie pour débattre de la question :

> Les écoles royales italiennes, dans lesquelles nos fils et les fils des étrangers reçoivent une éducation solide, libérale, laïque, sont menacées d'une imminente cession aux religieux ; les libéraux italiens ne peuvent pas rester indifférents face à une telle calamité. À ce but, la Società invite tous les citoyens et les groupements libéraux à intervenir à la réunion qui se tiendra ce dimanche 10 mai à 5 heures de l'après-midi au théâtre des Variétés[178].

Un comité de mobilisation nommé « Comitato pro-schola laica » est créé le jour même[179]. Le projet du gouvernement risque de mettre en danger, aux yeux des membres du comité, la « laïcité » des écoles de la colonie. Or, ces notables, dont beaucoup appartiennent à la franc-maçonnerie, sont hostiles à toute initiative émanant des religieux, notamment dans le domaine éducatif. Ils accusent, en outre, le gouvernement italien d'avoir mené des négociations secrètes sans tenir compte de l'opinion et des « sentiments de la colonie[180] ».

---

175. Grange 1994, p. 651.
176. ASDMAE, AC, b.75 bis, Schiaparelli au MAE, 12 février 1903.
177. Sur l'anticléricalisme dans l'Égypte coloniale à travers le cas italien, voir Paonessa 2020.
178. ASDMAE, AC, b.75 bis, Supplément du *Commercio Italiano*, *Pro-schola*, 10 mai 1905.
179. ASDMAE, AC, b.75 bis, Le consul d'Alexandrie au MAE, mai 1903.
180. Sur la composition et les membres du comité, voir Bardinet 2013.

Dans les jours qui précédent et qui suivent la formation du comité, la question des écoles et de leur imminente cession aux religieux est en première page des principaux périodiques italophones, ce qui donne à l'évènement une grande résonance. Le comité édite pour l'occasion son propre bulletin. Le premier numéro retrace l'histoire des écoles italiennes en Égypte, soulignant leur origine maçonnique et libérale et leur entière indépendance jusqu'en 1889[181]. D'autres journaux expriment des opinions plus modérées, tels que le *Corriere egiziano* et *L'Imparziale*. Tous sont en revanche unanimes dans le désaveu du projet gouvernemental[182].

Face au retentissement de la polémique, les autorités doivent reculer. Le sous-secrétaire au ministère des Affaires étrangères envoie le 23 mai 1903 une lettre au ministre au Caire Salvago Raggi dans laquelle il déclare que, pour des « raisons politiques », le gouvernement renonce à confier les écoles à l'ANSMI[183]. De leur côté, les diplomates cherchent à calmer les esprits, d'autant plus que d'importantes grèves, auxquelles participent de nombreux ouvriers italiens, éclatent au Caire. Il faut donc éviter que toute la colonie s'embrase[184]. En septembre 1903, le péril de la cession des écoles aux Salésiens est conjuré et le caractère laïc des écoles d'État préservé[185].

Cette mobilisation constitue, comme l'a souligné Marie-Amélie Bardinet, le point d'orgue de l'opposition entre les « Vieux Égyptiens » (*fuoriusciti*, exilés politiques fondateurs de la plupart des associations italiennes et profondément marqués par les idéaux du *Risorgimento*) et les diplomates italiens qui essayent d'imposer leur politique[186]. La mobilisation atteste la volonté de certains secteurs de la colonie de maintenir une autonomie locale face aux ingérences ministérielles. Dans ce cadre, l'hostilité affichée à l'égard des Salésiens repose tout autant sur des sentiments anticléricaux que sur le fait que les religieux sont perçus comme les auxiliaires de la nouvelle politique consulaire.

Après les évènements de 1903, les Salésiens se replient à Alexandrie et renoncent à tout projet d'implantation au Caire. Il faut attendre l'entre-deux-guerres pour que la politique de cession des écoles aux religieux

---

181. ASDMAE, AC, b.75 bis, Supplément du *Commercio Italiano*, *Pro-schola*, 10 mai 1905.
182. ASDMAE, AC, b.75 bis, « Le scuole italiane », *Il Corriere egiziano*, 5 mai 1903.
183. ASDMAE, AC, b.75 bis, Il sottosegretario del MAE au ministre Salvago-Raggi, 23 mai 1903.
184. Bardinet 2013, p. 216.
185. ASDMAE, AC, b.75 bis, Supplément du *Commercio Italiano*, *Pro-schola*, 10 mai 1905.
186. Bardinet 2013, p. 200.

soit remise à l'ordre du jour. Entre-temps, à Rome, la réforme votée en 1910 (loi Tittoni) confirme le caractère laïc des écoles d'État en Méditerranée[187]. Cela n'empêche pas le gouvernement de subventionner les établissements religieux qui sont passés désormais officiellement sous protection de l'Italie. Toutefois, la politique d'appui aux congrégations ne fait pas l'unanimité en Égypte, où le poids des libres penseurs est encore considérable et où les sentiments patriotiques sont ravivés par la préparation de l'invasion italienne de la Tripolitaine.

2.4.4. *Des « apôtres de l'italianité »*

Au lendemain des célébrations du cinquantenaire de l'unification italienne, le 27 mars 1911, une nouvelle vague de protestations est déclenchée. Les Salésiens sont à nouveau dans le collimateur pour n'avoir pas hissé le drapeau italien. Comme en 1903, la presse est saisie[188]. Toutefois, depuis les événements de 1903, certaines personnalités et certains organes de presse italophones se sont alignés sur la politique consulaire. Ils partagent la conviction que les religieux constituent des auxiliaires importants pour l'influence italienne dans la région.

Dans son ouvrage sur la colonie italienne d'Égypte paru en 1909, Luigi Balboni qualifie la congrégation salésienne d'« ordre éminemment national, franchement italien[189] ». Sur le même ton, en janvier 1911, un long article de *L'Imparziale* tisse l'éloge des Salésiens et souligne la participation de leur école au maintien de l'italianité[190]. De même, le comité de la Dante Alighieri, après avoir participé activement à la mobilisation de 1903, décide d'encourager l'étude de l'italien dans toutes les institutions, y compris celles relevant des missions[191].

---

187. Grange 1994, p. 657.
188. ASC, F383, *Petizione della massoneria italiana*, 2 avril 1911 ; « La tenuta dei salesiani », *L'Unione della democrazia*, 2 avril 1911.
189. Intitulé *Gli Italiani nella civiltà egiziana del secolo XIX*, l'ouvrage met l'accent sur quelques grandes figures d'Italiens ayant participé au processus de « régénération » de l'Égypte. En soulignant la contribution des Italiens à la modernisation de ce pays, il inaugure un *topos* historiographique qui aura un écho durable. Sur la construction du mythe historiographique des Italiens d'Égypte, voir Santilli 2013.
190. « La partenza di Don Puddu », *L'imparziale,* 20 janvier 1911.
191. Bardinet 2013, p. 116.

De leur côté, les Salésiens multiplient les initiatives patriotiques afin de faire oublier les récentes mobilisations anticléricales. Les mesures prises en faveur du prolétariat immigré et des familles des mobilisés, ainsi que la participation active aux célébrations officielles de la colonie, visent à promouvoir une nouvelle image de la congrégation. Depuis 1906, celle-ci adhère à l'*Italica Gens*, fédération de congrégations religieuses et d'associations laïques fondée par Pietro Pisani. En 1913, un prospectus annonce l'ouverture, dans les locaux de l'école, d'un secrétariat de l'*Italica Gens* pour l'assistance aux migrants italiens. Le comité lance un appel aux institutions et sociétés de bienfaisance afin qu'elles adhèrent à un projet qui se veut tout à la fois « humanitaire et patriotique[192] ».

Aussi les Salésiens participent-ils plus activement aux célébrations officielles de la colonie. En 1914, le nouveau directeur, le P. Simonetti, impose que soit célébrée toute fête concernant la famille royale italienne. Le 11 novembre, une cérémonie est organisée à l'institut Don Bosco pour fêter l'anniversaire du roi Victor-Emmanuel III. À partir de ce moment, elle sera célébrée toutes les années dans la cour de l'école.

L'entrée en guerre de l'Italie offre aux Salésiens de nouvelles occasions pour organiser des cérémonies patriotiques. Le 2 juin 1914, une réception est donnée à l'institut pour célébrer le départ du deuxième contingent de mobilisés parmi lesquels figurent certains confrères[193]. Les Salésiens renforcent également leur collaboration avec les sociétés de bienfaisance créées pendant le conflit parmi lesquelles figure le Comitato nazionale per soccorrere le famiglie dei richiamati, présidé par l'égyptologue Evaristo Breccia. À la demande du comité, les religieux acceptent des élèves à titre gratuit et réduisent les frais de scolarité pour ceux dont les pères ont été mobilisés[194].

Dès 1919, les supérieurs salésiens invitent leurs missionnaires qui œuvrent parmi les migrants italiens à participer, dès que possible, à des initiatives « religieuses, patriotiques et humanitaires » et à promouvoir des célébrations religieuses à l'occasion des fêtes civiles. Cela sert « à resserrer les liens qui

---

192. ASC, F383, *Italica gens,* Fédération pour l'assistance aux immigrés italiens. Secrétariat d'Alexandrie, 10 septembre 1913.
193. ASC, F741, institut Don Bosco d'Alexandrie, Chronique de la fondation jusqu'en 1937, p. 43.
194. ANSMI, 5/A, Le P. Simonetti à Schiaparelli, 12 juillet 1915.

unissent l'amour de la religion à l'amour de la patrie[195] ». Le 11 décembre 1918, un Te Deum est célébré au Caire, à l'église Saint-Antoine d'al-Ḍāhir, près d'al-Mūskī, par le père supérieur des Salésiens, avec l'appui des Franciscains de la custodie de Terre sainte[196]. À Alexandrie, à partir de 1918, une festivité va se tenir tous les ans, chaque premier dimanche de juin, pour célébrer la fête du Statut[197].

Dans ces cérémonies, auxquelles prennent part les représentants des institutions et des associations italiennes, symbolique religieuse et symbolique politique s'entremêlent. Alors qu'en 1911, les Salésiens n'ont pas hissé le drapeau italien, refusant d'adhérer à une commémoration qualifiée d'« irréligieuse », au lendemain du conflit, ils revendiquent haut et fort leur patriotisme. Ce revirement est remarquable jusque dans l'image qu'ils véhiculent du fondateur de la congrégation. Don Bosco est désormais qualifié d'« apôtre et patriote[198] ».

Cette mutation n'est pas spécifique à la figure de Don Bosco ; d'autres saints font l'objet d'un processus de « nationalisation[199] ». De manière générale, à partir de la Première Guerre mondiale, les missions échappent difficilement à la dimension politique qui culmine avec l'affirmation des nationalismes[200]. Elles multiplient les manifestations patriotiques au point de susciter de la part du Saint-Siège des mises en garde répétées contre les dérives nationalistes. Les papes Benoît XV (*Maximum Illud*, 1919), Pie XI (*Rerum Ecclesiae*, 1926) et Pie XII (*Summi Pontificatus*, 1939) insistent sur la supranationalité de l'Église catholique et dénoncent la soumission des missions à des intérêts nationaux[201].

Sur le terrain égyptien, un consensus semble s'être instauré dans les milieux italiens quant au rôle des Salésiens dans le maintien de l'italianité.

---

195. ANSMI, 33/H, *Segretariato del popolo da istituirsi presso case salesiane, Circolare della commissione salesiana dell'emigrazione*, 1918.

196. Bardinet 2013, p. 102.

197. ANSMI, 33/H, *Segretariato del popolo da istituirsi presso case salesiane, Circolare della commissione salesiana dell'emigrazione*, 1918. Sur la fête du Statut, voir Porciani 1995 et Brice 2010.

198. ASC, F383, Le P. Biondi au consul, 1922.

199. Voir l'analyse que propose Daniele Menozzi (2015) sur la « nationalisation » de saint François d'Assise et les liens qui s'instaurent entre le culte du saint et l'idéologie fasciste en Italie.

200. Voir à ce propos Saaidia, Zerbini 2015.

201. Prudhomme 2014, p. 381.

La plupart des organes de presse italophones publient des articles élogieux à leur égard. Le *Messagero egiziano*, qui a été pourtant parmi les principaux journaux à relayer la protestation anticléricale de 1903, consacre désormais plusieurs articles aux écoles congréganistes, décrites comme de précieux vecteurs d'italianité[202]. Le 7 février 1921, le P. Simonetti, directeur de l'institut d'Alexandrie, est décoré du titre de «chevalier de la Couronne d'Italie[203]».

L'analyse que Marie-Amélie Bardinet fait des changements intervenus à la tête des institutions de la colonie italienne du Caire semble pouvoir s'appliquer aussi à Alexandrie. Un nouvel *establishment* se met en place. Les «Vieux Égyptiens», libéraux et francs-maçons, porteurs d'un certain nombre d'idéaux libéraux et anticléricaux, sont désormais remplacés par une nouvelle élite liée aux instances consulaires et alignée sur ses positions. Commencé dans la première décennie du XXᵉ siècle, ce changement s'accélère au cours de la Première Guerre mondiale. Au lendemain du conflit, le réchauffement des relations entre les religieux et l'*establishment* de la colonie est une donnée acquise. Une page est tournée, et le poids décroissant de l'ancienne élite anticléricale rend envisageable la reprise de la politique de confessionnalisation de l'enseignement italien.

Conclusion

Au moment où les Salésiens ouvrent leur école des arts et métiers, d'autres initiatives visant à dispenser un enseignement professionnel voient le jour à Alexandrie. Elles s'inscrivent pour la plupart dans un cadre philanthropique et, entre autres choses, visent à revivifier un artisanat égyptien jugé en déclin. Au croisement entre objectifs philanthropiques, projets de réforme des couches laborieuses et espoirs de renaissance industrielle, l'émergence de ces premières formes d'apprentissage en milieu scolaire témoigne du dynamisme de l'initiative privée et du fait que l'éducation du «peuple» constitue, dans l'Égypte coloniale, un enjeu partagé et disputé par toutes les élites, quelle que soit leur appartenance.

---

202. «La mostra annuale dell'Istituto Don Bosco», *Il Messagiero egiziano*, 17 juillet 1918.
203. Premier titre honorifique à caractère national institué par le roi Victor-Emmanuel II en 1866.

Première école relevant du réseau missionnaire à dispenser un enseignement professionnel à Alexandrie, l'institut Don Bosco recrute avant tout parmi les populations ouvrières européennes et dans les milieux catholiques défavorisés. La priorité est accordée aux orphelins, bien que leur proportion ne cesse de décroître au fil des années. L'objectif visé à travers le régime d'internat est de « moraliser » les élèves et de les affermir dans la foi. L'enseignement professionnel reste plutôt rudimentaire durant ces premières années : essentiellement pratique, il est tourné vers la production. Les Salésiens sont surtout soucieux d'inculquer à leurs pupilles la morale chrétienne et l'*ethos* du travail. L'école assure malgré tout une promotion à ses apprentis. Certains profitent des opportunités de mobilité qu'offrent certains secteurs économiques (le bâtiment, par exemple) et deviennent de petits patrons. Que ce soit en tant qu'ouvriers, en tant qu'enseignants ou en tant qu'interprètes, les anciens élèves trouvent à s'employer dans des secteurs qui sont strictement liés au fonctionnement d'une économie coloniale.

Dès les premières années de leur implantation en Égypte, les Salésiens cherchent à diversifier leur offre scolaire. Loin d'attirer le nombre d'élèves qu'ils espèrent, le collège leur permet de s'assurer tout de même une petite clientèle. S'ils échouent à se substituer aux écoles laïques italiennes, ils contribuent à l'inscription durable d'une symbolique religieuse au sein des rituels officiels de la colonie. Alors que l'impérialisme italien est en plein essor et que l'invasion de la Tripolitaine (1911) génère dans certains secteurs de la société alexandrine un sentiment d'entrée en guerre[204], le processus de construction de l'italianité de la mission s'achève sur le terrain égyptien. La multiplication d'initiatives patriotiques constitue pour les religieux un moyen de prouver leur ralliement au fait national auprès de l'opinion libérale. En dépit de ces dynamiques et du rapprochement des Salésiens avec les diplomates italiens en Égypte, le consul est loin de constituer leur seul référent. Au contraire, ils multiplient et diversifient leurs interlocuteurs. Déplacer l'attention vers les conditions matérielles de la mission permet d'étudier les modalités de son insertion dans un réseau de relations qui dépasse le cadre national.

---

204. Voir à ce sujet Chiti 2017.

Chapitre 3

L'économie d'un projet missionnaire

Deux thèmes, le personnel enseignant et l'état des finances, reviennent systématiquement dans les sources. La survie de la mission dépend strictement de la gestion du capital humain et financier. L'importance accordée à ces deux questions n'est pas un trait spécifique à la congrégation salésienne[1]. Le réveil missionnaire du XIXe siècle a engendré un nouveau type de rapports de la mission avec les biens et les soucis matériels[2]. Pour Jean Pirotte, elle s'apparente de plus en plus à une « entreprise » gérant à plusieurs échelles le recrutement du personnel, la création de nouvelles résidences et la construction d'écoles[3].

Dès les premières années de leur implantation à Alexandrie, les Salésiens sont confrontés à la question du recrutement. Au moment où une province salésienne est érigée au Proche-Orient, c'est plus généralement la question de la formation du personnel destiné à la province qui se pose. Parallèlement, la nécessité de trouver des ressources financières pour répondre aux besoins croissants de la mission s'impose. Où se procurer le capital pour bâtir des constructions qui puissent assurer le « prestige » et le « rayonnement » de la mission ? Comment garantir le maintien d'une œuvre qui se veut avant tout charitable ?

Si l'analyse des modalités de recrutement du personnel religieux montre que l'Europe, et plus particulièrement l'Italie, restent les principaux viviers,

1. Dans son ouvrage sur les Lazaristes à Damas, Jérôme Bocquet (2005, p. 47) souligne que la recherche de ressources suffisantes pour faire vivre la mission et la hantise de la caisse vide constituent une véritable « obsession » pour les religieux, qui semblent en oublier leur apostolat.
2. Pirotte 2005, p. 6.
3. Pirotte 2005, p. 5.

l'attention portée au recrutement du personnel laïc et à la question budgétaire permet de mesurer l'importance des ressources mobilisées sur le terrain et l'insertion de la mission dans un réseau de financement qui a pour cadre la ville d'Alexandrie et, plus largement, l'Égypte. L'étude de la gestion des ressources humaines et financières permet d'éclairer, en outre, la tension toujours sous-jacente entre idéaux missionnaires et nécessités matérielles. Plus que le fruit d'une stratégie préétablie, la mission est le résultat d'un compromis toujours remis en chantier entre idéaux apostoliques, possibilités offertes et contraintes imposées par le terrain.

3.1.   Un personnel hétérogène

Les premiers confrères de l'école d'Alexandrie sont recrutés parmi le personnel de la congrégation qui opère en Palestine. Les pères Belloni et Puddu, les coadjuteurs Nardi, manœuvre, et Berard, maître forgeron, les pères Festa et Rubino constituent la première communauté régulière. Toutefois, en 1897, à la veille de son inauguration, l'école des arts et métiers manque encore de personnel enseignant et de maîtres d'art. Pressés d'ouvrir les portes de leur établissement, les Salésiens ont recours, dans un premier temps, à un personnel externe recruté sur place[4].

3.1.1.   *Géographie du recrutement missionnaire*

Le premier directeur, P. Festa, multiplie, dans les missives adressées aux supérieurs, la demande de personnel salésien. Le remplacement des «externes» par des religieux est considéré comme d'autant plus nécessaire qu'aux aux yeux du supérieur, il faut maintenir autant que possible la «pureté» de la communauté et garantir que l'instruction se déroule selon l'«esprit» de la congrégation. En 1898, ses vœux sont exaucés: dix-huit confrères issus des noviciats européens (Italie, France et Angleterre) rejoignent la communauté alexandrine. La chronique rappelle que leur arrivée a permis de licencier tout le personnel externe «avec un grand bénéfice moral et financier[5]».

---

4. Plus précisément, quelques enseignants de langue, un maître tailleur et un maître relieur. ASC, F741, Alexandrie, Chronique de la fondation à l'année 1937, p. 7.
5. ASC, F741, Alexandrie, Chronique de la fondation à l'année 1937, p. 15.

Les religieux qui arrivent en Égypte au tournant du siècle ne reçoivent pas, à l'instar de la plupart des missions de l'époque, de formation particulière à l'apostolat outre-mer[6]. La lettre que le novice Pastorini adresse au P. Barberis[7] une semaine après son arrivée en Égypte fournit des renseignements précieux sur l'image qu'ont les premiers Salésiens de l'Égypte ainsi que des populations qu'ils sont appelés à encadrer :

Deo Gratias! Nous sommes désormais 18 confrères. Avec l'aide de Dieu, nous pourrons enfin faire du bien à ces jeunes qui nous ont été confiés. Et il y a beaucoup de bien à faire. Le champ est immense mais il ne pleut jamais et il faut l'arroser de notre sueur. Nous espérons ainsi le fertiliser et nous prions Dieu qu'il porte des fruits abondants [...] Quant à la religion, nous avons ici beaucoup de Grecs, quelques Arabes et d'autres races. Ils sont tous civils dans leurs manières, bien éduqués dans la conversation mondaine mais ont le plus grand besoin de discipline et d'éducation religieuse. Tous connaissent l'arabe et le français en plus de l'italien, qui est la langue officielle de la maison. Beaucoup connaissent aussi le grec et l'anglais. Ils sont presque tous d'origine italienne [...] Je suis déjà allé trois fois me promener en compagnie des jeunes mais il n'y a pas de beaux endroits comme à Ivrea[8] ou ailleurs en Italie. Et puis en ville, les jeunes courent le danger de la débauche. Les Arabes blasphèment et profèrent des insultes horribles, et il faut leur faire peur ou les chasser par des coups[9].

Cet extrait révèle des sentiments communs à d'autres missionnaires de l'époque. L'incompréhension à l'égard des Églises orientales s'accompagne de la perception d'une société corrompue et corruptrice. Les fidèles latins sont perçus comme étant en situation d'« abandon spirituel » et de « danger » que le novice impute, entre autres, au fait qu'ils vivent côte à côte avec d'autres populations, dans une sorte de Babel linguistique et confessionnelle. Pour des

6. Avant le concile Vatican II, la plupart des congrégations ne voient pas l'intérêt d'une telle formation.
7. Le père Giulio Barberis (1847-1927), théologien, est nommé maître de novices entre 1892 et 1900. Entre 1902 et 1911, il devient provincial de la province générale, puis directeur spirituel de la congrégation. *Dizionario biografico dei salesiani*, 1969, p. 150.
8. Ville piémontaise, elle est le siège de l'un des plus importants noviciats salésiens.
9. ASC, F383, Le novice Pastorini au P. Barberis, 26 octobre 1898.

missionnaires issus majoritairement d'un milieu rural[10], l'impression de chaos générée par la ville-port est considérable. Les préjugés raciaux à l'égard de la population locale, qualifiée de « barbare », et les stéréotypes orientalistes viennent conforter la mission apostolique que s'assignent les religieux.

Dans les premières décennies du xxᵉ siècle, à mesure que l'activité missionnaire s'intensifie, des provinces salésiennes[11] sont établies dans les pays de mission. Cela s'accompagne d'une décentralisation progressive des lieux de formation. Chaque nouvelle province est appelée à former son propre personnel. En 1902, la province orientale Jésus-Adolescent est constituée. Son siège est fixé à Bethléem, et elle comprend cinq résidences (quatre en Palestine ottomane et une en Égypte[12]). La même année, un noviciat est ouvert à Crémisan, à quelques kilomètres de Bethléem, afin de former le personnel salésien sur place[13]. La formation qui y est dispensée est toutefois jugée « peu solide » par le provincial en 1907[14]. Dans les années suivantes, ce sont surtout les noviciats européens situés en Italie, en Belgique et en Grande-Bretagne qui alimentent en personnel les maisons du Proche-Orient[15].

Les missionnaires qui intègrent la communauté religieuse à Alexandrie n'ont pas tous effectué le cursus complet d'études. La formation du futur salésien commence par le noviciat. Ces deux années de probation s'achèvent par l'émission de vœux et la promesse d'entrée dans la congrégation. Devenu scolastique, le futur salésien s'engage dans plusieurs années d'études : quatre années de philosophie et quatre autres de théologie. Entre les deux cycles d'études s'intercale un temps de « stage » que la plupart des salésiens

10. Dans son étude sur la congrégation salésienne entre 1815 et 1870, Pietro Stella (1980, p. 305-310) affirme que la plupart des Salésiens sont issus des communes de la campagne piémontaise et proviennent de familles paysannes ou de petits artisans.

11. Échelon intermédiaire entre les organes centraux de la congrégation et les résidences missionnaires, les provinces sont censées améliorer le gouvernement des missions et en assurer l'unité à mesure que les fondations se multiplient. En 1903, la congrégation compte 34 provinces (10 en Italie et le restant dans les pays de mission). Valsecchi 1983, p. 267.

12. ASC, F035, Province MOR, Chronique de la fondation à l'année 1937, p. 13.

13. Il doit son nom à la vallée fertile qui s'étend au nord-ouest de Bayt Jālā (aujourd'hui en Cisjordanie, à quelques kilomètres de Jérusalem). Les Salésiens héritent des propriétés achetées par le P. Belloni qu'ils mettent aussitôt à culture (vignoble). Dès 1886, la résidence accueille les premiers aspirants. Della Seta 1989, p. 96.

14. ASC, F035, Province MOR, Chronique de la fondation à l'année 1937, p. 31.

15. Entre 1900 et 1919, le personnel religieux est constitué à 90 % d'Italiens.

remplissent dans les collèges européens ou ceux des pays de mission. L'ordination clôt les études[16]. À Alexandrie, certains ont été déjà ordonnés prêtres, mais le gros du personnel est constitué de novices, ce qui explique son jeune âge[17]. En 1899, sur un total de vingt salésiens, on dénombre trois prêtres et six novices[18]. Deux années plus tard, la proportion est quasiment la même : quatre prêtres et dix novices[19]. La composition du personnel à Alexandrie reflète, à une plus petite échelle, celle de la province (tableau 9).

Dans chaque résidence, les prêtres constituent le personnel supérieur et de direction (directeur, préfet, catéchiste et conseiller scolaire). Ils assurent aussi quelques cours, mais ils s'occupent surtout de la direction spirituelle et de l'encadrement des novices. Ces derniers sont chargés des enseignements et assistent les élèves durant la récréation et dans les ateliers, ce qui va généralement au détriment de leurs propres études. Jusqu'à la fin des années 1920, les futurs salésiens de la province orientale continuent les études de théologie dans les différents postes de mission, en même temps qu'ils assurent l'enseignement dans les collèges et les écoles professionnelles.

Cette situation, due aux besoins pressants en personnel enseignant, contrevient au droit canonique. À Alexandrie, elle est à l'origine de différends avec le vicariat apostolique qui refuse jusqu'en 1912 de conférer l'ordination sacerdotale aux candidats salésiens. Il faudra attendre 1929 pour qu'un théologat soit ouvert à Bethléem afin de préparer les Salésiens de la province au sacerdoce[20].

16. Schepens 2004, p. 27.
17. Durant les premières années de l'implantation salésienne à Alexandrie, l'âge des religieux est compris entre 20 et 30 ans. *Dizionario Biografico dei salesiani*, 1969. ASC, Base de données biographiques de la congrégation salésienne.
18. ASC, F383, Compte-rendu statistique, 1899.
19. ASC, F383, Compte-rendu statistique, 1901-1902.
20. Caputa 2005, p. 363 ; ASC, F741, Alexandrie, Chronique de la fondation à l'année 1937, p. 36-37.

Statut	N^bre
Prêtres profès perpétuels	20
Clercs et coadjuteurs profès perpétuels	33
Clercs et coadjuteurs profès temporaires	11
Clercs et coadjuteurs postulants	11
Total	75

Tableau 9. Personnel salésien de la province orientale Jésus-Adolescent, 1902.
Source : ASC, F038, Province MOR. Chronique de la fondation à l'année 1937, p. 13.

De même que les autres missionnaires implantés dans les différentes provinces de l'Empire ottoman, les salésiens qui arrivent à Alexandrie ont donc une formation très hétérogène[21]. Les nouvelles recrues qui alimentent périodiquement le personnel de la résidence d'Alexandrie viennent s'ajouter à la première génération de missionnaires, ceux que les sources qualifient de « pionniers ».

3.1.2. *L'européanisation du personnel*

Les premiers Salésiens qui arrivent en Palestine prennent en charge les fondations appartenant à l'Opera della Santa Famiglia[22]. Le P. Belloni, fondateur de l'Opera, a largement encouragé les vocations locales, notamment parmi les élèves de l'orphelinat de Nazareth et de Bethléem[23]. À la fin du xixᵉ siècle, quelques religieux « indigènes », liés auparavant à l'Opera, intègrent la congrégation salésienne dont Pietro Sarkis et Giorgio Harouni[24]. Les vocations « locales » se poursuivent dans les années suivantes.

En 1901, à Alexandrie, un profès « d'origine arabe », issu du noviciat d'Ivrea, est appelé à assurer l'enseignement de la langue arabe[25]. En 1905, une dizaine de postulants locaux demandent à intégrer la congrégation. Leurs noms nous sont parvenus à travers les nombreuses demandes de passage au rite

---

21. À propos des jésuites de Syrie, Chantal Verdeil (2011, p. 100) rappelle que seulement un quart d'entre eux a suivi une formation complète.
22. Se reporter au 1ᵉʳ chapitre pour les modalités de l'implantation des Salésiens en Palestine à la fin du xixᵉ siècle.
23. Desramaut 1986, p. 229.
24. ASC, F035, Province MOR, Chronique de la fondation à l'année 1937, p. 14.
25. ASC, F383, Le P. Cardano au P. Durando, 8 août 1900.

latin adressées à la Congrégation pour la propagation de la foi[26]. La plupart de ces postulants sont des orphelins appartenant aux différentes Églises uniates. Des vocations locales sont aussi signalées parmi les enseignants et les élèves de l'école professionnelle en Égypte[27]. En 1901, le P. Cardano, directeur de l'institut d'Alexandrie, informe les supérieurs de la volonté d'un enseignant de langue arabe de rite maronite de devenir salésien[28]. En 1905, l'élève couturier Nagīb Abū Sayf, de rite copte-catholique, demande à son tour à être accepté comme novice[29]. Les vocations «indigènes» restent toutefois rares. Lorsqu'elles s'éveillent, les Salésiens encouragent le passage au rite latin malgré les dispositions de l'encyclique *Orientalium Dignitas* visant à imposer aux missionnaires le respect des rites orientaux et l'abandon des pratiques latinisantes. La congrégation, de son côté, ne prend pas de mesures spéciales pour multiplier les vocations locales. Cela est dû en partie au caractère de plus en plus européen que prennent les nouvelles fondations au sein la province orientale[30].

À l'exception de la Palestine, où les établissements d'enseignement s'adressent majoritairement aux populations chrétiennes locales, les nouvelles fondations en Anatolie et en Égypte se destinent avant tout aux populations immigrées d'origine européenne. En 1904, toutes les fondations de la province passent sous protection italienne, à l'exception de l'orphelinat de Nazareth qui reste dans l'orbite française[31]. Progressivement, des différends opposent en Palestine les religieux arabes aux religieux issus des noviciats européens. Liés aux modifications apportées aux rituels de piété, ils révèlent le déclassement dont les confrères arabes se sentent victimes à mesure que le personnel européen les dépasse en nombre et occupe le sommet de la

---

26. Dans les faits, ces demandes sont tardives et alimentent une correspondance serrée entre la congrégation et la province salésienne car elles constituent une entorse aux dispositions de l'encyclique *Orientalium Dignitas*. Celle-ci prévoit que toute demande de passage d'un rite oriental au rite latin soit soumise au préalable au Saint-Siège. ASC, F040, dossier Relazioni con le autorità ecclesiastiche. Confratelli di rito orientale.

27. F038, Visite du P. Bretto, 1908.

28. ASC, F383, Le P. Cardano au P. Durando, 5 novembre 1901.

29. ASC, F040, «Affaires orientales», 1905. Orphelin, Nagīb Abū Sayf est recommandé par le patriarcat copte-catholique et admis à titre gratuit dans la section de couture de l'école des arts et métiers d'Alexandrie. Il termine son apprentissage en 1905. AESA, Registres des inscriptions, 1905-1906.

30. Pozzo 2003, p. 15.

31. À propos de l'orphelinat de Nazareth, voir Desramaut 1986.

hiérarchie missionnaire. Il convient de les retracer brièvement, en raison des répercussions qu'ils ont eues sur l'ensemble de la province et sur la politique de recrutement du personnel religieux.

Jusqu'au début du XXe siècle, l'arabe est la langue en usage dans la plupart des pratiques de dévotion de toutes les résidences de la Palestine. À partir de 1904, à la suite des conventions signées avec l'ANSMI et au passage de la congrégation sous protection italienne, l'italien prend de plus en plus d'importance, remplaçant l'arabe dans certaines pratiques de dévotion[32]. Ces modifications sont entérinées par le recteur majeur de la congrégation, le P. Rua, lors de sa visite aux résidences de la province en 1908. Ces dispositions favorisent les religieux européens, fraîchement débarqués au Proche-Orient et qui n'ont aucune connaissance de l'arabe. En revanche, les Salésiens « indigènes » voient leur rôle se restreindre. Ils contestent l'usage de la langue italienne qui est ignorée par la plupart des élèves. À cela, il faut ajouter le fait que le patriotisme dont font preuve certains religieux italiens à la veille de l'invasion de la Tripolitaine indigne une partie des confrères arabes[33].

Ces derniers dénoncent aux autorités latines l'italianisation progressive des pratiques de piété et du personnel religieux des résidences salésiennes[34]. L'intercession du patriarche latin de Jérusalem ne suffit pas à calmer les esprits[35]. L'opposition interne se poursuit dans les années qui suivent. Elle constitue une source de profonde inquiétude pour les religieux d'origine européenne qui ont à subir, en même temps, les conséquences du premier conflit mondial. La fermeture de certaines maisons, la confiscation de biens, la détention et, dans certains cas, la déportation sont parmi les mesures dont

---

32. ASC, F038, Visite du P. Ricaldone, 4 mai 1919.
33. ASC, F038, Visite du P. Ricaldone, 26 janvier 1919.
34. ACPF, NS, 1919, vol. 630, Troubles entre les salésiens arabes et italiens en Palestine, prêtres arabes au préfet, Bethléem, 20 décembre 1917, p. 413. Les archives de la Congrégation pour la propagation de la foi et celles de la Congrégation pour les Églises orientales conservent plusieurs dossiers sur les « évènements de Palestine » mettant aux prises salésiens arabes et italiens : pétitions envoyées par les salésiens arabes au préfet de Propaganda et rapports rédigés par les supérieurs du chapitre. Une première enquête à partir de cette masse documentaire a été menée par Pieraccini 2019.
35. ACPF, NS, 1919, vol. 630, Troubles entre les salésiens arabes et italiens en Palestine, Le patriarche Barlassina au préfet, Jérusalem, 2 décembre 1918.

ils font l'objet[36] et qui touchent plus généralement les missions protégées par les nations belligérantes dans certaines provinces de l'Empire ottoman[37].

Ces événements marquent durablement la mémoire de la congrégation et contribuent à alimenter la méfiance envers les confrères arabes, soupçonnés d'avoir comploté avec les autorités ottomanes de Palestine[38]. Ils ont des effets sur la politique de recrutement du personnel religieux à l'échelle de la province. En 1919, les supérieurs du chapitre se rendent en Palestine avec le double but de relancer les fondations fermées durant le conflit et de mettre un terme aux luttes intestines qui ont déchiré la communauté, ternissant son image[39]. Ils procèdent à un « remaniement du personnel » qui se traduit dans les faits par la progressive mise à l'écart, l'éloignement, voire l'exil forcé des salésiens arabes tenus pour responsables de la « sédition[40] ». Ce qui est qualifié d'« épuration » dans certaines sources s'accompagne de mesures visant à limiter les vocations locales. Dans le rapport rédigé à l'occasion de sa visite, le P. Ricaldone déclare qu'« il serait convenable de ne pas accepter de vocations chez l'élément arabe pendant quelques années au vu des douloureux précédents[41] ». Les vocations locales sont désormais restreintes aux élèves de nationalité italienne et aux Européens qui fréquentent les écoles relevant de la province, avant tout les établissements de Smyrne et d'Alexandrie[42].

---

36. ASC, F035, Province MOR, Chronique de la fondation à l'année 1937, p. 49.

37. Dès novembre 1914, les Lazaristes sont sommés de fermer leurs maisons en Syrie. Un mois après, ils sont expulsés de leur domicile et envoyés à Alep en compagnie d'autres missionnaires français. Bocquet 2005, p. 305. Sur la Première Guerre mondiale au Proche-Orient, voir Rogan 2016 ; Drieu, d'Andurain 2017.

38. ASC, F035, Province MOR, Chronique de la fondation à l'année 1937, p. 50-59. Voir aussi, ACPF, NS, 1919, vol. 630, Troubles entre les salésiens arabes et italiens en Palestine, Le P. Sacchetti au P. Albera, 29 décembre 1917.

39. ACPF, NS, 1920, vol. 658, Rapport autour de la question arabo-salésienne, Origines du différend, 1919.

40. ACEO, Rubrique 19, Missions orientales (1926), f. 11, Salésiens et Salésiennes en Palestine (orientaux), 1919-1926 - Prêtres Shoukri et Suedan au préfet, 24 août 1919 ; Giovanni Nahas au préfet, Smyrne, 27 août 1919.

41. ASC, F038, Le P. Ricaldone au recteur majeur, 25 janvier 1919.

42. ASC, F037, Rapport du P. Puddu sur l'état de la province, 1920-1924.

3.1.3. *Crémisan : un noviciat en crise*

Si la méfiance envers les confrères arabes en sort renforcée, les évènements de 1916-1919 débouchent toutefois sur une prise de conscience de la nécessité d'assurer une meilleure formation des religieux européens. Leur impréparation à la «vie orientale» est tenue en partie pour responsable du «drame» qui vient de se consommer[43]. Pour le provincial, les confrères issus des noviciats européens «ne contribuent que faiblement au progrès des missions, puisqu'ils ne s'adaptent que lentement à la vie orientale[44]». Le supérieur estime, en outre, que le personnel européen ne peut que perturber le bon fonctionnement des œuvres, en raison de nombreuses allées et venues qu'il effectue entre la province et l'Europe.

Cependant c'est surtout l'ignorance de l'arabe qui est en cause[45]. La plupart des «pionniers» ont appris les rudiments de la langue à l'aide d'un curé maronite. En 1919, certains d'entre eux confessent, mais ne prêchent pas encore en arabe[46]. Les seuls arabisants dont il est question dans le rapport du visiteur sont le P. Puddu (1874-1964), le P. Gatti (1875-1947) et le P. Rosin (1875-1938), arrivés en Palestine en 1891 en tant que novices[47]. La source ne précise pas s'ils connaissent l'arabe littéraire ou seulement la langue parlée. Elle souligne en revanche que, contrairement à ces pionniers, les nouvelles recrues ne connaissent pas la langue arabe. À mesure que les fondations s'européanisent, à la fois au niveau du personnel et du public visé,

---

43. ASC, F038, Visite extraordinaire du P. Ricaldone, 26 janvier 1919.

44. ASC, F037, Rapport du P. Puddu sur l'état de la province, 1920-1924.

45. ACEO, Rubrique 19, Missions orientales (1926), f. 11, Salésiens et Salésiennes en Palestine (orientaux), 1919-1926-P. Pasquale Ribenson, OFM, au préfet, 23 décembre 1919.

46. ASC, F038, Visite extraordinaire du P. Ricaldone, 26 janvier 1919. *Dizionario biografico dei salesiani*, 1969, p. 47, 65.

47. Le P. Puddu est décrit en 1900 comme le seul à même d'enseigner l'arabe à Alexandrie. Il est le salésien qui a eu la carrière la plus longue dans la province orientale (45 ans). Au cours de son provincialat, il donne une grande impulsion aux fondations égyptiennes. Ordonné prêtre en 1898, le P. Rosin dirige dans les années suivantes plusieurs établissements d'enseignement : le noviciat à Crémisan (1904-1905), l'école de Nazareth (1907-1908), l'école de Bethléem (1908-1926) et la colonie agricole à Bayt Jamāl (1926-1929). Le principal arabisant de la congrégation est le P. Gatti (1875-1947). Sa carrière commence en tant que novice en Palestine où, quelques années plus tard, il est ordonné prêtre. Auteur prolifique, il rédige plusieurs manuels de langue arabe à l'intention de ses confrères. *Dizionario biografico dei salesiani*, 1969, p. 40, 63-67, 101-103.

ces confrères sentent moins l'exigence de se lancer dans un apprentissage qu'ils estiment long et fastidieux. Par ailleurs, l'étude de l'arabe ne fait pas l'objet de dispositions particulières. Le jugement du P. Ricaldone est à cet égard sévère :

> Quasiment aucun de nos confrères italiens dépendant de cette province ne connaît l'arabe. Ceux qui le connaissent (Le P. Puddu, le P. Rosin et le P. Gatti) ne sont pas capables de le parler en public [...] Résultat : les Européens qui ne connaissaient pas la langue arabe tendaient à imposer l'usage de l'italien. Et, naturellement, avec de tels procédés, ils blessaient les confrères arabes. Exaspérés, ceux-ci refusaient d'employer l'italien. Dans le réfectoire ainsi que dans d'autres lieux, ils parlaient l'arabe en présence des confrères européens. D'où les suspicions, l'animosité, la haine entre les deux parties[48].

Dès 1919, les supérieurs plaident pour la réouverture du noviciat de Crémisan, resté fermé pendant toute la durée du conflit. Destiné aux novices européens, il est censé leur dispenser une formation solide dans les langues parlées dans la province. À sa réouverture, le séminaire accueille des postulants provenant de différents pays européens. À ces élèves s'ajoutent ceux du scolasticat transféré de Bethléem à Crémisan en 1925[49]. Néanmoins, la réorganisation du noviciat ne porte pas les fruits espérés. Le nombre de novices demeure faible et le personnel enseignant défaillant[50].

Ainsi, jusqu'au milieu des années 1930, le gros du personnel religieux d'Alexandrie et, plus généralement, de la province continue d'être issu des noviciats européens et majoritairement italiens[51]. Les vocations sacerdotales parmi la population locale sont, quant à elles, négligées. Au lendemain de la Seconde Guerre mondiale, les religieux arabes sont encore peu nombreux. À terme, le refus de cultiver des vocations « indigènes » va se

---

48. ASC, F038, Visite extraordinaire du P. Ricaldone, 26 janvier 1919.
49. Della Seta 1989, p. 96.
50. ASC, F035, Province MOR, Chronique de la fondation à l'année 1937, p. 17.
51. En 1937, le rédacteur de la chronique souligne que la majeure partie du personnel arrive en règle générale de Turin. ASC, F035, Province MOR, Chronique de la fondation à l'année 1937, p. 18 ; Caputa 2005, p. 375.

révéler problématique. À l'heure de l'arabisation et des nationalisations, les Salésiens s'y trouveront impréparés[52].

La communauté ne se compose pas que des religieux. Coadjuteurs, enseignants laïcs, ouvriers et domestiques en font partie. Ce personnel très hétérogène est affecté aux multiples tâches que requiert le fonctionnement de chaque maison. À la différence des religieux, issus pour la plupart des noviciats européens et avant tout italiens, le personnel laïc, enseignant et non, est majoritairement recruté sur place.

3.1.4. *Auxiliaires locaux*

Dès l'ouverture des premières écoles professionnelles en Italie, l'enseignement pratique dans les ateliers est assuré par des frères convers appelés coadjuteurs. Formés aux règles de la vie salésienne, ils accomplissent leur noviciat, mais ils ne se destinent pas à la carrière ecclésiastique. Issus de familles modestes et souvent orphelins, leur niveau d'instruction est généralement peu élevé[53]. À Alexandrie, les premiers maîtres d'art sont tous des coadjuteurs. Certains arrivent de Palestine avec les premiers confrères comme le maître forgeron Emilio Berard. D'autres sont envoyés en Égypte par les supérieurs italiens[54]. Ces derniers invitent les missionnaires de terrain à encourager dans chaque école professionnelle les vocations de coadjuteurs.

Comme pour le personnel religieux, chaque province doit, théoriquement, pourvoir à son propre personnel laïc. Le visiteur P. Bretto souligne en 1908 que la maison d'Alexandrie a déjà fourni deux coadjuteurs[55]. À cette date, le personnel de l'établissement se compose de trente individus dont huit coadjuteurs, qui sont tous des maîtres d'art. Les coadjuteurs sont

---

52. Voir les chapitres 6 et 7.
53. Stella 1976, p. 70.
54. C'est le cas du coadjuteur Nicola Biagi (1876-1956), envoyé à Alexandrie en 1904 en qualité de cuisinier. Il se déplace ensuite entre les différentes maisons de la Palestine (Jaffa, Bayt Jamāl, Bethléem et Crémisan), toujours en qualité de manœuvre et de cuisinier. Giovanni Garino, cordonnier, part en 1905 en tant qu'aspirant coadjuteur à Alexandrie où son cousin, Antonio Garino, est déjà coadjuteur et enseigne à l'école des arts et métiers en tant que maître menuisier. Durant les six années passées à Alexandrie, il seconde le coadjuteur Costamagna en tant que sous-chef cordonnier. En 1911, il part à Crémisan pour commencer le noviciat. Forti 1988, p. 65, 131.
55. ASC, F038, Visite du P. Bretto, Alexandrie, 1908.

généralement recrutés parmi les élèves des écoles professionnelles de la province. En 1905, les trois aspirants coadjuteurs, Shukri Caissian, Livon Dalanian et Giorgio Shalhub, appartiennent tous aux Églises uniates[56].

Les coadjuteurs ne reçoivent pas de formation spécifique. Ceux qui sont issus des écoles professionnelles salésiennes, une fois terminées leurs cinq années d'apprentissage, suivent généralement une sixième année de perfectionnement. Rares sont ceux qui connaissent leur art à perfection. Plusieurs comptes rendus mettent en évidence l'insuffisante préparation des coadjuteurs de l'école d'Alexandrie. En 1902, l'inspecteur fait remarquer que Cerchiarini et Berard, respectivement maître couturier et maître forgeron, ne sont pas très expérimentés[57]. En 1908-1909, le personnel salésien de l'école professionnelle est jugé peu compétent[58]. C'est pour assurer aux laïcs une meilleure formation que le provincial décide en 1907 d'envoyer tous les aspirants coadjuteurs dans les centres de formation (*case di formazione*) en Italie[59]. Ces dispositions ne donnent pas les résultats espérés. En 1914, la question de l'insuffisante préparation des maîtres est encore à l'ordre du jour[60].

Il ne s'agit pas là d'un problème spécifique à Alexandrie. En Italie et dans d'autres pays de mission, les écoles professionnelles salésiennes manquent de personnel technique expérimenté[61]. Ce n'est qu'en 1921 que les supérieurs approuvent le projet d'un cours spécifique destiné à la formation des maîtres coadjuteurs. Ce cours prévoit, à la fin de cinq années d'apprentissage, trois années de noviciat suivies de deux années de perfectionnement supplémentaires. Au cours de ces années, le novice est formé à la vie salésienne et doit se perfectionner dans l'apprentissage d'un métier. Les documents insistent sur l'importance de la figure du maître d'art dont les qualités requises sont, en plus de la connaissance parfaite du métier, «la moralité et le respect des règles de la vie salésienne[62]».

Pour toutes ces raisons, les supérieurs salésiens ne cessent de rappeler le respect de la durée de la formation (5 ans) afin de «pouvoir compter sur

---

56. ASC, F040, Affaires orientales. Passage de rite, 1905.
57. ASC, F383, Le provincial au P. Durando, 27 août 1902.
58. ASC, F383, Compte-rendu du provincial au recteur majeur, 1908-1909.
59. ASC, F035, Province MOR, Chronique de la fondation à l'année 1937, p. 31.
60. ASC, F383, Le P. Simonetti au P. Albera, 18 décembre 1914.
61. Prellezo 2010, p. 67.
62. ASC, E483, Scuole professionali. Notes manuscrites, s. d.

des coadjuteurs préparés à la vie religieuse et professionnelle[63]». Chaque province est appelée à mettre en place un cours spécifique pour les candidats coadjuteurs. Malgré les injonctions des supérieurs, aucune mesure concrète n'est mise en œuvre au Proche-Orient. Les coadjuteurs continuent d'être formés sur le tas dans les écoles professionnelles de la province, à savoir les écoles d'Alexandrie et de Bethléem. Seule une minorité poursuit un cours de perfectionnement en Italie où, depuis 1913, existe une école pour les maîtres tailleurs et maîtres cordonniers salésiens[64].

À l'insuffisante préparation des maîtres d'art s'ajoute le fait que les vocations restent rares. En 1915, il n'y a que trois aspirants coadjuteurs dans toute la province. Il arrive que certains quittent la congrégation avant d'avoir mené à terme leur formation. La chronique évoque le cas de trois novices (Giuseppe Tabita, maître couturier, Giovanni Assadi, maître menuisier et Livon Dalanian, maître couturier) qui quittent en 1915 la résidence d'Alexandrie après avoir émis les vœux triennaux[65]. Les sources révèlent aussi une cohabitation difficile entre personnel religieux et personnel laïc. Le recrutement des coadjuteurs est loin de faire l'unanimité. Pour certains, la présence des laïcs ne peut que compromettre la «pureté» de la communauté. D'autres estiment que les vocations laïques ne peuvent pas être durables[66].

Quoi qu'il en soit, au lendemain de la «défection» de 1915, les supérieurs se trouvent obligés de recruter un personnel externe pour assurer la direction des ateliers. En 1917, sur six maîtres d'art, deux seulement sont des coadjuteurs salésiens (Parino, maître relieur, et Bellotti, maître typographe). Les autres sont des maîtres externes qui «coûtent à la mission 15 LE [livres égyptiennes] par mois[67]». En 1920, la situation du personnel de l'école professionnelle est quasiment la même : des maîtres externes assurent la plupart des cours pratiques dans les différents ateliers, ce qui pousse le provincial à faire appel aux supérieurs pour qu'ils assignent des coadjuteurs salésiens à l'école[68].

La pénurie de personnel enseignant et technique pour les ateliers amène les religieux à assouplir progressivement leurs positions vis-à-vis des vocations «indigènes». Celles-ci s'éveillent dans les écoles professionnelles

---

63. ASC, E483, Scuole professionali. Notes manuscrites, s. d.
64. Prellezo 2010, p. 66.
65. ASC, F741, Alexandrie, Chronique de la fondation à l'année 1937, p. 42.
66. ASC, F383, Le P. Simonetti au P. Gusmano, 11 janvier 1917.
67. ASC, F383, Le P. Simonetti au P. Gusmano, 11 janvier 1917.
68. ASC, F037, Rapport du P. Puddu sur l'état de la province, 1920-1924.

de la province, notamment de Palestine, qui recrutent majoritairement des chrétiens orientaux. En 1935, parmi le personnel de l'école professionnelle d'Alexandrie, il y a deux maîtres d'art arabes : Naʿīm Qumbāz, maître couturier, et Abou Hani Azar, maître menuisier, l'un et l'autre étant issus de l'école de Bethléem[69]. Toutefois, les préjugés raciaux à l'égard du personnel local persistent comme le révèle le rapport que le provincial, le P. Canale, envoie aux supérieurs :

> Je profite de la présente pour vous parler des écoles professionnelles de notre province qui manquent cruellement de personnel salésien expérimenté […] À Alexandrie, on est en train de fabriquer de nouveaux ateliers. L'institut disposera, une fois les travaux terminés, de locaux vraiment modernes. Mais combien de contremaîtres salésiens avons-nous ? Un chef couturier, Naim Combaz, qui n'est pas très expérimenté, un chef menuisier Abuhani Azar, profès triennal qui, en raison d'une moralité boiteuse, ne sera pas admis aux vœux perpétuels et sera licencié de la congrégation. Tout le reste du personnel technique est externe […] Moi je m'occuperai cette année de former quelques conseillers professionnels intelligents et énergiques mais pour la maîtrise, je dois faire appel aux supérieurs. À l'heure actuelle, j'ai quelques confrères arabes en formation mais ils sont tous couturiers ou cordonniers. Ils sont tous arabes et donc peu fiables et plus encore vraiment médiocres, à l'exception d'un couturier qui fait son perfectionnement à Vérone[70].

De même que les maîtres d'art, le personnel non enseignant est de plus en plus recruté sur place. En 1908, le P. Bretto recense huit personnes affectées aux tâches domestiques. La moitié est constituée de coadjuteurs, les quatre restants sont des externes. D'après le père visiteur, ils sont tous « timorés » bien que l'un d'entre eux soit « turc[71] ». En 1919, le personnel domestique se compose de 15 personnes, toutes externes à la congrégation[72]. Les ouvriers affectés aux différents ateliers font partie, eux aussi, du personnel recruté sur place. Rémunéré entre quatre et cinq francs par jour, ce personnel ouvrier

---

69. « L'esposizione dei lavori dell'artigianato al R. Istituto Don Bosco », *il Giornale d'Oriente*, 24 juillet 1935.
70. ASC, F036, Le P. Canale au P. Candela, 22 mars 1936.
71. ASC, F038, Visite du P. Bretto. Alexandrie, 1908.
72. ASC, F383, Alexandrie, données statistiques, 1919-1920.

est considéré comme fondamental pour assurer aux ateliers une certaine productivité[73]. La congrégation a aussi recours à un personnel temporaire affecté à des tâches ponctuelles. L'élargissement des locaux, les nouvelles constructions et, plus généralement, les différents chantiers de la mission imposent le recours à une main-d'œuvre le plus souvent autochtone[74].

Ainsi, malgré les appels répétés à améliorer la formation des coadjuteurs et malgré la méfiance persistante et les discours raciaux sur les maîtres d'art arabes, la mission ne peut pas se passer d'un personnel externe recruté sur place[75]. Ce qui semble inquiéter la congrégation, ce sont moins les conséquences possibles du recrutement d'externes sur la qualité de l'enseignement que les effets négatifs qu'il est susceptible d'exercer, d'une part, sur la « moralité » de la communauté et, d'autre part, sur les finances de l'école.

3.2. Des ressources multiples

Deuxième leitmotiv après le personnel, la question des ressources financières remplit des pages entières de correspondance. Durant les premières années, elle est liée aux multiples dépenses qu'ont induites l'implantation et le lancement de l'œuvre. La nécessité d'assurer des recettes régulières pousse la communauté religieuse à faire des choix qui s'écartent du projet missionnaire initial. En diversifiant les ressources, elle parvient à s'assurer une trésorerie confortable malgré la crise financière de 1907 et la conjoncture économique négative qui prévaut durant les années de la Grande Guerre.

3.2.1. *La fièvre spéculative du début du siècle*

Entre 1896 et 1897, les Salésiens achètent deux terrains situés sur le tracé des anciennes fortifications. Ils les obtiennent du gouvernement égyptien à un prix fort intéressant, sous réserve qu'ils soient destinés à la construction d'un établissement scolaire à but charitable. En 1898, lors de l'inauguration

---

73. ASC, F038, Visite extraordinaire du P. Bretto, Alexandrie, 1908.

74. ASC, F741, Alexandrie, Chronique de la fondation à l'année 1937, p. 8, 12, 14-15.

75. Le recours au personnel externe pour les tâches manuelles et domestiques et pour les cours pratiques en atelier concerne la congrégation dans son ensemble. Il est à mettre en relation avec la baisse globale du nombre de coadjuteurs. En 1920, ils ne représentent plus que 26 % du personnel de la congrégation. *Il salesiano coadiutore* 1989, p. 53.

de l'école, la propriété comprend un terrain d'un peu plus de 13 000 mètres carrés[76]. Occupée en partie par le fossé des murailles et par ce qui reste des anciennes fortifications d'Alexandrie, la propriété se compose de deux corps de constructions : une ancienne forteresse ayant servi de prison et un bâtiment d'un étage.

En attendant d'entreprendre de nouvelles constructions, les religieux procèdent à une restructuration des bâtiments existants et s'efforcent d'organiser l'espace pour répondre aux impératifs de la vie missionnaire : l'aménagement d'une chapelle et d'un logis pour les pères, propice au respect des règles de la vie communautaire, l'organisation des premières salles de cours et des dortoirs et l'érection d'un mur d'enceinte « à même d'assurer l'isolement requis à tout institut religieux[77] ». Un très grand hangar est aussi construit sur un côté de la cour afin qu'y soient accueillis les ateliers de l'école des arts et métiers[78]. Ces travaux de restauration et d'aménagement engendrent des dépenses considérables auxquelles s'ajoutent les salaires des enseignants recrutés en ville et les frais pour l'équipement des ateliers[79].

Si la mission peut compter, dans un premier temps, sur les aides fournies par les supérieurs, il lui faut chercher des ressources pour éponger la dette contractée et, en même temps, s'assurer des revenus réguliers. Le directeur est convaincu que l'ouverture d'un collège payant permettra de se garantir des recettes permanentes. Or, les Salésiens ont été appelés en Égypte pour fonder une école des arts et métiers accueillant des orphelins à titre gratuit. Les contraintes matérielles, tout autant que l'ambition d'élargir leur rayonnement, amènent les religieux à réviser leur projet initial. En 1899, le P. Festa cherche à convaincre les supérieurs du bien-fondé du projet d'ouverture d'un collège payant :

> Je sais bien que les supérieurs voudraient qu'ici à Alexandrie, nos maisons survivent grâce à la bienfaisance, comme c'est le cas de nos maisons dans beaucoup d'autres pays. Et moi, pour la énième fois, je répète que cela n'est pas possible. Aucune des œuvres de bienfaisance ici ne vit des subventions locales. Moi, j'ai tout essayé, mais en vain. Père Cardano peut vous le

---

76. ASC, F741, Alexandrie, Chronique de la fondation à l'année 1937, p. 6.
77. ASC, F741, Alexandrie, Chronique de la fondation à l'année 1937, p. 15.
78. ASC, F741, Alexandrie, Chronique de la fondation à l'année 1937, p. 14.
79. ASC, F741, Alexandrie, Chronique de la fondation à l'année 1937, p. 6.

confirmer. Il en a conclu lui aussi qu'il ne reste d'autres moyens que celui d'un collège payant. Mais pour ce faire, il nous faut un local, des moyens matériels et un personnel à la hauteur[80].

Parmi les arguments avancés par le directeur, il y a le fait que les frais de scolarité acquittés par les élèves du collège permettraient d'accueillir un certain nombre d'élèves de l'école professionnelle à titre gratuit. En cela, l'institut salésien ne s'écarterait pas du fonctionnement d'autres établissements scolaires, qu'ils soient des collèges religieux ou des institutions laïques. Dans les deux cas, les établissements payants servent à financer des écoles entièrement gratuites[81]. Pour le P. Festa, l'ouverture d'un collège payant exige la construction d'un nouveau bâtiment qui puisse assurer, par sa taille et son architecture, le prestige et le rayonnement de la mission[82]. D'autres opérations immobilières sont aussi envisagées par le directeur dans le but d'assurer à la mission des ressources durables. Les Salésiens semblent prendre part à la fièvre spéculative que connaissent Alexandrie, et plus généralement l'Égypte, au tournant du siècle.

Les premières années du XXe siècle sont celles d'un boom immobilier. Les investissements privés sont très encouragés. Les sociétés foncières et immobilières se multiplient du fait que les investissements urbains sont très attractifs[83]. Aussi bien à Alexandrie qu'au Caire, pour reprendre une expression de Jacques Berque, « les assises de la fortune immobilière bougent aussi fiévreusement que le paysage urbain[84] ». Cette fièvre spéculative provoque une inflation importante qui ne s'accompagne pas d'une augmentation des salaires[85]. Les loyers augmentent tout autant que le prix du coton[86].

80. ASC, F383, Le P. Festa au P. Durando, 1er mars 1899.
81. Dans les années 1920, le Collège de la Sainte-Famille au Caire finance la mission jésuite en Moyenne-Égypte. À Alexandrie, en 1929, les Frères des écoles chrétiennes dirigent neuf établissements dont quatre dispensent un enseignement secondaire, tandis que les autres accueillent près d'un millier d'élèves à titre gratuit. Abécassis 2003, p. 210.
82. ASC, F383, Le P. Festa au P. Durando, 26 août 1897.
83. Raymond 193, p. 393.
84. Berque 1967, p. 250.
85. Beinin, Lockman 1987, p. 49.
86. Berque 1967, p. 249.

Les possibilités offertes par un marché aussi dynamique amènent les Salésiens à se lancer dans des projets immobiliers. En 1898, le directeur soumet aux supérieurs un projet ambitieux. Il s'agit de la construction de deux grands immeubles dont l'un serait destiné au collège et l'autre – divisé en plusieurs petits appartements – à la location[87]. Ce projet permettrait, une fois épongée la dette, d'agrandir les locaux de l'école en réintégrant les appartements jusque-là mis en location. Le directeur essaye de convaincre les supérieurs de la rentabilité du projet compte tenu des prix élevés de l'immobilier à la location. En outre, par leur «architecture imposante», les nouvelles constructions marqueraient matériellement et symboliquement l'espace[88].

Pour la réalisation du projet, le P. Festa a déjà passé des accords avec plusieurs agents : un entrepreneur, Simon Philippard, à même d'avancer les fonds nécessaires à la construction ; un ingénieur, Tito Di Collalto, chargé de dresser les plans des deux immeubles ; et les agents du service technique du *tanẓīm*[89]. Entre 1890 et 1906, d'importants travaux d'assainissement et d'urbanisme sont effectués dans plusieurs quartiers de la ville[90]. En 1898, un plan du service technique du *tanẓīm* prévoit l'ouverture d'une rue passant à travers l'ancienne prison de Bāb Sidra, en prolongement de la rue Abū al-Dardā'[91]. Si le plan venait à être réalisé, la voie projetée couperait la propriété salésienne en deux. Le P. Festa s'empresse, dès lors, de faire parvenir à la municipalité un projet de voirie prévoyant le remplacement de la rue projetée par deux voies latérales qui longeraient les bâtiments de

---

87. ASC, F383, Le P. Festa au P. Durando, 1er mars 1899.
88. ASC, F383, Le P. Festa à la municipalité, 6 mars 1899.
89. La direction générale du *tanẓīm* (urbanisme et voirie urbaine) est, à la fin du XIXe siècle, une des grandes directions du ministère des Travaux publics. Après la constitution de la municipalité d'Alexandrie, les services du *tanẓīm* sont responsables de l'application des règlements concernant la voirie et l'alignement sur voie publique. Ilbert 1996, p. 306-307.
90. Les archives de la mission contiennent une correspondance serrée avec la municipalité au sujet de l'amélioration des voies et de l'asphaltage des trottoirs dans le quartier de Bāb Sidra. Cette correspondance porte aussi sur des questions sanitaires. AESA, 26/C, Autorités égyptiennes/municipalité, le service sanitaire de la municipalité au directeur de l'institut Don Bosco, 28 septembre 1908.
91. ASC, F383, Le directeur général de la municipalité Shakūr au P. Festa, 15 mars 1899.

l'école et des annexes que la mission s'engage à ériger sur sa propriété[92]. Le projet est finalement approuvé par la municipalité[93].

L'esprit entrepreneurial du premier directeur contrarie les supérieurs qui voient dans ses projets des opérations « spéculatives » allant à l'encontre des objectifs de bienfaisance que la congrégation s'assigne. Les supérieurs craignent surtout que « l'affairisme » du P. Festa ne compromette l'avenir de la mission[94]. En 1899, au moment où il s'apprête à conclure une nouvelle affaire immobilière[95], les supérieurs le rappellent en Italie et nomment à sa place le P. Cardano. Son réalisme et sa parcimonie en font un homme de confiance aux yeux des supérieurs. Le nouveau directeur s'attelle immédiatement à réorganiser les finances de la communauté. Suivant les directives des supérieurs, il procède à la vente d'une partie de la propriété acquise en 1897. La flambée des prix de l'immobilier permet de la céder à un prix six fois supérieur au prix d'achat. Cette opération a pour résultat de régler la dette initiale et de mettre de côté de l'argent pour de nouvelles constructions[96].

La construction d'un nouvel immeuble n'est entreprise qu'en 1901, le long de la rue al-Khidīwī al-Awwal. Les supérieurs ont envoyé des plans dressés par *l'Ufficio tecnico salesiano* de Turin. Le nouveau bâtiment doit, en effet, répondre à certains canons architecturaux et rappeler, par ses formes, la « grandeur » du projet missionnaire. La construction est confiée à une main-d'œuvre locale encadrée par les religieux et les frères coadjuteurs[97]. Or, ceux-ci sont loin d'être des ingénieurs. La construction est peu solide et quelques semaines plus tard, un mur s'effondre. Le recours à un personnel technique externe s'avère dès lors indispensable. Ce n'est qu'en 1907 que

---

92. ASC, F383, Le P. Festa au P. Durando, 1ᵉʳ Mars 1899.

93. ASC, F383, Le directeur général de la municipalité Shakūr au P. Festa, 15 mars 1899.

94. ASC, F741, Alexandrie, Chronique de la fondation à l'année 1937, p. 18.

95. Le directeur envisage de vendre les propriétés salésiennes pour acheter une partie du jardin Cicolani, qu'il considère comme plus central. À cette fin, il conclut un accord avec un courtier, A. G. Vrochidis, et un certain Giuseppe Goar. Mais l'affaire est jugée risquée par le P. Cardano, préfet de la mission, qui en informe immédiatement les supérieurs, ASC, F741, Alexandrie, Chronique de la fondation à l'année 1937, p. 17-18.

96. ASC, F035, Province MOR, Chronique de la fondation à l'année 1937, p. 13.

97. L'essentiel des matériaux de construction proviennent des anciennes fortifications qui occupent encore une partie de la propriété. Les Salésiens ont même obtenu de la municipalité l'autorisation de construire un four à chaux. AESA, 26/C, Autorités égyptiennes-municipalité, le P. Cardano au directeur des travaux, 28 mai 1900.

Fig. 6. L'ancienne fortification à côté du nouveau bâtiment, 1910.
Source : ANSMI, fonds iconographique.

les constructions sont achevées (annexe 3, figure 6). À cette date, le nouvel immeuble accueille les salles et les dortoirs des collégiens tandis que les locaux de l'école professionnelle et les réfectoires restent situés dans l'ancienne forteresse-prison (figure 6 ; annexe 3, figure 2).

En plus de la construction du collège, le P. Cardano s'est fixé comme objectif d'assurer à la mission à perpétuité des ressources financières suffisantes grâce à des revenus immobiliers réguliers. Il reprend en partie les projets de son prédécesseur, que les supérieurs ont rappelé en Italie. Qualifiés de « fantaisistes » quelques années auparavant, ces projets paraissent désormais réalisables. La prudence recommandée initialement par les supérieurs laisse place à une plus grande liberté d'initiative. Entre 1901 et 1902, le P. Cardano ordonne la construction d'un certain nombre d'échoppes le long des rues qui entourent la propriété dans le but de les mettre en location. En 1907, elles sont au nombre de 26. Elles longent les rues Ibn Ṭūlūn, Colonne de Pompée et al-Khidīwī al-Awwal jusqu'au commencement de la rue Abū al-Dardā'[98]. C'est ainsi que le provincial décrit ces opérations immobilières :

98. ASC, F383, le P. Simonetti au P. Albera, 8 septembre 1916.

L'institut a assuré son avenir depuis qu'il s'est entouré d'échoppes qui lui rapportent un bénéfice annuel de sept à neuf mille francs. Dès qu'il aura remboursé la dette qui s'élève encore à près de 18 000 francs, la direction pourra accorder d'importantes réductions aux jeunes les plus nécessiteux de la ville et des alentours[99].

Par ses projets immobiliers et de reconfiguration de la voirie dans un quartier qui connaît au début du siècle une progressive urbanisation, la mission est, à une petite échelle, un des acteurs de la fabrique urbaine[100].

3.2.2. *Frais de scolarité et recettes des ateliers*

Si les revenus immobiliers assurent à la mission des recettes conséquentes, les Salésiens peuvent aussi compter sur les frais de scolarité acquittés par les élèves. En 1908, le visiteur P. Bretto écrit dans son rapport qu'à Alexandrie, «les principales ressources sont représentées par [ces frais], les loyers et quelques donations[101]». L'état lacunaire des sources ne permet pas de chiffrer les recettes de l'école pour les premières années. Nous disposons, en revanche, des bilans financiers à partir de l'année 1923-1924. La ventilation des recettes permet de constater le poids considérable que représentent les frais de scolarité. À cette date, les échoppes, qui assuraient des ressources sous la forme de loyers, ont été intégrées au bâtiment scolaire et reconverties en ateliers pour l'école professionnelle[102]. Ces frais représentent désormais à eux seuls presque la moitié des recettes de la maison (tableau 10).

	1923-1924	1926	1927-1928
Excédent de l'année précédente			1
Allocation municipale		1	1
Allocation du gouvernement italien (argent comptant)			1

99. ASC, F383, Compte rendu du provincial au recteur majeur, 1903-1904.
100. Pour une analyse croisée de l'histoire de l'éducation et de l'histoire de l'architecture, nous renvoyons au numéro de la revue *Histoire de l'éducation* consacré aux lieux et espaces de l'enseignement technique (Lambert, Lembré 2017).
101. ASC, F038, Visite extraordinaire du P. Bretto, Alexandrie, 1908.
102. On reviendra sur la fermeture des échoppes à la fin du chapitre.

	1923-1924	1926	1927-1928
Allocation du gouvernement italien (équipement scolaire)			2
Autres allocations	36	34	
Argent emprunté durant l'année			15
Loyers	2	2	5
Frais de scolarité	44	46	38
Remboursement			11
Divers			4
Ateliers	17	17	17
Dons	1		
Restant de crédits divers			7
Total	100	100	100

Tableau 10. Ventilation des recettes de l'école d'Alexandrie en pourcentage des recettes totales, 1923-1928.
Source : AESA, C/24, Comptes rendus administratifs à la municipalité.

Le traitement financier n'est pas le même pour tous les élèves. En 1912, trois catégories de frais de scolarité sont prévues : une de 130 piastres, une autre de 150 PT pour « ceux qui auraient besoin d'une plus grande attention » et une dernière allant de 120 PT jusqu'à la gratuité pour les élèves les plus démunis pris en charge par les sociétés de bienfaisance[103]. Au cours de la Première Guerre mondiale, qui entraîne une inflation vertigineuse, le bilan de la mission est déficitaire. Les Salésiens augmentent le montant des frais. En 1916, ils sont portés à 198 PT pour les élèves du collège et à 162 PT pour les élèves de la section professionnelle[104].

Ces augmentations, qui suscitent la protestation de certaines familles déjà éprouvées par l'inflation, ne concernent que les élèves à même de payer l'intégralité des frais. Pour les autres, les modalités de réduction n'ont pas changé. En 1916, sur 178 élèves, 90 payent entièrement ces frais et 80 bénéficient de réductions allant jusqu'à 120 PT ou de la gratuité totale.

Le fonctionnement de l'école professionnelle s'apparente, nous l'avons vu, à celui d'un atelier. Les différentes sections sont soumises à un même impératif de rentabilité, ce qui va souvent au détriment de la dimension

103. ASC, F383, prospectus de l'institut Don Bosco, 1911.
104. ASC, F383, Le P. Simonetti au ministre d'Italie au Caire Salvago Raggi, 1er septembre 1916.

pédagogique[105]. Durant les premières années, leur rentabilité demeure pourtant limitée. En 1908, le P. Bretto souligne que les ateliers induisent peu de dépenses mais ne rapportent quasiment pas de profit[106]. Dans l'entre-deux-guerres, leur production affiche une certaine stabilité : de 1923 à 1936, elle représente 17 % de l'ensemble des recettes. Mais les dépenses effectuées pour l'entretien des machines et l'achat de matières premières sont supérieures aux recettes. Entre 1923 et 1938, le bilan de l'école professionnelle demeure déficitaire (tableau 11).

	Dépenses	Recettes	Solde
1923-1924	4 192,60	3 452,60	- 740,00
Déc. 1926	4 267,49	2 947,77	- 1 319,73
1927-1928	2 543,68	2 122,40	- 421,28
1934-1935	1 984,59	1 444,33	- 540,26
1935-1936	2 473,80	1 383,89	- 1 089,91
1937-1938	1 822,62	1 548,39	- 274,23

Tableau 11. Bilan financier de l'école professionnelle, 1923-1938 (unité : LE).
Source : AESA, C/24 Comptes rendus administratifs pour la municipalité.

Certes, l'agrandissement des locaux de l'école professionnelle a un impact non négligeable sur sa trésorerie[107]. Mais la mauvaise gestion financière de la part des confrères est souvent pointée du doigt. En 1914, le directeur Simonetti prend la plume pour informer les supérieurs de l'état critique de l'école professionnelle : « Elle présente des lacunes et des défauts graves : mauvais règlement des études, aucune organisation des ateliers, aucun contrat administratif sur les provisions et sur les travaux qu'on y exécute[108]. » La rentabilité des ateliers est en outre soumise aux aléas des commandes des clients[109].

Les vacations prolongées du personnel technique constituent, à leur tour, une entrave au fonctionnement régulier des ateliers et compromettent leur productivité[110]. Dans la correspondance qu'ils entretiennent avec les

105. Voir chapitre 2.
106. ASC, F038, Visite extraordinaire du P. Bretto, Alexandrie, 1908.
107. AESA, C24, Compte-rendu administratif pour la municipalité, 1928.
108. ASC, F383, Le P. Simonetti au P. Albera, 18 décembre 1914.
109. ANSMI, 5/A, Le P. Simonetti à Schiaparelli, 12 avril 1915.
110. ASC, F383, Le P. Simonetti au P. Albera, 18 décembre 1914.

autorités municipales, les religieux insistent sur le caractère « naturellement » déficitaire de toute école professionnelle et mettent en évidence, à cet égard, le fait que leur établissement ne constitue pas une exception[111]. L'image d'une école professionnelle en déficit permanent revient régulièrement dans les sources. Elle traduit la hantise qu'ont les religieux de la caisse vide et sert à appuyer la demande d'allocations.

3.2.3. *Allocations, dons et aumônes : un cosmopolitisme de la bienfaisance*

La convention signée avec l'ANSMI, qui sanctionne le passage des religieux dans l'orbite italienne, prévoit qu'en contrepartie d'un enseignement en langue italienne, l'école reçoit, par le truchement de l'association, une subvention annuelle du gouvernement italien. Cette subvention est octroyée à partir de l'année 1900, mais elle est considérée comme « trop modeste » par les religieux. Dans la correspondance échangée avec l'ANSMI, ils ne perdent aucune occasion de souligner son caractère parcimonieux, mettant l'accent le « bénéfice » que leur action représente pour l'« influence italienne » en Égypte[112].

Bien avant que le gouvernement italien n'octroie sa première allocation, les religieux s'adressent à d'autres interlocuteurs afin d'accroître leurs ressources. Ils se tournent d'abord vers la municipalité. Cette dernière a constitué un comité spécial chargé d'étudier et de définir les critères pour l'attribution et la répartition des allocations aux différents établissements de bienfaisance[113]. Dans ce cadre, l'institut Don Bosco se voit accorder une allocation de 50 LE dès l'année 1899. En 1905, les Salésiens demandent que la subvention soit augmentée en raison de la croissance des effectifs et des dépenses accrues qu'occasionne l'inflation[114]. Le fait que dans la commission siègent des notables italiens, dont certains plutôt favorables à l'œuvre des

---

111. AESA, C24, Compte-rendu administratif pour la municipalité, 1928.
112. AESA, Correspondance avec la légation d'Italie 1915-1938, Le directeur au ministre plénipotentiaire au Caire, 1er juin 1915.
113. Ilbert 1996, p. 436-437.
114. AESA, C/24, Le directeur de l'école Don Bosco à la municipalité, 6 décembre 1905.

religieux, joue un rôle considérable dans l'attribution de rallonges budgétaires en leur faveur[115].

Dans la correspondance que les Salésiens entretiennent avec l'ANSMI et la municipalité, l'accent est tantôt mis sur la contribution de l'école au maintien de l'italianité, tantôt sur l'accueil indifférencié des élèves appartenant à toute nationalité et confession[116]. Les conditions pour l'octroi de la subvention municipale dessinent les contours de ce qu'on pourrait qualifier de cosmopolitisme de la bienfaisance : « L'intérêt général de l'œuvre à subventionner, l'importance du service rendu par l'œuvre ainsi que le degré de gratuité offert au public, indépendamment de la nationalité et de la religion à laquelle l'œuvre appartient[117]. »

En plus des allocations annuelles, d'autres recettes sont représentées par les aumônes recueillies durant les services religieux que les Salésiens offrent à diverses communautés ainsi que par les dons de bienfaiteurs[118]. En 1900, le novice McCarthy, qui assure l'enseignement de la langue anglaise, est aussi aumônier militaire des catholiques de la garnison britannique. Le P. Riquier, arrivé de Palestine avec d'autres confrères en 1914, est, pendant toute la période du conflit, aumônier de l'hôpital militaire français. En 1923, la mission se voit confier la chapelle de l'hôpital italien d'Alexandrie[119].

Les bienfaiteurs sont généralement des notabilités européennes de la ville. Du fait de leur influence au sein des institutions égyptiennes telles que les Tribunaux mixtes, ou tout simplement en raison de leur fortune, ils constituent des interlocuteurs privilégiés aux yeux des religieux. La chronique évoque à plusieurs reprises Pietro Bernardi, avocat aux Tribunaux mixtes, qui laisse aux missionnaires un héritage conséquent[120]. Raul Maumary, ancien élève salésien d'origine suisse, et sa femme comptent parmi les principaux bienfaiteurs durant les premières décennies de la présence salésienne à Alexandrie. Ces notables soutiennent la mission par des dons réguliers[121].

---

115. DWQ, Commission municipale d'Alexandrie 1917, séance de la Commission municipale du 1er août 1917.

116. AESA, C/24, Le P. Puddu à la municipalité, 6 décembre 1905.

117. DWQ, Commission municipale d'Alexandrie 1915, séance de renvoi de la Commission municipale du 6 septembre 1915, p. 20.

118. ANSMI, 5/A, Le directeur de l'institut Don Bosco à Schiaparelli, 16 janvier 1908.

119. ASC, F741, Alexandrie, Chronique de la fondation à l'année 1937, p. 13 ; 46 ; 60.

120. ASC, F741, Alexandrie, Chronique de la fondation à l'année 1937, p. 39.

121. ASC, F741, Alexandrie, Chronique de la fondation à l'année 1937, p. 40 et 43.

Les sources révèlent une mission insérée dans un réseau pluriel de relations et de financements. Le gouvernement italien n'est, dans ce cadre, qu'un acteur parmi d'autres. La diversification des ressources permet d'assurer des recettes stables. À partir de 1913, d'autres questions préoccupent les missionnaires : la concurrence de l'école laïque italienne bâtie à quelques mètres de l'institut Don Bosco, l'équivalence des diplômes et les réactions anticléricales qui ternissent l'image de l'institut. La mission n'est pas pour autant à l'abri des aléas financiers et des conjonctures économiques négatives.

La fièvre spéculative du début du siècle finit par se calmer en 1907. À cette date, la première crise boursière de l'histoire de l'Égypte se traduit par une récession qui touche tous les secteurs. Le chômage croît sensiblement, surtout parmi les ouvriers du bâtiment. De manière générale, la situation sociale se dégrade et l'écart entre les riches et les pauvres s'approfondit[122]. La crise affecte sensiblement l'équilibre budgétaire de la mission. L'année précédente, les Salésiens ont souscrit un emprunt de 50 000 francs auprès du Banco di Roma pour achever la construction du nouvel immeuble qui longe la rue al-Khidīwī al-Awwal[123]. Dès le début de la crise, tandis que les taux d'intérêt de leur emprunt augmentent, le nombre d'élèves diminue entraînant une réduction des recettes. C'est en ces termes que s'exprime le directeur dans une lettre adressée en 1908 au président de l'ANSMI :

Les finances sont bancales parce que les vivres ont renchéri et que les intérêts de notre emprunt augmentent. À cause de la crise qui continue de ruiner l'Égypte, personne ne paye et l'on devient nous-même des créanciers. Beaucoup d'employés qui se seraient acquittés totalement des frais de scolarité sont désormais obligés d'inscrire leurs fils dans des écoles externes ; vous comprenez donc, Votre Excellence, que notre situation est loin d'être florissante[124].

La situation s'aggrave lorsqu'éclate la Première Guerre mondiale. Devenue officiellement un protectorat britannique (1914), l'Égypte participe en première ligne à l'effort de guerre de la Grande-Bretagne. L'interruption des importations d'Europe provoque des pénuries, tandis que la hausse des

122. Berque 1967, p. 251.
123. ASC, F741, Alexandrie, Chronique de la fondation à l'année 1937, p. 28.
124. ANSMI, 5/A, Le P. Puddu à Schiaparelli, 21 décembre 1908.

prix (loyers et denrée alimentaires) ne fait qu'aggraver la situation sociale[125]. Une frange de la population s'enrichit durant les années de guerre, ce qui fait dire au conseiller municipal Vermond que «la prospérité de notre ville, malgré les temps de guerre, est indubitable[126]». Mais cette richesse ne profite qu'à une poignée d'individus[127]. Les ouvriers connaissent une période particulièrement dure que la paix ne vient pas améliorer. Il faut attendre 1921 pour que les prix commencent à baisser[128]. Sentiments antibritanniques et revendications sociales convergent ainsi dans les grèves qui éclatent au lendemain du conflit[129].

La conjoncture économique a, une fois de plus, un impact non négligeable sur les finances de la mission. Dès le début du conflit, l'institut voit ses recettes diminuer. L'allocation municipale est réduite durant l'exercice financier 1914-1915[130]. Ces coupes budgétaires concernent toutes les œuvres de bienfaisance subventionnées par la ville. En septembre 1915, le comité spécial pour l'attribution et la répartition des allocations aux établissements de bienfaisance propose à la commission municipale une réduction des allocations compte tenu des «conditions actuelles des finances de la municipalité»[131]. Durant la séance, ses membres s'accordent sur la nécessité de définir des critères plus stricts pour l'octroi des subventions. La réduction de l'allocation municipale n'est qu'une des sources du malaise financier de la mission. Dans une missive envoyée à Schiaparelli en avril 1915, le P. Simonetti informe le président de l'ANSMI de l'état critique et des mesures d'austérité qui s'imposent:

> Les temps sont durs et je crains que la situation n'empire [...] Veuillez limiter les coupes budgétaires puisque du ministère, je ne m'attends pas à grand-chose. Le consul me semble peu disposé à nous venir en aide [...] Nous ne pouvons pas compter sur d'autres aides. Nos magasins sont tous

---

125. Ilbert 1996, p. 372.
126. Cité par Ilbert 1996, p. 372.
127. Berque 1967, p. 296.
128. Ilbert 1996, p. 372.
129. Chiti 2013, p. 259.
130. AESA, C/24, Allocations municipales, Le directeur général au directeur de l'institut Don Bosco, 22 janvier 1915.
131. DWQ, Commission municipale, séance de renvoi de la commission municipale, 6 septembre 1915.

fermés, la municipalité a réduit sa modeste subvention. Les dons, on n'en voit plus aucun. Les ateliers sont sans travail. Le prix des denrées alimentaires augmente, et la vie se fait, chaque jour, plus chère. Les parents ont de la peine à régler les frais de scolarité. Je ne sais pas ce à quoi nous devons nous attendre. Il n'est pas exclu qu'un jour ou l'autre, nous renvoyions quelques douzaines d'élèves qui sont les plus nécessiteux[132].

La hausse des prix oblige les Salésiens à réaliser des économies importantes au quotidien. Les religieux adoptent un régime alimentaire plus frugal. Pendant un temps, ils suppriment les plats à base de viande[133]. Le provincial recommande à chaque directeur de veiller à réduire, si ce n'est supprimer «toute dépense inutile[134]». La reprise qui s'amorce en 1916 risque d'être mise à mal par l'ordre de fermeture des échoppes que les autorités britanniques font parvenir aux Salésiens la même année. Dès 1897, les terrains ont été achetés à la condition que toute construction ultérieure soit destinée à l'école des arts et métiers ou à une œuvre de bienfaisance. En 1916, les échoppes que les religieux ont fait construire au début du siècle sont déclarées illégales[135]. Pour la première fois, les religieux font appel aux agents diplomatiques italiens. Les questions financières ont été réglées jusque-là sans recourir à leur intercession. L'appui du consul, en tant que garant de la protection des religieux et intermédiaire entre eux, d'un côté, et les autorités britanniques et égyptiennes, de l'autre, se révèle désormais indispensable.

L'intercession du diplomate permet aux religieux d'obtenir un sursis jusqu'en 1921. À cette date, ils sont obligés de fermer les échoppes. Elles vont petit à petit être incorporées dans l'établissement scolaire et reconverties en ateliers. La disparition de ces recettes constitue une source d'inquiétude pour les Salésiens, mais, contrairement à ce qu'ils prétendent dans leur correspondance avec le consul, elle ne représente pas une menace pour la «survie de la mission[136]». Malgré les aléas financiers, ils ne sont pas désargentés. La diversification des ressources leur a permis de jouir d'une relative prospérité et d'accumuler un surplus non négligeable. De larges

---

132. ANSMI, 5/A, Le P. Simonetti à Schiaparelli, 12 avril 1915.
133. ASC, F741, Alexandrie, Chronique de la fondation à l'année 1937, p. 44-45.
134. ANSMI, 5/A, Le P. Simonetti à Schiaparelli, 12 avril 1915.
135. ASC, F741, Alexandrie, Chronique de la fondation à l'année 1937, p. 44-45.
136. ASC, F383, Le P. Simonetti au ministre au Caire Salvago Raggi, 1er septembre 1916.

sommes sont envoyées annuellement à la province pour financer les œuvres de la mission au Proche-Orient[137]. Une autre partie de ce surplus est placée en banque dans l'attente d'être investie dans de nouvelles fondations. Dès le milieu des années 1920, le capital est jugé suffisant pour entreprendre l'érection d'une nouvelle école au Caire[138].

Conclusion

La création du poste missionnaire et son fonctionnement requièrent de vastes opérations de collecte de fonds et de coordination des ressources, à la fois humaines et financières, qui apparentent l'activité de la mission à celle d'une «entreprise transnationale[139]». Si l'Europe, et plus particulièrement l'Italie, restent au cœur du recrutement missionnaire, la mission ne peut pas se passer, surtout pour l'enseignement pratique dans les ateliers, d'un personnel externe recruté sur place.

Parallèlement, la quête de revenus stables amène les religieux à frapper à différentes portes, diversifiant l'origine de leurs ressources. Pour répondre à des besoins toujours croissants, les Salésiens ne peuvent pas se contenter des ressources extérieures, qui restent aléatoires. Comme pour d'autres sociétés missionnaires, le mot d'ordre est la recherche de l'autonomie financière. Dans ce cadre, la mission doit son financement moins aux aides des supérieurs et aux subventions octroyées par le gouvernement italien qu'à sa capacité de se procurer des revenus sur place.

La quête de ressources financières révèle un paradoxe: fuyant l'Europe du fait de la libéralisation du marché de l'éducation dont l'État se fait le régulateur, les Salésiens s'inscrivent en Égypte, à leur corps défendant, dans un jeu économique libéral. Ils participent à la fièvre de la spéculation immobilière qui caractérise l'économie alexandrine avant 1907. Ils parviennent à assurer leur assise à Alexandrie et leur expansion dans le pays par une opération foncière réussie et la location d'un parc de boutiques qui ne prend fin qu'en 1921.

---

137. Jusqu'en 1933, la maison d'Alexandrie envoie une contribution financière régulière à la province. ASC, F035, Rapport du provincial P. Nigra sur l'état de la province, 1933.
138. ASC, F771, Le Caire, Chronique de l'école de la fondation à l'année 1937, p. 2.
139. White, Daughton 2012, p. 9.

La quête de ressources financières met également en évidence l'écart entre ambitions charitables et réalisations sur le terrain : l'école professionnelle, structurellement déficitaire, est contrainte de céder le pas au collège-pensionnat qui tient une grande place dans les recettes de la mission. Il en résulte que l'école des arts et métiers, œuvre pour laquelle les Salésiens ont été appelés à s'installer à Alexandrie, est plutôt sacrifiée. Les constructions réalisées au début du siècle vont toutes au bénéfice du collège, tandis que la section professionnelle ne connaît pas d'importantes rénovations jusqu'au milieu des années 1920[140]. Les opérations immobilières, décriées au début pour leur caractère spéculatif, sont finalement acceptées et légitimées dans la mesure où elles sont mises au service d'objectifs de bienfaisance.

La volonté de s'assurer des revenus permanents amène les religieux à adopter un double langage : d'une part, un patriotisme linguistique qui ouvre la porte des subventions consulaires ; d'autre part, la référence à un cosmopolitisme de la bienfaisance qui permet d'obtenir les allocations municipales. Si contraintes matérielles et projet missionnaire s'influencent mutuellement, la mission dépend aussi strictement de la demande des familles. Afin de répondre à leurs exigences, les Salésiens sont amenés à revoir la gestion de leurs ressources, tantôt en abaissant le montant des frais de scolarité, tantôt en élargissant les locaux et en remplissant tous les critères (hygiéniques, d'aménagement de l'espace, etc.) requis d'un établissement d'enseignement « moderne ».

---

140. Pendant longtemps, à en croire la chronique, les ateliers ne sont pas rénovés et l'outillage est vétuste. ASC, F741, Alexandrie, Chronique de la fondation à l'année 1937, p. 46. L'équipement n'est largement rénové qu'à partir de 1932. AESA, Correspondance avec le consulat italien 1900-1935, Le directeur au consul général, 29 janvier 1932. Voir annexe 3, figure 3.

DEUXIÈME PARTIE

DU DELTA AU CANAL.
RUPTURES ET RECOMPOSITIONS
(1920-1939)

Dès la fin de la Première Guerre mondiale, une délégation égyptienne (*wafd*) formée d'anciens ministres, de députés et de chefs de partis remet au haut-commissaire britannique une pétition demandant la pleine indépendance de l'Égypte et sa participation à la conférence de paix qui s'ouvre à Versailles. Le refus qui leur est opposé par les Britanniques radicalise le mouvement. Lorsque Sa'd Zaghlūl, le chef de la délégation, est arrêté avec deux de ses compagnons et exilé à Malte, les Égyptiens réagissent par la grève générale et d'immenses manifestations. Les journées révolutionnaires de 1919 aboutissent à la fin du protectorat britannique (déclaré en 1914) et à la proclamation d'indépendance unilatérale de l'Égypte (1922[1]).

Le pays devient une monarchie parlementaire et la Constitution est approuvée en 1923, mais l'indépendance demeure formelle[2]. Toute une série de points restent en suspens, tandis que le Royaume-Uni maintient son armée d'occupation et son contrôle direct du canal de Suez[3]. L'entre-deux-guerres est aussi le moment de la montée en puissance d'idéologies d'inspiration nationaliste ou religieuse. Les questions politiques et identitaires dominent

1. Sur la révolution de 1919, voir Vatikiotis 1991 ; Heshmat 2020 ; Hellyer, Springborg 2022.
2. Sur la Constitution égyptienne, voir de Gayffier-Bonneville 2005.
3. Le Royaume-Uni garde le contrôle sur certains secteurs clefs : il assure la sécurité des communications de l'Empire britannique, la défense de l'Égypte contre toute agression étrangère ainsi que la protection des étrangers, des minorités et du Soudan. Voir à ce propos De Gayffier-Bonneville 2010.

les débats intellectuels de l'époque dans un contexte de transformations économiques et sociales sans précédent[4].

L'accès à l'éducation devient un enjeu central que se disputent différents acteurs : les groupes nationalistes, les Britanniques et d'autres puissances européennes qui maintiennent plusieurs établissements d'enseignement dans le pays. Pour ces puissances rivales, l'école constitue un moyen de forger des liens de clientèle et, par là, de maintenir une influence culturelle, politique et économique dans le pays. « Âge d'or de l'enseignement étranger en Égypte[5] », l'entre-deux-guerres constitue un apogée pour le réseau scolaire salésien aussi. Grâce aux bénéfices qu'elle tire du régime capitulaire et à l'appui donné aux congrégations par le gouvernement fasciste, la mission se trouve, au début des années 1930, à la tête de plusieurs établissements d'enseignement. L'analyse de l'implantation des Salésiens au Caire et dans les villes du canal de Suez permet de questionner la mise à contribution des missionnaires dans la politique impérialiste italienne et d'en mesurer les ambigüités et les limites.

Paradoxalement, au moment où elle atteint son expansion maximale, la congrégation s'interroge sur les moyens à déployer pour pérenniser son œuvre en Égypte. Ces questionnements sont autant de signes de la rupture d'un ordre, à la fois matériel et symbolique, que la conférence de Montreux (1937) ne fait qu'entériner. Avec l'abolition des capitulations, l'avenir des établissements d'enseignement étrangers apparaît incertain. Les Salésiens donnent la priorité à leurs écoles professionnelles. Les réformes dont elles font l'objet révèlent tout autant l'infléchissement du projet missionnaire que la volonté de répondre plus résolument à la demande locale.

Les Salésiens ouvrent les portes de leurs écoles à un public plus large et accueillent un nombre plus important d'élèves internes. Interroger la gestion de la mixité scolaire permet d'éclairer aussi bien le regard que les missionnaires portent sur leur public que le fonctionnement d'établissements congréganistes dans la réalité pluriconfessionnelle égyptienne. L'image d'écoles « miroir du cosmopolitisme » véhiculée par une littérature nostalgique ainsi que certains travaux académiques en sort fortement nuancée[6].

---

4. Pour une histoire de ces débats au Moyen-Orient, voir Dupont, Mayeur-Jaouen 2002 ; Dakhli 2009. Concernant le cas égyptien, voir Eliraz 2018.
5. L'expression est empruntée à Frédéric Abécassis 1995, p. 222.
6. Hamouda, Colin 2002 ; Aciman 2011.

La voix des religieux se double, durant ces années, de celles des diplomates italiens qui se font les agents d'une politique scolaire agressive. Mais un troisième acteur apparaît désormais plus nettement dans les sources : les élèves. Le croisement des archives consulaires et des annuaires égyptiens donne une image fragmentée de leur devenir professionnel. Ces sources n'en sont pas moins précieuses pour interroger les effets de l'enseignement professionnel dans l'Égypte de l'entre-deux-guerres.

Chapitre 4

Les Salésiens à l'heure du fascisme

Aussi imparfaite soit-elle, l'indépendance de l'Égypte se traduit par la mise en place de nouvelles institutions. Une vaste opération de codification du droit est entreprise. Reprenant et approfondissant des mesures précédentes, elle vise à réduire l'écart entre les nombreuses législations de statut personnel en Égypte. Promulguée en 1929, la loi sur la nationalité égyptienne entend régler le statut des anciens sujets ottomans et limiter le nombre de ceux pouvant se réclamer d'une nationalité étrangère en vertu du régime capitulaire[1].

Les capitulations sont toujours en vigueur dans l'Égypte des années 1920, et les puissances étrangères maintiennent dans le pays des intérêts économiques conséquents. Elles rivalisent pour s'assurer de nouveaux protégés qui soient des relais de leur influence culturelle et économique. Cette concurrence est particulièrement âpre sur le terrain scolaire, l'école étant considérée comme le moyen le plus efficace pour former des élites étroitement liées aux intérêts étrangers.

Au milieu des années 1920, la mission salésienne se trouve à la tête de plusieurs établissements d'enseignement : deux écoles à Alexandrie, trois dans les villes qui bordent le canal de Suez et trois autres dans la capitale égyptienne. Cette période est évoquée dans les sources missionnaires comme l'« âge d'or » de la congrégation en Égypte[2]. Les exonérations fiscales dont bénéficient les établissements étrangers en vertu des capitulations permettent aux religieux d'envisager de nouvelles fondations. La croissance du réseau

---

1. Abécassis, Le Gall-Kazazian 1992.
2. ASC, F038, *I Salesiani nel Medio Oriente 1871-1975*, p. 26-33.

scolaire salésien est aussi étroitement liée à la nouvelle politique étrangère du gouvernement fasciste.

Les visées expansionnistes et la volonté de défendre l'italianité se traduisent par une politique scolaire plus agressive qui passe par un soutien renouvelé aux congrégations enseignantes, entre autres choses. Si les Salésiens ne sont pas épargnés par le nationalisme montant et semblent participer activement à la mise en œuvre de cette politique d'influence, notamment dans la zone du canal de Suez (les villes de Port-Saïd, Suez et Ismaïlia), leurs relations avec les diplomates demeurent ambiguës et attestent des projets foncièrement différents. Dans les pages qui suivent, il sera question de cette « alliance équivoque[3] ».

4.1. Enjeu scolaire et rivalités impériales

L'abandon ou la négligence de l'éducation était un grief majeur des nationalistes égyptiens contre les Britanniques. Dès lors, l'éducation constitue l'une des priorités de l'État indépendant. L'entre-deux-guerres est à la fois une période de forte croissance pour l'enseignement égyptien et un « âge d'or » pour l'enseignement étranger avec, en tête, les écoles relevant de la mouvance française. L'Italie, qui compte à la fin des années 1920 environ 30 000 ressortissants en Égypte et dont les visées impérialistes sont réactivées par le fascisme, s'efforce elle aussi d'étendre son réseau scolaire. Le régime ne se contente pas de développer les établissements existants ; il fonde aussi de nouvelles écoles qui sont appelées à témoigner de la « grandeur impériale » retrouvée.

4.1.1. *Croissance de l'enseignement égyptien,* *« âge d'or » des écoles étrangères*

La Constitution promulguée en 1923 déclare l'instruction élémentaire obligatoire et gratuite pour tous les Égyptiens, garçons et filles. Le pourcentage du budget de l'État consacré à l'éducation augmente de manière remarquable, passant de 1 % durant les premières années de l'occupation britannique à 6,4 % en 1925-1926 et à 10,1 % en 1935-1936[4]. Dans l'entre-deux-guerres, la

3. L'expression est de Prudhomme 2009, p. 67.
4. Ikeda 2005, p. 219.

scolarisation progresse à tous les niveaux. La population scolarisée passe de 324 000 élèves en 1913 à 1 900 000 en 1951[5]. Dans la génération née vers 1920, un tiers des garçons est scolarisé. L'instruction des filles progresse aussi, bien que plus lentement[6]. L'enseignement ne constitue pas pour autant un ensemble homogène : l'appellation « écoles égyptiennes » inclut aussi bien les établissements dépendant du ministère de l'Instruction publique que ceux relevant de l'initiative communautaire, des sociétés de bienfaisance, coptes ou musulmanes, et des conseils municipaux[7].

Les années de l'entre-deux-guerres constituent aussi une période florissante pour les écoles étrangères : écoles françaises, américaines, grecques et italiennes recrutent près d'un quart de la population scolaire égyptienne. Concentrées majoritairement dans les centres de commande du pays, où les intérêts étrangers sont les plus représentés, elles prospèrent grâce aux avantages que leur offre le régime capitulaire[8]. Publics et objectifs visés ne sont pas pour autant les mêmes.

Dans le but de préserver la langue et la culture de leurs pays, les écoles grecques et italiennes du Delta et du Canal scolarisent d'abord, respectivement, les Grecs et les Italiens[9]. En Moyenne-Égypte et en Haute-Égypte, les écoles italiennes et américaines tenues par les missionnaires recrutent un public formé avant tout de coptes, afin de consolider les jeunes communautés copte-catholique et copte-évangélique que leur action a contribué à former[10].

Les écoles françaises et anglaises apparaissent, pour leur part, comme les établissements les plus intercommunautaires[11]. Elles sont fréquentées notamment par des minorités confessionnelles, chrétiennes et juives. Certains espèrent, par le jeu des protections capitulaires, bénéficier d'une nationalité étrangère et obtenir les privilèges qui y sont associés. La fréquentation d'une école étrangère représente, notamment pour ces individus et leurs familles, un moyen d'ascension sociale[12]. Les établissements français occupent dans

5. Issawi 1954, p. 67.
6. À propos de l'éducation des filles en Égypte, voir Pollard 2005 ; Russell 2004.
7. Abécassis 2000, p. 335.
8. Abécassis 1994, p. 175.
9. Kitroeff 1989, p. 173-176.
10. Petricioli 2007, p. 221. À propos des établissements scolaires tenus par les missionnaires américains, voir Sharkey 2008 et Sedra 2011.
11. Abécassis 1995b, p. 100.
12. Abécassis 1995a, p. 224.

cet ensemble une position privilégiée : ils recrutent à eux seuls près de la moitié du public de l'enseignement étranger[13]. Néanmoins, la France est concurrencée par d'autres puissances, soucieuses elles aussi de former les élites locales et d'en faire le relais de leurs intérêts[14]. L'école s'inscrit ainsi au cœur des rivalités impériales : les puissances coloniales y voient un moyen d'exercer une influence culturelle et d'assurer le maintien de leurs intérêts économiques.

4.1.2. *Écoles italiennes et politique scolaire dans les années 1920*

Dès le début des années 1920, le gouvernement italien demande à ses agences consulaires en Égypte de collecter des renseignements à la fois sur les écoles italiennes et étrangères. Les multiples rapports que les diplomates remettent au ministère des Affaires étrangères insistent sur la nécessité d'une réforme du réseau scolaire italien. Le but est de contrecarrer la concurrence d'autres écoles étrangères et d'endiguer le phénomène de « désertion », autrement dit la tendance relevée chez plusieurs ressortissants italiens à inscrire leur progéniture dans un établissement scolaire non italien[15]. Les écoles françaises, qui scolarisent plus de 30 000 élèves, dont une proportion non négligeable d'Italiens, sont considérées comme les principales rivales. Mais à cela s'ajoute, d'après les diplomates, la double « menace représentée, d'une part, par le processus d'anglicisation et, d'autre part, par la progressive montée en puissance du nationalisme égyptien[16] ».

Afin de contrer la dévaluation du modèle d'enseignement italien, les rapports remis au ministère des Affaires étrangères prônent un vaste programme de réformes. L'augmentation du nombre d'heures consacrées à l'enseignement des langues étrangères, le développement de *curricula* plus pratiques, la construction de nouvelles écoles dans des quartiers moins périphériques et l'agrandissement des établissements existants sont parmi les principales mesures préconisées[17]. Les diplomates insistent également sur la nécessité de donner une plus grande impulsion à l'enseignement professionnel,

---

13. 20 000 à 35 000 élèves environ. Gerard-Plasmans 2005, p. 301.

14. Abécassis 2000, p. 201.

15. Petricioli 1997, p. 184.

16. ASDMAE, AS, 1923-1928, b.642, Le ministre au Caire au MAE, 5 décembre 1920.

17. Le décret n° 1575 du 18 août 1927 prévoit une réforme de l'enseignement et l'adoption de nouveaux *curricula* pour la rentrée 1927-1928. Petricioli 2007, p. 185.

comme prôné par la direction générale des Italiens à l'étranger (DGIE[18]). En 1925, la circulaire n° 13 souligne que les établissements d'enseignement professionnel sont mieux adaptés aux intérêts commerciaux et industriels de l'Italie en Méditerranée[19].

Les diplomates italiens en Égypte estiment, pour leur part, qu'un tel enseignement convient davantage aux nouvelles conditions du pays, les filières d'enseignement classique n'assurant plus que de faibles débouchés dans un marché des professions libérales de plus en plus fermé aux non-Égyptiens[20]. À cela s'ajoute la conviction que ce secteur éducatif correspond davantage au profil socio-professionnel des colonies italiennes en Égypte. Le *censimento degli Italiani all'estero* conduit en 1928 montre que la majorité des 30 050 ressortissants italiens résidant en Égypte est formée d'artisans et d'ouvriers peu ou pas qualifiés[21]. Le besoin d'un établissement professionnel est particulièrement ressenti au Caire, où l'école Leonardo da Vinci ne dispense que des cours du soir aux ouvriers adultes[22]. En 1921 déjà, le consul du Caire Impallomeni a rédigé un rapport sur l'état de la colonie italienne de la capitale égyptienne dans lequel il soulignait qu'une école des arts et métiers servirait à moraliser la jeunesse d'une colonie formée majoritairement d'ouvriers :

> Notre immigration en Égypte est une immigration ouvrière et nos ouvriers sont toujours recherchés. Par centaines, abandonnés à eux-mêmes, des mineurs légitimes et illégitimes vivent dans l'oisiveté et sont exposés à l'exemple corrupteur de leurs parents [...] Il faut que les mineurs soient arrachés à la rue et à leurs maisons corrompues et corruptrices et qu'ils soient confiés à un vrai foyer où ils soient éduqués de manière paternelle

18. Organe du Parti fasciste créé pour mieux encadrer et contrôler les communautés italiennes à l'étranger. Au fil des années, il assume des compétences de plus en plus vastes vis-à-vis des expatriés : protection des émigrés, activité de propagande et action culturelle auprès des communautés italiennes.
19. ASDMAE, AC, b.202, Circulaire n° 13 de la direction générale des écoles italiennes à l'étranger. Écoles professionnelles, 20 février 1925.
20. Voir à ce sujet Dalachanis 2017.
21. «Italiani all'estero, Egitto», *Bollettino del MAE*, 1928, p. 917.
22. ASDMAE, AC, b.184, Le ministre Negrotto au MAE, 30 avril 1922. École d'arts appliqués à l'industrie, elle a été fondée au Caire par la Società operaia di mutuo soccorso avant de passer sous la direction de la Dante Alighieri. En 1920, elle recrute majoritairement des Égyptiens.

et ferme [...] Il est urgent en Égypte de fonder une grande école des arts et métiers où soient consignés, instruits et disciplinés les futurs ouvriers[23].

Tout en se définissant comme un défenseur de l'école laïque, Impallomeni propose que l'école soit confiée aux Salésiens, «qui ont déjà fait leurs preuves à Alexandrie[24]». Aux yeux du consul, une école confessionnelle est à même d'assurer une double moralisation aux jeunes, par l'instruction religieuse et la formation professionnelle dispensées. Elle peut, en outre, mieux concurrencer les établissements tenus par les Frères des écoles chrétiennes qui offrent une éducation gratuite aux populations chrétiennes de condition modeste et recrutent un bon nombre de ressortissants italiens[25]. Exercer un contrôle social sur les couches les plus démunies, former les ouvriers «indigènes» et prendre l'avantage sur les écoles tenues par les religieux français; tel est le triple objectif assigné par Impallomeni à une nouvelle école d'enseignement professionnel au Caire dirigée par les Salésiens[26].

4.2. La confessionnalisation des écoles italiennes du Caire et du Canal

Le rapport d'Impallomeni s'inscrit dans un revirement de la politique scolaire italienne à l'étranger consistant à soutenir et à subventionner plus généreusement les congrégations enseignantes[27]. Après la fin de la Première Guerre mondiale, le passage de nouvelles congrégations dans l'orbite italienne rend ce projet envisageable[28]. La politique scolaire des autres puissances, qui s'appuie largement sur des collèges d'enseignement confessionnel, est considérée comme exemplaire[29]. Toutefois, les opinions

---

23. ASDMAE, AC, b.184, Rapport du consul Impallomeni pour l'année 1920-1921, 1922.

24. ASDMAE, AC, b.184, Le consul Impallomeni au ministre Negrotto, 7 mars 1922.

25. ASDMAE, AS, 1929-1935, b.799, Le ministre Paternò au MAE, 13 septembre 1929.

26. ASDMAE, AC, b.187, Le consul Impallomeni au ministre Negrotto, 3 octobre 1923.

27. ASDMAE, AS, 1923-1928, b.642, Le ministre au Caire au MAE, 5 décembre 1920.

28. Au lendemain de la Première Guerre mondiale, les diplomates italiens étendent la protection italienne aux missions franciscaines de Haute-Égypte auparavant protégées de l'Autriche-Hongrie.

29. Dans les années 1920, l'enseignement français s'est largement confessionnalisé. Les écoles américaines sont elles aussi, pour la plupart, des écoles missionnaires. Sharkey 2008 et Sedra 2011.

des diplomates divergent quant aux congrégations à favoriser en priorité. Pour certains, il faut encourager de nouvelles congrégations, comme les Barnabites et les Piaristes, à s'établir sur le sol égyptien ; ces ordres « nobles » seraient particulièrement aptes à concurrencer les congrégations françaises les plus prestigieuses[30]. Pour d'autres, il convient d'appuyer celles déjà implantées en Égypte et « dont l'italianité ne fait aucun doute, comme les Salésiens[31] ».

Le soutien offert par le gouvernement italien aux congrégations religieuses prend deux formes : d'une part, la fondation de nouvelles écoles confessionnelles ; d'autre part, le remplacement du personnel laïc par un personnel religieux dans les écoles gouvernementales italiennes. Aux motivations d'ordre budgétaire (les économies que permettrait de faire la cession de l'enseignement aux congrégations) s'ajoute la conviction que les écoles dirigées par les religieux et les religieuses sont à même d'assurer un plus large rayonnement de l'Italie.

La politique d'appui aux congrégations de langue italienne est aussi encouragée par une partie de la hiérarchie latine dans un contexte de tensions croissantes entre religieux italiens et religieux français. La multiplication d'écoles confessionnelles de langue italienne permettrait, aux yeux des premiers, de contrebalancer la présence des seconds.

4.2.1. *Éducation confessionnelle en langue italienne au Caire : le cas des FMA et des Salésiens*

Située dans le quartier d'Héliopolis, au Caire, l'école primaire Alessandro Manzoni fait partie des établissements scolaires confiés par le gouvernement italien aux congrégations enseignantes dans les années 1920[32]. Alors que les effectifs ne cessent de diminuer, à cause notamment de la proximité d'écoles

---

30. ASDMAE, AC, b.198, Le consul Impallomeni à la légation italienne au Caire, 24 janvier 1925.
31. ASDMAE, AS, 1923-1928, b.642, Rapport des professeurs Pietro Egidio et Francesco Cagnasso sur les écoles en Égypte et en Palestine, 5 décembre 1920.
32. Héliopolis est fondée au début du XXe siècle à 10 km du centre du Caire dans le but de créer une banlieue résidentielle. Accueillant de nombreuses minorités nationales et confessionnelles, en 1940 elle compte 14 églises pour 4 mosquées et une synagogue. Elle dispose d'un réseau scolaire majoritairement confessionnel. À propos de l'histoire passée et récente d'Héliopolis, voir Volait 2008.

confessionnelles de langue française, le gouvernement italien décide de remplacer le personnel laïc de l'école par un personnel religieux. En 1928, les Filles de Marie Auxiliatrice en prennent la direction.

Branche féminine de la congrégation salésienne[33], les FMA sont installées en Égypte depuis 1915[34]. À cette date, plusieurs missions féminines, catholiques et protestantes, se consacrent à l'éducation des filles dans le pays[35]. Dans le champ catholique, les congrégations françaises sont les plus nombreuses et assurent une éducation à plusieurs degrés[36]. Si elles s'adressent quasi exclusivement aux populations chrétiennes orientales, c'est une œuvre différente que les FMA lancent à Alexandrie en 1915.

Comme leurs homologues masculins, les Salésiennes s'occupent, dans un premier temps, de l'assistance aux migrants venus d'Europe méditerranéenne (les communautés italiennes et maltaises avant tout)[37]. Avec les Franciscaines missionnaires d'Égypte, et dans une moindre mesure, les Comboniennes[38], elles offrent aux enfants des deux sexes et aux jeunes filles un enseignement en langue italienne[39]. À Alexandrie, leur école accueille 150 élèves en 1920[40].

---

33. Fondée en 1872 à Mornese (Piémont) dans le but de compléter l'action éducative des Salésiens. Sous la direction de la supérieure générale mère Domenica Mazzarello, les FMA connaissent un essor rapide aussi bien en Italie (passant de 1 718 religieuses en 1900 à 4 089 en 1922) que dans le monde (en 1922, elles sont présentes dans 34 pays). Sur le développement des FMA à travers le monde, voir Loparco 2002.
34. Elles font partie des 300 religieuses qui rejoignent les côtes égyptiennes après avoir fui les provinces de l'Empire ottoman lors du premier conflit mondial. ACPF, NS, vol. 561, Mgr Aurelio Briante, « État de la mission du vicariat apostolique d'Égypte », 12 novembre 1915.
35. Sur les missions protestantes en Égypte, voir Baron 2014 ; Sharkey 2008 ; Boulos 2016.
36. Les premières FMA arrivent à Bethléem en 1891. Dans un premier temps, elles sont chargées des travaux domestiques dans l'orphelinat Jésus-Adolescent dirigé par les Pères salésiens. Elles s'autonomisent peu à peu et fondent leurs propres écoles. Avant leur départ pour Alexandrie, les FMA dirigent cinq écoles dans les provinces arabes de l'Empire ottoman. Voir Turiano 2020.
37. Sur la pastorale migratoire des FMA vis-à-vis des migrants italiens, voir Loparco 2017.
38. La congrégation missionnaire des Comboniens est fondée au milieu du XIXᵉ par Daniele Comboni (1831-1881) pour l'évangélisation de l'Afrique centrale. Lors de la Révolution mahdiste (1881), les missionnaires évacuent le Soudan et s'établissent en Égypte. Deux instituts sont fondés au Caire dans le double but de recueillir les chrétiens déplacés du Soudan et de former des missionnaires. Sanderson, Sanderson 1981.
39. Sur l'œuvre des Franciscaines missionnaires en Égypte et des Salésiennes en Syrie mandataire, voir Turiano 2020 ; 2022.
40. AFMAA, Registres des inscriptions.

Les Italiennes constituent la grande majorité du public scolaire. Viennent ensuite les Maltaises. Les autres groupes restent minoritaires. Les élèves sont réparties entre un jardin d'enfants, quatre classes élémentaires et trois complémentaires, un atelier de couture et de broderie, des cours facultatifs de musique et de peinture[41].

Par leurs œuvres en faveur des enfants et de l'élément féminin des colonies italiennes d'Égypte (écoles, patronages, etc.), les Salésiennes sont considérées comme des auxiliaires importants dans les projets éducatifs et de maintien l'italianité que se fixe le gouvernement italien. Pour leur part, les FMA saisissent chaque occasion pour mettre l'accent sur le caractère « patriotique » de leur œuvre éducative. Lors de la célébration du cinquantenaire de la congrégation en 1922, la supérieure rappelle aux invités que « c'est une œuvre éducative, moderne et patriotique que mène l'école Maria Ausiliatrice à Alexandrie, dont l'enseignement est imprégné de sentiments religieux et patriotiques[42] ».

De surcroît, nombre de religieuses détiennent le diplôme d'enseignement du royaume d'Italie, ce qui fait d'elles un personnel suffisamment qualifié pour enseigner dans les écoles primaires dépendant de l'État italien[43]. Ces éléments, ajoutés aux considérations d'ordre budgétaire que nous avons déjà évoquées, convainquent le gouvernement italien de confier aux FMA les écoles italiennes d'Héliopolis. En 1928, celles-ci comprennent une école maternelle et une école primaire. Elles scolarisent 200 élèves à la veille de la Seconde Guerre mondiale.

Les FMA complètent ainsi l'œuvre des Salésiens, assurant aux filles une éducation primaire en langue italienne. Pour leur part, les missionnaires de Don Bosco sont invités par les diplomates à fonder un pensionnat et une école des arts et métiers dans la capitale égyptienne. L'expérience acquise en 20 ans à Alexandrie les rend particulièrement aptes à diriger un établissement dont le caractère utilitaire est souligné à plusieurs reprises par les diplomates italiens. L'école Don Bosco ouvre ses portes en octobre 1928 à Rawḍ al-Farag

---

41. AFMAA, Chronique de la maison d'Alexandrie, 7 juillet 1931.
42. AFMAA, Chronique, 30 décembre 1922.
43. À propos des diplômes, voir Loparco 2002.

(dans l'arrondissement de Shubrā, au nord du Caire) [44] et bénéficie, dès la première année, d'une subvention ministérielle conséquente [45].

L'implantation des Salésiens au Caire est aussi vivement encouragée par d'autres missionnaires italiens. Dans une lettre adressée au recteur de la congrégation salésienne, le P. Tappi, combonien, expose les raisons de l'opportunité d'une fondation salésienne au Caire. Il s'agirait en premier lieu d'offrir une instruction catholique à frais réduits, les Salésiens étant réputés pour leur œuvre quasi gratuite parmi les couches populaires. La deuxième raison est, d'après ce missionnaire, la nécessité d'offrir aux jeunes de la colonie italienne une instruction religieuse dans leur langue maternelle [46]. En cela, le père Tappi se fait l'écho de vifs débats qui animent les milieux catholiques latins dans les années 1920. Dans le rapport qu'il dresse au lendemain de sa visite apostolique en 1919-1920, Mgr Couturier [47] consacre une section entière à l'éducation en langue italienne :

La colonie italienne en Égypte est la plus nombreuse des colonies étrangères après celle des Grecs-hellènes. Nous signalons avec tristesse qu'il n'y a en Égypte qu'un collège catholique italien pour garçons, celui des Pères salésiens à Alexandrie [...] La plus grande partie des garçons italiens ne reçoit pas une éducation vraiment catholique et elle est perdue à l'influence du prêtre et de la religion [...] Nous avons reçu beaucoup de plaintes sur le fait que dans les collèges et les couvents, on ne donne pas l'instruction religieuse aux Italiens en italien. Nous en avons fait la remarque plusieurs fois pendant notre visite et la réponse qu'on nous a donnée est que les Italiens devraient avoir leurs propres écoles et couvents [...] Cette question de l'éducation religieuse en langue maternelle est beaucoup soulevée. Nous croyons que la

---

44. Annexe 3, figures 4 et 5.

45. Dès 1929, l'école reçoit une subvention annuelle de 26.000 LI. La même année, elle obtient une subvention extraordinaire de 10.000 LI pour ouvrir une section professionnelle. ASDMAE, AS 1923-1928, b.800, Le consul du Caire au MAE, 8 juin 1928.

46. ASC, F414, le P. Tappi au P. Albera, 14 septembre 1921.

47. Le père Couturier, dominicain, est nommé visiteur apostolique en Égypte en mai 1919. Très vite après son arrivée, il confie au consul français d'Alexandrie qu'il est assailli de demandes de religieux italiens souhaitant que le Saint-Siège les dégage de la protection de la France en Orient. Abécassis 2000, p. 205.

seule solution efficace serait la fondation d'écoles italiennes plus nombreuses comme celle de Don Bosco à Alexandrie[48].

Cet extrait laisse transparaître les tensions qui opposent religieux italiens et français dans l'Égypte des années 1920. Les uns et les autres ne sont pas épargnés par les nationalismes montants. À cela s'ajoute l'hostilité des premiers à l'égard des religieux français et de leurs œuvres. Partagée par la majeure partie du clergé paroissial latin de nationalité italienne, elle est liée au sentiment de « déclassement » dont ils se sentent victimes en comparaison du clergé français.

Sur la question de la langue d'enseignement, les opinions des religieux et des diplomates italiens convergent. Les uns et les autres mènent une guerre larvée contre le protectorat religieux français[49]. Si cela se traduit par une reprise de la politique de soutien aux congrégations, à commencer par les Salésiens et les Salésiennes, il n'est toutefois pas question de remplacer l'ensemble du réseau scolaire italien en Égypte par des établissements confessionnels. Comme montré par le cas salésien, dans la capitale égyptienne, l'appui que le gouvernement italien offre aux congrégations se limite à deux secteurs : l'enseignement primaire et la formation professionnelle[50]. La situation est différente dans les villes du canal de Suez, où le recours aux congrégations enseignantes devient massif. Là, la rivalité franco-italienne est particulièrement âpre et s'exprime sur le terrain religieux tout autant que dans le secteur scolaire.

4.2.2. *Convoitises et rivalités scolaires autour du canal de Suez*

L'isthme est marqué par la présence de la Compagnie universelle du canal de Suez. Société à capitaux européens à partir de 1875, elle est à l'origine de la création et de l'administration d'importantes infrastructures (routières, portuaires, etc.), de villes nouvelles (Port-Saïd, Suez et Ismaïlia) et de domaines agricoles qui modifient radicalement et durablement l'espace de

---

48. APF, NS, 1921, vol. 702, Rapport de la visite apostolique en Égypte de la part du visiteur apostolique Couturier, 1920-1921, p. 74.
49. Abécassis 2000, p. 209.
50. En 1936, les écoles gouvernementales italiennes recrutent dans le district consulaire du Caire près de 2 224 élèves dont 1 807 Italiens. À la même date, les écoles religieuses scolarisent 1 026 élèves dont 409 Italiens. Petricioli 2007, p. 217.

l'isthme[51]. Durant l'entre-deux-guerres, elle devient l'une des principales cibles des campagnes des nationalistes égyptiens. Cette période se caractérise par une radicalisation du mouvement national et une hostilité croissante envers les firmes étrangères, symbole honni du capitalisme européen et de l'exploitation économique. Fondés à Ismaïlia en 1928, les Frères musulmans luttent contre la mainmise étrangère sur le pays dont la Compagnie de Suez serait l'un des symboles[52].

Dans les mêmes années, la concession accordée à la compagnie attise les convoitises européennes. Chaque puissance entend y inscrire sa marque et affirmer son influence du fait de la haute importance stratégique que revêt le lieu. Le Traité anglo-égyptien de 1936 établit le maintien des troupes britanniques dans la région, avec la possibilité d'occuper l'ensemble du territoire en cas de danger international[53]. Placée sous le contrôle financier de la France et de la Grande-Bretagne, la compagnie est une entreprise à l'identité française très marquée, comme en témoignent les parcours de ses dirigeants et des membres de son conseil d'administration[54]. L'influence de la France dans la région est visible aussi bien dans le bâti (des églises et des lieux de culte notamment) que dans la primauté dont jouit la langue française, véritable passeport d'entrée à la compagnie[55].

L'Italie fasciste conteste l'influence et les ambitions françaises dans la région. Reliant la Méditerranée à la mer Rouge, l'Isthme constitue, en effet, le passage obligé vers l'Afrique orientale. Par ailleurs, les communautés italiennes que le régime veut fasciser sont nombreuses dans la région du Canal[56]. D'après le *censimento degli italiani all'estero*, en 1928 dans le district consulaire de Port-Saïd, dont la juridiction s'étend sur tout le territoire de l'isthme de Suez et sur les côtes égyptiennes de la mer Rouge,

---

51. Volait 2016, p. 1.

52. Sur la fondation des Frères musulmans, voir Lia 1998 ; Baron 2014. Sur le fondateur de la confrérie, Ḥasan al-Bannā, et sa pensée, voir Kraemer 2010.

53. Sur le modèle de celui signé en Irak quelques années plutôt, le traité redonne aux Égyptiens leur souveraineté sur les affaires intérieures. En revanche, il garantit les intérêts des Britanniques en leur confiant le domaine des affaires étrangères.

54. Piquet 2006, p. 483.

55. L'expression est de Volait (2016, p. 5).

56. Sur l'histoire de l'Italie et du canal de Suez, voir le volume collectif coordonné par Curli (2022).

résident 4 106 italiens[57]. Il s'agit majoritairement d'employés et d'ouvriers travaillant au service de la Compagnie du canal de Suez[58]. À Suez, un nombre considérable de ressortissants italiens travaille pour la raffinerie de pétrole Shell, qui constitue l'employeur le plus important de la ville.

En plus de l'encadrement de ses ressortissants, l'Italie fasciste commence à revendiquer ses « droits historiques » sur le canal. Une campagne de presse est lancée pour attaquer la mémoire de Ferdinand de Lesseps. La publication d'Antonio Monti, *Gli Italiani e il Canale di Suez* (Rome, 1936), décrit Luigi Negrelli comme le vrai concepteur du percement du canal[59]. La rivalité franco-italienne s'exprime de manière intense sur les terrains religieux et scolaire. Les diplomates italiens veillent à ce que les nominations dans la haute hiérarchie religieuse de la région bénéficient à des prélats de nationalité italienne. Depuis le début de la concession, l'encadrement des fidèles latins est confié à la custodie de Terre sainte, ordre international, mais dominé par des religieux de nationalité italienne. Ces derniers constituent la plupart du clergé paroissial du Canal et dirigent plusieurs écoles[60].

L'arrivée progressive des congrégations françaises dès la seconde moitié du XIXe siècle change les rapports de forces dans le Canal : les religieux français sont de plus en plus nombreux et portent ombrage aux Italiens. À cela s'ajoute la volonté du Saint-Siège de créer un vicariat détaché de la custodie, projet qui est farouchement contesté par les Franciscains et les diplomates italiens. La vive rivalité qui oppose religieux français et italiens trouve un écho parmi les communautés vivant dans le Canal. La création du vicariat en 1926 ne fait que l'exacerber.

L'école constitue le deuxième terrain d'affrontement. En raison du statut de la langue française dans la région, les établissements scolaires français exercent une forte attraction aussi bien sur la population autochtone que sur les communautés allogènes résidant dans l'Isthme[61]. Les écoles italiennes, pour leur part, connaissent un déclin depuis le milieu des années 1920 : elles pèsent sur le budget de l'État italien sans pour autant donner les résultats espérés. Dans une région considérée comme stratégique, l'école fait l'objet

---

57. « Gli Italiani all'estero. Egitto », *Bollettino del MAE,* 1928, p. 951.
58. ASDMAE, AC, b.302, Rapport sur les collectivités italiennes et sur le marché du travail à l'étranger, Port-Saïd, 12 mai 1937.
59. Piquet 2006, p. 560.
60. Piquet 2006, p. 472.
61. Abécassis 2000, p. 186.

de toutes les attentions de la part du gouvernement italien. Dans ce cadre, les missions sont mises à contribution pour la diffusion de la culture italienne[62].

4.2.3. *La cession des écoles du Canal aux congrégations*

Jusqu'au milieu des années 1920, il existe trois écoles italiennes à Port-Saïd, Suez et Ismaïlia dont le public ne dépasse pas la centaine d'élèves[63]. La concurrence exercée par les écoles étrangères, en premier lieu les établissements congréganistes subventionnés par le gouvernement français, convainc les autorités italiennes de la nécessité de confier les écoles du Canal à des congrégations enseignantes, en commençant par la ville la plus peuplée : Port-Saïd. Dans une missive envoyée au ministre d'Italie au Caire, le consul de Port-Saïd déplore la politique scolaire adoptée jusque-là dans le Canal et souligne la nécessité d'un changement de cap :

Les choix qui ont été faits jusqu'à présent ont compromis la position italienne en Égypte, tout d'abord dans le secteur scolaire. Par esprit sectaire ou pour des raisons d'opportunité politique, nous n'avons pas suivi la voie directe et simple du développement des écoles religieuses, qui aurait certainement porté de bons fruits. Dans quelques cas seulement, nous avons appuyé les écoles confessionnelles, mais, la plupart du temps, nous les avons contrariées. Pour lutter contre l'influence française au Levant, il faut utiliser les mêmes armes que la France, à savoir les missions religieuses[64].

La confessionnalisation des écoles italiennes est considérée comme d'autant plus urgente qu'en 1924, le gouvernement français ferme l'école laïque d'Ismaïlia[65]. À partir de cette date, la politique scolaire de la France dans le Canal s'appuie exclusivement sur les missions catholiques[66]. Une fois de plus, les diplomates italiens s'adressent à l'ANSMI afin de concrétiser la

---

62. ASDMAE, AC, b.198, Le consul de Port-Saïd au ministre au Caire, 1925.

63. ASDMAE, AC, b.202, Rapport à la direction générale des écoles à l'étranger sur les écoles coloniales de Mansoura et d'Ismaïlia, 18 juin 1925.

64. ASDMAE, AC, b.98, Le consul de Port-Saïd au ministre au Caire, 1925.

65. À cette date, la Compagnie du canal de Suez fait appel aux frères de Ploërmel qui ouvrent l'école du Sacré-Cœur. Piquet 2006, p. 601.

66. Piquet 2006, p. 606.

transformation souhaitée pour les écoles de Port-Saïd[67]. Le projet prévoit la création de deux écoles, une de garçons et une de filles, en remplacement de l'école mixte. Le président de l'Associazione propose de confier la première aux Salésiens[68]. L'école des filles serait, quant à elle, confiée aux Franciscaines missionnaires d'Égypte, passées désormais sous protection religieuse italienne.

À l'automne 1924, l'école de Port-Saïd ouvre ses portes sous la nouvelle direction. Trois religieux issus d'Alexandrie y sont affectés dans l'attente de nouvelles recrues[69]. Dès les premières semaines, les Salésiens réalisent qu'ils devront accepter plusieurs compromis du fait de leur dépendance à l'égard des autorités italiennes. Avec le directeur de l'ANSMI, ils se plaignent du fait que les locaux ne comprennent pas de résidence pour les religieux, ce qui contrevient aux normes de la vie religieuse. La cour de l'école est jugée trop petite, alors qu'elle «fait partie intégrante de l'œuvre éducative salésienne[70]»; elle est collée en outre au jardin du consul, l'école faisant partie d'un ensemble d'immeubles appartenant au consulat italien. Ils obtiennent de l'ANSMI l'assurance que les enseignants laïcs recrutés pour satisfaire les besoins initiaux seront progressivement remplacés par un personnel religieux[71].

À la fin de l'année scolaire 1924-1925, le consul se déclare satisfait des résultats obtenus grâce à la nouvelle gestion de l'école[72]. Non seulement le nombre d'élèves a presque doublé en l'espace d'un an, mais le gouvernement a réalisé d'importantes économies. La direction des écoles italiennes à l'étranger ne peut qu'approuver la confessionnalisation des autres écoles situées à Ismaïlia et Suez[73]. En 1926, elle est un fait accompli. Dans les trois villes du Canal, l'éducation des garçons est confiée aux Salésiens et celle des filles aux Franciscaines missionnaires d'Égypte.

---

67. ANSMI, 5/C, Le consul de Port-Saïd à Schiaparelli, 8 novembre 1924.
68. ANSMI, 5/A, Schiaparelli au P. Biondi, 24 juillet 1924.
69. ANSMI, 5/C, Schiaparelli au P. Pasero, 24 octobre 1924.
70. ASNMI, 5/C, Le P. Pasero à Schiaparelli, 4 novembre 1924.
71. ANSMI, 5/A, Schiaparelli au P. Biondi, 24 juillet 1924.
72. ASDMAE, AC, Rapport à la DIE sur les écoles coloniales de Mansoura et d'Ismaïlia, 18 juin 1925.
73. ASDMAE, AS, 1923-1938, b.679, Rapport de la DIE au ministre, 6 juin 1925.

	Italiens	Non-Italiens	Catholiques	Non-catholiques	Total
1924-1925	89	38	110	17	127
1925-1926	147	57	185	19	204
1926-1927	150	66	194	22	216
1927-1928	169	81	209	44	250
1928-1929	177	91	209	59	268
1929-1930	188	83	231	40	271
1930-1931	176	74	200	50	250
1931-1932	182	78	208	52	260
1932-1933	196	72	228	40	268
1933-1934	241	67	266	42	308
1934-1935	242	63	266	39	305
1935-1936	212	51	231	32	263
1936-1937	206	84	233	57	290
1937-1938	209	84	233	60	293

Tableau 12. Effectifs de l'école de Port-Saïd, 1924-1938.
Source : ASC, F711, Chronique de la maison de Port-Saïd de la fondation à l'année 1937.

	Italiens	Étrangers	Total
1926-1927	20	39	59
1927-1928	25	54	79
1928-1929	26	51	77
1929-1930	27	50	77
1930-1931	27	48	75
1931-1932	31	40	61
1932-1933	40	47	87
1933-1934	51	27	78
1934-1935	56	30	86
1935-1936	57	17	74
1936-1937	55	23	78

Tableau 13. Effectifs de l'école de Suez, 1926-1937.
Source : ASC, F727, Chronique de l'école de Suez de la fondation jusqu'à l'année 1937.

Les trois écoles confiées aux Salésiens comprennent un cours primaire auquel s'ajoute à Port-Saïd une section commerciale. Celle-ci est considérée comme étant fondamentale pour répondre à la demande locale. Elle vise, en effet, à la formation de comptables et d'agents de commerce susceptibles d'être recrutés par la Compagnie du canal de Suez ou les entreprises commerciales implantées dans les villes de l'isthme. Les programmes suivis sont ceux des écoles gouvernementales italiennes, mais une large place est faite aux langues étrangères (français, anglais et arabe). C'est surtout à la langue française que sont accordées plusieurs heures hebdomadaires, car, comme le rappelle le P. Pasero, elle est «absolument nécessaire pour obtenir un poste à la Compagnie du canal de Suez auquel tout le monde aspire[74]».

Religieux et consuls étudient les meilleurs moyens d'attirer un plus grand nombre d'élèves. Il faut faciliter l'accès aux écoles lorsque les centres de résidence en sont éloignés. Un bus est mis à la disposition des élèves de Port-Saïd résidant sur la rive Asie, nouveau quartier construit par la Compagnie du canal de Suez pour loger les ouvriers et les employés des ateliers généraux[75]. Il faut aussi élargir le rayonnement au-delà de la communauté nationale. La priorité est donnée aux populations chrétiennes allogènes résidant dans le Canal : maltaise, grecque ou issue du Dodécanèse. Les Salésiens adoptent en revanche des positions ambivalentes en ce qui concerne l'admission des élèves égyptiens et musulmans : ils essayent tantôt d'en réduire le nombre, tantôt de les attirer.

À Port-Saïd, les cas de renvoi d'élèves «indigènes» sont nombreux. À la missive du président de l'ANSMI qui rappelle que l'un des objectifs de l'école au Levant est la «propagande chez l'élément indigène», le P. Rubino répond que la direction n'a pas pu s'empêcher de renvoyer de nombreux élèves égyptiens après le refus des familles de régler les frais de scolarité[76]. En 1927, la présence d'élèves égyptiens pose encore problème. Leur origine sociale modeste risque de «nuire» à l'image que les religieux veulent donner de leur école[77].

---

74. ASNMI, 5/C, Le P. Pasero à Schiaparelli, 4 novembre 1924.
75. ANSMI, 5/C, Le P. Pasero à Schiaparelli, 14 novembre 1924.
76. ANSMI, 5/C, Le P. Rubino à Schiaparelli, 22 janvier 1925.
77. ANSMI 5/C, Le directeur à Schiaparelli, 23 novembre 1927.

À la même date, à Suez, le P. Forastelli estime, au contraire, que l'école doit élargir son rayonnement aux Égyptiens « de souche »[78]. Les prospectus en langue arabe donnent une idée des arguments avancés pour attirer un public égyptien. L'accent est mis, une fois de plus, sur la grande place accordée à l'étude des langues étrangères, « élément dont dépend l'avenir des élèves » (*'alayhā yatawaqqaf mustaqbal al-tilmīdh*), ainsi que sur le « devenir professionnel assuré » de ces derniers dans les maisons de commerce et les entreprises du Canal (*yumakkin al-tilmīdh min al-iltiḥāq bi-l-maḥallāt al-tijāriyya wa-l-sharikāt*[79]).

4.2.4. *Un bilan mitigé à la veille des années 1930*

Malgré les efforts prodigués pour adapter l'enseignement aux besoins locaux et pour en élargir le rayonnement, dès le début des années 1930 le public des trois écoles est stationnaire ou en régression (tableaux 12 et 13). À cette date, les Salésiens font état d'un taux important d'abandon scolaire parmi les élèves de la filière technique à Port-Saïd[80]. Les effectifs de l'école de Suez sont de 61 contre 75 l'année précédente. Si la fermeture et le transfert de certaines entreprises privent les écoles d'une partie de leur clientèle[81], la concurrence exercée par les autres établissements d'enseignement est considérée par les Salésiens comme la première cause de cette contraction des effectifs[82].

Les élèves qui ont quitté la section technique à Port-Saïd sont tous passés aux écoles françaises : l'école des Frères et le Lycée français[83]. Le même phénomène est relevé par le directeur de Suez. Là, durant l'année 1931, six élèves quittent l'école pour passer à un établissement français[84]. Le constat

---

78. ANSMI, 5/D, Le P. Forastelli à Schiaparelli, 15 décembre 1927.
79. ASDMAE, AS 1929-1935, b.798, *al-madrasa al-iṭāliyya li-l-banīn bi-l-suwīs* (l'école italienne des garçons à Suez), 1929.
80. ANSMI, 5/C, Rapport trimestriel sur l'école technique, 3 avril 1930.
81. À Suez, le transfert de l'Eastern Telegraph Company et la délocalisation de la raffinerie Shell ont des répercussions sur les effectifs des écoles qui recrutent l'essentiel de leur public parmi les enfants des employés et des ouvriers de ces compagnies. ASDMAE, AS 1929-1935, b.799, École de Suez. Rapport de fin d'année, 1930-1931.
82. ASC, F038, MOR, Visite extraordinaire du P. Candela, 1929-1930.
83. ANSMI, 5/C, Rapport trimestriel, Institut technique, Port-Saïd, 3 avril 1930.
84. ANSMI, 5/D, Rapport de l'école de Suez à l'intention du MAE, 20 mars 1931.

que le consul italien au Caire dresse à propos des stratégies de scolarisation des familles italiennes à l'échelle de l'Égypte vaut particulièrement pour la région du Canal, où la langue française constitue un grand atout sur le marché du travail :

> En Égypte, les industries françaises et belges prospèrent (Compagnie du canal de Suez, Compagnie des tramways, Compagnie des eaux, Société immobilière d'Héliopolis). Il est naturel qu'elles préfèrent embaucher les diplômés des écoles françaises [...] Pour de nombreuses famille italiennes, l'avenir de leur progéniture est plus important que la nationalité de l'école qu'ils choisissent. En outre, le baccalauréat offre la possibilité de poursuivre les études supérieures en Égypte. Autrement dit, si les écoles françaises sont plus appréciées que les nôtres c'est aussi parce que les certificats qu'elles délivrent se traduisent en avantages pratiques beaucoup mieux que nos diplômes[85].

Les «désertions» mises en évidence par les religieux concernent aussi les élèves égyptiens. À Suez, ils sont très nombreux dans les premières classes, mais les abandons scolaires après un ou deux ans sont fréquents[86]. Le directeur remarque que la concurrence ne vient pas seulement des écoles françaises : «Nombreux sont ceux qui sont retournés à l'école indigène[87].» Dans les villes de l'isthme, plusieurs écoles égyptiennes privées sont fondées, dont deux par les Frères musulmans à Ismaïlia. Le nombre d'établissements éducatifs promus par la confrérie augmente dans les années suivantes. La priorité est donnée aux orphelinats et aux écoles professionnelles destinées à scolariser les catégories les plus démunies, qui sont aussi considérées comme les plus exposées au prosélytisme chrétien[88].

Les tentatives des Salésiens d'enrayer l'«exode» de leurs élèves résonnent comme un échec de la politique de confessionnalisation des écoles italiennes. Celle-ci contribue à renforcer la rivalité franco-italienne dans la région. La cession de l'école de Port-Saïd aux Salésiens est immédiatement suivie de

85. ASDMAE, AS, b.243, Le consul du Caire au MAE, 12 juin 1930.
86. ANSMI, 5/D, École de Suez. Rapport trimestriel, 1928.
87. ASDMAE, AS 1929-1935, b.798, Rapport final de l'école de Suez, 30 octobre 1930.
88. Lia 1998, p. 110-113 ; Mitchell 1969, p. 285.

la création du vicariat apostolique du Canal[89]. Il est confié aux Franciscains français et Mgr Dreyer, de l'ordre des Frères mineurs, y est nommé en 1926[90]. Dans ce contexte de rivalités franco-italiennes, une communauté d'intérêts semble lier les diplomates italiens aux missionnaires salésiens. Les premiers voient dans les religieux un contrepoids nécessaire à la présence catholique française dans la région[91]. De son côté, au lendemain de la création du vicariat, le P. Rubino, directeur de l'école de Port-Saïd, écrit à Schiaparelli qu'il « faut renforcer la présence italienne dans les trois villes[92] ». Encouragé par les diplomates italiens, il procède à un agrandissement de la chapelle de l'école, ce qui ne manque pas de susciter les remontrances de l'évêque[93]. Les Salésiens sont même accusés de mener des activités politiques dans le Canal[94]. S'ils récusent ces accusations, leur dépendance à l'égard des autorités politiques ne peut qu'entretenir le doute. Au moment de la consolidation du fascisme au sein de la communauté italienne d'Égypte, les relations entre diplomates et missionnaires apparaissent dans toute leur ambiguïté.

4.3.   D'une concurrence à l'autre

À l'heure du tournant totalitaire des années 1930, l'Italie fasciste affiche une nouvelle volonté de puissance en Méditerranée[95]. Au Proche-Orient, le régime soutient les mouvements nationalistes arabes s'opposant à la politique mandataire française et britannique. La propagande culturelle consiste initialement à gagner le soutien des communautés chrétiennes locales. À partir des années 1930, la politique de soutien aux groupes indépendantistes devient encore plus prononcée et s'accompagne d'une propagande pro-musulmane très active[96].

---

89. Abécassis 2000, p. 215.

90. ASDMAE, AP, Égypte, b.1011, La légation italienne au Caire au ministère des Affaires étrangères, 11 septembre 1930.

91. ASDMAE, AC b.269 bis, Le MAE à la légation au Caire, 18 janvier 1927.

92. ANSMI, 5/B, Le P. Rubino à Schiaparelli, 31 août 1926.

93. ASDMAE, AC, b.269 bis, Le consul de Port-Saïd au ministre d'Italie au Caire, 8 février 1927.

94. AAV, Délégation apostolique en Égypte, Archives Mgr Cassulo, b. 17, Secrétariat d'État à Mgr Cassulo, 21 novembre 1926.

95. Rodogno 2008.

96. Arielli 2008, p. 187-190. À propos de la propagande pro-musulmane du fascisme, voir De Felice 1988 ; Martelli 2003 et Forlin 2017.

La propagande fasciste consiste aussi à faire des colonies italiennes dans la région une vitrine de la « nouvelle Italie[97] ». Les *fasci all'estero* sont organisés à la fin des années 1920 avec pour but d'encadrer la masse des migrants italiens[98]. Le nouveau secrétaire des *fasci,* Piero Parini, souligne la nécessité de lutter contre la « dénationalisation de l'émigré » : cela signifie l'affirmation de la langue et du Parti fasciste au sein de la diaspora[99]. Dans l'objectif d'étendre les frontières géographiques de la péninsule, Dino Grandi, sous-secrétaire au ministère des Affaires étrangères, annonce en 1927 qu'il n'y aura plus des « émigrés », mais des « Italiens à l'étranger ». Ce changement rhétorique vise à lier les Italiens vivant en dehors de la péninsule aux projets nationalistes et impérialistes du Parti national fasciste[100].

La fascisation ne passe pas seulement par la création d'organismes propres au régime ; elle consiste également en la reprise en main des institutions existantes. Considérées comme un haut lieu de la « régénération de la nation » et de la formation de l'homme nouveau, les écoles italiennes sont au cœur de cette politique de puissance renouvelée[101].

4.3.1. *La fascisation des institutions italiennes en Égypte*

En Égypte, la création des premiers *fasci* n'a pas été accueillie très favorablement par les instances officielles et les représentants de la colonie italienne[102]. Les notables du Caire ont préféré se tenir à l'écart d'une organisation qu'ils considéraient comme étant un « élément de désordre[103] ».

---

97. Arielli 2010, p. 35. Par ailleurs, cette volonté n'est pas spécifique au Proche-Orient. Voir à ce propos, Matard-Bonucci 2002.

98. Gentile 1995, p. 906-911. Voir aussi De Caprariis 2000 et Franzina, Sanfilippo 2003.

99. Franzina, Sanfilippo 2003, p. XI.

100. Collotti 2000, p. 140. Voir aussi Dogliani 2020. Sur le fascisme et les Italiens à l'étranger, voir Pretelli 2010.

101. Le tournant totalitaire des années 1930 se fonde sur la conviction du Duce que les rapports entre les nations sont sur le point de changer profondément et que non seulement le régime doit s'inscrire dans la durée, mais qu'il doit aussi anticiper les cinquante années à venir en créant l'« homme nouveau ». Voir Milza, Matard-Bonucci 2004.

102. Le *fascio* d'Alexandrie est fondé en 1921 par un prêtre défroqué, Luigi Rinaldi. Lazarev 1992, p. 97. Sur les *fasci all'estero*, voir Gentile 1995 ; De Caprariis 2000 et Franzina, Sanfilippo 2003.

103. M. Petricioli retrace les difficultés liées à l'organisation des *fasci* du Caire et d'Alexandrie. Constitué de personnalités à la « moralité douteuse » impliquées dans des affaires louches, le *fascio* du Caire est dissous et reconstitué à plusieurs reprises (2007, p. 322).

En 1926, l'Onorevole Acerbo, venu commémorer la marche sur Rome, remarquait, pour sa part, que la fascisation des autorités diplomatiques « n'a pas été encore achevée[104] ». Il y avait vers cette date une sorte d'« intermède dans la progression du fascisme » en Égypte, comme l'a fait remarquer Juliette Bessis à propos de la Tunisie[105].

À la veille des années 1930, la fascisation formelle des institutions est achevée. En 1930, un représentant des hautes sphères politiques du fascisme, Roberto Cantalupo, est nommé ministre plénipotentiaire au Caire[106]. L'offensive fasciste se développe dans plusieurs directions, notamment dans les domaines économique et bancaire, à l'école et dans le champ religieux. Dans le secteur de la mobilisation de la jeunesse, le fascisme recrute de plus en plus au sein des organisations de la Jeunesse italienne à l'étranger (OGIE[107]). De cette institution parallèle des *fasci* font partie en Égypte 8 000 jeunes âgés entre 8 et 18 ans, subdivisés entre Balilla, Avanguardisti, Piccole italiane e Giovani italiane[108] et encadrés par une structure sanitaire, alimentaire et assistancielle.

Les écoles italiennes sont au cœur de cette politique de puissance renouvelée. Les réformes entreprises à partir du milieu des années 1920 devaient endiguer le phénomène des désertions d'élèves au profit d'écoles étrangères et combattre le plus efficacement possible la concurrence des écoles étrangères. En 1928, à Alexandrie, écoles laïques et religieuses italiennes scolarisent en tout 4 442 élèves, à peine la moitié du public accueilli dans les écoles françaises fréquentées à la même date par 8 895 élèves. En 1936, les établissements d'enseignement de la circonscription consulaire du Caire scolarisent 3 270 élèves dont 2 244 dans les écoles étatiques italiennes et 1026 dans les écoles confessionnelles subventionnées (tableau 14[109]).

---

104. ASDMAE, AP, b.004, Rapport de l'Onorevole Acerbo, 1926.
105. Voir Bessis 1981 et plus récemment Montalbano 2023.
106. Député fasciste, ancien sous-secrétaire d'État aux Colonies (1924-1926).
107. Lazarev 1987, p. 107.
108. Il s'agit de subdivisions, par tranche d'âge, des jeunes appartenant à *l'Opera nationale Balilla*, l'organisation de la jeunesse fasciste mise en place en 1926 et remplacée en 1937 par la *Gioventu' italiana del Littorio*. Les deux organisations ont servi de groupes paramilitaires.
109. Petricioli 1997, p. 180-182.

	1928	1931	1936
Alexandrie	4 442		
Zone du Canal		1 118	
Le Caire (étatiques)			2 244
Le Caire (subventionnées)			1 026

Tableau 14. Élèves scolarisés dans les écoles italiennes en Égypte, 1928-1936.
Source : Petricioli 1997, p. 180.

Le nouveau consul du Caire souligne l'urgence d'une réforme plus profonde afin que les institutions scolaires deviennent des vitrines de l'italianité et des vecteurs de l'idéologie fasciste. Une commission de la réforme est créée. Piero Parini est nommé à partir de 1930 à la direction générale des Italiens à l'étranger et des écoles (DGIES[110]). L'épine dorsale du nouveau programme doit être, d'après lui, l'enseignement de la langue italienne, de la littérature et de l'histoire. La réforme des écoles secondaires est appliquée au Caire dès l'année scolaire 1931-1932 et dès l'année suivante à Alexandrie[111]. Le statut d'extraterritorialité garanti par les capitulations permet aux écoles italiennes d'Égypte d'être quasiment un prolongement des écoles italiennes de la péninsule.

L'école se voit assigner un double objectif : d'une part « récupérer » les Italiens à l'étranger, en mêlant la défense de la langue et de la « race italienne[112] » à la promotion des valeurs de l'Italie nouvelle (l'hygiène, l'ordre et l'efficacité pour n'en citer que quelques-unes) ; d'autre part, devenir un symbole de prestige aux yeux des non-Italiens[113]. En 1933, l'inauguration des Scuole Littorie à Alexandrie, en présence du roi Victor-Emmanuel III, représente le couronnement de cette politique de restructuration des institutions scolaires italiennes autour du Parti national fasciste[114].

Le réaménagement des institutions et des programmes scolaires s'accompagne de la politique de *rastrellamento*. Celle-ci consiste en une série de mesures visant à obliger les enfants italiens à fréquenter les écoles italiennes. Dans les villes du Canal, les opérations de *rastrellamento* sont

110. Elle naît en 1929 de la fusion entre la direction générale des écoles italiennes à l'étranger et la direction des Italiens à l'étranger.
111. Petricioli 1997, p. 186.
112. Le racisme, selon R. Ben-Ghiat (2000), a représenté l'aspect le plus radical du projet fasciste de transformation des Italiens et de régénération de la nation.
113. ASDMAE, AS, 1929-1935, b.797, Rapport du consul Paternò au MAE, 26 juillet 1929.
114. Viscomi 2019.

lancées avec des méthodes particulièrement répressives. Toute forme de pression est exercée sur les familles jusqu'à la menace d'expulsion des parents du Parti fasciste[115]. L'abolition des capitulations (1937), les lois raciales (1938) puis la Seconde Guerre mondiale, durant laquelle toutes les écoles italiennes sont fermées[116], mettent un frein à cette politique scolaire agressive. Malgré ces limites, le fascisme parvient à faire miroiter l'image d'une collectivité reconnaissante et orgueilleuse de son État.

Dans une colonie à majorité catholique, le régime ne peut manquer de s'intéresser à l'Église, considérée comme l'un des principaux facteurs de cohésion sociale. De leur côté, les communautés religieuses sont flattées par l'intérêt que les nouveaux leaders portent à leurs écoles et par la lutte qu'ils mènent contre le protectorat religieux français. Mais derrière les intérêts mutuels se profilent des projets divergents qui engendrent une hostilité ouverte au milieu des années 1930.

4.3.2. *Allégeance et intérêts mutuels*

Dès la fin de la Première Guerre mondiale, les Salésiens revendiquent haut et fort leur allégeance à l'Italie. L'identité catholique qu'ils défendent est fortement teintée de patriotisme. La première preuve de patriotisme qu'ils évoquent sans cesse est l'acceptation, dès la fin du XIXᵉ siècle, de la protection italienne contrairement à la tradition qui faisait de la France la protectrice des religieux chrétiens en Orient. À partir des années 1930, la correspondance ainsi que les documents officiels de la congrégation adoptent un langage flatteur vis-à-vis des autorités fascistes. Quelques extraits du prospectus de l'école du Caire destiné à être publié en 1933 dans un volume consacré aux écoles italiennes à l'étranger permettent de saisir le ton adopté :

> L'institut prépare ses jeunes, sains de corps et d'esprit, à intégrer les rangs des *avanguardisti*. L'éducation sportive y est très soignée. Toute la jeunesse italienne, masculine et féminine, est inscrite aux OGIE […] L'institut est un foyer de pure italianité. Entre ses murs vibrant d'italianité, nous avons célébré chaque année le radieux 24 mai sous la direction des anciens

---

115. Piquet 2006.
116. Turiano, Viscomi 2018.

combattants, en présence des autorités et de la colonie [...] Dans la section professionnelle, seuls 7 élèves sont italiens. Les autres sont indigènes (52) ou étrangers (14[117]).

Toutes les thématiques chères au fascisme sont reprises dans cet extrait : l'encadrement de la jeunesse, la défense de l'italianité et la propagande parmi les « indigènes ». Pour les religieux, la reprise de la rhétorique fasciste ne relève pas seulement de la flatterie ou de l'opportunisme. Certes, les Salésiens espèrent pouvoir tirer profit du rapprochement entre l'Église et l'État italien. En mettant officiellement fin à la question romaine, les accords du Latran (signés le 11 février 1929) inaugurent une nouvelle ère dans les rapports entre l'État italien et l'Église catholique. Le concordat confère au catholicisme un statut de religion d'État[118]. Mais au sein de la congrégation en Égypte il y a aussi de fervents nationalistes. C'est le cas du P. Rubino (1896-1946), directeur de l'école de Port-Saïd entre 1924 et 1926, chargé ensuite de la fondation de l'école du Caire dont il devient le premier directeur. Il a été aumônier militaire parmi les *bersaglieri,* puis inspecteur des aumôniers militaires[119]. En Égypte, il tisse des liens avec des notables de la colonie italienne, qui voient en lui un allié capable de tenir tête à « l'arrogance des catholiques français[120] ». D'après Marta Petricioli, ce salésien aurait même fait partie de la commission d'enquête présidée par Carlo Grassi visant à réorganiser le *fascio* du Caire après les scandales qui ont frappé ses anciens membres[121]. Ses positions résolument anti-françaises et sa fascination pour le fascisme comptent parmi les raisons de son éloignement du Canal et plus tard du Caire[122]. Si le militantisme du P. Rubino n'est pas partagé par l'ensemble des religieux, tous trouvent en les autorités fascistes un appui et une protection.

De leur côté, les autorités italiennes pensent se servir des missionnaires pour atteindre leurs objectifs politiques. Dans une lettre envoyée à

---

117. ASC, F414, École salésienne de Rod el-Farag. Origines et finalités, 1933 (voir annexe 3, figure 13).

118. À propos de Pie XI et des accords du Latran signés durant son pontificat, voir Mangoni 2002.

119. *Dizionario biografico dei salesiani*, 1969, p. 250.

120. ANSMI, 5/C, Le père Rubino à Schiaparelli, 24 septembre 1925.

121. Petricioli 2007, p. 333.

122. ASDMAE, AP, 1919-1930, b.1012, Cantalupo à Parini, 12 juillet 1930.

Piero Parini, directeur des Italiens à l'étranger, le ministre Cantalupo souligne que tout comme la «France laïque», l'Italie ne peut absolument pas se passer des ordres religieux en Orient[123]. Ainsi, pendant toute la période de l'entre-deux-guerres se maintient une inextricable proximité entre célébrations religieuses, nationales et fascistes. Les OGIE obtiennent d'assister à la messe en chemise noire[124]. À Ismaïlia, une cérémonie solennelle est organisée à la Domus italica à l'occasion des préparatifs pour la guerre en Abyssinie. Le directeur de l'école salésienne, après avoir célébré la messe, bénit les alliances offertes par les ressortissants italiens[125].

C'est dans la lutte contre l'influence religieuse française dans le Canal que semble s'opérer la fusion des valeurs fascistes et catholiques en Égypte[126]. Au début de 1930, le vicaire apostolique Mgr Hiral entend séparer la mission du canal de Suez de la custodie de Terre sainte et la rattacher à l'une des cinq provinces franciscaines françaises[127]. La custodie craint de voir tous ses couvents passer sous son contrôle et fait pression sur la congrégation Propaganda Fide. Après de longues tractations, le Vatican tranche pour le retrait des couvents de la custodie de la sphère de compétence du vicariat apostolique, ce qui donne satisfaction aux prétentions françaises[128]. Dès le mois d'août, certains notables italiens adressent une pétition à Mussolini pour lui demander d'intervenir auprès du Saint-Siège, car Mgr Hiral serait sur le point de remplacer tous les prêtres italiens et maltais du vicariat par des Français.

L'affaire se déplace sur le terrain linguistique au début de 1932, avec la parution du nouvel *ordo*, ou règlement des cérémonies de culte, qui fixe pour chaque paroisse le détail des exercices religieux qui seraient célébrés en langue française, italienne ou maltaise[129]. Approuvé à Rome par la Congrégation de la propagande, cet *ordo* est contesté par le clergé italien et ses paroissiens. La «question du Canal» fait l'objet d'une correspondance serrée entre les représentations diplomatiques en Égypte et le ministère des Affaires étrangères à Rome. L'identité italienne et catholique serait en

---

123. ASDMAE, AC, b.243, Le ministre Cantalupo à Parini, 5 novembre 1930.
124. Lazarev 1987, p. 110.
125. ASC, F678, Ismaïlia, Chronique de la fondation à l'année 1937, p. 6.
126. Voir aussi Frémaux 2016, p. 39-40.
127. Abécassis 2000, p. 349.
128. Piquet 2006, p. 496.
129. Abécassis 2000, p. 350.

«danger», menacée par l'influence religieuse française «prépondérante[130]».
D'après les diplomates, seule la création de paroisses «italiennes» pourrait
mettre fin à cette situation de «monopole[131]».

Les Salésiens se prêtent à ce jeu de rivalités. En 1932, ils sont sur le
point d'inaugurer une église publique à Port-Saïd[132]. Érigée grâce à des
subventions ministérielles et à une collecte promue par le consul italien
parmi les nationaux, elle doit répondre, d'après l'ambassadeur italien au
Caire, à un seul objectif: «Soustraire les catholiques italiens à la tyrannie du
culte et du clergé français qui semble avoir oublié d'être au service de l'Église
romaine, qui a perdu toute pudeur et se comporte comme s'il dépendait
uniquement du Quai d'Orsay[133]».

Mgr Hiral s'oppose vivement à ce projet. Il craint que cette église ne
devienne une «église nationale», d'autant plus qu'elle a été érigée sur le
terrain appartenant au consulat italien[134]. Elle risque en outre, aux yeux
de ce prélat, de concurrencer la cathédrale latine en construction. Les
Salésiens, de leur côté, préviennent le vicaire qu'un éventuel *veto* de sa part
pourrait occasionner des troubles comme ceux qui ont eu lieu quelques
semaines auparavant à l'église Sainte-Eugénie[135]. De longues négociations,
qui impliquent aussi Mgr Valerio Valeri, délégué apostolique au Caire,
aboutissent à un règlement provisoire des horaires de culte de l'église des
Salésiens qui est déclarée semi-publique. En contrepartie, le vicaire obtient
l'assurance qu'il n'y aura aucune ingérence de la part des autorités civiles
dans son fonctionnement et que les Salésiens s'abstiendront, à l'occasion
de sa bénédiction, «de toute cérémonie solennelle et de toute invitation
officielle[136]».

Dans le cadre de la rivalité franco-italienne, qui atteint son paroxysme
dans la région du Canal, les Salésiens donnent l'impression de soutenir en

---

130. ASDMAE, AC, b.269 bis, La légation du Caire au MAE, 6 juin 1930.
131. ASDMAE, AC, b.269 bis, Le MAE à la légation italienne au Caire, 18 janvier 1927.
132. ASDMAE, AC, b.269 bis, La légation du Caire au MAE, 6 juin 1930.
133. ASDMAE, AC, b.269 bis, La légation du Caire au MAE, 16 mars 1932.
134. AESC, «Mémorandum: origine et développement de la chapelle des écoles royales
italiennes», 20 mai 1933.
135. Le premier mai 1932, une manifestation à l'église Sainte-Eugénie de Port-Saïd
empêche l'ouverture en français du mois de Marie que l'on a prêché en italien pendant
de nombreuses années. Abécassis 2000, p. 350.
136. AESC, Le vicaire apostolique au P. Biondi, 23 mai 1932.

tout la politique d'influence italienne. Ces relations d'intérêt mutuel ne sont cependant pas dépourvues de tensions et, derrière l'attention portée par les diplomates aux écoles religieuses, se profile bien une forme de volonté de contrôle, si ce n'est une véritable ingérence.

4.3.3. *Des rivalités à l'hostilité ouverte*

Pendant la « question du Canal », le ministre Cantalupo envoie une lettre réservée à Piero Parini dans laquelle il accuse les Salésiens de ne pas adopter une position suffisamment ferme à l'égard de la hiérarchie catholique[137]. Cela n'est pas la première fois que les autorités doutent de l'« allégeance » des religieux. En ce sens, la situation en Égypte s'apparente à celle de l'« Afrique orientale italienne » (AOI) où, comme le relève Claudio Betti, le « gouvernement italien non seulement tarde à se convaincre de l'utilité des missionnaires dans l'œuvre d'élargissement de sa sphère d'influence mais [en plus] il n'en est jamais véritablement persuadé[138] ».

Pour ce qui est de l'Égypte, le ministre Cantalupo fait remarquer que les missions religieuses doivent être soumises à un contrôle plus strict pour qu'elles répondent au mieux aux « intérêts nationaux ». Un partage des tâches s'impose, d'après lui, dans le secteur scolaire : « Écoles élémentaires aux religieux, écoles secondaires au gouvernement. Aux curés la formation initiale, à nous la formation spirituelle et politique des jeunes[139]. » Pour leur part, les Salésiens se méfient de certains diplomates, en lesquels ils voient d'« anciens francs-maçons devenus des cadres fascistes[140] ». Ils supportent mal les formes de contrôle et les multiples inspections que ceux-ci leur imposent. Tout en proclamant sans cesse leur patriotisme, les religieux revendiquent une plus grande autonomie et poursuivent des objectifs qui entrent parfois en conflit avec les intérêts des diplomates italiens. S'ils adhèrent à la politique de *rastrellamento*[141] à mesure qu'elle s'intensifie, ils n'hésitent pas à mettre

---

137. ASDMAE, AC, b.243, Le ministre Cantalupo à Parini, 24 octobre 1930.
138. Betti 1999, p. 17.
139. ASDMAE, AC, b.243, Cantalupo à Parini, 5 novembre 1930.
140. ASC, F035, Rapport sur les maisons de la province, 1er mars 1933. En effet, comme l'a relevé Caroline Piquet, dans la zone du Canal les anciens combattants, auparavant hostiles à la doctrine fasciste, deviennent ses plus fervents partisans au tournant des années 1930. Piquet 2006, p. 487.
141. Piquet 2006, p. 91.

en évidence ses distorsions et à prendre des mesures qui vont dans le sens contraire. En 1934, le directeur de Port-Saïd renvoie presque tous les jeunes *rastrellati*, sous prétexte qu'ils se sont révélés de très mauvais élèves[142].

Depuis qu'il est à la direction générale des Italiens et des écoles à l'étranger, Piero Parini a entrepris une véritable offensive dans le domaine scolaire. Ce *gerarca* fasciste nourrit de la méfiance envers les missionnaires et leurs activités. En cela, il incarne un sentiment partagé par de nombreux dirigeants fascistes qui voient en l'Église et ses organisations un rival susceptible d'entraver leur projet totalitaire[143]. En Égypte, la congrégation salésienne fait l'objet de vives critiques qui portent sur plusieurs questions. En 1931-1932, les rapports d'inspection des écoles du Canal soulignent l'utilisation par les religieux de méthodes pédagogiques «désuètes», qui seraient trop éloignées des «pédagogies modernes» et de l'«esprit neuf» censé animer l'école fasciste[144]. Les Salésiens sont accusés de manquer de «militantisme» et de prêcher «l'humilité et la résignation», deux sentiments contraires aux «valeurs fascistes[145]». Le consul de Port-Saïd conclut que leurs établissements ne sont pas à la hauteur de l'image que l'«école moderne et fasciste» se doit de véhiculer[146].

Les critiques concernent aussi d'autres mesures qui révèlent, aux yeux des diplomates, une «acculturation inadmissible» des religieux. Tout d'abord, le choix de l'uniforme des élèves de Suez, «une chemise et un fez bleu ciel, un pantalon kaki et une ceinture tricolore», est contesté. Effaçant «toute différence entre les élèves italiens et indigènes», il est jugé «nuisible pour le prestige de l'école», d'autant plus qu'il n'est pas porté uniquement pendant les heures de cours «mais aussi dans la rue[147]».

À cela s'ajoute le fait qu'à partir de 1928, les Salésiens ont mis en place, sans l'accord préalable des autorités, un cours commercial bilingue (français-anglais) où aucune place n'est faite à l'enseignement en langue

---

142. Le directeur souligne que durant l'année 1930-1931 déjà, le consul Callisse a adopté des méthodes particulièrement brutales pour «récupérer les jeunes Italiens», se heurtant à une forte résistance de la part des familles. ASC, F035, Rapport annuel de la province, 1933.
143. Petricioli 2007, p. 221.
144. ASDMAE, AS 1929-1935, b.800, Rapport du consul de Port-Saïd au MAE, 22 août 1935.
145. ASDMAE, AS 1929-1935, b.800, Rapport du consul de Port-Saïd au MAE, 22 août 1935.
146. ASDMAE, AS 1929-1935, b.800, Rapport du consul de Port-Saïd au MAE, 22 août 1935.
147. ASDMAE, AS 1929-1935, b.799, Rapport de l'inspecteur Giannantonio sur l'école de Suez, 11 avril 1933.

italienne. Le souci de répondre à la demande des familles semble avoir pris le dessus sur la politique de défense de l'italien et de l'italianité. D'après l'inspecteur, « les Salésiens, pour attirer, se sont fait attirer[148] ».

Ainsi la politique de confessionnalisation des écoles en Égypte commence-t-elle à être remise en question par le gouvernement italien et ses représentants. Aussi bien à Rome qu'en Égypte, on discute de l'opportunité de remplacer les Salésiens dans le Canal par des enseignants laïcs[149]. Les arguments financiers ont finalement le dessus et aboutissent au maintien des religieux à la direction des écoles. Les autorités consulaires optent toutefois pour un contrôle plus strict[150].

À partir des années 1930, comme le souligne Frédéric Abécassis, les identités tendent à se figer en appartenances nationales corrélées à des filières de scolarisation[151]. Les écoles italiennes se veulent de plus en plus exclusives, avec une préférence accordée aux nationaux. Or, les écoles dirigées par les Salésiens accueillent un nombre important de non-Italiens. D'après le vice-consul de Suez, la proportion importante d'élèves égyptiens est une des causes de l'« acculturation » des Salésiens. Il rappelle que l'école italienne « doit servir avant tout aux Italiens » et qu'il faut, par conséquent, « éliminer l'élément indigène encombrant[152] ». De la même manière, lors de l'ouverture de l'école professionnelle du Caire en 1931, le consul Liberati se déclare prêt à lui accorder une subvention supplémentaire à la seule condition qu'elle ne se destine qu'aux ressortissants italiens et, parmi eux, aux plus démunis[153].

Cette politique exclusiviste s'explique aussi par le fait que dans l'Égypte des années 1930, où le marché du travail est devenu très concurrentiel et des mesures d'égyptianisation du personnel des administrations et des entreprises commencent à être mise en œuvre, les consuls italiens se posent en gardiens des intérêts nationaux[154]. À la préférence nationale s'ajoutent

---

148. ASDMAE, AS 1929-1935, b.799, Rapport de l'inspecteur Giannantonio sur l'école de Suez, 11 avril 1933.

149. ASDMAE, AS 1929-1935, b.969, Parini au consul de Port-Saïd, 14 octobre 1932.

150. ASDMAE, AS 1929-1935, b.798, Le vice-consul de Suez au consul de Port-Saïd, 7 avril 1933.

151. Abécassis 2000, p. 340.

152. ASDMAE, AS 1929-1935, b.799, Le vice-consul de Suez au consul de Port-Saïd, 24 avril 1933.

153. ASC, F771, Chronique de l'école du Caire de la fondation jusqu'en 1937, p. 10.

154. Nous reviendrons plus longuement sur ce point dans le chapitre 5.

des considérations de classe. Les écoles dirigées par les Salésiens attirent un public de condition plutôt modeste, alors que la politique scolaire doit tendre, d'après ces diplomates, à recruter, après les Italiens, les Égyptiens et les étrangers «distingués[155]».

Dans le Canal, où leurs marges de manœuvre sont plus restreintes, les Salésiens doivent se plier aux *desiderata* des autorités. Les injonctions se traduisent, à Suez, par une politique plus restrictive concernant l'admission des «indigènes[156]». À partir de l'année scolaire 1934-1935, les proportions sont inversées en comparaison des années précédentes : l'école recrute désormais une majorité de ressortissants italiens (tableaux 12 et 13). En revanche, ni au Caire ni à Alexandrie, il n'est question pour les Salésiens de renvoyer les élèves égyptiens et étrangers qui attestent le «rayonnement» de la mission et lui assurent, grâce aux frais de scolarité qu'ils paient, une trésorerie confortable. Face aux pressions des diplomates, ils revendiquent un projet indépendant et réaffirment les visées apostoliques de leur mission :

> Nos fondations ici poursuivent avant tout un objectif apostolique, moral et religieux. Son Excellence Parini ainsi que d'autres semblent l'oublier et supposer que nous sommes ici uniquement pour servir les intérêts de l'Italie. Nous le faisons volontiers lorsque cela se concilie avec notre mission d'apostolat pour les âmes. En revanche, si certaines requêtes ne respectent pas ou nuisent à cet apostolat, elles ne pourront pas être satisfaites[157].

La tension monte au milieu des années 1930. La politique scolaire du régime fasciste a suivi deux lignes directrices. D'une part, la cession des écoles aux congrégations religieuses, notamment dans les centres urbains les plus petits ; de l'autre, la réforme et la multiplication des écoles étatiques dépendant du ministère des Affaires étrangères. En 1933, les écoles Littorie sont inaugurées en grande pompe à Alexandrie. Au Caire, de nouvelles écoles italiennes sont en construction à Shubrā. Ces établissements sont censés réaffirmer le prestige de l'Italie et visent à recruter l'ensemble des ressortissants italiens[158].

155. ASDMAE, AS 1929-1935, b.798, Le MAE au vice-consul de Suez, 13 mai 1933.
156. ASC, F036, Le P. Canale au P. Tirone, 15 octobre 1937.
157. ASC, F741, Chronique de l'école d'Alexandrie de la fondation jusqu'à 1937, p. 79.
158. Petricioli 2007, p. 229.

Progressivement, s'impose l'idée que les établissements confessionnels constituent des concurrents «dangereux». Dans ce contexte, la DGIE envoie une lettre en 1934 aux supérieurs salésiens, les invitant à supprimer la section primaire au Caire et la filière commerciale à Alexandrie et promettant, en contrepartie, d'accroître les subventions pour les filières professionnelles[159]. Pour les Salésiens, il n'est pas question de renvoyer des centaines d'élèves. Dans une missive adressée à ses supérieurs, le P. Biondi, directeur de l'institut d'Alexandrie, leur fait part de toute son inquiétude face aux «représailles d'un régime totalitaire» qui menace de suspendre toute subvention si les religieux ne se plient pas à ses directives[160].

Les relations se détendent à la fin de la décennie. La direction salésienne du Caire accepte de fermer la section primaire pour se consacrer au seul enseignement professionnel. Le remplacement de Parini à la tête de la DGIE contribue aussi à l'apaisement. Les tensions n'en ont pas moins marqué durablement la mémoire salésienne[161]. Sans jamais s'émanciper de la tutelle des diplomates, les religieux recourent à d'autres protecteurs et diversifient leurs ressources.

4.3.4. *D'autres protecteurs, d'autres ressources*

Au sens strict, la protection des congrégations religieuses est la protection qui s'applique aux religieux en vertu du régime capitulaire. Depuis 1905, le consul italien est garant de la protection des religieux salésiens. Or, au quotidien, nous venons de le voir, les relations entre ces derniers et les autorités consulaires italiennes ne sont pas toujours amicales. Le consul est souvent décrit comme un «ennemi» par les sources religieuses. C'est à cause de son «hostilité affichée» à l'égard des missionnaires, que les Salésiens se réjouissent du départ du consul d'Alexandrie Franco Fontana en 1937[162]. Les autorités consulaires, de plus, sont loin de leur offrir un soutien inconditionnel. Ils se plaignent souvent de ce qu'elles font la sourde oreille à leurs requêtes et soulignent à quel point la protection italienne est une coquille vide.

---

159. ASC, F383, Parini au directeur de l'institut Don Bosco d'Alexandrie, 7 avril 1934.
160. ASC, F383, le P. Biondi aux supérieurs, 14 avril 1934.
161. ASC, F035, Chronique de la province de la fondation à l'année 1937, p. 74.
162. ASC, F741, Alexandrie, Chronique de la fondation à l'année 1937, p. 19.

Dans la lignée des travaux menés par Chantal Verdeil sur les missionnaires latins au Proche-Orient, nous estimons qu'il faudrait entendre « protection » dans un sens plus large, à savoir tout ce qui favorise l'installation et la vie des missionnaires au quotidien, et le terme de « protecteurs » comme désignant tous les acteurs qui assurent une aide ou un soutien, matériel ou moral, aux religieux[163]. Ces derniers, loin d'entretenir une relation exclusive avec les consuls qui les priverait d'autres recours, tissent des liens avec une multiplicité d'autres interlocuteurs à qui ils n'hésitent pas à faire appel en cas de nécessité.

En premier lieu, les Salésiens trouvent des protecteurs chez d'autres missionnaires actifs en Égypte. Si les autorités italiennes les encouragent à s'installer au Caire, ce sont les missionnaires comboniens qui entreprennent toutes les démarches inhérentes à l'acquisition du terrain. Le P. Tappi, qui a passé trente ans entre l'Égypte et le Soudan et qui, depuis 1915, est aumônier de l'hôpital italien Umberto Ier, peut, en effet, compter sur de multiples connaissances pour trouver rapidement un terrain et engager les démarches administratives auprès du gouvernement égyptien[164]. Le supérieur des Comboniens en Égypte, le P. Stefanini, signe le contrat d'achat pour le compte de la congrégation salésienne. Les Salésiens logent un temps chez les Comboniens avant de louer, à proximité de leur terrain à Rawḍ al-Farag, un appartement qui leur permet de se rendre sur le chantier plus aisément. L'implication des Comboniens dans toutes les étapes de la fondation au Caire fait dire au rédacteur de la chronique que l'école du Caire n'aurait peut-être pas vu le jour sans leur patronage[165].

Au-delà des religieux latins, les missionnaires entretiennent des relations avec plusieurs notables appartenant à l'élite cosmopolite du Caire et d'Alexandrie. Ces personnalités leur rendent service dans les moments de difficultés financières. Lorsque le ministre italien des Affaires étrangères oppose une fin de non-recevoir à la demande d'allocations pour l'érection d'une église dans l'enceinte de l'institut Don Bosco d'Alexandrie, les Salésiens se tournent vers deux familles de notables, la famille Lamanna (Alberto Lamanna est avocat aux Tribunaux mixtes) et la comtesse Carola

---

163. Verdeil 2009, p. 181 ; 2011, p. 267.
164. ASC, F414, Le P. Tappi au P. Albera, 7 septembre 1921.
165. ASC, F771, Le Caire, Chronique de la fondation jusqu'à l'année 1937, p. 2.

de Tomich, riche héritière, qui leur prodiguent des aides conséquentes[166]. C'est à la munificence de ces deux bienfaiteurs qu'ils doivent la construction de l'église et, quelques années plus tard, d'un bâtiment destiné à accueillir les nouveaux ateliers[167].

Au quotidien, parents d'élèves et anciens élèves sont susceptibles d'assurer à leur tour une forme de protection. Les registres des inscriptions constituent à cet égard une source précieuse. Les métiers des parents ne sont pas consignés de manière systématique, mais les lacunes de cette source sont souvent plus éloquentes que les indications qu'elle renferme. Les religieux ne notent généralement que les professions le plus nettement susceptibles d'exalter l'importance de leurs écoles ou de leur assurer des services ou une forme de protection (annexe 1).

Les capitulations garantissent aux écoles religieuses des exonérations particulièrement intéressantes (impôt foncier et diverses taxes municipales) ainsi que des franchises douanières. Ces dernières portent sur toutes les importations destinées à l'usage de la communauté religieuse, sauf celles productrices de revenus. Mais certaines clauses prêtent à confusion et les abus ne manquent pas. De son côté, le gouvernement égyptien tend, à partir des années 1920, à exclure un certain nombre d'articles de l'immunité douanière, réduisant des privilèges accordés autrefois sans grandes difficultés[168].

Ces mesures ne manquent pas d'affecter les instituts salésiens. En 1933, le P. Biondi, directeur de l'école d'Alexandrie, écrit à la légation d'Italie au Caire que «la franchise douanière est un privilège qui tend à disparaître. Elle est difficilement accordée et les contrôles deviennent minutieux. Il faut se rendre personnellement à la direction (administration des Douanes) pour obtenir l'exemption[169]». On comprend dès lors qu'un officier de l'administration des Douanes soit susceptible, aux yeux des religieux, de leur éviter des ennuis ou d'intervenir en leur faveur. Un employé de banque

---

166. ASDMAE, AP 1919-1930, Égypte, b.1001, le MAE au consul d'Alexandrie, 16 novembre 1923.

167. La famille Lamanna offre des milliers de livres égyptiennes pour la construction de l'église. L'avocat Alberto Lamanna, qui décède en 1934, laisse en héritage à la congrégation une grande partie de ses biens, ce qui permet l'achèvement de la construction de l'église. ASC, F741, Alexandrie, Chronique de la fondation à l'année 1937, p. 78 et 85.

168. Abécassis 2000, p. 508-510.

169. AESA, Le P. Biondi au ministre d'Italie au Caire, 16 juin 1933.

peut, quant à lui, faciliter les démarches administratives lorsque les religieux effectuent des emprunts pour financer de nouvelles constructions.

Les anciens élèves assurent, pour leur part, une forme de protection aux Salésiens. Deux noms reviennent de manière récurrente dans les sources des années 1930 : Giuseppe Lovato et Atanasio Catraro[170], qui ont suivi les cours de la section commerciale de l'école d'Alexandrie en 1935-1936. Ils sont rédacteurs au *Giornale d'Oriente*[171], et le second des deux est aussi correspondant du *Giornale d'Italia* de Rome[172]. On les retrouve souvent à la table des missionnaires au moment du déjeuner. C'est à leur plume qu'on doit les articles d'éloge des écoles salésiennes qui paraissent régulièrement dans la presse italophone. Alors que les relations entre les religieux et les autorités consulaires se crispent, le *Giornale d'Oriente* ne cesse d'exalter le rôle des religieux dans la défense de l'italianité, en mettant l'accent sur la contribution de leurs écoles aux objectifs poursuivis par le régime fasciste[173].

C'est surtout afin d'obtenir des allocations que les Salésiens diversifient leurs interlocuteurs. Loin d'être régulières, les subventions ministérielles sont soumises aux aléas de la conjoncture économique et politique. L'école d'Alexandrie continue de recevoir chaque année la subvention de la municipalité[174]. À Ismaïlia, les Salésiens s'adressent à la Compagnie du canal de Suez qui accepte d'octroyer une allocation annuelle à l'école. En contrepartie, ils sont invités à soigner davantage l'enseignement de la

---

170. ASC, F741, Alexandrie, Chronique 1935-1936, p. 14.

171. Le *Giornale d'Oriente* naît de la fusion entre *L'Imparziale* et le *Messagero Egiziano* le 11 avril 1930. Acquis par le *fascio* d'Alexandrie et dirigé par Giuseppe Galassi, il se vante d'un tirage de 7 000 exemplaires pendant les premiers mois de son existence. Organe officieux du régime, ses articles de propagande visent à démontrer l'adhésion de toutes les institutions, qu'elles soient laïques ou religieuses, à la politique fasciste. Marchi 2010, p. 118.

172. *Le Mondain égyptien. The Egyptian Who's Who*, 1939, p. 139. Atanasio ou Athos Catraro, selon les sources, fait toute sa carrière journalistique en Égypte. De 1947 à 1950 il est critique d'art au quotidien *La Réforme* et *La Réforme illustrée*. À partir de 1950, il dirige l'hebdomadaire italophone *Cronaca. Le Journal d'Égypte*, 14 mars 1950.

173. Les articles insistent tantôt sur les célébrations patriotiques tenues dans les écoles salésiennes, tantôt sur l'œuvre de promotion de l'italianité et l'œuvre de propagande accomplies par les écoles professionnelles. Ceux articles consacrés à l'enseignement professionnel soulignent également la contribution des écoles à la modernisation de l'Égypte. *Il Giornale d'Oriente*, 15 novembre 1932, 3 juillet 1934, 24 juillet 1935 ; 2 août 1936, 19 juillet 1939, 25 avril 1940.

174. AESA, C/24, dossier Allocations de la municipalité 1915-1935.

langue française et à accepter un certain nombre d'élèves à titre gratuit[175]. Les missionnaires obtiennent aussi de la compagnie un financement extraordinaire, que les autorités consulaires leur ont refusé[176], pour la construction de nouveaux locaux scolaires et d'un logis pour les religieux.

Si les religieux cherchent généralement des ressources et des protecteurs en milieu étranger et cosmopolite, en 1938 ils se tournent vers le ministère de l'Instruction égyptien afin d'obtenir des subventions pour leur école professionnelle du Caire[177]. Un programme de réformes de l'enseignement professionnel est entrepris par ce ministère dès le début des années 1930, ce qui leur fait espérer une aide, d'autant plus que l'école scolarise un nombre croissant d'élèves égyptiens[178].

L'inspecteur de l'enseignement industriel, Maḥmūd Ibrāhīm al-Numrusī Bik, informe les Salésiens que le ministère de l'Instruction publique est disposé à accorder une allocation à l'école à la condition que les religieux y introduisent l'enseignement de la langue arabe et acceptent de se soumettre à des inspections ministérielles plus poussées, menées par l'inspectorat des écoles privées subventionnées[179]. Plus généralement, le ministère fait preuve durant ces années, sous la pression du mouvement national, de volonté d'établir son contrôle sur l'enseignement étranger. Dans ce cadre est votée la loi n° 40 de 1934 sur les écoles libres, qui soumet les établissements privés préparant aux examens officiels du gouvernement égyptien à l'inspection de l'État[180].

Pour ce qui concerne les Salésiens, la perspective d'être soumis à un contrôle plus poussé de la part du ministère égyptien de l'Instruction tempère leur enthousiasme initial. Ils ne sont pas prêts à accepter une «ingérence» supplémentaire dans leurs affaires et l'organisation interne de leurs écoles. La demande de subvention est finalement écartée. Les démarches entreprises n'en attestent pas moins la volonté de diversifier les interlocuteurs et les ressources, afin de se dégager de la seule tutelle consulaire.

---

175. ASC, F727, Ismaïlia, Chronique de la fondation à l'année 1937, p. 2.
176. ASC, Le P. Gatti au P. Rinaldi, 30 janvier 1930.
177. ASC, F771, Le Caire, Chronique 1938-1939, p. 5.
178. Nous reviendrons sur ces points dans le chapitre 6.
179. ASC, F711, Le Caire, Chronique 1938-1939, p. 10. Sur la loi n° 40 de 1934, Abécassis 2000, p. 514.
180. Abécassis 1995, p. 299.

Conclusion

Dans l'Égypte des années 1920, l'accès à l'instruction est devenu un enjeu crucial. Moyen de former une élite liée au Palais pour les uns, voie d'accès privilégiée à l'émancipation nationale pour les autres, l'école cristallise autour d'elle des projets très divers[181]. C'est sur le terrain éducatif que les Frères musulmans et d'autres associations islamiques naissantes concentrent une grosse partie de leurs efforts afin de contrer l'action scolaire des missionnaires protestants et catholiques, très actifs dans le pays[182].

Enjeu central « au fondement même de la légitimité politique[183] », l'école constitue aussi aux yeux des puissances européennes un moyen de forger des liens de clientèle et, par là, de maintenir leur influence culturelle, politique et économique en Égypte. Dans ce contexte concurrentiel, l'Italie fasciste met au point une politique scolaire plus offensive qui vise à exalter l'italianité et à conquérir de nouveaux protégés. Cette politique est loin d'être univoque. L'appui donné aux congrégations enseignantes ne se manifeste pas de la même manière partout et, surtout, il n'est pas dépourvu d'ambiguïtés.

Dans les villes du canal de Suez, le recours aux missions catholiques devient massif. Au milieu des années 1920, la confessionnalisation de l'enseignement italien est achevée. Les Salésiens semblent participer au jeu de rivalités impériales et s'aligner sur les positions des autorités fascistes dans leur volonté de mettre en œuvre une politique d'influence. Mais des deux côtés, la méfiance prévaut et débouche pendant un temps sur une hostilité ouverte.

Conçues par les autorités fascistes comme un lieu privilégié de défense de l'italianité, notamment dans la région du Canal, les écoles salésiennes s'ouvrent précisément durant ces années à un public plus large en voie d'égyptianisation. Par ailleurs, la politique d'appui aux congrégations et la confessionnalisation des écoles n'apportent pas les résultats espérés. Au début des années 1930, les effectifs des écoles salésiennes du Canal sont stationnaires. Ce bilan mitigé amène les Salésiens à repenser leur mission en Égypte. L'enseignement professionnel commence à leur paraître comme un ordre d'enseignement prometteur à même de leur assurer un plus large rayonnement.

181. Farag 1995, p. 198.
182. Voir à ce sujet Baron 2014.
183. Abécassis 2001, p. 130.

Chapitre 5

Écoles professionnelles
et « renaissance » industrielle

L ES ANNÉES 1930 se caractérisent en Égypte par un « développement sans croissance » d'après l'expression de Roger Owen[1]. La crise économique internationale frappe de plein fouet le pays et crée les conditions d'un sous-emploi chronique. Le phénomène des diplômés chômeurs fait son apparition et entretient un climat explosif, tandis que la rue devient le principal théâtre d'expression du mécontentement social. S'attaquant au capital étranger et prônant l'urgence d'une émancipation économique, les groupes nationalistes donnent une dimension économique à la lutte pour l'indépendance de la tutelle étrangère. Le discrédit du jeu parlementaire et des partis traditionnels qui se succèdent à la tête du pays se traduit par l'émergence de groupes extra-parlementaires très radicaux dont Jeune Égypte (*Miṣr al-Fatāt*[2]).

C'est une période aussi cruciale pour les missionnaires catholiques et protestants actifs dans le pays. Ils disposent d'un réseau étoffé d'écoles, mais certaines d'entre elles connaissent des difficultés financières et constituent la cible d'une campagne anti-missionnaire très virulente. Les missionnaires sont perçus comme des avant-postes de l'impérialisme et la prospérité de leurs établissements scolaires est associée au régime capitulaire dont les nationalistes réclament l'abolition immédiate[3]. Les missions américaines

1. Owen, Pamuk 1998, p. 34-35.
2. Créée en 1933, l'association Jeune Égypte se transforme en parti politique en 1938. Influente parmi les élèves des écoles secondaires, elle véhicule une idéologie ultra-nationaliste anti-occidentale, teintée de panislamisme. Botman 1998, p. 297 ; Monciaud 1995. Sur les mouvements extraparlementaires qui émergent durant ces années, voir De Gayffier-Bonneville 2016, p. 506.
3. Baron 2014 ; Costet-Tardieu 2016.

connaissent tout particulièrement une période « d'anxiété permanente », que l'amoindrissement des ressources financières ne fait qu'alimenter[4]. Pour les congrégations françaises, les années 1930 constituent bien un apogée, mais le modèle intercommunautaire que leurs écoles proposent est en train de s'effriter à mesure que les appartenances nationales se figent[5]. De l'anxiété au triomphalisme, des sentiments divers, voire opposés, animent les missionnaires mais pour tous commencent à apparaître les premiers signes de rupture d'un équilibre, de la fin d'un ordre tout autant matériel que symbolique.

Pour la congrégation salésienne, ces années correspondent à un changement de stratégie. Les religieux s'interrogent sur les objectifs de leur mission et aboutissent à une redéfinition des priorités, en donnant une plus grande impulsion à l'enseignement professionnel. Dès les premières décennies du XXe siècle, l'école des arts et métiers d'Alexandrie a progressivement ouvert ses portes à un public plus large que les seules populations d'origine européenne qu'elle se proposait initialement d'encadrer. À la fin des années 1930, les Salésiens ont affaire, dans leurs deux établissements professionnels du Caire et d'Alexandrie, à une clientèle multinationale et multiconfessionnelle. Si elle atteste leur rayonnement, une telle mixité n'en pose pas moins des problèmes de gestion et demeure, à bien des égards, relative.

Les effectifs ont doublé dans les deux établissements, mais ceux qui accomplissent les quatre ou cinq années d'apprentissage ne constituent qu'une minorité. Suivre les élèves de l'entrée à la sortie de l'école permet d'interroger les modalités d'appropriation d'un enseignement étranger par un public majoritairement non italien ainsi que son devenir professionnel.

5.1.   Un enseignement prometteur

Les établissements français, nous l'avons vu, drainent la plupart des effectifs scolarisés dans l'enseignement étranger pendant l'entre-deux-guerres. Dans la zone du Canal, la politique de confessionnalisation de l'enseignement italien n'a pas donné les résultats attendus. En revanche, l'enseignement professionnel est un secteur plutôt négligé par l'ensemble des congrégations enseignantes installées en Égypte. À Alexandrie, les Frères des écoles

4. Sharkey 2008, p. 96.
5. Abécassis 1995, p. 101.

chrétiennes dirigent bien une école des arts et métiers à Bāb Sidra, mais elle ne comprend que deux branches : l'imprimerie et la reliure[6]. Dès le début des années 1930, les notables de la *kinotis* grecque d'Alexandrie regardent l'école Don Bosco comme un modèle pour développer un institut similaire[7].

L'évolution des effectifs en dit long, en effet, sur l'attractivité des écoles salésiennes. Tandis que pour l'école des arts et métiers, les demandes d'inscription sont supérieures aux places disponibles, les effectifs des autres filières connaissent une nette régression au tournant des années 1930[8]. Dans un marché éducatif très compétitif, et compte tenu de la dépréciation des autres filières, l'enseignement professionnel commence à apparaître comme un secteur stratégique. Dans un rapport envoyé aux supérieurs de Turin, le P. Ricaldone pose la question de l'identité des établissements salésiens en Égypte et redéfinit les objectifs que la mission doit s'assigner :

> Je crois que nos efforts à Alexandrie et au Caire devraient tendre à bien développer l'enseignement professionnel ainsi que nos patronages [...] Un patronage et une école professionnelle bien organisés seraient une belle affirmation salésienne dans un pays où de telles institutions sont quasiment inconnues. D'autres instituts et communautés religieuses ont déjà occupé le terrain de l'enseignement (général) pour lequel ils sont mieux préparés et équipés que nous. En revanche, l'école professionnelle et le patronage (tout en maintenant une section « étudiants ») offriraient ici un bel exemple d'activité salésienne[9].

L'intérêt que les missionnaires portent aux établissements d'enseignement professionnel est aussi lié au fait que l'Égypte connaît un développement industriel durant ces années. Les brochures de l'école de mécanique du Caire, qui ouvre ses portes en 1931, font référence à la « renaissance industrielle » du pays[10]. En cela, les missionnaires emploient une expression très répandue dans l'Égypte des années 1930 (*al-nahḍa al-ṣinā'iyya*), durant

---

6. *Souvenir du centenaire de l'arrivée des Frères en Égypte 1847-1947*, p. 102.
7. AESA, dossier Correspondance avec le consulat, « L'école professionnelle des Pères salésiens », *Anatolie*, 20 juillet 1934.
8. ANSMI, 5/A, Le directeur à Salvago Raggi, 30 août 1930.
9. ASC, F038, Visite extraordinaire du P. Candela, 1929-1930.
10. ASC, F414, Annuaire 1937-1938.

lesquelles l'industrialisation devient un enjeu important du développement économique et un thème central du discours politique[11].

5.1.1. *Industrialisation et réforme de l'enseignement professionnel*

L'essor industriel qu'a amorcé l'Égypte durant le premier conflit mondial se confirme dans les années suivantes. Il est lié à l'émergence d'une élite industrielle locale qui poursuit une stratégie de diversification économique, développant un secteur industriel national basé sur la coopération avec les capitaux étrangers, à côté du secteur agricole dominant[12]. La volonté d'industrialisation de cette élite, incarnée notamment par Ismāʿīl Ṣidqī (1875-1950), avocat de formation nommé Premier ministre en 1930[13], se traduit par la création de plusieurs institutions vouées à jouer un rôle majeur dans la promotion de l'industrie égyptienne. Première de ces fondations, la banque Miṣr est créée en 1920. Elle s'impose progressivement comme un puissant groupe économique. Deux ans plus tard, la Fédération des industries égyptiennes est fondée ; son rôle consiste à encourager la création d'associations industrielles qu'elle fédère. Le facteur qui favorise davantage le développement industriel est la réforme tarifaire de 1930 qui protège les industries en voie de développement de la compétition extérieure[14]. Ces années se caractérisent par une participation accrue du capital égyptien aux sociétés étrangères ainsi que par la création de compagnies formées exclusivement d'actionnaires égyptiens. Les investisseurs, traditionnellement orientés vers la terre se tournent progressivement vers l'industrie[15].

La nécessité pour cette industrie émergente de disposer d'ouvriers qualifiés est de plus en plus fortement ressentie. L'intérêt pour l'industrialisation s'accompagne d'efforts renouvelés pour la mise en valeur de l'enseignement industriel (*al-taʿlīm al-ṣināʿī*)[16]. Ils se traduisent par la multiplication de

---

11. Monciaud 2002, p. 376. À propos de l'histoire industrielle de l'Égypte, voir Qasim 1987 et, pour ce qui concerne l'articulation entre industrialisation et urbanisation dans l'entre-deux-guerres, Hammad 2016.

12. Tignor 1984 ; Vitalis 1995.

13. Jacques Berque le qualifie à la fois de « réactionnaire politique » et de « progressiste industriel (1967, p. 465).

14. Cottenet-Djoufelkit 2000-2001, p. 139.

15. Mabro, Radwan 1976, p. 27.

16. Meyer 1928, p. 589.

commissions et la parution de rapports, d'études et d'articles consacrés à ce secteur de l'enseignement[17]. En 1937, le ministère de l'Instruction nomme une commission d'experts chargée de proposer des réformes, tant au niveau de la structure de l'enseignement technique que des programmes[18]. Ces réformes aboutissent, à partir de la rentrée scolaire 1938-1939, à un remaniement des cycles et des *curricula*[19]. Jusque-là, l'enseignement se faisait en deux paliers, respectivement de trois et de deux ans. Les études se font désormais en un seul palier de cinq ans et le principe d'un enseignement dual, alliant pratique et théorie, est introduit[20]. Plusieurs écoles professionnelles voient le jour durant ces années[21]. En 1934-1935, on en dénombre 26 dans toute l'Égypte, scolarisant près de 9 000 élèves : dix-sept dépendent du ministère de l'Instruction publique, six des conseils municipaux et trois de sociétés de bienfaisance[22].

Parmi les différentes spécialités qu'offrent les écoles industrielles égyptiennes, les filières mécaniques (ajustage, tournage, moulage et modelage pour n'en mentionner que quelques-unes) sont les plus prisées. La ventilation des effectifs des écoles égyptiennes de mécanique donne un aperçu des spécialités offertes ainsi que des sections les plus fréquentées durant l'année scolaire 1934-1935 (tableau 15). L'attractivité de la mécanique tient aux conditions du marché et à la diversification croissante de la demande économique locale. L'industrie métallurgique, qui inclut plusieurs activités - ateliers de construction métallique, chantiers maritimes et fluviaux, ateliers mécaniques, ferronnerie, fonderie et forges - est en pleine expansion dans les années 1930[23].

---

17. On peut citer le rapport rédigé par Sayyid Fahmī, inspecteur au ministère du Commerce et de l'Industrie, à la suite de sa participation au Congrès international de l'enseignement technique de 1934, tenu à Barcelone, ainsi que le rapport rédigé en 1935 par William Angliker, un Britannique enseignant à la faculté de commerce de l'Université égyptienne. À propos de l'émergence d'une expertise sur l'enseignement technique en Égypte à partir des années 1930, voir Labib, Turiano 2024.
18. Shunūda 1967.
19. Shunūda 1967, p. 267.
20. Ministère égyptien des Finances, *Statistique scolaire*, 1939-1940.
21. Ministère égyptien des Finances, *Statistique scolaire* 1930-1931.
22. Ministère égyptien des Finances, *Statistique scolaire* 1930-1931, 1934-1935.
23. *Annuaire de l'industrie égyptienne*, 1938, p. 308.

	Gouvernement égyptien (17)	Conseils provinciaux (6)	Sociétés charitables (3)	Total (26)
Ajustage	938	278	338	1 654
Tournage	447	153	70	670
Forge	235	66	65	366
Moulage	510	159	57	726
Modelage	87	57	11	155
Automobile	401	160		561
Électricité	74		39	113
Télégraphe				
Plomberie et ferblanterie	41		26	67
Construction	22			22
Horlogerie	14			14

Tableau 15. Distribution par section des effectifs des écoles égyptiennes de mécanique, 1934-1935. Source: Angliker 1935, p. 101.

Le secteur automobile n'est pas en reste. De nouvelles activités et de petites entreprises liées au développement de la motorisation émergent un peu partout[24]. Plus généralement, l'industrialisation s'accompagne d'une mécanisation importante, notamment dans la grande industrie. Le besoin de mécaniciens pour l'entretien, la surveillance et la réparation des machines s'accroît[25]. À cela s'ajoute, comme le suggère Didier Monciaud, l'immense fascination pour le machinisme et la technique[26]. Liés au progrès et au développement industriel, la mécanique et les métiers qui y sont associés semblent incarner le secteur « moderne » par excellence.

La vitalité de cette industrie est attestée par la présence de nombreux ateliers qui se concentrent principalement au Caire et à Alexandrie. En 1937, à côté de quelques grandes fabriques de construction métallique employant plusieurs centaines d'ouvriers, on dénombre des dizaines de petits et moyens ateliers mécaniques. Dans son étude sur Le Caire, Marcel Clerget souligne que la capitale égyptienne compte en 1935 un nombre important de petits ateliers de fabrication de vis, de limes, de boulons, de chaînes et de clous

24. Boktor 1936, p. 233.
25. Dorra 1943, p. 422.
26. Monciaud 1995, p. 123.

ainsi que des ateliers « modernes » de métallurgie situés de préférence dans les quartiers de Būlāq et de Shubrā[27].

Les thèmes de l'industrialisation et de la formation d'une main-d'œuvre qualifiée grâce à un enseignement professionnel réformé occupent une importance croissante qui dépasse les seuls milieux économiques. Chez les nouvelles générations éduquées, une conscience économique nationaliste est en train d'émerger[28]. Elles considèrent l'industrialisation comme une étape fondamentale de l'indépendance du pays. Cette étape doit s'accompagner de la formation d'ouvriers spécialisés et de contremaîtres égyptiens à même de remplacer les Européens encore nombreux dans les plus hautes marches de la hiérarchie ouvrière[29].

Les Salésiens n'ignorent pas ces débats. Dans la capitale égyptienne, ils dirigent depuis 1927 une école primaire, un pensionnat et un jardin d'enfants. En 1931, ils fondent une école de mécanique. Un prospectus de 1933 affirme qu'elle vise à répondre « aux exigences modernes du pays qui nous accueille[30] ». Durant ces années, brochures et prospectus soulignent la contribution des écoles professionnelles salésiennes au « progrès du pays », visant par là à légitimer la présence missionnaire à la veille de l'abolition des capitulations.

5.1.2.   *Écoles salésiennes et spécialités mécaniques*

Dès sa fondation, l'école de mécanique du Caire obtient des subventions du ministère italien des Affaires étrangères. Les dons du *fascio* local et de certains industriels italiens, dont Carlo Buzzino[31], en plus des facilités accordées par certaines firmes italiennes, dont la De Farro et la Sornaga[32],

---

27. Clerget 1934, p. 276-277.
28. Monciaud 1995, p. 123.
29. Meyer 1928, p. 589. Sur l'histoire économique égyptienne et ses rapports avec le nationalisme, voir les travaux de Tignor (1984) et de Vitalis (1995).
30. AESC, l'école de mécanique du Caire, 1933.
31. Carlo Buzzino (1887-1940) est le propriétaire de la fonderie métallurgique homonyme située à Būlāq. Fondée en 1912 sur des bases plutôt modestes, elle devient dans l'après-guerre un établissement de premier ordre.
32. La première est une société de construction fondée en 1900. Volait 1987, p. 143. La société S. Sornaga, créée en 1905, est une fabrique de briques. Dans l'entre-deux-guerres, elle devient une entreprise de taille qui compte plus d'un millier d'ouvriers. *Annuario degli Italiani d'Egitto* 1933, p. 135 et Petricioli 2007, p. 133.

permettent de doter les ateliers de plusieurs machines[33]. Les industriels italiens ont, en effet, tout intérêt à participer à l'équipement de l'école qui est susceptible de former leurs futurs ouvriers.

À la rentrée 1933-1934, soit cinq ans après son ouverture, l'école de mécanique Don Bosco est suffisamment équipée pour accueillir un nombre plus important d'élèves. Les effectifs augmentent rapidement (figure 7). De même, à Alexandrie la tendance, déjà à l'œuvre durant les premières décennies du xxᵉ siècle, ne cesse de s'approfondir : la section de mécanique est la plus prisée tandis que les effectifs des autres sections restent plutôt stables[34] (figure 8). En décidant de se consacrer principalement à l'enseignement des métiers de la mécanique, les Salésiens font un choix stratégique et visent à répondre à une demande croissante.

Les années qui suivent la fondation de l'école professionnelle au Caire se caractérisent par une production normative et réglementaire importante ainsi que par une systématisation des *curricula*. Cette documentation renseigne sur les programmes et les méthodes prescrites de même que sur les dispositifs disciplinaires mis en place. Si elle ne livre pas d'informations sur les enseignements assimilés par les élèves, elle donne un aperçu des adaptations rendues nécessaires après quelques années d'expérience sur le terrain. Elle permet également de voir les résistances auxquelles se heurtent les Salésiens dans leur volonté de discipliner leurs élèves.

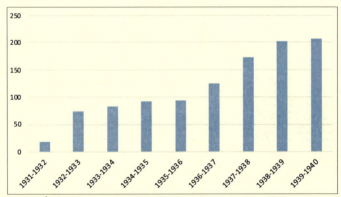

Fig. 7. Évolution des effectifs de l'école de mécanique au Caire, 1931-1939.
Source : AESC, statistique générale de l'année 1931 à l'année 1950.

33. AESC, Correspondance avec le consulat, 1929-1952, École de mécanique Don Bosco, Rapport à l'intention du consul, 13 mars 1933.
34. AESA, Le directeur à M. Ingegneri, 16 septembre 1931.

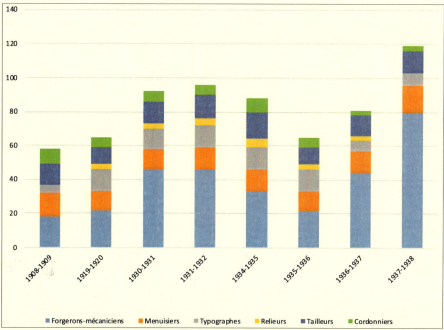

Fig. 8. Distribution par section des effectifs de l'école professionnelle d'Alexandrie, 1908-1938.
Source : ASC, F383, Comptes rendus à l'intention des supérieurs, 1908-1938.

Fig. 9. École Don Bosco du Caire, cours d'électrotechnique, 1937-1938.
Source : AESC, Annuaire scolaire 1937-1938.

Le programme de 1937 insiste sur la dualité de l'enseignement dispensé, théorique et pratique à la fois. La réorganisation des *curricula* vise en principe à dispenser aux apprentis l'instruction technique requise par les temps nouveaux, qui «exigent des ouvriers qualifiés la connaissance des principes techniques de leur métier[35]». Une instruction théorique plus poussée est donc prévue. Les deux premières années sont consacrées aux matières scientifiques et techniques de base : arithmétique, algèbre, géométrie, technologie, mécanique, électricité et dessin[36]. Ce dernier enseignement revêt une importance particulière. Le plus grand nombre d'heures lui est consacré dès la première année :

> Les élèves commencent avec le dessin mécanique simple, avec les notions d'élévation, de plan et de coupe. Ils passent ensuite au dessin géométrique, avec les lignes, les angles, les arcs, les polygones, les raccords et les courbes. Ils se consacrent, enfin, au dessin industriel des machines, aux travaux de composition et à la lecture de plans pour finir par des exercices faits de mémoire ou des créations[37].

En cela, les programmes de l'école Don Bosco du Caire ne s'écartent pas de ceux d'autres établissements professionnels en Europe et en Égypte. En tant que «langage technique exact», le dessin est, avec les mathématiques, un pilier de l'enseignement professionnel[38]. D'un point de vue didactique, qu'il soit mécanique, géométrique ou ornemental, il permet la maîtrise d'un langage graphique et l'acquisition d'une conscience professionnelle reposant sur la précision et la dextérité manuelle[39]. Dès son introduction dans les programmes des écoles professionnelles et des écoles des arts et métiers au XIXᵉ siècle, le dessin technique (plans, projections, perspectives et tous les procédés issus directement de la géométrie descriptive) apporte beaucoup

---

35. ASC, F414, Annuaire scolaire 1937-1938.
36. AESC, École de mécanique du Caire, 1932.
37. «La scuola professionale di Rod al-Farag. L'esposizione degli alunni della sezione di meccanica», *Il Giornale d'Oriente*, 3 juillet 1934.
38. À propos de l'enseignement du dessin dans les écoles professionnelles en Europe (France et Italie) et en Égypte, voir, entre autres, Bernard, Figeat, 1985 ; Pelpel, Troger 2001 ; d'Enfert 2003 ; Lahalle 2006 ; Lembré, Millet 2014 ; Martinelli 2019 ; Shunūda 1967 ; Crozet 2008.
39. Chirone 2011, p. 112.

plus à l'apprentissage que de nouvelles formes de représentation ; « c'est un nouvel outil cognitif », comme le relève Ghislaine Alleaume à propos de l'école des arts et métiers du Caire[40].

Par l'enseignement du dessin (mécanique, géométrique et industriel), les Salésiens visent à développer chez leurs apprentis une esthétique technique. Durant les deux dernières années, les apprentis se consacrent à l'étude de matières plus spécifiquement industrielles : soudure, résistance mécanique des matériaux appliquée aux machines, radio et moteurs[41]. Les archives de la mission ne conservent pas les manuels scolaires, il est difficile d'établir le contenu précis de ces enseignements. Toutefois, il semble bien qu'ils portent sur les notions fondamentales et que ne soient privilégiés que les aspects ayant une portée pratique. L'explication théorique est généralement accompagnée d'illustrations, de dessins et de formules qui présentent l'avantage d'offrir une représentation schématique (figure 9). Nécessaire au développement d'une esthétique technique, la méthode visuelle est d'autant plus importante que de nombreux élèves ne connaissent pas l'italien, langue officielle d'enseignement[42].

Non seulement les contenus des cours théoriques se limitent aux concepts fondamentaux mais, en outre, une part de plus en plus importante est dévolue à la pratique. Alors qu'en 1933 la journée est partagée entre quatre heures et demie de pratique et quatre heures et demie de théorie, durant l'année scolaire 1937-1938, l'emploi du temps a évolué[43]. Cinq heures sont désormais consacrées aux travaux pratiques en atelier et trois aux cours théoriques. Les Salésiens restent convaincus que des ouvriers qualifiés n'ont pas besoin d'une culture approfondie :

> Après une période de gestation, l'école a accumulé l'expérience nécessaire pour appliquer la méthode d'enseignement la plus adaptée au pays : pas trop de théorie pour ne pas perdre du temps précieux. Pas de débats savants. Ne retenir que ce qui servira concrètement au jeune ouvrier et le lui enseigner selon la méthode qui est la plus convenable pour lui[44].

---

40. Alleaume 1993b, p. 155.
41. AESC, École de mécanique du Caire, 1933.
42. Nous reviendrons sur ce thème dans la troisième section de ce chapitre.
43. AESC, École de mécanique du Caire, 1933.
44. ASC, F414, Annuaire 1937-1938.

L'histoire et la géographie de l'Italie disparaissent rapidement des programmes[45]. Ainsi, malgré l'introduction de nouvelles matières techniques et l'importance sans cesse soulignée de coupler théorie et pratique, dans les faits, l'enseignement dispensé demeure largement tourné vers la pratique (tableau 16[46]). De la fabrication d'outils à la construction mécanique, en passant par la fabrication de moteurs, «les élèves sont préparés à tout emploi ayant une quelconque affinité avec la mécanique. Ils peuvent donc être recrutés comme électriciens, ajusteurs, monteurs de machines, forgerons, chaudronniers, motoristes, tourneurs ou fraiseurs[47]». À Alexandrie, ils reçoivent une formation tout aussi polyvalente. Durant ces années, les Salésiens remplacent l'unique section des mécaniciens-forgerons par de nouvelles spécialités. En 1938, la mécanique comprend six spécialités: ajusteur, tourneur, fraiseur, mécanicien auto, électrotechnicien et soudeur.

1re année	Ils commencent par le simple planage et équarrissage d'un morceau de fer et ils continuent avec des exercices progressifs de l'image à courbes et angles de différents degrés et d'assemblage de différents genres. Applications pratiques: exécution d'outils d'atelier: arcs de scie, trusquins, différents compas, équerres, etc.
2ème année	Série progressive d'assemblages de plus en plus compliqués. Applications pratiques: outils d'atelier, clefs anglaises, étaux à main, perceuse, etc.
3ème année	Autre série d'assemblages. Applications pratiques: pièces pour différentes machines, bielles, vilebrequins, compas à ressort, exercices de filetage, etc.
4ème année	Exercices d'assemblages de plus en plus compliqués. Applications pratiques: outils différents, engrenages, etc. La capacité des élèves de ce cours est mise en exergue par une série de machines construites pour le compte de firmes de la ville à partir du dessin des élèves.
Exercices d'électrotechnique	Bobinages, collecteurs, petits moteurs à courant continu et à courant triphasé, alternateurs, etc.
Exercices de soudure autogène et de forge	Travaux différents en fer forgé, lampadaires, porte-manteaux, étagères, etc.

Tableau 16. École de mécanique du Caire, liste des travaux pratiques, 1934.
Source: AESC, Notes sur l'exposition professionnelle pour le *Giornale d'Oriente*, 1937.

45. AESC, École de mécanique du Caire, 1933.
46. «I lavori all'Istituto Don Bosco di Alessandria», *il Giornale d'Oriente*, 2 février 1936.
47. «I lavori all'Istituto Don Bosco di Alessandria», *il Giornale d'Oriente*, 2 février 1936.

La méthode adoptée est celle de l'apprentissage progressif. De la fabrication d'outils plus ou moins complexes, les apprentis passent, à partir de la quatrième année, à la fabrication de pièces et de machines. À l'exposition professionnelle de 1934, les travaux pratiques réalisés par les apprentis des deux dernières années comprennent « une machine pour la fabrication de tuyaux étanches, une autre pour la fabrication d'allumettes et une troisième pour la fabrication de pâtes alimentaires[48] ».

Cet enseignement pratique est assuré en grande partie par des moniteurs italiens. Il s'agit, dans bien de cas, d'anciens élèves salésiens envoyés en Égypte par la maison mère de Turin. Certains sont diplômés des écoles salésiennes implantées dans d'autres pays de mission[49]. Malgré les efforts prodigués par la congrégation pour former des contremaîtres parmi ses membres, le personnel technique salésien reste peu nombreux et sa préparation technique faible[50]. Fait exception le P. Bockstael, diplômé d'un atelier-modèle belge. L'organisation de l'école professionnelle du Caire lui est confiée ; il y enseigne la mécanique et l'électricité à toutes les classes[51].

À ce personnel provenant d'Europe ou des écoles salésiennes implantées en pays de mission s'ajoute un personnel recruté sur place. En 1936, l'enseignement de la physique et de l'italien est confié à l'ancien élève Georges Hamman[52]. La direction s'efforce, en outre, d'associer à l'école un personnel externe lié à l'univers industriel, afin de bénéficier de son expertise et, surtout, d'assurer le placement des élèves. Durant l'année 1934, au sein de l'équipe pédagogique du Caire figure l'architecte Guido Parvis[53], chargé des cours de dessin géométrique et industriel. Les examens de fin d'année sont généralement présidés par un jury mixte externe. Durant l'année 1932-1933, il se compose d'enseignants d'autres écoles professionnelles

---

48. « L'esposizione professionale alla scuola Don Bosco », *il Giornale d'Oriente,* 24 juillet 1935.

49. C'est le cas de Pietro Caralli, chef cordonnier diplômé de l'école salésienne de Monastir : « La festa della premazione all'istituto salesiano », *il Giornale d'Oriente,* 24 juillet 1935. Alberto Anfossi, chef typographe, a travaillé pendant longtemps à l'école typographique salésienne de Turin.

50. ASC, F036, Le P. Canale au P. Candela, 22 mars 1936.

51. ASC, F036, Le P. Nigra au P. Berruti, 29 décembre 1932.

52. ASC, F771, École du Caire, Chronique 1935-1936.

53. C'est l'un des membres de la célèbre famille Parvis propriétaire de l'ébénisterie située depuis 1867 dans le quartier d'al-Mūskī au Caire. Il est aussi l'un des représentants de l'ANSMI en Égypte. Volait 1987, p. 144.

italophones, de propriétaires et de directeurs d'usines : Carlo Buzzino et Giuseppe Mollura, enseignants à l'école des arts appliqués Leonardo da Vinci, M. Gransdaf, directeur de la Compagnie de l'électricité, et Pericle Perini, directeur d'atelier[54].

Par un enseignement largement pratique et tourné vers la production, les Salésiens entendent former des ouvriers qualifiés à même d'intégrer le personnel des sociétés et compagnies étrangères établies en Égypte. Mais la formation ne peut se borner à leurs yeux à une simple transmission de savoir-faire techniques. Ils s'assignent un objectif d'« éducation totale ».

5.1.3. Inculquer l'habitus du « vrai travailleur »

> Notre mission ne se limite pas à enseigner aux élèves à plier le fer et à se procurer matériellement les moyens de subsistance ; elle vise tout particulièrement à former chez eux la mentalité et l'esprit du vrai travailleur qui apprécie et aime le travail comme un élément de formation de son caractère et de sa personnalité, comme la chose la plus haute, la plus noble et la plus religieuse de la vie[55].

C'est ainsi que sont résumés les objectifs de l'école de mécanique du Caire dans un prospectus réalisé à l'occasion de l'exposition professionnelle de 1937. L'importante production réglementaire de ces années atteste que les apprentis sont appelés à intérioriser un ensemble de normes, d'obligations et d'interdits qui visent à policer leurs comportements[56]. Par un véritable dressage des corps et des comportements, les religieux entendent faire de leurs élèves des hommes qui seront « un élément d'ordre, de discipline et de travail[57] ».

Les apprentis doivent se plier en premier lieu à des normes vestimentaires strictes, qui correspondent à la dualité de l'enseignement dispensé. En classe, ils doivent porter l'uniforme (veste et cravate). Une fois entrés dans l'atelier, ils quittent l'habit de l'élève pour prendre celui de l'apprenti, le règlement

---

54. AESC, Rapport à l'intention du consul, 1932-1933.
55. ASC, F414, Annuaire 1937-1938.
56. AESC, Règlement intérieur 1933 ; Instructions aux contremaîtres, 1938 ; Horaires et dispositions particulières, 12 octobre 1939.
57. « La premiazione all'istituto Don Bosco », L'Imparziale, 23 juillet 1920.

exigeant à ce propos le port obligatoire du bleu de travail[58]. Aussi bien en classe qu'en atelier, les élèves doivent apprendre à travailler de manière individuelle. À cet égard, le règlement prescrit que chaque élève doit disposer de ses propres outils[59] et qu'il est « interdit d'emprunter tout objet appartenant aux camarades[60] ».

De toutes les valeurs que l'apprenti est appelé à assimiler, à savoir la précision, la rigueur, la méthode et la ponctualité, cette dernière est la plus importante et conditionne davantage sa réussite. Non seulement les élèves ne doivent pas rester désœuvrés, mais ils doivent aussi faire preuve de rapidité et de productivité. Le respect du temps doit s'accompagner du respect de la place assignée. La répartition des élèves répond bien à des objectifs pratiques (rendre possible la surveillance de chacun et le travail simultané de tous), mais elle a aussi une fonction symbolique : le bon apprenti est d'abord celui qui respecte l'ordre et les hiérarchies[61].

L'occupation contrôlée de l'espace reproduit les hiérarchies au sein de l'école : les élèves de première année sont adjoints aux élèves les plus avancés. Il s'agit de favoriser chez les uns l'émulation et de former les autres aux tâches d'encadrement. Les élèves de deuxième et de troisième année doivent initier les nouveaux arrivés aux règles et à la culture de l'atelier ; l'accent est mis à cet égard sur l'importance de faire respecter « l'ordre et la propreté des lieux et de la personne[62] ». Si les élèves les plus avancés ont des responsabilités vis-à-vis des plus jeunes, tous sont soumis à l'autorité du contremaître.

Ce dernier a un rôle central dans la formation des apprentis. De nombreuses responsabilités lui incombent. Appelé, par son exemple, à former la « conscience professionnelle » des élèves, il doit, lui-même, cultiver les qualités d'ordre, de dévouement, d'assiduité et de sérieux. Avant de commencer tout exercice, les élèves doivent attendre ses instructions et il leur est interdit d'actionner les machines sans son autorisation préalable[63]. Le contremaître est supposé faire régner la plus stricte discipline dans l'atelier afin d'instiller dans l'esprit des apprentis une éthique du travail fonctionnelle.

---

58. AESC, Règlement intérieur, 1933.
59. AESC, Règlement intérieur, 1933.
60. AESC, Dispositions disciplinaires, 1938.
61. Grignon 1971, p. 164.
62. AESC, Section d'électrotechnique ; Emplacement et responsabilités des élèves de deuxième année 1939.
63. AESC, Règlement intérieur, 1933.

L'objectif de cette « organisation scientifique » de l'apprentissage est de former une main-d'œuvre laborieuse et précise, respectueuse des hiérarchies et habituée à des rythmes de travail réguliers. Dans son rôle de garant de la discipline dans l'atelier, le contremaître coopère avec le conseiller professionnel et l'assistant. C'est sous l'œil vigilant de ces trois supérieurs que s'effectue le travail en atelier.

Le temps de l'atelier fait l'objet d'une réglementation détaillée puisque c'est là que l'apprenti est supposé acquérir les qualités qui feront de lui « un travailleur expérimenté et docile ». Toutefois, tous les autres temps scolaires sont aussi minutieusement fixés : le temps d'entrée et de sortie de l'école, le temps de l'étude, le temps de la punition et le temps du loisir. Le temps de sortie de l'école fait l'objet d'une attention particulière. Une stricte vigilance est requise afin d'éviter que les élèves externes ne s'attardent trop dans l'institut et que le « désordre » ne s'instaure à la fin de la journée scolaire. De la chapelle aux portes de l'école, les mouvements des différents groupes d'élèves sont surveillés et l'espace quadrillé :

À 17 h 30, après la prière du soir, M. l'assistant des apprentis surveillera les internes, M. le conseiller surveillera les élèves punis, le P. Léon surveillera le retrait des vélos. Une fois les prières terminées, aucun mécanicien externe ne devra s'attarder dans l'institut pour jouer. Les entraînements du basket seront fixés par un calendrier spécifique. Il est nécessaire de discipliner la sortie des mécaniciens pour qu'elle se déroule rapidement et dans l'ordre. Une fois sortis de l'église, les internes et les externes qui ont été retenus pour des sanctions disciplinaires descendront dans la cour ou dans la salle indiquée par l'escalier central. Tous les autres se dirigeront vers la sortie. Même les externes qui devront retirer leur vélo descendront par l'escalier principal[64].

Pour les élèves chrétiens, la journée commence et se termine par la prière dans la chapelle de l'institut. La formation du bon travailleur ne peut négliger la présence aux célébrations religieuses. Le temps du culte et la participation aux sacrements font toutefois l'objet d'un règlement spécial, les élèves étant dans leur grande majorité orthodoxes et, dans une moindre

---

64. AESC, Horaires particuliers et autres dispositions, 12 octobre 1938.

mesure, non chrétiens[65]. Le dimanche est consacré au culte et au sport[66]. L'éducation physique offre un double avantage aux yeux des religieux : d'une part, celui d'entretenir la vitalité morale et physique des apprentis, d'autre part, celui de leur transmettre les valeurs d'abnégation et d'effacement de la personne au profit du groupe. Elle doit leur insuffler le sentiment de cohésion et de discipline[67].

Le contrôle du temps et de l'espace est donc au cœur du processus de formation. De plus, d'après les religieux, seuls un découpage rigoureux de la journée scolaire et une organisation minutieuse de l'espace sont à même de redresser des élèves « en grand besoin de discipline[68] ». Cette volonté de disciplinarisation est aussi visible dans les discours que les Salésiens font prononcer aux élèves lors des visites des autorités égyptiennes. En 1937, c'est ainsi que l'apprenti mécanicien Alfredo Menache s'adresse en arabe au ministre de l'Instruction publique, venu visiter l'école professionnelle du Caire :

> Pour nous tous, votre visite est un grand honneur. Un honneur pour l'institut qui affronte si vaillamment les rigueurs des temps pour faire face aux multiples besoins matériels et financiers d'un atelier et faire de nous des hommes utiles à la société, des hommes intelligents, instruits et compétents sur qui pourra compter l'Égypte dont l'industrie se développe à un rythme accéléré [...].
>
> Un honneur pour nous, élèves de l'école qui, à l'ombre de ces murs, forgeons notre avenir, nous préparant à dompter notre caractère comme nous apprenons à plier le fer au gré de nos caprices et de notre volonté. Honneur qui rejaillit sur nous, car votre présence nous apprend la haute estime que vous avez du travail manuel, notamment le travail manuel allié à celui de l'esprit, de manière que la main façonne tout en étant guidée par l'intelligence [...][69].

---

65. La question de la mixité confessionnelle et des pratiques de dévotion sera traitée dans le dernier sous-chapitre.
66. AESC, Variations aux horaires du dimanche, 16 octobre 1938.
67. Barroero 1995, p. 283
68. AESC, Dispositions disciplinaires, 1938.
69. AESC, « Discours prononcé en arabe par Menache Alfredo en l'honneur de S. E. le ministre de l'Instruction publique », 27 juin 1937.

Le choix d'un élève de confession juive n'est pas anodin. Il s'agit de montrer la participation de l'école à la formation d'une élite ouvrière et la contribution d'élèves de toutes nationalités et confessions à un effort commun : la « renaissance industrielle » de l'Égypte. Plus généralement, ces mises en scène orchestrées pour la venue de ministres ou d'autres représentants de l'État égyptien révèlent une des facettes du processus de disciplinarisation à l'œuvre dans les établissements scolaires de la mission.

Toutefois, ce processus se heurte à de nombreuses résistances, et les Salésiens éprouvent de réelles difficultés à « plier et forger » le caractère de leurs apprentis. La méthode d'enseignement progressif, reposant sur un ensemble d'exercices gradués, ne peut qu'être partiellement assimilée, les abandons scolaires étant très nombreux après un ou deux ans de scolarisation. Les Salésiens se plaignent de l'insubordination des élèves, de leur mauvaise conduite et du manque d'assiduité dont certains font preuve. En ce qui concerne le culte, la participation active à la messe et l'obligation de réciter les prières en italien durant les cérémonies religieuses ne sont pas toujours respectées par des apprentis qui sont pour la plupart non italophones et majoritairement orthodoxes. Le chroniqueur relate à ce propos que durant toute l'année 1936-1937, « la participation à la sainte messe a été un simple acte de présence, les mécaniciens n'ouvraient pas la bouche et laissaient prier les autres élèves[70] ».

La multiplication des dispositifs disciplinaires à l'école du Caire et le nombre important d'« évasions » à Alexandrie, où le régime d'internat reste en vigueur pendant toute la décennie, dévoilent les difficultés que rencontrent les religieux à inculquer un nouvel *habitus* aux élèves. Ils révèlent des écoliers bien plus turbulents que l'image d'apprentis dociles et malléables véhiculée dans les sources officielles. Les Salésiens, toutefois, restent confiants quant à l'avenir des filières professionnelles, d'autant plus qu'elles attirent des élèves de toutes nationalités et confessions. Cette mixité n'en pose pas moins des problèmes de gestion et demeure somme toute relative.

5.2.   Un public cosmopolite ?

Durant les années 1930, les visites des autorités égyptiennes constituent, nous l'avons vu, des occasions de mettre l'accent sur les efforts prodigués par

70. ASC, F771, École du Caire, Chronique 1936-1937.

les Salésiens dans le champ de la formation industrielle. Elles constituent aussi des occasions de souligner le caractère plurinational et multiconfessionnel du public scolaire. C'est ainsi que s'exprime l'un des élèves de l'école du Caire à l'occasion de la visite de ʿAbd al-Salām al-Shāzli Bāsha, gouverneur du Caire, en 1939 :

> Votre Excellence,
> Vous nous voyez ici, de toutes nationalités et religions, issus de différentes écoles de cette capitale mais tous unis et unanimes dans l'harmonie fraternelle du travail, respectueux les uns des autres sous le drapeau glorieux d'un grand éducateur moderne, Don Bosco, qui, au nom de Dieu, a fondé des centaines d'écoles dans le monde entier afin d'élever moralement et matériellement la jeunesse ouvrière et faire d'elle un instrument docile et utile entre les mains de la patrie, de la société, de la famille[71].

Les écoles professionnelles sont présentées comme un creuset où les élèves se fondent, où l'effort commun d'apprentissage permet le dépassement de tout clivage national et confessionnel. L'image d'une coexistence harmonieuse ressort aussi des documents officiels de l'école d'Alexandrie. Les Salésiens insistent sur l'accueil indifférencié des élèves. À l'inverse de ces documents destinés aux autorités égyptiennes ou à la municipalité alexandrine, les sources internes à la congrégation offrent une image plus nuancée de la mixité scolaire.

5.2.1. *Appartenances nationales et confessionnelles*

Les registres des inscriptions constituent une source précieuse pour analyser la composition du public scolaire. Une remarque préliminaire s'impose toutefois. Le classement des élèves est effectué selon une terminologie propre aux établissements scolaires de l'époque, *a fortiori* les établissements missionnaires. La distinction très fine entre les religions, les obédiences et les rites révèle le regard que portent les religieux sur leurs élèves, classés selon leur degré de proximité avec l'Église romaine. Comme Frédéric Abécassis l'a relevé à propos de statistiques scolaires des années 1920, si ce mode de classement renvoie à un statut communautaire bien défini, il ne permet en

---

71. AESC, Discours prononcé à l'occasion de la visite du gouverneur du Caire, octobre 1939.

aucun cas de mesurer le degré d'identification de l'élève à sa communauté ou à sa nationalité[72].

Les registres de l'école du Caire montrent que la croissance rapide des effectifs est le fait des élèves égyptiens, suivis des Italiens et des Grecs (figure 10). En revanche, à Alexandrie, Égyptiens, Grecs et Italiens sont représentés en des proportions presque égales jusqu'en 1938 (figure 11). À partir de cette date, l'agrandissement des locaux et l'ouverture de l'externat permettent d'accueillir un nombre accru d'élèves. L'année suivante, la croissance des effectifs est surtout le fait des élèves égyptiens, dont le nombre double. À la fin de la décennie, c'est donc un public majoritairement égyptien qui fréquente l'école du Caire, tandis qu'à Alexandrie, si l'élargissement du recrutement profite avant tout aux Égyptiens, nombreux sont encore les représentants des deux colonies étrangères les plus importantes : les Grecs et les Italiens.

Du point de vue confessionnel, les deux écoles ne s'écartent pas du profil des autres établissements missionnaires implantés en Égypte. Leur clientèle demeure, tout au long des années 1930, majoritairement chrétienne[73]. Si dans les deux les chrétiens constituent entre 75 % et 85 % des effectifs scolaires, l'école d'Alexandrie est aussi avant tout catholique. Les latins forment le groupe le plus important, devançant de loin l'ensemble des catholiques orientaux tous rites confondus. Les grecs-orthodoxes sont exceptionnellement majoritaires, durant l'année scolaire 1930-1931. Leur proportion diminue dans les années suivantes durant lesquelles ils se placent juste derrière les latins[74].

Au Caire, catholiques romains et catholiques orientaux sont représentés en proportions presque égales. Les élèves orthodoxes sont majoritaires. Quant à la répartition des différents rites au sein des orthodoxes, elle illustre le poids important des grecs-orthodoxes, suivis des coptes et des Arméniens orthodoxes (figure 12). L'égyptianisation du public est avant tout le fait de la naturalisation des anciens sujets ottomans qui ont opté pour la nationalité égyptienne. En revanche, l'égyptianisation d'une partie du public

---

72. Voir à ce propos Abécassis 2001.

73. Entre 1879 et 1919, le collège jésuite du Caire est non seulement majoritairement chrétien (80 %), mais aussi avant tout catholique. Mayeur-Jaouen 1992, p 271. Comme le souligne Fréderic Abécassis, la majorité musulmane reste sous-représentée dans toutes les écoles étrangères (2000, p. 196).

74. ASC, Fo38, Rapport de la visite extraordinaire du P. Candela aux résidences d'Égypte, 10-13 décembre 1930.

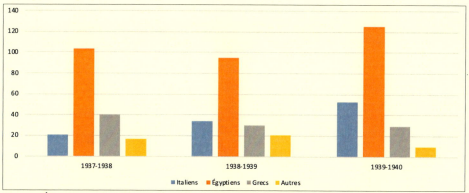

Fig. 10. École Don Bosco du Caire, distribution des effectifs par nationalité, 1937-1940.
Source : AESC, Registres des inscriptions 1939-1940.

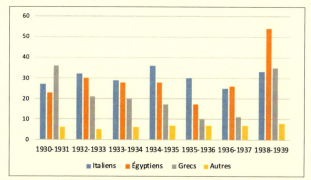

Fig. 11. École Don Bosco d'Alexandrie, distribution des effectifs par nationalité, 1930-1939.
Source : AESA, Registres des inscriptions 1930-1939.

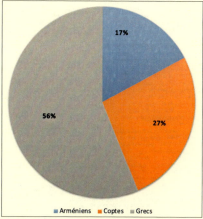

Fig. 12. École de mécanique du Caire,
distribution par rite des orthodoxes,
1938-1939.
Source : AESC, Registres des inscriptions
1930-1939.

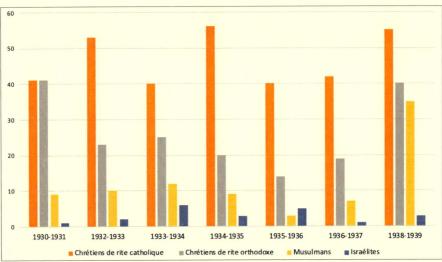

Fig.13. École professionnelle d'Alexandrie, distribution des effectifs par confession, 1930-1939.
Source: AESA, Registres des inscriptions, 1930-1939.

à Alexandrie à la fin de la décennie est surtout le résultat de l'arrivée à l'école d'élèves musulmans (figure 13). Ces derniers constituent désormais une minorité consistante, passée de 10 % à 26 % entre 1931 et 1939. Les religieux ont petit à petit abandonné leur réticence à l'égard de l'admission de ceux qu'ils qualifient dans les sources d'«infidèles». Si l'existence d'un seul internat jusqu'en 1937 les a poussés à en limiter le nombre, l'ouverture de l'externat permet désormais d'en accueillir davantage.

Bien qu'elle reste limitée, la cohabitation d'élèves appartenant à des confessions et des rites différents fait l'objet de nombreux rapports durant les années 1930. Suscitant les inquiétudes des supérieurs, elle pose aux missionnaires de terrain des questions d'ordre pratique: comment gérer une mixité autant confessionnelle que linguistique?

5.2.2. *La gestion de la mixité*

Au moment de leur première inscription, la plupart des élèves ne possèdent aucun rudiment d'italien, pourtant langue officielle d'enseignement. Au Caire, différentes mesures sont prises afin de s'adapter à une clientèle non italophone. En 1932, certains enseignements sont dispensés en français, langue comprise par la majorité des élèves qui a fait une première scolarisation dans une école française, le plus souvent chez les Frères des écoles chrétiennes[75]. Un cours intensif préparatoire d'italien est mis en place en 1935, mais il est aussitôt supprimé, n'ayant pas donné les résultats attendus. Les Salésiens reviennent dès lors au « premier cours unique », tout en intensifiant l'étude de la langue italienne pendant le premier trimestre[76]. Mais cette solution est rapidement écartée. En 1938, quatre sections pour l'enseignement de l'italien sont créées (tableau 17[77]).

Sections IA et IB	Elles correspondent aux cours IA et IB de l'atelier. Pour cette raison, certains élèves italiens appartenant à la section IB seront gardés dans la même section, y compris pour l'enseignement de la langue italienne. Il reviendra aux enseignants de les occuper avec des travaux de composition ou autres.
Section C	Elle comprend les élèves de la deuxième année qui ont étudié l'italien pendant deux ans. Durant l'une des trois heures hebdomadaires, de préférence le vendredi de 9 h à 10 h, les élèves de deuxième année qui n'appartiennent pas à cette section resteront dans l'atelier.
Section D	Elle comprend les élèves de deuxième, de troisième et de quatrième année qui ne connaissent pas bien l'italien.
Section E	Elle comprend les élèves italiens et étrangers qui connaissent bien l'italien.

Tableau 17. Répartition des effectifs de l'école du Caire pour l'enseignement de la langue italienne, 1938-1939.
Source : AESC, Données sur la progression scolaire, 1938-1939.

C'est donc un public majoritairement non italophone qui investit l'école à la rentrée 1936-1937, ce qui rend indispensable, aux yeux des religieux, le recrutement d'enseignants suffisamment polyglottes. Les anciens élèves paraissent les mieux adaptés pour accomplir cette tâche, mais tous ne sont pas prêts à être recrutés comme enseignants, le nombre de diplômés étant par ailleurs très faible jusqu'en 1936. Si la direction confie à l'ancien élève Georges Hamman l'enseignement de l'italien et de la physique dans la section IA et IB, il n'y a pas d'enseignants disponibles pour les autres matières[78]. Au Caire, la question de la langue d'enseignement demeure un problème de

75. ANSMI, 5/B, Le P. Tamburino à Venerosi, 15 décembre 1932.
76. ASC, F771, École du Caire, Chronique 1935-1936.
77. AESC, Données sur l'évolution scolaire 1938-1939.
78. ASC, F771, Le Caire, Chronique 1936-1937.

taille durant les années suivantes[79]. En 1941, les enseignants utilisent pour les cours d'arithmétique et d'algèbre les manuels en langue française adoptés par les Frères des écoles chrétiennes[80]. Les sources sont peu disertes en ce qui concerne l'école d'Alexandrie, mais cette question ne paraît pas poser moins de problèmes. En 1926, le directeur écrit au consul italien, précisant que les programmes de langue italienne ont été remaniés étant donné que le public, constitué majoritairement «d'étrangers et d'indigènes», n'en a qu'une faible connaissance[81].

Aux difficultés pédagogiques s'ajoutent des problèmes d'ordre moral liés à la mixité confessionnelle. Bien que les deux établissements d'enseignement demeurent majoritairement chrétiens, la cohabitation d'enfants de rites différents suscite les inquiétudes. Dans son rapport sur les écoles professionnelles du Caire et d'Alexandrie, le père visiteur décrit en ces termes la mixité :

> Il y aura toujours une difficulté qui entravera ou diminuera le bien qu'on voudrait faire. Elle dérive du mélange religieux ainsi que de la diversité des nationalités et des races. Catholiques, orthodoxes, grecs et autres musulmans, protestants et juifs vivent côte à côte à l'école mais aussi dans l'internat[82] [...].

On est loin de l'image de la coexistence harmonieuse que véhiculent les discours officiels à l'intention des autorités égyptiennes. La question de la mixité confessionnelle se pose de manière aiguë au début des années 1930. À la rentrée 1930-1931 à l'école d'Alexandrie, les élèves orthodoxes sont aussi nombreux que les catholiques et tous les non-catholiques confondus (orthodoxes, musulmans et israélites) sont majoritaires. Dans son rapport de 1933, le père visiteur s'en montre très préoccupé :

---

79. Nous ne disposons pas de sources permettant d'éclairer les solutions pratiques mises en œuvre durant les années suivantes. Seule la correspondance fait régulièrement allusion aux difficultés linguistiques rencontrées par un public majoritairement «indigène».
80. AESC, Données relatives à la réouverture des écoles, 1940-1941, Le P. Biondi au ministère de l'Instruction publique égyptien, 4 janvier 1941.
81. AESA, Correspondance avec le consulat 1901-1935, Le P. Biondi au consul, 1926.
82. ASC, F038, Visite extraordinaire du P. Candela aux maisons d'Égypte, 10-13 décembre 1929.

Au Caire, les internes sont tous latins. En revanche, à Alexandrie le mélange est remarquable. Parmi les apprentis, douze sont musulmans, au moins quarante sont des grecs schismatiques. Sur les 38 apprentis de la section de mécanique, 32 au moins sont schismatiques. Selon le droit canonique, pouvons-nous donner lieu à une telle cohabitation ? Cette cohabitation est-elle morale[83] ?

Si la cohabitation suscite autant de débats c'est qu'elle est susceptible, aux yeux des supérieurs, de « nuire à la pureté » des élèves catholiques. Dans ce contexte, la présence de musulmans pose problème, car l'islam est considéré comme une religion « corrompue et corruptrice ». Aux yeux des religieux, il ne peut qu'être synonyme de fanatisme. En cela, les Salésiens partagent une vision commune à tous les missionnaires latins[84].

La méfiance des religieux à l'égard des orthodoxes n'est guère moins forte qu'envers les non-chrétiens. Le P. Nigra écrit à ce propos : « Les schismatiques sont corrompus par tradition [...] Tout en faisant preuve d'une bonne conduite et tout en assistant aux cérémonies religieuses, ils ne reçoivent pas les sacrements et constituent de ce fait un mauvais exemple pour leurs camarades latins. Leur présence rend difficile la création d'une réelle atmosphère de piété chrétienne[85]. »

Malgré la méfiance qui les entoure, les orthodoxes présentent tout de même un avantage aux yeux des Salésiens. À la différence des musulmans, pour lesquels ils abandonnent rapidement tout espoir de conversion, les orthodoxes, ayant reçu le baptême, sont des catholiques en puissance. Ils nourrissent chez les religieux des espoirs d'abjuration et constituent, de cette manière, une catégorie intermédiaire entre les catholiques et les « infidèles[86] ». Si le mélange représente un « danger » pour les élèves catholiques, notamment au sein du pensionnat d'Alexandrie, leur proximité avec les orthodoxes peut conduire ces derniers, d'après les supérieurs, à rejoindre l'Église romaine[87].

83. ASC, F035, Rapport du P. Nigra au chapitre supérieur sur l'état et la situation générale de la province orientale Jésus-adolescent, 1933.
84. Bocquet 2005, p. 256.
85. ASC, F035, Rapport du P. Nigra au chapitre supérieur sur l'état et la situation générale de la province orientale Jésus-adolescent, 1933.
86. Les cas de conversion d'élèves musulmans sont rares et remontent surtout aux premières années de la présence salésienne à Alexandrie.
87. ASC, F037, L'apostolat salésien dans la province salésienne Jésus-Adolescent, 1950.

Ce paradoxe est révélateur des contradictions qui animent les religieux et se reflètent dans leurs discours : d'un côté le souci de préserver le plus possible l'identité catholique de leurs établissements ; de l'autre, la volonté d'étendre leur rayonnement à un public plus large. Dans la pratique, cette dernière option a le dessus : ils ouvrent les portes de leurs établissements aux orthodoxes et, dans une moindre mesure, aux non-chrétiens. Si les missionnaires de terrain ne partagent pas les mêmes craintes que leurs supérieurs, ils ne traitent pas pour autant tous leurs élèves de manière égalitaire. Ces derniers sont soumis à un régime différencié pour ce qui est de l'admission, du montant des frais de scolarité et de la participation au culte. Seuls les catholiques sont admis à titre gratuit. Cela concerne avant tout les élèves coptes-catholiques et les Italiens. D'une part, comme d'autres missionnaires catholiques, les Salésiens veillent à consolider dans la foi la communauté copte-catholique. D'autre part, les religieux ménagent les autorités consulaires italiennes en échange de protection et d'appui financier[88]. Des réductions sont accordées aux élèves chrétiens. Les musulmans et les israélites ne bénéficient, eux, de réductions que très rarement, lorsqu'ils sont recommandés par des notables ou des représentants de la municipalité[89].

Une fois entrés à l'école, les non-chrétiens constituent des élèves à part. Dans l'internat d'Alexandrie, il y a une séparation nette dans les dortoirs et il semble que les élèves musulmans soient renvoyés plus fréquemment que les chrétiens[90]. La norme consiste à les tenir le plus possible à l'écart de ces derniers, et plus particulièrement des catholiques. En ce qui concerne les pratiques religieuses et la participation au culte, la gestion de la mixité varie quelque peu d'un établissement à l'autre. À Alexandrie, les élèves catholiques de rite oriental sont soumis au même régime que leurs camarades latins, qu'ils soient internes ou externes. À la congrégation Pro Ecclesia Orientali, qui, en 1939, rappelle aux missionnaires que l'encyclique *Orientalium Dignitas*[91] est toujours en vigueur, le directeur d'Alexandrie répond que

---

88. Tous les ans, à la demande du consul général, les religieux mettent à la disposition des ressortissants italiens des places gratuites dans les sections de menuiserie, de cordonnerie et de reliure. AESA, Correspondance avec le consulat 1900-1935, Le directeur au consul général, 30 octobre 1931.

89. AESA, Registres des inscriptions 1930-1931 ; 1932-1933 ; 1934-1935.

90. ASC, F037, Réunion des directeurs 23-24 juillet, 1956.

91. L'article 3 de l'encyclique prévoit que dans les collèges comptant un nombre considérable d'élèves de rite oriental, les missionnaires doivent faire appel à un prêtre du

l'institut s'estime exempté de l'application de l'encyclique en raison du nombre faible d'élèves de rite oriental[92].

L'obligation faite aux élèves sans distinction d'observer le rite latin n'est pas une pratique propre aux Salésiens. Les Jésuites, qui, pourtant, comptent un nombre beaucoup plus élevé de catholiques orientaux parmi leurs élèves, reviennent eux aussi aux pratiques latinisantes[93] après une période d'application de l'*Orientalium Dignitas*. Convaincus de la supériorité de leur rite, les Salésiens visent, en effet, à la « désorientalisation » du public de leurs écoles[94]. À l'institut Don Bosco du Caire, les catholiques orientaux sont tous des élèves externes. La direction les laisse libres de fréquenter l'église de leur propre rite durant les jours de fête, pourvu qu'ils présentent une attestation signée par leurs curés respectifs[95]. Toutefois, le compte-rendu adressé à la congrégation Pro Ecclesia Orientali révèle les efforts prodigués par les Salésiens pour attirer les catholiques orientaux aux célébrations dominicales :

> Nous faisons tout le possible pour que les catholiques orientaux viennent à notre messe tous les dimanches, car autrement nous ne sommes pas sûrs qu'ils y aillent. Certains rites n'ont qu'une seule église dans toute la ville et nos élèves habitent partout dans la capitale, même en dehors[96].

Quant aux orthodoxes, à Alexandrie, les Salésiens déclarent qu'ils les laissent « complètement libres, tout en les obligeant aux exercices de piété en tant que chrétiens baptisés[97] ». Ils sont tenus de participer à la prière en début de cours et d'assister à l'enseignement du catéchisme. En revanche, ils ne sont pas obligés de prendre part aux cérémonies liturgiques dans la chapelle. Ils sont aussi libres de communier dans leurs églises respectives les jours de Noël et de Pâques et de pratiquer le jeûne. Toutefois, ces

---

même rite pour la messe, la communion, l'enseignement du catéchisme et l'explication de leurs cérémonies dans la langue maternelle de ces élèves.

92. ASC, F040, La congrégation Pro Ecclesia Orientali au P. Canale, 25 février 1939.

93. Voir à ce propos Mayeur-Jaouen 1992.

94. Verdeil 2001, p. 270.

95. ASC, F040, Réponse au questionnaire envoyé par la congrégation Pro Ecclesia Orientali, 16 janvier 1940.

96. ASC, F040, Le directeur du Caire au P. Puddu, 1939.

97. ASC, F040, Le directeur à la congrégation Pro Ecclesia Orientali, 15 janvier 1940.

dernières dispositions sont considérées comme discrétionnaires et, de ce fait, elles ne sont pas toujours appliquées. Dans la chronique de l'année 1936, nous lisons : «Aux orthodoxes qui devaient respecter le jeûne hier et qui ont tant insisté pour le respecter, il n'a pas été accordé de jeûner, pour ne pas créer de précédents. De même, nous ne leur avons pas accordé la sortie anticipée ce matin pour leur communion. » Le 14 avril de la même année, le chroniqueur relate qu'«aux orthodoxes, cette année, ni jeûne ni sortie pour leurs confessions n'ont été permis car, l'année dernière, ils se sont mal comportés »[98]. Au Caire, les orthodoxes sont dispensés d'assister au sermon et à la messe le premier jeudi et le premier vendredi du mois, ce qui est, en revanche, obligatoire pour les catholiques, tous rites confondus. Ils sont regroupés dans une section à part pour l'enseignement de la religion[99].

Les sources sont peu disertes sur le traitement réservé aux non-chrétiens. Sur la base des pratiques en usage dans d'autres écoles confessionnelles, on peut supposer qu'ils sont dispensés de suivre les offices. Pour ce qui est de l'enseignement religieux, à Alexandrie, les non-chrétiens sont exemptés du catéchisme qui est enseigné «aux seuls dissidents en langue italienne, sous prétexte de conformité aux programmes et d'exercice mnémonique »[100]. Au Caire, le cours de morale en français à l'intention des non-chrétiens, que la direction a confié au P. Léon, se révèle un échec : «Les élèves ne comprennent que l'arabe. »[101] Pour les religieux, la prudence doit rester de mise. Il s'agit surtout d'éviter les conséquences politiques d'éventuelles accusations de prosélytisme.

Les années 1930 sont, en Égypte, celles d'une grande campagne de mobilisation contre les missionnaires et leurs écoles, accusés de procéder à des conversions forcées[102]. Les Salésiens font eux aussi l'objet de suspicion.

---

98. ASC, F741, Chronique de l'école d'Alexandrie de la fondation jusqu'en 1937.

99. AESC, Données sur la progression scolaire. Répartition des élèves pour l'enseignement de la religion, 1938-1939.

100. ASC, F040, Le directeur à la congrégation Pro Ecclesia Orientali, 15 janvier 1940 ; ASC, F035, Rapport du P. Nigra au chapitre supérieur sur l'état et la situation générale de la province orientale Jésus-adolescent, 1933.

101. AESC, Données sur l'évolution scolaire. Répartition des élèves pour l'enseignement de la religion, 1938-1939.

102. Différents journaux dénoncent le prosélytisme des missionnaires chrétiens. Ils s'en prennent également aux plus hautes instances religieuses musulmanes (les oulémas d'al-Azhar) dont ils déplorent la tiédeur face à l'activité missionnaire. Baron 2014 ; Ryad 2006.

En août 1933, des représentants de Jamʿiyyat al-shubbān al-muslimīn (Association des jeunes musulmans[103]) visitent l'école d'Alexandrie et s'entretiennent avec les élèves musulmans à qui ils posent des questions relatives à la pratique religieuse à l'école. Le lendemain, un tract exhortant les fidèles musulmans à ne pas scolariser leurs enfants dans les écoles missionnaires est placardé à l'extérieur de la mosquée al-ʿAmrī, en face de l'école[104]. Les Salésiens y voient une attaque à leur encontre. C'est d'ailleurs pour éviter toute accusation de prosélytisme qu'au Caire, les religieux n'admettent que les catholiques dans leur internat[105].

Si le traitement réservé aux élèves varie quelque peu d'un établissement à l'autre, le principe suivi est partout le même. Il s'agit de prendre soin en premier lieu des catholiques et de les préserver de toute « influence nuisible ». Le regard que les religieux portent sur leur public scolaire se traduit tantôt par des pratiques d'homogénéisation, tantôt par des mesures d'exclusion. L'école est à la fois un lieu d'altérité et de partage, où les élèves cohabitent tout en faisant l'expérience de leur diversité.

5.2.3. Modes d'appropriation, modes de scolarisation

À Alexandrie, la ventilation des effectifs montre que le public scolaire n'est pas également réparti sur les six sections qui composent l'école. Une première ligne de démarcation est représentée par les frais de scolarité. La section de mécanique est non seulement la plus prisée, mais aussi la plus chère. Ces frais s'élèvent à 450 PT et la direction n'octroie pas de réductions[106]. Ils sont prohibitifs pour les catégories sociales les plus démunies auxquelles, pourtant, les Salésiens affirment vouloir s'adresser en priorité[107]. Dans la missive qu'il envoie pour recommander l'admission de son frère cadet, l'ancien élève Carlo Mosti, mécanicien à la raffinerie d'al-Ḥawāmdiyya,

---

103. L'association est fondée en 1927, un an avant la fondation des Frères musulmans. Elle entend promouvoir les valeurs et les savoirs islamiques adaptés aux temps modernes. Dans les années 1930, elle lance des initiatives visant à contrecarrer l'activité des missionnaires chrétiens. Sharkey 2008, p. 105.
104. ASDMAE, AC, b.269 bis, Le consul d'Alexandrie à la légation au Caire, 4 août 1933.
105. Le règlement de l'école établit que « tous les élèves internes sont et doivent être catholiques », ASC, F414, Règlement de l'école de mécanique, janvier 1937.
106. AESA, Lettres d'admission, Le P. Biondi à M. Ingegneri, 16 septembre 1931.
107. AESA, Mémorandum sur les objectifs de l'institut Don Bosco, s. d.

pointe la difficulté de s'en acquitter pour un ouvrier de l'industrie du sucre gagnant entre quatre et neuf LE par mois[108] :

> Nous nous apercevons que le règlement a beaucoup changé et nous ne pouvons pas le suivre à la lettre. Nous ne pouvons pas payer ces 5 LE en plus des trois mois d'avance qui font en tout 15 LE. Nous dépensons de l'argent pour le voyage, pour le matériel scolaire et vous voulez que l'on rajoute encore 15 LE ? Nous espérons que la direction fera preuve de clémence envers ses anciens élèves[109].

Si le métier des parents n'est pas assez systématiquement indiqué dans les registres pour permettre de dresser des statistiques fiables, l'ensemble des professions mentionnées donne une idée du milieu qui fréquente la section de mécanique. De nombreux parents d'élèves grecs et italiens sont des ouvriers qualifiés ou des contremaîtres dans la Compagnie du canal de Suez, la Compagnie du gaz, la Compagnie de l'eau et la Société Béhéra[110]. La première poursuit, jusqu'au début des années 1930, une politique de hauts salaires, ce qui fait de ses ouvriers titulaires une catégorie privilégiée[111]. Plus généralement, dans l'entre-deux-guerres, si les Égyptiens commencent à remplacer la main-d'œuvre qualifiée d'origine étrangère dans les industries, il subsiste encore des différences importantes entre ouvriers étrangers et égyptiens, notamment en matière salariale. En 1930, un mécanicien européen est payé jusqu'à trois fois plus que son homologue égyptien[112]. C'est donc parmi les catégories ouvrières les plus qualifiées et les mieux rémunérées que recrute l'école.

Mais la crise des années 1930 se traduit, pour de nombreux ouvriers, par une détérioration de leurs revenus. À partir de 1931, la Compagnie du canal

---

108. Clerget 1934, p. 156.

109. AESA, Carlo Mosti au directeur de l'institut d'Alexandrie, 25 septembre 1921.

110. Constituée en 1880 par l'ingénieur Edward Easton, la Société anonyme d'irrigation dans le Béhéra est chargée de la bonification des terres agricoles et des travaux d'infrastructures en Basse-Égypte. Saul 1997, p. 250.

111. Les ouvriers titulaires sont les seuls que la compagnie reconnaît comme lui étant rattachés, par opposition aux ouvriers temporaires. Le règlement des titulaires est très avantageux quant aux salaires, à la durée de travail et aux garanties d'indemnisation en cas de licenciement. Piquet 2006, p. 290 et 343.

112. Beinin, Lockman 1987, p. 43.

de Suez procède à des coupes salariales, s'alignant progressivement sur les salaires nationaux[113]. Dans ces conditions, la section de mécanique de l'école salésienne devient de plus en plus inaccessible à des familles ouvrières sujettes à une paupérisation croissante. C'est vraisemblablement à cause de l'érosion de leur pouvoir d'achat que les catégories ouvrières sont moins représentées parmi le public de l'école dès le milieu des années 1930. Le mémorandum adressé par le consul italien à Alexandrie Ugo Sabetta au MAE semble le confirmer : « Nos ouvriers seraient incapables de s'acquitter des frais de scolarité, même si les Salésiens leur accordaient des réductions[114]. »

La section de mécanique recrute donc l'essentiel de sa clientèle au sein d'autres catégories professionnelles : les parents d'élèves sont de petits fonctionnaires des administrations (enseignants, inspecteurs de police, employés des Douanes), de petits employés (comptables, employés de banque et de la poste), des entrepreneurs ou encore des commerçants (papetiers, bonnetiers, propriétaires de bars, etc.). Durant l'année 1937-1938, parmi les élèves mécaniciens figure Ismā'īl Zahrān, fils de Muḥammad Amīn Zahrān Bik inspecteur des irrigations au ministère des Travaux publics[115]. Le vice-consul italien à Mansoura invite le directeur de l'école Don Bosco à prodiguer tous les soins nécessaires à cet élève interne dont la famille « est très influente dans la région »[116]. Bien qu'on soit là en présence d'une exception (les fonctionnaires de l'administration égyptienne investissent généralement dans une scolarisation plus longue pour leur progéniture[117]), les élèves musulmans font généralement l'objet d'une plus grande sélection : leur appartenance à des familles « respectables » atténue, aux yeux des religieux, les « inconvénients » de leur présence.

La section de mécanique apparaît aussi comme la plus diversifiée et la plus cosmopolite (figure 14). Quasiment absents des autres filières, les élèves grecs-orthodoxes y sont en majorité scolarisés[118]. De 1930 à 1938, leur présence en son sein passe de 95 % à 100 %. La même remarque peut

---

113. Piquet 2006, p. 343.
114. ASDMAE, AS 1929-1935, b.799, Le consul Sabetta au MAE, 17 septembre 1932.
115. Né à al-Minyā en 1881, il obtient le diplôme d'ingénieur civil à l'École polytechnique du Caire, *Le Mondain égyptien*, 1939.
116. AESA, L'agent diplomatique de Mansoura au directeur de l'institut Don Bosco d'Alexandrie, 19 décembre 1935.
117. Volait 2011, p. 253.
118. AESA, Registres des inscriptions, 1930-1939.

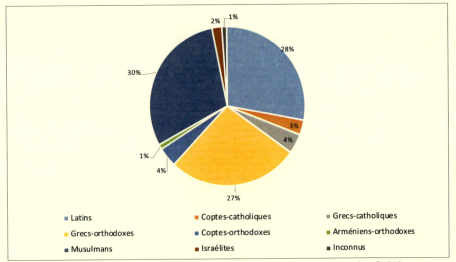

Fig. 14. École professionnelle d'Alexandrie, distribution par confession des effectifs de la section de mécanique, 1938-1939.
Source : AESA, Registres des inscriptions, 1938-1939.

être faite à propos des élèves musulmans qui sont scolarisés à 90 % dans la section de mécanique durant l'année 1938-1939[119]. Les autres sections sont, en revanche, deux fois moins chères et plutôt homogènes pour ce qui est de l'appartenance confessionnelle des élèves. Elles comprennent une majorité de catholiques auxquels les Salésiens accordent des réductions et des places gratuites. Les catholiques orientaux sont particulièrement présents dans les métiers du livre – reliure et typographie – conformément à la tradition missionnaire qui en fait les piliers de l'imprimerie chrétienne en Égypte et au Proche-Orient. Les sections de cordonnerie, de couture et de reliure comptent, quant à elles, des orphelins et des enfants de familles défavorisées dont la scolarité est prise en charge aussi bien par des bienfaiteurs privés que par des sociétés de bienfaisance.

Des places gratuites dans ces filières sont, par ailleurs, offertes tous les ans au *fascio* et attribuées aux apprentis de nationalité italienne[120]. Ces derniers sont, pour la plupart, issus de familles défavorisées que rien ne distingue – ou si peu –, aux yeux des diplomates, des « indigènes pauvres[121] » du point

119. AESA, Registres des inscriptions, 1938-1939.
120. AESA, Correspondance avec le consulat 1900-1935, Le directeur au consul général d'Italie, 4 novembre 1935.
121. ASDMAE, AC, b.312, Rapport du consulat général d'Italie à Alexandrie, 15 juin 1938.

de vue des conditions de vie. Leurs fichiers conservés au consulat général à Alexandrie permettent de se faire une idée de leur situation sociale. De père inconnu, l'élève Eugenio Greco est scolarisé durant l'année 1934-1935 dans la section de menuiserie. Sa mère habite au Caire une pièce sur une terrasse d'immeuble et tire un maigre revenu de son activité d'infirmière et de couturière[122]. Orphelin de père, Vittorio Cicivelli est scolarisé, quant à lui, dans la section de couture entre 1932 et 1937. Veuve depuis 1937, sa mère reçoit à partir de cette date des aides de la part de la bienfaisance italienne pour l'entretien de ses cinq enfants[123].

La condition de Vittorio Cicivelli s'apparente à celle de Cesare Quartulli, scolarisé dans la section de menuiserie entre 1933 et 1935. Sa mère, veuve, travaille en tant que couturière et repasseuse pour subvenir aux besoins de ses trois enfants. Elle aussi bénéficie des aides consulaires[124]. Dans les trois cas, la scolarisation chez les Salésiens s'inscrit dans une politique d'assistance aux familles italiennes démunies qui vise à éviter que les jeunes pris en charge ne deviennent, pour emprunter une expression récurrente dans les archives consulaires, des «parasites de la société[125]».

C'est donc une formation aux métiers qualifiés de la mécanique que les familles non catholiques viennent chercher à l'école Don Bosco d'Alexandrie. Ce sont plutôt les bénéfices d'une formation professionnelle gratuite ou semi-gratuite que les familles catholiques modestes, aussi bien latines qu'orientales, espèrent en tirer. Une hiérarchie des formations dispensées apparaît clairement : la section de mécanique est réservée aux élèves pouvant s'acquitter de l'intégralité des frais de scolarité. Les frais payés par les élèves mécaniciens servent à payer, totalement ou en partie, la scolarité des apprentis catholiques et/ou italiens issus de milieux défavorisés.

5.3.   De l'école à l'atelier

Quelles que soient les stratégies de scolarisation des familles, c'est un petit nombre de diplômés qui termine le cursus d'études des écoles salésiennes.

---

122. ACGIA, Registres d'état civil.
123. ACGIA, Registres d'état civil.
124. ACGIA, Registres d'état civil.
125. ASDMAE, AC, b.312, Rapport du consulat général d'Italie à Alexandrie, 15 juin 1938. Nous reviendrons sur cette politique assistancielle dans la dernière partie du chapitre.

Certains s'élèvent à des postes de cadres intermédiaires dans la grande industrie. Il n'est pas rare d'en voir d'autres fonder leur propre entreprise.

5.3.1.   *Entrepreneuriat familial*

Nous avons déjà évoqué la difficulté de suivre le parcours des élèves une fois qu'ils quittent l'école[126]. À la rareté des sources s'ajoute, dans l'entre-deux-guerres, le problème de la graphie des patronymes des élèves non italiens. D'une source à l'autre, parfois dans la même source, un même patronyme familial peut se trouver décliné en plusieurs variantes[127]. C'est plus souvent lorsqu'ils se mettent à leur compte que les anciens élèves deviennent visibles et laissent des traces. Or, dès le milieu des années 1930, certains se trouvent à la tête d'affaires solides.

Les sources à notre disposition (des annuaires, tels que l'*Egyptian Directory,* des listes du personnel ouvrier des sociétés industrielles et des compagnies concessionnaires européennes ainsi que les archives du consulat italien à Alexandrie) ne permettent pas de mener une analyse fine des trajectoires des diplômés qui réussissent à se mettre à leur compte. Ni la taille des activités qu'ils dirigent, ni leur rentabilité financière ne nous sont connues. Nous n'avons pas plus d'informations sur les alliances matrimoniales qui, pourtant, permettent une association patrimoniale pour l'augmentation du capital disponible et constituent une condition souvent nécessaire à l'ouverture d'une activité[128]. Pour les diplômés italiens devenus petits patrons, nous disposons de quelques notices biographiques tirées de l'*Annuario degli Italiani d'Egitto,* mais l'histoire du petit entrepreneuriat immigré en Égypte reste à faire[129]. Le croisement de ces sources permet, toutefois, de restituer quelques fragments d'itinéraires professionnels et de montrer que les anciens élèves alimentent plusieurs secteurs économiques.

Diplômé de la section de mécanique d'Alexandrie en 1939, Aḥmad al-Sawwāq dirige en 1948 une fabrique de pâtes alimentaires à la rue Abū al-Dardā', à quelques centaines de mètres de l'école. C'est aussi en

---

126. Se reporter au chapitre 2, section 3.

127. C'est, par exemple, le cas de l'élève Ghubriāl Shīkhānī dont le patronyme est décliné tantôt en Chikkani, tantôt en Chiccani voire en Sciccani.

128. Rainhorn, Zalc 2000, p. 53-55.

129. Il convient tout de même de signaler l'ouvrage de N. Abdulhaq (2016) sur l'entrepreneuriat grec et juif en Égypte avant l'arrivée au pouvoir de Gamal Abdel Nasser.

l'espace de dix ans que Muḥammad Muṣṭafā Zakī, diplômé de la section de mécanique en 1939, réussit à se mettre à son compte. En 1948, il dirige une entreprise de travaux sanitaires à la rue Ṭūsūn Bāsha. Parmi les diplômés du Caire, certains montent également leurs propres activités. Dimitri Roussos, diplômé en 1940, dirige en 1948, avec plusieurs associés, la Roussos and Co., une entreprise de travaux électriques. À la même date, Joseph Boulos, diplômé en 1940, dirige avec son frère Fu'ād une entreprise d'import-export[130].

De nombreux élèves de l'école d'Alexandrie sont originaires des villes du Canal. Ils y retournent le plus souvent une fois l'apprentissage terminé. C'est à Port-Saïd que Papadoulis Temistocles, diplômé mécanicien de l'école d'Alexandrie en 1933, crée avec ses frères et d'autres associés la société Fils de Costa Papadoulis & Co., fabrique de savons et de produits alimentaires. C'est dans le même secteur d'activité que leur père –agent général de la Kafr el-Zayat Co. pour la zone du Canal – que les frères Papadoulis montent leur entreprise[131].

Pendant l'entre-deux-guerres, nous l'avons vu, la mécanique constitue un secteur particulièrement rentable. Poussés par le développement de la motorisation, les ateliers mécaniques prolifèrent[132]. Si leur taille est variable, certains sont des ateliers à conduction familiale. L'atelier Edoardo Farina e Figli, situé à la rue Ibrāhīm Bāsha au Caire, en fait partie. La biographie du fondateur, Edoardo Farina (1882-?), reste obscure. On en sait peu de choses sinon qu'entre 1916 et 1919, il est mobilisé et remplit la fonction d'ouvrier mécanicien dans les ateliers de l'arsenal italien. Son savoir-faire et les indemnités qu'il a perçues à la suite de son licenciement lui permettent d'ouvrir, au lendemain de la Grande Guerre, l'atelier qu'il dirige à l'aide de ses deux fils, Ugo et Gabriele. Il oriente son fils Gabriele vers l'apprentissage des arts mécaniques à l'école des arts et métiers Don Bosco d'Alexandrie. En 1932, l'atelier Farina est spécialisé dans la construction et la réparation de petites machines, la fabrication de poinçons et d'estampes et la réparation d'automobiles et de moteurs diesel[133].

---

130. The *Egyptian Directory*, 1948.
131. Il s'agit d'une entreprise de production d'huiles et de savons. AESA, Registre des inscriptions 1932-1933.
132. Berque 1967, p. 342.
133. *Annuario degli Italiani d'Egitto* 1933, p. 157-158.

Un parcours semblable est celui de ʿĪsā Labbād, diplômé en 1939 de l'école de mécanique du Caire[134]. Son père, Unṭwān Labbād, dirige depuis la fin des années 1920 un atelier d'électromécanique à la rue al-Sharīfayn au Caire[135]. Spécialisé dans l'installation de matériel électrique et de bobinages de machines ainsi que dans les travaux de soudure, l'atelier reste en activité jusqu'aux années 1970. Pour les familles Labbād et Farina, la scolarisation chez les Salésiens devient rapidement une tradition familiale et fait partie des stratégies mises en place pour consolider le patrimoine entrepreneurial[136].

Tous les diplômés ne disposent pas du capital économique et social nécessaire pour monter une activité indépendante. Si, dans les années 1930, on retrouve parmi les élèves des écoles professionnelles les fils de certains entrepreneurs, ce sont d'autres stratégies de scolarisation que les petits patrons déploient pour leur progéniture. À Alexandrie, il semble bien qu'un nombre de petits patrons de nationalité italienne aient tendance à scolariser leurs enfants dans la filière commerciale de l'institut Don Bosco. Parmi les élèves de la filière commerciale durant l'année 1931-1932, on retrouve Roberto Coppa, fils de Giuseppe Coppa, ancien élève salésien et propriétaire de la fabrique de drapeaux et de rideaux Coppa. On retrouve également parmi eux durant l'année 1938-1939 Tullio Bottari, fils de l'un des associés de l'entreprise citée Figli di Leonardo Bottari[137]. Une fois l'entreprise bien engagée et la main-d'œuvre assurée, c'est la gestion commerciale de l'activité que les parents semblent vouloir réserver à leurs enfants. Considérée comme plus valorisante, la scolarisation dans une filière commerciale sanctionne symboliquement et matériellement la sortie de la famille du statut ouvrier.

134. AESC, Registre des diplômés 1935-1960.
135. The *Egyptian Directory* 1924, 1938, 1948.
136. Plusieurs générations fréquentent l'école Don Bosco, comme nous l'ont confirmé les entretiens conduits au Caire sur lesquels nous reviendrons dans le chapitre 8. Entretien avec Josette Baladi, épouse d'Edoardo Farina et propriétaire en 2012 de l'atelier Farina, 12 avril 2012 ; entretien avec R. Terouz, neveu d'U. Labbād, Le Caire, 11 novembre 2011.
137. AESA, Registres des inscriptions 1938-1939. Pour l'itinéraire des frères Coppa et Bottari, voir le chapitre 2, section 3.

5.3.2. *Salariés de l'industrie et personnel technique des administrations*

Si la création ou la consolidation d'une entreprise familiale restent le fait d'une minorité, on retrouve le plus souvent les diplômés des filières professionnelles parmi les salariés de l'industrie et le personnel technique des administrations égyptiennes. Une source en particulier a permis de confirmer la présence des diplômés dans la grande industrie : les listes du personnel ouvrier transmises par les sociétés anonymes à l'Office des sociétés. Créé en 1947, cet organisme est chargé de contrôler la mise en conformité des entreprises avec la nouvelle loi relative aux sociétés anonymes par action promulguée la même année[138]. En plus de la nationalité du personnel, les listes consignent la position occupée, la date d'entrée en fonction, le salaire perçu et, moins systématiquement, le diplôme détenu.

On retrouve un certain nombre de diplômés employés à la Société générale des sucreries et des raffineries d'Égypte. Hautement capitalisée (2 500 000 LE), cette société connaît une véritable expansion dans l'entre-deux-guerres. Plusieurs milliers d'ouvriers travaillent dans ses différentes usines à al-Ḥawāmdiyya (au sud du Caire), Armant, Abū Qurqāṣ, al-Shaykh Faḍl et Nagʿ Ḥammādī (en Haute-Égypte). 90 % de cette main-d'œuvre sont constitués d'ouvriers saisonniers non qualifiés, recrutés généralement parmi la masse paysanne et payés à la journée. Comme le souligne Ellis Goldberg, les ouvriers qualifiés représentent les 10 % restants de la main-d'œuvre[139]. Les diplômés des écoles salésiennes appartiennent à ce petit pourcentage qui travaille toute l'année aussi bien sur le site d'Armant que sur celui d'al-Ḥawāmdiyya.

En 1932, parmi le personnel ouvrier de la raffinerie d'al-Ḥawāmdiyya figurent deux anciens élèves de l'école d'Alexandrie, Carlo Mosti et son frère Luigi, diplômés de la section de mécanique, respectivement en 1916 et en 1926[140]. Le premier y travaille en qualité de mécanicien, le second en tant qu'ajusteur. La Société générale des sucreries constitue aussi un débouché

---

138. Alleaume 1997, p. 1.
139. Goldberg 1986, p. 96.
140. DWQ, Maṣlaḥat-al-sharīkāt (fonds « Office des sociétés »), 3019-002411, *Qāʾimat al-ʿummāl al-ʿāmilīn fī sharikat al-sukkar al-Ḥawāmdiyya* (Liste du personnel ouvrier de l'usine de sucre d'al-Ḥawāmdiyya), 3 juin 1957 ; AESA, Registres des inscriptions 1915-1916 et 1925-1926.

privilégié pour les diplômés de l'école du Caire. Amīn ʿĪsā al-Hāmī, Edward Martingano et Yusrī Yūsuf Bishūy, diplômés en 1937 et en 1938, y travaillent dès le début des années 1940 en tant que dessinateurs, les deux premiers à l'usine d'al-Ḥawāmdiyya et le troisième à l'usine de Kūm Umbū[141]. La société assure un recrutement en interne sur des bases familiales, ce qui offre, malgré la pénibilité du travail, une sécurité de l'emploi pour les familles ouvrières. Durant l'année 1937-1938, deux élèves dont les parents travaillent au sein de la société sont inscrits à l'école Don Bosco du Caire : Gaetano Ciappina, dont le père Antonio est fondeur à l'usine d'Armant, et Adolfo Tonelli, fils d'Alfredo Tonelli, mécanicien à la raffinerie d'al-Ḥawāmdiyya[142]. C'est au lendemain de la guerre, en 1947, que l'un et l'autre sont embauchés en qualité d'électricien et de mécanicien, respectivement.

Si la Société générale des sucreries et des raffineries d'Égypte reste un débouché privilégié pour les diplômés de l'école, nombreux sont ceux qui travaillent à la Compagnie des eaux, à la Compagnie du gaz et d'électricité Lebon et à la Compagnie des tramways, autant de sociétés concessionnaires aux capitaux européens opérant aussi bien au Caire qu'à Alexandrie[143]. Comme dans l'industrie du sucre, le recrutement se fait plutôt en interne. Plusieurs générations d'ouvriers appartenant à la même famille y travaillent. C'est le cas de la famille Tallarico. Les frères Tallarico, diplômés de la section de mécanique de l'école Don Bosco du Caire, travaillent à la Compagnie des tramways à partir de 1948, tout comme leurs pères, Francesco et Antonio Tallarico, respectivement mécanicien et chef mécanicien dans la même compagnie[144]. C'est vers un enseignement technique que ces derniers ont orienté leur progéniture afin de lui assurer des postes dans la compagnie.

Parmi ces salariés de la grande industrie, nombreux sont ceux qui gravissent les échelons de la hiérarchie ouvrière, devenant chefs ou autres membres du personnel encadrant. C'est le cas de Luigi Mosti, devenu, en

141. DWQ, Maṣlaḥat-al-sharikāt (fonds « Office des sociétés »), 3019-002411, *Qāʾimat al-muwazzafīn al-ʿāmilīn fī maṣnaʿ Kūm Umbū* (Liste du personnel employé à l'usine de Kūm Umbū), juin 1957. Sur les raffineries et sucreries en Égypte, voir Owen 1984 ; Vitalis 1995 et, plus récemment, Bodenstein 2014.

142. AESC, Registres des inscriptions 1937-1938 et 1938-1939.

143. La Compagnie des tramways réserve à ses salariés un traitement particulièrement avantageux, résultat des luttes et des grèves dans lesquelles ils étaient en première ligne. Clerget 1934, p. 157.

144. *Annuario degli Italiani d'Egitto* 1933, p. 236.

l'espace de quelques années, chef d'équipe au sein de la Société générale des sucreries et des raffineries d'Égypte, où il fera toute sa carrière[145]. Bruno Mieli, diplômé de l'école du Caire en 1943 travaille en tant que chef du personnel aux manufactures Life en 1948[146]. À la même date, Fu'ād 'Abdallāh, diplômé de l'école du Caire en 1938, est chef de service à la Société anonyme des eaux[147].

Les diplômés constituent un personnel d'encadrement non seulement dans l'industrie mais aussi dans les départements techniques de certaines administrations. Aḥmad 'Abd al-Khāliq et Muṣṭafā Ḥusayn, diplômés de la section de mécanique d'Alexandrie en 1939, travaillent au sein de l'administration des Ports et des Phares, le premier en tant que ma'mūr des ateliers[148], le second en tant que surintendant du matériel flottant[149]. D'autres diplômés égyptiens semblent avoir fourni du personnel aux services techniques des administrations égyptiennes. En juillet 1937, le ministère des Travaux publics demande au directeur de l'école Don Bosco d'Alexandrie de lui faire parvenir une liste « avec les noms de dix diplômés afin de les affecter dans l'un des services dépendant du ministère[150] ».

La trajectoire de ces anciens élèves s'apparente à celle des diplômés de l'enseignement industriel égyptien. Comme l'a relevé Élisabeth Longuenesse, alors que les années 1920-1930 connaissent un développement industriel sans précédent, l'État reste le principal employeur des diplômés du technique[151]. Ces derniers s'identifient d'autant plus volontiers aux *effendis*[152] de la fonction publique que les difficiles conditions de travail dans l'industrie les font fuir vers des emplois administratifs[153].

---

145. DWQ, Maṣlaḥat-al-sharīkāt (fonds « Office des sociétés »), 3019-002411, *Qā'imat al-'ummāl al-'āmilīn fī sharikat al-sukkar al-Ḥawāmdiyya* (Liste du personnel ouvrier de l'usine de sucre d'al-Ḥawāmdiyya), 3 juin 1957.

146. *The Egyptian Directory* 1948.

147. *The Egyptian Directory* 1948.

148. Ce terme désigne, dans le cadre de l'administration territoriale, le gouverneur du district. Par extension, il désigne tout directeur administratif.

149. *The Egyptian Directory* 1948.

150. ASC, F741, Alexandrie, Chronique de la fondation à l'année 1937, 15 juillet 1937.

151. Longuenesse 2003.

152. Le terme d'« effendis » (*afandiyya* en arabe) est généralement employé pour désigner une classe moyenne éduquée produit du système d'enseignement « moderne ». Sur le terme d'*afandiyya* dans les années 1930, voir Ryzova 2014.

153. Longuenesse 2003, p. 179.

5.3.3. *Solidarité nationale et mobilités de travail transimpériales*

D'autres anciens élèves travaillent en tant qu'employés, notamment comme comptables au service de sociétés industrielles et d'institutions bancaires. C'est le cas de Sāmī Tādrus, d'Edouard Zammit et de Georges Kahil, diplômés de l'école du Caire respectivement en 1935, 1938 et 1942[154], qui travaillent en tant qu'employés de la Société al-Sharq pour les deux premier[155] et en qualité de sous-chef de la comptabilité pour le troisième. C'est dans le service de comptabilité de la Banque d'Athènes que travaille Nicola Papageorgiou cinq ans après avoir obtenu le diplôme de mécanique de l'école d'Alexandrie[156]. Le parcours de ce diplômé s'apparente à celui de la plupart des Grecs de la ville, qui travaillent en tant qu'employés de bureau au sein des sociétés sous contrôle grec[157].

Les ateliers et les usines appartenant aux compatriotes offrent aussi aux diplômés italiens des opportunités de travail durant les années 1930. Nombreuses sont les petites et moyennes entreprises, situées au Caire, à Alexandrie et, dans une moindre mesure, dans les villes du Canal, qui appartiennent à des ressortissants italiens. Parmi ces entreprises, la typographie Procaccia à Alexandrie recrute nombre de diplômés de la section de typographie et de reliure (les frères Giuseppe et Spiridione Patruno, diplômés de cette section, y travaillent dès le début des années 1930[158]).

Abbatangelo, Barbagallo et Cacciuffo, entreprises de menuiserie et de travaux d'ébénisterie, comptent parmi leur personnel de nombreux diplômés de la section de menuiserie[159]. La fonderie Buzzino au Caire, qui a largement contribué à l'équipement de l'école professionnelle de Rawḍ al-Farag, représente, elle aussi, un débouché naturel pour les anciens apprentis

---

154. AESC, Registre des diplômés 1935-1960, 1937-1938 et 1941-1942.
155. Société anonyme d'entreprises générales présidée par M. Hussein Henan et administrée par M. E. Baldioli, *Annuaire de la Fédération égyptiennes des industries* 1951.
156. *The Egyptian Directory* 1948.
157. Comme l'a souligné Angelos Dalachanis, il existe bien, au sein de la *kinotis*, un marché du travail introverti et autosuffisant régi par des liens de clientélisme et de patronage. En assurant l'emploi aux ouvriers et aux employés grecs, l'élite économique grecque essaye de consolider sa mainmise sur la communauté (2012, p. 3).
158. ACGIA, Registres d'état civil.
159. ACGIA, Registres d'état civil.

mécaniciens[160]. Les éléments en notre possession ne nous autorisent pas à formuler l'hypothèse d'un marché fermé et autosuffisant comme dans le cas de la colonie grecque. Néanmoins, la solidarité nationale joue un rôle de plus en plus important pour les Italiens à mesure que le mouvement d'égyptianisation de l'économie s'accélère.

Dans les années 1930, les opportunités de travail dans un marché devenu très concurrentiel se restreignent. La crise internationale frappe de plein fouet l'Égypte et beaucoup de travailleurs perdent leur emploi. Les «classes moyennes» connaissent durant ces années une grande paupérisation[161]. À cela s'ajoute le problème du placement des milliers des jeunes diplômés issus de l'enseignement gouvernemental. L'État se retrouve rapidement dans l'incapacité d'absorber cette masse toujours croissante. Le principe d'une préférence nationale s'impose progressivement. Les autorités égyptiennes décident, en effet, d'imposer une proportion de diplômés de l'enseignement public à l'embauche de toutes les compagnies (industrielles et commerciales) étrangères[162].

L'appel à l'égyptianisation de l'économie pose inévitablement la question de la nationalité et de la place des non-Égyptiens dans le domaine économique comme dans le domaine politique. Avec la suppression des capitulations (1937), les ressortissants des anciennes puissances capitulaires perdent le statut de minorités privilégiées. Dès le début des années 1930, les diplomates italiens s'interrogent sur les modalités de permanence d'une colonie formée pour trois quarts d'ouvriers dont la condition, déjà précaire dans l'entre-deux-guerres, risque d'empirer dans l'Égypte post-capitulaire[163]. Un très grand nombre de familles dépend des subsides versés par les organismes d'assistance consulaires et fascistes. Dans la seule Alexandrie, les familles de chômeurs sont au nombre de 324 : elles sont perçues comme un «fardeau» par les autorités consulaires[164]. Le consul Fontana les décrit ainsi :

Une classe parasitaire, une catégorie d'assistés chroniques s'élevant à un millier de personnes toutes dépendantes de l'assistance consulaire et n'ayant

160. AESC, Registres des inscriptions 1938-1939.
161. Owen, Pamuk 1998, p. 34-35.
162. Berque 1967, p. 475.
163. MAE, AC, b.302, L'avenir de la communauté italienne, 26 septembre 1936 ; Turiano 2017b, p. 61 ; Turiano, Viscomi 2018.
164. MAE, AC, b.302, Données sur le chômage à Alexandrie, 2 décembre, 1936.

aucun espoir de trouver du travail dans les nouvelles conditions de l'Égypte post-capitulaire[165].

Aux yeux des autorités consulaires, les membres de ces familles constituent des « éléments indésirables » d'autant plus que « nombre d'entre eux s'adonnent à toute sorte de vices : la contrebande, le trafic de stupéfiants, le recel et la prostitution[166] ». En 1938, des comités sont constitués dans les villes égyptiennes où la présence italienne est la plus importante afin d'organiser le rapatriement de certains ressortissants[167].

Dans un contexte de chômage, de concurrence et de nationalisme économique montant, la récente conquête de l'Éthiopie apparaît comme un débouché potentiel pour ces masses d'individus sans emploi ou à la condition précaire. Les diplomates italiens encouragent vivement les départs vers l'AOI dans un double but : il s'agit, d'une part, de décongestionner les colonies italiennes en Égypte pour soulager les organismes d'assistance et, d'autre part, de contribuer au peuplement de territoires récemment annexés à l'empire italien par l'envoi d'une main-d'œuvre qualifiée[168].

Parmi les candidats au départ, il y a un certain nombre d'anciens élèves des écoles salésiennes[169]. Diplômé de la section de menuiserie en 1929,

---

165. MAE, AC, b.312, Le consul général d'Alexandrie au ministre au Caire, 15 juin 1938.

166. MAE, AC, b.312, Le consul général d'Alexandrie au ministre au Caire, 15 juin 1938.

167. Ces mesures sont en accord avec la politique de rapatriement adoptée à la fin des années 1930 par le gouvernement fasciste (la loi du 5 janvier 1939 a institué une commission permanente chargée de la mettre en œuvre). Dans les milieux diplomatiques, l'idée s'est imposée que seul le retour des émigrés et de leurs enfants en Italie est en mesure de les ramener à l'italianité et au fascisme. Toutefois, la politique de rapatriement n'a pas les effets escomptés. Voir Bertonha 2001 et, à propos du rapatriement des Italiens de France, Capece 2016.

168. ASDMAE, AC, b.302, Chômage italien et utilisation éventuelle des chômeurs en Éthiopie, 11 août 1936. À partir de l'été 1936, en accord avec le MAE, les consuls invitent les ressortissants italiens appartenant à certaines catégories professionnelles à présenter une demande de travail pour l'AOI. En réalité, seuls quelques-uns arrivent à partir, les visas n'étant octroyés qu'aux « meilleurs éléments ». Sur les 735 candidatures enregistrées à Alexandrie, 120 sont écartées lors d'une sélection effectuée de manière conjointe par le consulat et le *fascio*. ASDMAE, AC, b.302, Le consul général d'Alexandrie au ministre au Caire, 27 novembre 1936. Petricioli 2007, p. 90.

169. Vittorio Cicivelli, Claudio Pezzano et Cesare Quartulli, diplômés de l'école Don Bosco d'Alexandrie (des sections de menuiserie pour les deux premiers et de la section de cordonnerie pour le troisième), présentent une demande au consulat général à Alexandrie

Salvatore De Leonardis obtient un visa pour l'Éthiopie en 1936. Au moment de son départ, il est menuisier dans l'atelier de Salvatore Cacciuffo[170]. Il semble que son départ soit motivé, comme celui d'autres compatriotes, par la perspective de meilleurs gains sur une terre que la propagande fasciste ne cesse de décrire comme un Eldorado[171].

Les départs impliquent souvent plusieurs membres de la même famille. C'est le cas de l'ancien élève Vincenzo D'Alba. Fils d'un entrepreneur de la construction immobilière et routière (Domenico D'Alba), il obtient le certificat de mécanique à l'école Don Bosco d'Alexandrie en 1935[172]. Deux ans après, il quitte l'Égypte avec ses parents pour rejoindre ses frères Roberto et Alessandro en Érythrée. Ces derniers sont installés à Asmara depuis 1936 et travaillent, respectivement, comme ouvrier et employé au sein de l'entreprise Alfonso Sasso, société de construction basée au Caire qui a obtenu une importante concession dans cette ville érythréenne[173].

Pour les deux anciens élèves, les départs en AOI sont temporaires et suivis, à court terme, d'un retour en Égypte. Salvatore De Leonardis rentre à Alexandrie en 1937, date à laquelle il est embauché par la Compagnie des tramways en tant que menuisier[174]. En 1947, Vincenzo D'Alba réapparaît dans les registres du consulat italien à Alexandrie. À cette date, il est chef de chantier[175]. Le retour en Égypte semble concerner la plupart des ressortissants italiens partis en AOI dès le milieu des années 1930[176]. Pour certains, ce retour est lié à la fin du contrat de travail. Pour d'autres, qui ont pu nourrir l'illusion de s'installer durablement sur une « terre vierge », l'enthousiasme laisse rapidement la place à la désillusion, la réalité qu'ils trouvent sur le terrain étant différente des mythes véhiculés par la propagande fasciste[177].

---

pour partir en AOI durant les années 1938-1939. Le consulat ne donne pas suite à leur demande. ACGIA, Registres d'état civil.

170. ACGIA, Registres d'état civil.

171. Labanca 2002, p. 253.

172. AESA, Registres des inscriptions 1934-1935.

173. ASDMAE, AC, b.302, Le consul général d'Alexandrie au gouverneur de l'Érythrée, 5 février 1937.

174. ACGIA, Registres d'état civil.

175. ACGIA, Registres d'état civil.

176. Les sources diplomatiques mentionnent les difficultés rencontrées par les ressortissants partis en AOI lors de leur retour en Égypte. ASDMAE, AC, b.294, La Légation au Caire aux consulats d'Alexandrie, du Caire et de Port-Saïd, 10 mars 1936.

177. Labanca 2002, p. 263.

Conclusion

Les années 1930 marquent tout à la fois un « âge d'or » pour la congrégation salésienne et son réseau scolaire en Égypte et un changement de cap dans la stratégie missionnaire. Auparavant, il s'est agi de diversifier les terrains d'intervention. La priorité est désormais accordée à l'enseignement professionnel qui apparaît comme le seul secteur à même de défier la concurrence scolaire et de démarquer la mission des autres congrégations. Si l'éducation des orphelins et des couches modestes n'est pas abandonnée, les écoles ouvrent leurs portes à des élèves issus d'autres milieux sociaux : comptables, employés et personnel des administrations publiques.

Aussi les missionnaires accueillent-ils un public plus large que les seuls ressortissants italiens tout au long des années 1930. La cohabitation entre élèves de rites et de confessions différents suscite de vives inquiétudes chez les supérieurs salésiens, qui y voient un danger pour la « pureté » des élèves catholiques. Si les missionnaires de terrain ne partagent pas les mêmes craintes, c'est un régime différencié qu'ils appliquent à leurs élèves selon le rite, la confession et la classe sociale. Le principe suivi est partout le même : se côtoyer sans se confondre.

Les écoles sont un lieu de reproduction des distinctions confessionnelles tout autant que sociales. À Alexandrie, c'est dans la section de mécanique, qui est la seule section entièrement payante et qui ouvre la voie à des qualifications mieux rémunérées, qu'on a pu remarquer une plus grande mixité nationale et confessionnelle. En revanche, les autres sections, destinées aux couches les plus défavorisées, restent plutôt homogènes. La bienfaisance ne s'applique qu'aux chrétiens et, parmi eux, avant tout aux catholiques. C'est ici que sont scolarisés les Italiens de « seconde zone », dont la moralisation et la formation professionnelle apparaissent aux diplomates italiens – qui recommandent leur admission – particulièrement importantes dans l'Égypte des années 1930.

Du travail salarié dans la grande entreprise à l'atelier à conduction familiale, la diversité des trajectoires des anciens élèves a pu être mise en évidence. Certes, les parcours retracés ne concernent qu'une minorité de diplômés, la majorité des élèves quittant l'école en cours d'étude. Les écoles n'en contribuent pas moins à façonner un petit entrepreneuriat tout autant qu'elles alimentent le personnel ouvrier d'encadrement et le personnel administratif des sociétés et des entreprises industrielles. Une partie des anciens élèves travaillent dans des emplois administratifs, le plus souvent comme comptables auprès des sociétés étrangères et, plus rarement, dans certaines administrations de l'État.

Comme d'autres établissements missionnaires, les écoles salésiennes concourent avant tout à la promotion des minorités chrétiennes, latines et orientales. Les diplômés non égyptiens commencent à rencontrer des difficultés d'insertion au cours des années 1930. Une solidarité nationale croissante et la quête de nouvelles opportunités hors d'Égypte sont autant de signes que le pays n'offre plus les mêmes opportunités qu'auparavant, surtout aux détenteurs d'une nationalité étrangère.

Ces années constituent, du point de vue du marché du travail, un moment protectionniste qui correspond à ce qu'on a pu qualifier à l'époque de « renaissance » industrielle de l'Égypte. Les difficultés rencontrées par les minorités non égyptiennes, sont exacerbées par l'abolition des capitulations[178]. Alors que l'enseignement professionnel a fait, durant les années 1930, l'objet de toutes les attentions, la Seconde Guerre mondiale amène les Salésiens à revoir une fois de plus leurs priorités. Les écoles de la mission sont parmi les seuls établissements de la mouvance italienne à rester ouvertes, au prix, toutefois, d'un strict encadrement de la part des autorités égyptiennes. Ce conflit, qui constitue un tournant pour les communautés italiennes en Égypte, représente aussi une parenthèse lourde de conséquences pour la mission et son réseau scolaire[179].

---

178. Voir à propos des Grecs d'Égypte, Dalachanis 2017.
179. Voir à ce propos Viscomi 2019.

TROISIÈME PARTIE

LE TEMPS DE LA COOPÉRATION
(1940-1970)

L A Seconde Guerre mondiale constitue un tournant majeur dans l'histoire de la mission salésienne en Égypte. Les religieux ouvrent de nouvelles sections pour accueillir le public des écoles royales italiennes, sommées de fermer leurs portes. Au lendemain du conflit, la confessionnalisation de l'enseignement italien en Égypte est maintenue. Alors que la Congrégation pour les Églises orientales appelle à une plus grande arabisation du personnel missionnaire et que plusieurs missions prennent leurs distances vis-à-vis des anciennes puissances protectrices, dans les écoles salésiennes italianité et catholicisme semblent plus que jamais liés.

Avec le renversement de la monarchie le 23 juillet 1952, les nouveaux leaders égyptiens issus du Mouvement des officiers libres déclarent vouloir instaurer un ordre nouveau et parachever l'indépendance nationale. À mesure que le régime se consolide, les écoles étrangères font l'objet d'un contrôle plus strict. Elles sont perçues comme l'un des symboles de l'ancien régime et de l'impérialisme culturel occidental. De nouvelles lois, plus radicales que les précédentes, visent à accroître l'emprise de l'État sur elles en en assurant l'arabisation et l'égyptianisation.

La question de la durabilité de la mission salésienne, déjà soulevée dans les années 1930, se pose à nouveau, mais, cette fois, de manière plus aiguë. Comme les autres congrégations enseignantes, les Salésiens sont appelés à opérer des changements en s'adaptant au nouveau cadre législatif. Interroger les mesures préconisées pour relever le défi de l'arabisation permet d'éclairer les résistances au changement, les ambiguïtés dont fait preuve la hiérarchie salésienne ainsi que les clivages qui traversent cette communauté religieuse en Égypte. L'enseignement professionnel apparaît comme le seul gage de durabilité au moment où le nouveau régime donne la priorité à l'industrialisation du pays. Pourtant, les mesures prises pour valoriser cet enseignement et le couler dans un moule égyptien ne sont pas toutes couronnées de succès.

Les écoles salésiennes se dépeuplent à mesure que leur public, constitué en grande partie de non-Égyptiens et de minoritaires, quitte le pays. Une véritable stratégie de survie est mise en œuvre par les religieux afin de s'assurer une nouvelle audience. Parallèlement, les Salésiens se mettent sous la houlette du gouvernement italien. Ce dernier négocie des accords bilatéraux avec l'Égypte afin de maintenir ses intérêts dans le pays, dans le cadre d'une politique méditerranéenne renouvelée.

Entre 1960 et 1970, la démographie scolaire connaît des recompositions. Interroger les transformations à l'œuvre permet de saisir les modalités d'appropriation d'un modèle d'enseignement étranger par un nouveau public. Les Salésiens diversifient en même temps les formes de leur apostolat. Leurs activités témoignent de la volonté d'infléchir la mission dans l'esprit du concile Vatican II. Mais cette nouvelle pastorale n'est pas dépourvue d'ambiguïtés.

Le devenir des diplômés des écoles salésiennes apporte un éclairage supplémentaire sur le maintien de la mission et la durabilité de son réseau scolaire. Les itinéraires de plusieurs générations d'élèves dont nous avons recueilli le témoignage révèlent, d'un côté, les effets de la formation professionnelle sur un marché du travail en recomposition et, de l'autre, les fonctions que le nouveau public assigne aux écoles salésiennes.

Chapitre 6

Le défi de l'arabisation

A<small>U LENDEMAIN</small> de la conférence de Montreux (1937), les anciennes puissances capitulaires préconisent la mise en place de traités d'établissement afin de régler le sort et le statut de leurs institutions en Égypte (hôpitaux, écoles, institutions philanthropiques et religieuses). La Seconde Guerre mondiale éclate sans qu'un accord ait été trouvé. Les autorités égyptiennes se refusent à négocier les traités, de peur qu'ils ne soient interprétés comme une résurrection des capitulations. En l'absence de tout statut défini, le ministère égyptien de l'Instruction publique multiplie les mesures visant à étendre son contrôle sur les établissements d'enseignement étrangers.

Le conflit représente un tournant décisif pour les établissements salésiens qui connaissent des recompositions et bénéficient, au lendemain du déclenchement des hostilités, d'une nouvelle centralité. Le devenir des écoles Don Bosco semble se confondre avec celui des communautés italiennes en Égypte. C'est de cette reconfiguration, ainsi que des réponses apportées par les Salésiens, à la fois à la politique d'arabisation du gouvernement égyptien et aux appels au changement venant de l'intérieur de l'Église catholique, qu'il sera question dans les pages qui suivent. Au moment où d'autres congrégations remettent en question leurs liens avec la métropole et cherchent à explorer de nouvelles voies, les Salésiens font preuve de réticence et peinent à se dégager de la tutelle extérieure.

Néanmoins, avec l'arrivée au pouvoir des Officiers libres, les adaptations à la « nouvelle Égypte » apparaissent incontournables. Alors que leur public scolaire commence à quitter massivement l'Égypte, les Salésiens s'interrogent sur les moyens d'y pérenniser leur présence. Les appels au changement se font plus fréquents, sans pour autant faire l'unanimité. Entre la nécessité d'une adaptation à l'Égypte nassérienne et la nostalgie d'un ordre colonial, les années 1950 apparaissent comme celles de la quête d'une nouvelle voie, d'une redéfinition de la présence missionnaire dans le pays.

6.1.   Les écoles salésiennes durant la Seconde Guerre mondiale

Depuis la conquête de l'Éthiopie (1935), les colonies italiennes d'Égypte sont placées sous une surveillance stricte par les Britanniques, qui détiennent encore des pans de pouvoir dans le pays. La crainte d'une « cinquième colonne » est alimentée par l'accélération de la militarisation de la Tripolitaine et par l'ampleur de la propagande fasciste[1]. En tant qu'écoles subventionnées par l'Italie, nation belligérante avec qui l'Égypte interrompt toute relation diplomatique, les écoles salésiennes sont, pendant un temps, sommées de fermer leurs portes. Leur réouverture ne sera possible qu'après de multiples médiations.

6.1.1.   *Les mesures à l'encontre des Italiens*

Dans les mois qui précèdent l'agression nazie contre la Pologne, la propagande allemande est très active en Égypte et contribue à alimenter les sentiments antibritanniques. Dès le déclenchement des hostilités, l'ambassadeur britannique Sir Miles Lampson exige du gouvernement égyptien l'application immédiate de l'article 7 du traité signé entre les deux pays en 1936[2]. Ses clauses autorisent la Grande-Bretagne à déployer en Égypte près d'un million de soldats venus de tout le Commonwealth. Au lendemain de l'entrée en guerre de l'Italie aux côtés de l'Allemagne, le 10 juin 1940, le cabinet du Premier ministre ʿAlī Māhir, qui veut garder à tout prix la neutralité de l'Égypte dans le conflit, se borne à faire voter la rupture des relations diplomatiques avec l'Italie. L'ambassade britannique s'accommode de la politique de non-belligérance pratiquée au Caire mais, face à la menace italienne, exige l'application de mesures spéciales à l'encontre des ressortissants italiens. L'Italie fasciste, dont les troupes sont présentes en Libye, en Érythrée, en Somalie et en Abyssinie, menace directement les

---

1. À propos de la propagande et des ambitions italiennes en Égypte, voir Destremau 2011. Concernant la stratégie politico-militaire des puissances de l'Axe, voir Hadhri, Pelletier 2016.
2. Le traité de 1936 prévoit que, en cas de conflit impliquant l'un ou l'autre des deux pays, ceux-ci doivent collaborer du point de vue militaire et politique.

possessions britanniques en Afrique. La présence de 300 000 hommes à la frontière libyenne est considérée comme le plus grand danger, et ce, malgré les déclarations du Duce assurant que l'Italie n'entend aucunement entraîner les pays voisins dans le conflit.

Conçu dès le milieu des années 1930, le plan Tombak[3] prévoit l'occupation de certains immeubles « clés » appartenant à la colonie italienne, telles les écoles, ainsi que l'internement de 500 hommes considérés comme les plus suspects parmi les 1 100 figurant sur la *security list* établie par les autorités britanniques. Sous la pression de l'ambassade de la Grande-Bretagne, le plan commence à être appliqué quelques jours après l'entrée de l'Italie dans le conflit. Les mesures prises ne concernent pas seulement la restriction de la liberté des ressortissants italiens, mais prévoient aussi la saisie de leurs biens ainsi que ceux des institutions italiennes.

Les 16 et 17 juin 1940, les décrets n° 57 et n° 58 établissent, respectivement, l'enregistrement obligatoire de tous les ressortissants italiens sous peine d'emprisonnement et la mise sous séquestre de leurs biens[4]. Seuls les sujets coloniaux de l'empire italien, les Juifs, les ouvriers et les petits artisans et commerçants avec moins de deux dépendants sont exemptés de ces mesures. Le décret n° 58 prévoit également la création d'un organisme *ad hoc*, le Séquestre général pour l'administration des biens des sujets italiens (*al-Ḥirāsa al-ʿāmma li-idārat amwāl al-raʿāyā al-īṭāliyyīn*) chargé de la gestion des biens saisis[5]. Les mesures à l'encontre des ressortissants italiens se durcissent à la faveur de l'avancée italienne en Égypte. Dès septembre 1940, Mussolini se lance, en effet, à la conquête du pays : le 14, le village de Sollum est atteint et, le 16, Sīdī Barrānī, situé à une centaine de kilomètres de la frontière égypto-libyenne, est occupé. Sous la pression de l'ambassade britannique, les autorités égyptiennes procèdent alors à l'internement de quelques milliers de civils italiens[6].

---

3. Conçu par les Britanniques dès l'invasion italienne de l'Ethiopie (1935-1936) et mis en application après l'entrée de l'Italie dans la Seconde Guerre mondiale, ce plan prévoit l'enregistrement et l'internement des Italiens résidant en Égypte, ainsi que la formation d'un comité anglo-égyptien chargé de gérer leur internement.
4. Petricioli 2007, p. 396-397.
5. Cet organisme est chargé d'administrer les biens productifs et de vendre les biens non productifs. Les petites sociétés, bien que placées sous séquestre, continuent d'être gérées par leurs propriétaires. ASDMAE, AP, b.33, Rapport sur la colonie italienne d'Égypte, juin 1944.
6. Petricioli 2007, p. 400.

Parmi les biens immobiliers réquisitionnés figurent les écoles royales italiennes du Caire, d'Alexandrie et de la zone du Canal. Seuls les établissements tenus par les congrégations religieuses de langue italienne (Salésiens, Filles de Marie Auxiliatrice, Franciscains, Comboniens et Pieuses Mères de la Nigritie) sont autorisés à continuer leurs activités[7]. Grâce à la médiation de la délégation apostolique, ces écoles peuvent faire valoir la nationalité vaticane, ce qui représente une bouée de sauvetage et leur évite d'être mises sous séquestre. Des pourparlers sont ouverts aussitôt entre la délégation apostolique, la légation suisse, chargée depuis le 13 juin 1940 de la tutelle des intérêts italiens, et le ministère de l'Instruction publique égyptien. Ils portent sur la scolarisation des centaines d'élèves qui fréquentaient les écoles royales italiennes au moment du déclenchement des hostilités. L'accord conclu entre les parties prévoit le transfert des écoliers vers les écoles religieuses et leur prise en charge par la légation suisse (tableau 18).

6.1.2. *Le régime spécial des écoles religieuses*

Dès octobre 1940, les établissements tenus par les congrégations religieuses italiennes accueillent plusieurs centaines d'élèves. À l'institut Don Bosco du Caire, l'absorption du public des écoles royales exige l'ouverture de nouvelles sections (école élémentaire, lycée, école commerciale) et l'aménagement des locaux auparavant destinés aux seules filières primaire et professionnelle. La congrégation doit aussi faire face à la pénurie d'enseignants. Elle tente d'y remédier en embauchant le personnel des anciennes écoles royales italiennes. Il s'agit surtout de femmes, qui ont été épargnées par les mesures d'internement.

	Institut	Nbre d'élèves
Le Caire	Institut salésien de Rod el-Farag	610
	École Marie Auxiliatrice de Rod el-Farag	260
	École A. Manzoni, Héliopolis	150
	École des religieuses franciscaines, Kasr al-Nil	670
	École des religieuses franciscaines, Clot Bey	105

7. Font exception les écoles de garçons de Suez et d'Ismaïlia. Confiées à la congrégation salésienne, elles demeurent des établissements d'enseignement dépendant du gouvernement italien. Elles sont donc immédiatement réquisitionnées.

	Institut	Nbre d'élèves
	Asile Saint-Joseph des Sœurs de la Nigritie, Zamalek	75
Alexandrie	Institut Don Bosco, Pères salésiens	410
	École Marie Auxiliatrice, sœurs salésiennes	300
	École des religieuses franciscaines Ibrahimiya	250
	École des religieuses franciscaines de la Marine	180
	École des religieuses franciscaines de Zahariya	120
	École des religieuses franciscaines de Nabi Daniel	170
Canal	École des Pères salésiens, Port-Saïd	250
	École des religieuses franciscaines, Port-Saïd	300
	École des religieuses franciscaines, Ismaïlia	125
	École mixte de Suez	130
Total		4 105

Tableau 18. Effectifs des écoles religieuses italiennes au 19 octobre 1940.
Source : AESA, Correspondance avec la légation suisse, Le P. Biondi à M. Brunner,
19 octobre 1940.

Les accords conclus entre la légation suisse, le ministère de l'Instruction publique égyptien et la délégation apostolique ne suffisent pas à empêcher une intervention énergique de la part du gouvernement égyptien. Le 31 décembre 1940, un arrêté du ministère de l'Intérieur ordonne la fermeture des écoles religieuses, accusées d'être des foyers de propagande fasciste[8]. Ce coup de force vise moins à fermer définitivement ces établissements qu'à jeter les bases d'une plus stricte surveillance gouvernementale sur eux. L'arrêté du ministère de l'Intérieur datant du 2 janvier 1941 prévoit en effet la fermeture temporaire des écoles jusqu'à ce qu'une décision définitive soit prise à leur sujet par le ministère de l'Instruction publique. Chaque établissement est invité à présenter une demande de réouverture à celui-ci qui tranchera au cas par cas.

Dès les premiers jours de janvier 1941 commencent ce que les Salésiens qualifient de « trois longs mois de calvaire[9] ». La légation suisse, le vicariat et plus tard la délégation apostolique intercèdent auprès du ministère de l'Intérieur afin de négocier la réouverture des écoles[10]. Dans leurs lettres,

---

8. Petricioli 2007, p. 450.
9. AESC, Compte rendu des événements au début et durant la guerre, s. d.
10. AESC, Correspondance avec la légation suisse, La légation au ministère de l'Instruction publique, 27 janvier 1941. Les archives du pontificat de Pie XII et, plus

les religieux insistent sur le caractère «moral» de leur enseignement, «dépourvu de toute orientation politique». À propos des cours dispensés dans leurs écoles professionnelles, ils soulignent leur caractère «purement technique[11]». Afin de dissiper tout soupçon que les ateliers puissent servir à la production de matériel de guerre, les religieux adjoignent en annexe à leur courrier le programme d'enseignement et la liste des travaux pratiques effectués par les élèves.

Dans les faits, la réouverture se fait de manière progressive. Un premier décret établit celle des écoles franciscaines de la Haute-Égypte. La rapidité de cette décision tient au fait que les religieux adoptent les *curricula* en vigueur dans les écoles égyptiennes et que la majorité des effectifs et du personnel enseignant sont de nationalité égyptienne[12]. La réouverture des instituts salésiens est soumise à une série de conditions. Les religieux doivent se soumettre en premier lieu à l'inspection du ministère de l'Instruction publique égyptien.

Un organisme spécial est créé à cet effet : la direction des écoles italiennes (*idārat al-madāris al-īṭāliyya*) présidée par Aḥmad Nagīb Hāshim, déjà inspecteur de l'enseignement privé et remplacé quelques mois plus tard par Aḥmad Ḥusayn Bāsha [13]. Cet organisme est chargé de vérifier les contenus des manuels en usage dans les écoles religieuses, en éliminant ou en expurgeant tous ceux qui «renferment une quelconque propagande politique[14]». Une deuxième condition pour la réouverture des écoles tient au personnel enseignant. Les dirigeants des écoles sont appelés à licencier tous les enseignants laïcs de nationalité italienne pour des raisons de «sécurité[15]». Ces derniers doivent être remplacés par un personnel approuvé ou suggéré par le ministère.

---

particulièrement le fonds «Nonciature apostolique du Caire», conservent plusieurs traces de ces négociations. Voir à ce propos Turiano, Viscomi 2022.

11. AESC, Données sur la réouverture des écoles, Le directeur au MIP, 4 janvier 1941.

12. Sur les écoles tenues par les missionnaires franciscaines en Haute-Égypte, voir Turiano 2022.

13. AAV, Nonciature apostolique du Caire, Mgr Hughes, b. 54, Décret ministériel n° 5433, 3 février 1941.

14. AESC, Données sur la réouverture des écoles, Conditions pour la réouverture des écoles, 4 février 1941.

15. AESC, Le P. Biondi à la légation suisse, 24 avril 1941.

Les dirigeants des écoles religieuses n'ont d'autre choix que de se plier aux directives ministérielles afin d'assurer la reprise des cours[16]. Dans les mois qui suivent, les inspecteurs de la direction des écoles italiennes passent en revue les manuels scolaires. En mars 1941, une liste de manuels à interdire ou à expurger est remise aux dirigeants scolaires[17]. Pour ce qui est des enseignants, bien avant que le ministère de l'Instruction publique ne leur fasse parvenir la liste nominative du personnel à licencier, les Salésiens nomment le P. Morazzani, de nationalité maltaise, à la direction de l'école du Caire. Conscients des pressions qu'exerce l'ambassade britannique sur le ministère égyptien, ils espèrent que la désignation d'un sujet britannique à la tête de leur établissement cairote accélèrera les démarches en vue de sa réouverture[18]. Ils procèdent ensuite au remplacement des douze enseignants dont le ministère égyptien exige l'éloignement par des enseignants de nationalité égyptienne[19].

Les conditions imposées par le ministère de l'Instruction publique égyptien ayant été satisfaites, les écoles rouvrent le 22 avril 1941. Elles continuent tout de même d'être soumises à son contrôle. Des inspecteurs les visitent régulièrement et remettent leurs rapports à la direction des écoles italiennes.[20] Les Salésiens se plient bon gré mal gré à leurs directives, mais

16. AESC, le P. Biondi à Rif'at Bāsha, sous-secrétaire d'État au ministère de l'Intérieur, 16 avril 1941.

17. AESC, Données sur la réouverture des écoles, Conditions pour la réouverture des écoles, 4 février 1941.

18. Sur l'Église et la diplomatie au Levant, voir Ferragu 2000. Dans l'entre-deux-guerres, le fait que la plupart des hautes fonctions ecclésiastiques au Proche-Orient soient occupées par des clercs de nationalité italienne suscite la suspicion des puissances mandataires. Avec l'entrée en guerre de l'Italie, cette question entraîne un conflit entre la Grande-Bretagne et le Saint-Siège qui dure jusqu'à l'armistice. La Grande-Bretagne demande au Vatican de remplacer plusieurs prélats soupçonnés de mener des actions de propagande, d'espionnage et de sabotage en faveur des puissances de l'Axe, dont Mgr Testa, délégué apostolique d'Égypte et de Palestine. En 1941, Mgr Hughes, britannique, est nommé à la place de Mgr Testa comme chargé d'affaires, puis comme régent de la délégation apostolique, jusqu'en 1948. Sur le remplacement des religieux italiens par des religieux de nationalité britannique au Proche-Orient, voir Zanini 2017 ; Rioli 2020.

19. AESC, le P. Biondi à Rif'at Bāsha, sous-secrétaire d'État au ministère de l'Intérieur, 16 avril 1941.

20. AESC, Documents pour la réouverture des écoles, 1941, La direction des écoles italiennes au P. Morazzani, 21 mai 1941.

le régime spécial auquel sont soumises leurs écoles est à l'origine, à leurs yeux, « de toute sorte d'abus et d'ingérences[21] ».

Les écoles italiennes ne sont pas les seules à faire l'objet de mesures spéciales. Dès juillet 1941, après la rupture des relations diplomatiques avec la France, les écoles françaises sont à leur tour strictement encadrées par les autorités égyptiennes[22]. Plus généralement, au cours du conflit, le ministère de l'Instruction publique égyptien s'efforce de soumettre les établissements d'enseignement étrangers à un contrôle plus strict, en élargissant les mesures prises depuis le milieu des années 1930[23]. Échappant à toute forme de contrôle en vertu des capitulations, ces établissements sont perçus comme une entrave à la souveraineté de l'État. L'enseignement de l'arabe fait l'objet d'une réunion avec les chefs d'établissement des écoles étrangères au cours de l'année 1940. Pour le ministère, les élèves égyptiens doivent être assurés, en y entrant, d'y trouver un niveau d'enseignement d'arabe comparable à celui dont bénéficient les élèves des écoles égyptiennes. Plusieurs rencontres s'en suivent durant lesquelles le principe de l'enseignement de la langue arabe est réaffirmé avec vigueur. Il faudra toutefois attendre 1948 pour que le ministère en exige l'application.

Jusqu'à la fin du conflit, les écoles salésiennes sont soumises, pour leur fonctionnement administratif, aux autorités égyptiennes placées à leur tour sous la stricte surveillance des autorités britanniques. La rupture des relations diplomatiques entre l'Italie et l'Égypte a pour conséquence la suppression de tout subside direct de la part de gouvernement italien. Dans la quête de nouvelles ressources, la légation suisse joue un rôle de médiation important.

6.1.3.   *La légation suisse au secours des missions*

Depuis le déclenchement des hostilités, la légation suisse est en charge des intérêts des Italiens en Égypte. Par son intermédiaire, le gouvernement italien fait parvenir des subsides aux familles italiennes indigentes et aux familles des internés. Lorsqu'il devient clair que seuls les établissements confessionnels peuvent continuer leur œuvre, la légation s'empresse de trouver un accord

---

21. ASC, F771, Le Caire, Chronique 1942-1943.
22. Abécassis 2000, p. 573.
23. Première de ces mesures, la loi de 1934 sur les écoles libres vise à soumettre les écoles privées préparant aux examens publics à l'inspection du ministère. Abécassis 2000, p. 507.

pour couvrir les frais de scolarisation des enfants et des jeunes Italiens dans ces écoles. Pour ce faire, elle obtient que des subsides supplémentaires soient accordés par le gouvernement italien aux familles indigentes. En échange, les écoles religieuses s'engagent à supporter tous les frais qu'entraîne la marche régulière des écoles tels que ceux de la location d'autobus et la rémunération du personnel laïc venu des écoles royales italiennes. En novembre 1940, le P. Biondi, représentant des écoles italiennes auprès de la légation suisse, remet à cette dernière une liste provisoire des subsides nécessaires à l'ensemble des écoles religieuses (tableau 19).

Toutefois, l'accord conclu avec les autorités italiennes n'est que de courte durée. Dès décembre 1941, le gouvernement italien informe la division des intérêts étrangers à Berne qu'il n'est plus en mesure de supporter les coûts engendrés par le maintien des écoles en Égypte. La légation suisse, qui a avancé des fonds aux écoles religieuses, tente plusieurs médiations et propose un nouvel arrangement consistant en une réduction des subsides. Mais les efforts sont vains : le gouvernement italien n'entend pas faire machine arrière. Dès mars 1942, le chargé d'affaires suisse informe les écoles religieuses de l'échec de sa médiation. M. Brunner invite le P. Biondi à prendre, en l'absence de toute autre solution, les dispositions nécessaires pour la fermeture des établissements après les vacances de Pâques[24].

	Nombre d'élèves				Classes		Subsides mensuels en LE
	Total	Italiens	Étrangers	Provenant des écoles italiennes	Divers	Élémentaires	Moyennes	
Le Caire	1 860	1 300	570	940	555	31	9	845
Alexandrie	1 430	1 136	294	879	396	35	6	825
Villes du Canal	760	760			760	23	8	545
Total	4 050	3 196	864	1 819	1 011	89	23	2 215

Tableau 19. Subsides demandés à la légation suisse par les écoles religieuses italiennes.
Source : AESA, correspondance avec la légation suisse, 1940.

24. AESC, Département politique fédérale, division des intérêts étrangers à la légation suisse au Caire, 13 mars 1942.

La question du maintien des écoles religieuses et la quête de ressources financières font dès lors l'objet de plusieurs réunions auxquelles participent le représentant des écoles italiennes, le chargé d'affaires suisse et le délégué apostolique, Mgr Hughes[25]. Après de longs pourparlers, un accord entre les différentes parties est conclu le 15 octobre 1942 : tous les élèves doivent désormais s'acquitter d'une taxe dont le montant est de 10 piastres pour les enfants les plus démunis. La légation s'engage à verser 30 piastres par enfant indigent à titre de frais de réfection dans les limites de 800 livres égyptiennes (LE) prélevées sur les fonds de l'assistance aux ressortissants italiens. La délégation apostolique s'engage, quant à elle, à couvrir les frais supplémentaires occasionnés par la gestion des écoles. Le nouvel accord, s'il permet le maintien des écoles, se traduit par une baisse des effectifs. Aux frais de scolarité s'ajoutent des frais supplémentaires que certaines familles n'ont pas les moyens de supporter[26].

Entre-temps, la légation et les Salésiens cherchent à obtenir de l'inspecteur des écoles italiennes et du ministre des Finances égyptien l'autorisation de prélever des sommes sur les avoirs italiens mis sous séquestre. Depuis novembre 1943, après la suspension des subsides du gouvernement italien en faveur des ressortissants italiens indigents, la direction du séquestre transfère mensuellement à la légation suisse 52 000 LE à titre d'assistance[27]. Après de longues négociations, un arrangement est conclu entre le séquestre général et la direction des écoles italiennes, prévoyant l'octroi d'une subvention mensuelle de 2 000 LE à l'ensemble de ces écoles. Le directeur du séquestre se réserve le droit de vérifier les comptes de chacune afin d'établir les subsides à lui attribuer[28].

À la différence des institutions religieuses françaises qui, pour pallier la suspension des subventions en provenance de la métropole, cherchent d'autres protecteurs et n'hésitent pas, à cette fin, à ouvrir des sections anglophones[29], les écoles religieuses italiennes tirent l'essentiel de leurs ressources des subsides du gouvernement italien et des sommes prélevées sur

---

25. Sur l'action caritative et humanitaire menée par la délégation apostolique durant le conflit, voir Turiano, Viscomi 2022.

26. AESC, Département politique fédérale, division des intérêts étrangers à la légation suisse au Caire, 13 mars 1942.

27. ASDMAE, AP 1931-1945, b.43, Rapport du maggiore Anton Giulio Mayano, 1944.

28. AESC, Circulaire de la légation suisse, 13 mars 1944.

29. Abécassis 2000, p. 575.

les biens italiens mis sous séquestre. Cette dépendance financière constitue une hypothèque sur leur avenir. Lorsque la direction du séquestre annonce la suspension de tout subside, elles perdent leur principale ressource.

6.2. Vers un retour à la normale?

L'après-guerre est marqué par la lenteur des négociations entre l'Égypte et l'Italie. L'accord de Paris du 10 septembre 1946, qui doit permettre la reprise des relations diplomatiques entre les deux pays, tarde à être ratifié. Il porte sur deux questions épineuses: les dédommagements dus par l'Italie à l'Égypte et la mainlevée sur les biens appartenant aux ressortissants italiens[30]. Sur le terrain, la situation est particulièrement critique. Le séquestre annonce la suspension, à partir du 1er juillet 1946, des subsides destinés aux ressortissants italiens indigents. À son tour, le chargé d'affaires suisse annonce qu'il n'avancera plus les subsides sans une déclaration de remboursement signée par le gouvernement italien. Ces nouvelles entretiennent un climat d'incertitude parmi les ressortissants italiens qui ont bénéficié jusque-là de l'assistance de la légation[31].

6.2.1. *Sauvegarder les positions acquises*

Ces mesures ont des retentissements sur les établissements d'enseignement. Le 1er septembre 1946, la légation suisse annonce au P. Biondi l'arrivée à terme de sa mission. À son tour, le séquestre signale l'imminente suspension des subsides jusque-là octroyés aux écoles[32]. Cela met en danger la survie des écoles de la mission. Or, les religieux n'entendent aucunement renoncer aux positions acquises pendant le conflit. C'est à Giovanni De Astis, chef de la délégation italienne dépêchée en Égypte, qu'ils font alors appel[33]. Dans un mémorandum qu'ils lui adressent, ils soulignent les menaces qui pèsent sur leurs écoles. Ils affirment qu'ils pourraient être obligés de les fermer et de

---

30. ASDMAE, AP 1946-1950, b.4, Mochi au sous-secrétariat du ministère des Affaires étrangères, 30 janvier 1947.
31. Petricioli 2007, p. 462.
32. AESC, La légation suisse au directeur des écoles italiennes, 24 août 1946.
33. La délégation présidée par De Astis a pour mission de s'enquérir des conditions de vie de la communauté italienne en Égypte ainsi que de ses besoins afin de parvenir à une normalisation de son statut. Petricioli 2007, p. 464.

renvoyer des centaines d'élèves si la question des subsides n'était pas réglée. En mettant l'accent sur le caractère «italien» de leurs écoles, les religieux invitent le gouvernement italien et ses représentants en Égypte à prendre leurs responsabilités :

> Les établissements religieux en Égypte ont, pendant le conflit, accueilli le public scolaire des écoles royales. Elles furent donc et elles restent des écoles italiennes ou, mieux, les seules écoles italiennes et, en tant que telles, reconnues par le gouvernement italien [...] Les fonds pour les salaires des enseignants externes étaient pourvus par le séquestre, par l'entremise de la direction générale des écoles italiennes (présidée par le docteur Said Pacha). La légation suisse, chargée des intérêts italiens, pourvoyait à l'assistance des orphelins et des indigents accueillis dans ces écoles à partir des fonds mis à disposition par le séquestre. Bref, la légation suisse et la direction générale des écoles italiennes faisaient parvenir aux écoles des sommes prélevées sur les avoirs italiens en Égypte. Or, la mission de la légation suisse étant arrivée à terme et le fonctionnement du séquestre ayant été suspendu, l'héritage des écoles italiennes passe automatiquement et *in toto* aux autorités italiennes[34].

Aux nombreux appels lancés par les religieux, le diplomate répond de manière élusive. La délégation qu'il conduit a bien passé un accord avec le gouvernement égyptien aux termes duquel elle s'engage à étudier les questions relatives aux écoles italiennes et à leur financement[35]. Elle ne cache pas pour autant les difficultés financières dans lesquelles se débat le ministère des Affaires étrangères italien et qui rendent malaisé le déblocage immédiat de subsides aussi importants.

À la question des subsides s'ajoute celle de l'avenir des écoles royales italiennes en Égypte une fois rétablies les relations diplomatiques italo-égyptiennes. Les difficultés financières du gouvernement italien et le blocage de la situation diplomatique laissent présager l'impossibilité de leur réouverture. Les représentants du gouvernement égyptien font part aux responsables italiens de leur volonté de garder certains de ces établissements scolaires à titre de dédommagements. La question constitue un véritable

---

34. AESC, Mémorandum du P. Biondi à De Astis, 24 septembre 1946.
35. AESC, Le Séquestre au P. Biondi, 25 septembre 1946.

enjeu pour les Salésiens qui espèrent pouvoir tirer profit de la situation[36]. Ils se mobilisent pour obtenir que les anciennes écoles royales italiennes leur soient confiées, en répétant le vieux refrain des bénéfices financiers que le gouvernement italien tirerait de cette cession[37]. Des arguments qui, à la lumière des difficultés financières de l'après-guerre, ne laissent pas celui-ci indifférent.

En novembre 1946, le ministère des Affaires étrangères envoie en Égypte l'inspecteur Raffaele Ferruzzi, avec pour mission de dresser un état des lieux détaillé des écoles tenues par les religieux. Il remet un mémorandum au directeur de l'institut Don Bosco du Caire contenant les propositions qu'il entend soumettre au ministère, à savoir l'octroi aux écoles salésiennes d'une subvention mensuelle de 300 LE et la reconnaissance de l'équivalence des diplômes décernés par les instituts salésiens pourvu que ces derniers s'engagent à embaucher des enseignants titulaires de diplômes d'État (italiens), ayant été constaté que la plupart du personnel enseignant « n'est pas à ce jour attitré[38] ». Quelques mois après, le gouvernement italien reconnaît l'équivalence des diplômes préparés par les écoles primaires et secondaires (d'enseignement général) salésiennes.

Si elle n'a pas obtenu la cession des anciennes écoles royales italiennes, la congrégation salésienne a réussi à sauvegarder son monopole, acquis durant le conflit, sur l'enseignement italien en Égypte. La complexité et la lenteur de la mise en œuvre des accords italo-égyptiens, ainsi que les difficultés financières dans lesquelles se débat le gouvernement italien, ont joué en sa faveur. Au lendemain du conflit, les établissements tenus par les Pères salésiens sont les seules écoles italiennes de garçons.

Toutefois, dans le pays, le mouvement national est à son comble. L'heure est désormais à l'arabisation. Si la direction des écoles italiennes a été supprimée, les Salésiens ne peuvent plus espérer retrouver l'autonomie d'antan. Le ministère de l'Instruction publique égyptien réitère, par une nouvelle loi, les mesures concernant l'enseignement de l'arabe et l'enseignement religieux dans l'ensemble des établissements scolaires étrangers.

---

36. ASC, F414, Le P. Bertolaso au P. Ziggiotti, 11 février 1946.
37. ASC, F383, Le P. Biondi au P. Puddu, 25 mai 1946.
38. ASC, F414, Mémorandum de l'inspecteur Ferruzzi à l'intention du directeur de l'institut Don Bosco, 29 novembre 1946.

6.2.2. *Le contrôle du ministère de l'Instruction publique s'approfondit*

Au lendemain du conflit, la pression de l'État égyptien sur les écoles privées s'accentue. La loi n° 28 du 1er avril 1948 généralise le contrôle gouvernemental à toutes les institutions s'occupant d'éducation et d'instruction, y compris celles qui préparent aux diplômes étrangers. L'article 10 établit la volonté de mettre en place une politique d'arabisation de grande ampleur dans les petites classes. Les écoles primaires libres doivent assurer à tous leurs élèves, sans distinction de nationalité, une connaissance de la langue arabe du même niveau que celle qu'offrent les écoles gouvernementales. L'étude des « matières nationales » (histoire, géographie et instruction civique) est rendue obligatoire pour les élèves de nationalité égyptienne. L'article 18 interdit, quant à lui, d'enseigner aux élèves une autre religion que la leur[39].

Malgré les protestations qu'elle soulève chez les diplomates et les dirigeants des écoles confessionnelles, la loi est votée en avril 1948. Un système d'inspection est mis en place pour vérifier que l'enseignement se déroule bien selon les directives ministérielles et en accord avec « l'esprit national[40] ». Les Salésiens temporisent avant d'appliquer la loi. À la rentrée 1949-1950, l'inspecteur Aḥmad ʻAbd al-ʻAzīz se réjouit des efforts faits par la direction de l'école salésienne du Caire pour se conformer aux directives ministérielles. Il recommande tout de même qu'une attention particulière soit dévolue aux élèves égyptiens afin qu'ils atteignent un socle de connaissances « comparable à celui de leurs camarades dans l'enseignement gouvernemental ». Les dirigeants scolaires sont donc invités à prévoir un volume horaire de plus en plus consistant pour l'enseignement de l'arabe, « les heures fixées pour cette année n'étant pas encore suffisantes » d'après ce fonctionnaire égyptien[41].

La question de l'enseignement religieux pour les élèves musulmans soulève les plus vives protestations de la part des missionnaires, surtout après que le ministre de l'Instruction publique Aḥmad Mursī Badr a tenté d'imposer l'aménagement d'une salle de prière dans toutes les écoles. En août 1949,

---

39. Abécassis 2000, p. 633.
40. AESC, *Taftīsh al-lugha al-ʻarabiyya* (Inspection de la langue arabe), 1948-1949.
41. AESC, ʻAbd al-ʻAzīz Aḥmad, *Taftīsh al-lugha al-ʻarabiyya* (Inspection de la langue arabe), 1949-1950.

un compromis est trouvé : les écoles peuvent faire signer au tuteur de l'élève une décharge concernant l'enseignement religieux, accompagnée de l'engagement à l'assurer lui-même à domicile[42]. Les Salésiens se conforment à ces dispositions, qui resteront en vigueur jusqu'en 1955[43].

Après avoir réussi à « éviter le pire », à savoir que l'enseignement religieux soit rendu obligatoire à l'intérieur du périmètre scolaire, les Salésiens adoptent une nouvelle politique de recrutement à l'égard des élèves musulmans. Si dans l'entre-deux-guerres ils les ont accueillis en grand nombre, notamment à Alexandrie, ils font preuve, après l'entrée en vigueur de la nouvelle législation, d'une très grande prudence[44]. La crainte d'une extension de la loi de 1948, qui établit que l'enseignement religieux reste obligatoire lorsque le nombre des musulmans est égal ou supérieur au 15 % du total des effectifs scolaires, explique cette décision qui concerne aussi bien l'école du Caire que celle d'Alexandrie.

C'est donc avec beaucoup de réticences que les Salésiens se conforment aux mesures édictées par le ministère de l'Instruction publique, soucieux d'assurer un plus grand contrôle sur les établissements d'enseignement étrangers et une plus grande tutelle sur leurs élèves égyptiens. Les appels au changement ne viennent pas seulement du gouvernement égyptien. D'autres injonctions viennent du Saint-Siège et de la hiérarchie catholique en Égypte et soulignent l'exigence d'une adaptation aux temps nouveaux.

6.2.3. Peut-on encore parler de mission ?

Depuis 1938, en écho aux accords de Montreux, les catholiques de rite latin en Égypte se trouvent, comme les autres communautés catholiques orientales, placées sous la juridiction de la Congrégation pour les Églises orientales. Le *Motu proprio Sancta Dei Ecclesia* (25 mars 1938) fait passer sous sa compétence tous les fidèles (orientaux et latins) qui étaient jusqu'alors sous la juridiction de Propaganda Fide[45]. La Congrégation pour les Églises orientales invite les missionnaires à prendre en compte, dans leurs pratiques,

---

42. Abécassis 2000, p. 638.
43. AESA, dossier Correspondance avec le consul, Le P. Morazzani au consul général d'Italie à Alexandrie, 18 décembre 1955.
44. ASC, F383, Rapport sur l'état des écoles salésiennes à Alexandrie, 1955.
45. Pettinaroli 2013, p. 313.

les évolutions en cours. En 1945, une circulaire envoyée à tous les chefs des établissements d'enseignement missionnaire du Proche-Orient insiste sur l'importance de la connaissance de la langue arabe par les religieux :

> Les missionnaires ont imposé leur langue aux populations qu'ils allaient évangéliser plutôt que d'apprendre la langue du pays, et ce, afin de répondre au désir de ces mêmes populations. Par conséquent, il n'est pas surprenant que la plupart du personnel de ces écoles et collèges, à la différence des missionnaires œuvrant dans des centres plus petits, ne connaisse pas la langue arabe ou connaisse et parle seulement la langue du peuple qui a très peu à voir avec l'arabe des savants et du Coran.
>
> Un changement de tendance est en train de se produire aujourd'hui. On commence à reprocher aux écoles catholiques ce qui auparavant était objet de prédilection et de louanges. Le nationalisme a pour objectif la réhabilitation de la culture arabe et il faut que nous nous tenions prêts, sur le court terme, à des lois restrictives sur la liberté d'enseignement, sur l'usage obligatoire de la langue arabe [...].
>
> Désormais les missionnaires sont appelés à une nouvelle forme d'apostolat, celle classique du missionnaire qui, non seulement parle au peuple dans la langue du peuple, mais se l'approprie aussi et soit capable de l'enseigner. S'il a été possible et même convenable par le passé d'occidentaliser l'Oriental, afin de lui faire accepter la culture chrétienne, dorénavant il faudra donner un habit oriental à la culture chrétienne[46].

Ce n'est pas la première fois que la congrégation souligne l'urgence d'un changement dans les pratiques missionnaires. En 1940 déjà, lorsque le déclenchement des hostilités faisait planer des doutes sur l'avenir des œuvres catholiques en Orient, elle prônait un changement allant dans le sens d'une plus grande arabisation des rangs missionnaires[47]. Mettant en garde les missions contre la poursuite de pratiques linguistiques qui risqueraient d'amener les peuples arabes, « mus par le vent du nationalisme », à voir dans les missionnaires des « instruments de la pénétration européenne »,

---

46. ASC, F040, La congrégation Pro-Ecclesia Orientali aux dirigeants des instituts qui possèdent des œuvres scolaires dans le Proche Orient arabe, 7 mars 1945.
47. ASC, F040, La congrégation Pro-Ecclesia Orientali au supérieur général de la congrégation salésienne, 13 avril 1940.

elle invitait les établissements d'enseignement catholiques à prendre des dispositions «au nom des buts suprêmes de l'activité missionnaire[48]».

Ces évolutions internes à l'Église catholique se traduisent dans l'Égypte des années 1940 par l'ébauche d'un dialogue islamo-chrétien qui est surtout le fait de quelques Pères jésuites et dominicains. Ces derniers cultivent, depuis quelques temps, le projet de fonder une équipe de religieux chargée de l'étude des problèmes religieux et culturels de l'islam. Promue par Georges Anawati, Jacques Jomier et Serge Laugier de Beaurecueil, l'équipe s'installe au Caire au milieu des années 1940. Elle est l'ancêtre de l'Institut dominicain d'études orientales, fondé officiellement quelques années plus tard[49].

Néanmoins, ces initiatives restent l'expression d'une frange minoritaire et restreinte au sein de l'Église catholique et de ses représentants en Égypte. La posture prédominante est celle d'une méfiance à l'égard de l'islam et de son réveil que le climat tendu des années 1940 ne fait qu'exacerber[50]. Malgré les appels à une plus grande arabisation, nombre de missionnaires font preuve d'une véritable réticence à apprendre l'arabe[51]. Comme l'a relevé Frédéric Abécassis, à l'aube des années 1950, l'adaptation des Jésuites au milieu arabe égyptien reste inachevée[52]. La situation est à peu près semblable au sein d'autres ordres et congrégations installés au Proche-Orient[53]. Pour ce qui est des Salésiens, le chroniqueur du Caire se plaint que dans la capitale égyptienne, il n'y ait pas en 1944 un seul confrère arabisant, ce qui oblige la congrégation à avoir recours à des drogmans pour toute relation avec les autorités[54].

En plus de l'apprentissage de la langue arabe, les missionnaires sont appelés à se tourner davantage vers l'Égypte et sa population. Dans le cas des Salésiens, les injonctions viennent surtout de la part du père Henry

---

48. SC, F040, La congrégation Pro-Ecclesia Orientali au supérieur général de la congrégation salésienne, 13 avril 1940.
49. Avon 2005, p. 205.
50. Dans l'après-guerre, la violence devient l'un des principaux ressorts de l'action politique. Meurtres et attentats émaillent les années 1947-1948. Les Frères musulmans y jouent un rôle central. Voir De Gayffier Bonneville 2010.
51. F037, Le provincial au P. Manione, 1956.
52. Abécassis 2000, p. 685.
53. Les Lazaristes à Damas restent généralement méfiants envers l'arabe. C'est seulement à partir des années 1950, lorsque leur rôle dans les grands collèges d'enseignement français au Proche-Orient est contesté, qu'ils entament un *aggiornamento*. Bocquet 2008, p. 160-161.
54. F771, Le Caire, Chronique, 1943-1944.

Ayrout. Premier jésuite de rite oriental (grec-catholique), il fonde en 1940 l'Association de la Haute-Égypte dans le but de dégager les œuvres catholiques de la tutelle de l'ancienne puissance protectrice, la France. L'association prend en charge vingt-huit écoles gratuites de la mission jésuite d'al-Minyā (Haute-Égypte) et vingt-deux écoles entretenues par l'évêché copte-catholique de Tahtā qui étaient toutes en déclin durant le conflit[55].

En 1947, le P. Ayrout est reçu à Turin par le Supérieur général des Salésiens. La rencontre porte sur l'avenir des œuvres salésiennes en Égypte. Mettant en garde les religieux contre une trop stricte dépendance de leurs œuvres à l'égard du gouvernement italien, il les incite à se tourner davantage vers l'Égypte, et notamment vers la jeunesse copte-catholique :

— Les Pères salésiens, qui ont dans le monde entier et même en Palestine de véritables missions, c'est-à-dire des œuvres pour les indigènes, un apostolat auprès des autochtones, ne rendent service en Égypte (Alexandrie, Le Caire, Port-Saïd), sinon exclusivement du moins officiellement, qu'aux Italiens.

— D'autre part, l'élément copte-orthodoxe à convertir, l'élément copte-catholique en pleine croissance (65 000 fidèles) manque totalement d'enseignement professionnel. Cet enseignement est de plus en plus nécessaire dans l'évolution actuelle du pays où les fonctions gouvernementales et les postes dans l'administration sont de plus en plus fermés aux chrétiens. S'ils n'ont pas un métier en main, ils risquent de former une minorité de chômeurs ou de ratés. En leur ouvrant l'accès aux écoles professionnelles, en même temps qu'on les sauve, on les rend à même de servir le pays qui manque de bons artisans, ouvriers ou agriculteurs.

— À côté de cette opportunité intrinsèque, il en est une autre qui vient la corroborer. On admet de moins en moins en Égypte une activité catholique nouée à une nation déterminée et à son service. Les établissements de ce genre risquent d'être brutalement fermés au terme des accords de Montreux (1949).

Il s'agirait donc en pratique :

a) De prévoir dans les écoles industrielles du Caire et d'Alexandrie une vingtaine de bourses pour des étudiants coptes-catholiques.

55. À propos de l'Association de la Haute-Égypte, voir Mayeur-Jaouen 2019.

b) De créer au Caire, dans un coin de la cour, une section artisanale pour les enfants du peuple.

c) D'ouvrir en province et de préférence en Haute-Égypte, où les groupements chrétiens sont les plus importants, une école agricole.

La Congrégation pour les Églises orientales y serait tout à fait favorable et l'Association catholique pour les écoles d'Égypte, dont le P. Ayrout S. J. est directeur, y aiderait.

Évidemment ce travail proposé devrait se faire en langue arabe. Pour la réalisation du point c, quatre pères suffiraient pour commencer, dont deux devraient connaître l'arabe et, si possible, être orientaux. L'équipe et l'œuvre entreraient dans la juridiction de la hiérarchie copte-catholique[56].

Le P. Ayrout soumet le même mémorandum à la Congrégation pour les Églises orientales qui se montre très favorable à ce que les écoles salésiennes d'Égypte acquièrent un profil « plus oriental, voire plus égyptien[57] ». D'après le cardinal Tisserant, secrétaire de la congrégation, ce changement permettrait aux Salésiens de se mettre plus résolument au service de la mission *in auxilium orientalium* (en faveur des rites orientaux) à l'image de leurs confrères en Palestine[58].

Les propositions du P. Ayrout sont loin de susciter une prompte adhésion des supérieurs salésiens en Égypte. Tout en se montrant favorable à la mise en œuvre de la première proposition, à savoir l'admission d'un nombre plus important d'élèves coptes à titre gratuit, le père provincial ne cache pas ses hésitations pour ce qui est de la réalisation de la deuxième[59]. Ses réticences sont liées d'abord à l'état du personnel et des cadres missionnaires. La congrégation salésienne continue de faire preuve d'une certaine méfiance à l'égard des vocations locales[60]. À l'absence de recrues orientales, s'ajoutent d'autres problèmes pratiques tels que l'édition des manuels en langue arabe,

---

56. ASC, F040, Mémorandum du P. Ayrout au supérieur général de la congrégation salésienne, 3 août 1947.
57. AAV, Nonciature apostolique du Caire, Mgr Hughes (1942-1949), b. 14, Sacrée congrégation Pro-Ecclesia Orientali à Mgr Hugues, 5 décembre 1947.
58. AAV, Nonciature apostolique du Caire, Mgr Hughes (1942-1949), b. 14, Le cardinal Tisserant à Mgr Hughes, 6 décembre 1947. Pour une biographie du cardinal Tisserant, voir Fouilloux 2011.
59. ASC, F040, Le provincial P. Garelli à Mgr Khuzām, 1er octobre 1947.
60. ASC, F035, Rapport sur l'état général de la province orientale Jésus-Adolescent, 1933.

la compétence des religieux étant largement insuffisante pour pouvoir y travailler sans traducteurs. Accepter la proposition du P. Ayrout reviendrait en outre, aux yeux des Salésiens, à perdre la direction d'établissements scolaires qui seraient dès lors soumis à la hiérarchie copte-catholique[61].

Le projet de fonder une école agricole pour la jeunesse copte en Haute-Égypte ne verra jamais le jour. Un deuxième projet, à savoir l'ouverture à Abū Qurqāṣ, dans le gouvernorat d'al-Miniā, d'une école professionnelle pour laquelle l'Association de la Haute-Égypte demande des « spécialistes » salésiens, ne sera pas non plus réalisé[62]. Quant à l'admission des élèves coptes, les pratiques divergent entre l'école Don Bosco d'Alexandrie et celle du Caire. Dans la capitale, les Salésiens semblent rester sourds aux injonctions du P. Ayrout : à la rentrée 1949-1950, cette catégorie d'élèves constitue une minorité négligeable. À Alexandrie, la congrégation fait preuve de plus d'ouverture. Durant l'année 1948-1949, vingt élèves coptes-catholiques et coptes-orthodoxes recommandés par l'association du P. Ayrout sont admis dans la filière professionnelle à titre gratuit ou moyennant le paiement de frais de scolarité réduits[63]. Certes, il s'agit là encore d'une ouverture timide. Constituant 8 % du total des effectifs, les élèves coptes restent minoritaires dans une école où les latins, suivis des grecs-orthodoxes, représentent les groupes confessionnels les plus importants.

6.2.4. *1949 : des écoles aux statuts différents*

Dans l'après-guerre, l'activité salésienne se concentre dans les principaux centres de résidence des ressortissants italiens : Le Caire, Alexandrie et Port-Saïd[64]. Du fait que les écoles royales italiennes n'ont pas été rouvertes, l'importance des établissements salésiens s'est considérablement accrue. En 1948 encore, ils sont au centre du dispositif d'enseignement en langue italienne et semblent destinés à le rester, comme le souligne le directeur

---

61. ASC, F383, Le P. Faoro au P. Ricaldone, 28 mars 1947.
62. AAV, Internonciature apostolique du Caire, Mgr Levame (1949-1954), L'Association catholique de la Haute-Égypte à l'inspecteur salésien Garelli, 11 septembre 1952.
63. ASC, F040, Le provincial à la congrégation Pro-Ecclesia Orientali, Tableau statistique des résidences salésiennes dans la province orientale Jésus-Adolescent, 1949.
64. Les écoles de Suez et d'Ismaïlia, sommées de fermer leurs portes et réquisitionnées dès le début des hostilités, ne sont pas rendues au gouvernement italien.

général des Relations culturelles[65] dans une missive envoyée à l'ambassadeur italien du Caire :

> Sans exclure que l'on puisse, dans un avenir proche, procéder à la réouverture d'écoles gouvernementales, ce qui constitue, il n'est pas inutile de le rappeler, la solution la plus onéreuse, il convient pour l'instant de s'occuper exclusivement du fonctionnement des écoles primaires et secondaires tenues par les organismes privés et les congrégations religieuses[66].

Ce n'est qu'au cours des années 1950, trois ans après la restitution des anciennes écoles gouvernementales de Būlāq, que le gouvernement italien rouvre des établissements scolaires dans la capitale égyptienne. En revanche, à Port-Saïd et à Alexandrie, les écoles salésiennes demeurent les seules écoles italiennes de garçons[67]. Les filières d'enseignement n'ont pas pour autant le même statut et connaissent des évolutions divergentes.

La section d'enseignement général, qui comprend les cours de niveau primaire et les cours de niveau secondaire, tire l'essentiel de ses ressources des subsides octroyés par le ministère des Affaires étrangères italien. Adoptant les *curricula* des écoles gouvernementales italiennes, les écoles qui en relèvent sont soumises à un strict contrôle de la part des inspecteurs italiens, qui se rendent régulièrement en Égypte[68]. Pour ce qui est du public scolaire, après avoir atteint un maximum de 500 élèves à Alexandrie et de 600 au Caire au début du conflit, il connaît une nette régression à partir de 1943 (figures 15 et 16). Cette baisse traduit la dépréciation des diplômes étrangers qui n'offrent plus beaucoup de débouchés à leurs titulaires dans les conditions de l'Égypte post-capitulaire.

---

65. La direction générale pour les relations culturelles est créée en décembre 1946 dans le but de développer la diplomatie culturelle italienne au lendemain du conflit. En même temps est supprimée la direction générale des Italiens à l'étranger qui s'était occupée des écoles italiennes en dehors de l'Italie et de la propagande culturelle auprès des communautés de migrants italiens. Sur la diplomatie culturelle de l'Italie dans l'après-Seconde Guerre mondiale, voir Medici 2009 et Pizzigallo 2008.
66. ASDMAE, AP 1946-1950, b.6, Le DG des relations culturelles à la légation d'Italie au Caire, 6 mars 1948.
67. ASDMAE, AP 1946-1950, b.13, Notes pour le secrétaire général, 7 décembre 1950.
68. ASC, F771, Le Caire, Chronique 1948-1949.

Les écoles professionnelles continuent, pour leur part, de jouir d'une autonomie quasi totale vis-à-vis du gouvernement italien. Leurs principales recettes sont représentées par les frais de scolarité acquittés par les élèves. À Alexandrie, les Salésiens cherchent à mobiliser d'autres ressources, d'autant plus que la subvention municipale, suspendue à la suite de l'éclatement des hostilités, tarde à être réactivée. Dès 1947, le directeur entreprend les démarches d'enregistrement auprès du ministère égyptien des Affaires sociales[69]. L'enregistrement en tant qu'établissement de bienfaisance permet aux Salésiens de bénéficier, à partir de 1951, d'une subvention mensuelle[70]. Après une contraction durant les premières années du conflit, qui s'explique par la priorité accordée à l'admission des étudiants des anciennes écoles royales, les effectifs recommencent à croître dès 1943. En outre, si l'on excepte les premières années du conflit, pendant lesquelles les écoles accueillent une majorité d'Italiens, ces derniers ne constituent qu'un tiers des effectifs en 1949.

Ainsi, dans l'après-guerre, les tendances déjà à l'œuvre durant les années 1930 s'approfondissent : la croissance des écoles professionnelles par rapport aux autres filières d'enseignement et le recrutement, dans ces établissements, d'un public plus large que les seuls ressortissants italiens (figures 15 et 16). À Alexandrie, la hausse des effectifs est surtout le fait des élèves de nationalité grecque qui représentent le groupe le plus important, suivi des Italiens et des Égyptiens. Dans la même école, le nombre d'élèves musulmans diminue drastiquement.

À la rentrée 1950-1951, les élèves musulmans ne représentent plus que 6 % du total des élèves alors que, dans la période de l'entre-deux guerres, ils ont commencé à investir massivement l'école et fini par représenter 20 % des effectifs[71]. Dans leurs deux écoles, les Salésiens se replient sur une clientèle quasi exclusivement chrétienne. Malgré une plus grande ouverture à Alexandrie, les coptes continuent de constituer une minorité négligeable. La catégorie «Égyptiens» ne comprend donc quasiment que des élèves appartenant aux autres minorités chrétiennes d'origine levantine.

---

69. Le ministère égyptien des Affaires sociales (*wizārat al-shu'ūn al-ijtimā'iyya*) est créé en 1939. Il centralise des services qui relevaient auparavant d'autres ministères, prenant en charge, entre autres choses, les soins prodigués aux orphelins, aux personnes âgés et aux chômeurs. Sur le ministère et la réforme sociale en Égypte au tournant des années 1940, voir Roussillon 1991 et Pollard 2014.

70. AESA, 26/C, Le directeur général de la municipalité au directeur de l'institut Don Bosco d'Alexandrie, 11 juillet 1951.

71. Se reporter au chapitre 5.

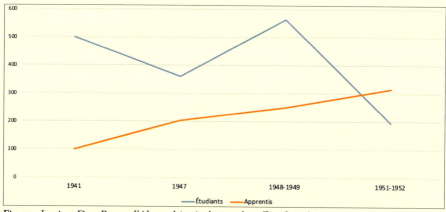

Fig. 15. Institut Don Bosco d'Alexandrie, évolution des effectifs scolaires, 1941-1952.
Source : AESA, Registres des inscriptions, 1941-1952.

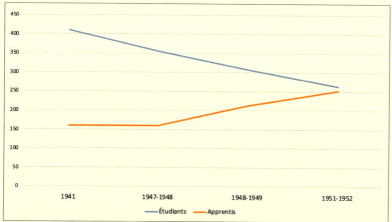

Fig. 16. Institut Don Bosco du Caire, évolution des effectifs scolaires, 1941-1952.
Source : AESC, Registres des inscriptions, 1941-1952.

Ce faisant, les Salésiens semblent aller à contre-courant d'autres congrégations enseignantes qui commencent à voir dans l'admission des « vrais Égyptiens », coptes et musulmans, une condition de leur pérennité[72]. Il faut attendre le milieu des années 1950 et le départ progressif de leur clientèle européenne, plus particulièrement italienne, pour que des remises en question se fassent jour au sein de la mission et que la question du statut des écoles professionnelles, demeurée jusque-là dans un flou juridique, soit tranchée.

72. Abécassis 2000, p. 583.

6.3. À la recherche d'une nouvelle voie

Le Mouvement des officiers libres entend mener une « révolution politique et sociale » selon l'expression employée par Gamal Abdel Nasser[73]. Après le coup d'État du 23 juillet 1952, la priorité est néanmoins donnée à la consolidation du régime, alors que les premiers choix reprennent, tout en les approfondissant, les mesures engagées sous la monarchie parlementaire. L'annonce, le 26 juillet 1956, de la nationalisation du canal de Suez représente un tournant pour l'évolution du régime nassérien[74]. Les premières nationalisations (1956-1957), inaugurant la phase du dirigisme étatique, frappent les intérêts des anciennes élites étrangères levantines et juives qui quittent progressivement le pays. Dans la lutte que le nouveau régime engage contre l'impérialisme, les écoles étrangères apparaissent comme un emblème de la domination culturelle extérieure. Les années 1950 sont pour leurs dirigeants des années de remise en question. Les appels au changement deviennent fréquents au sein même de la mission salésienne, mais ils ne font pas l'unanimité et se heurtent à de fortes résistances.

6.3.1. *Une communauté inquiète*

Les dernières heures de la monarchie parlementaire ont été très turbulentes. Les attentats, les protestations et les émeutes qui ont précédé le coup d'État n'ont pas seulement alimenté de profondes inquiétudes dans les milieux chrétiens et missionnaires mais elles ont aussi eu des retombées sur la marche des écoles. Le 13 novembre 1951, à l'occasion de manifestations prévues contre l'occupation britannique[75], les Salésiens accordent trois jours de congé à leurs élèves à Alexandrie pour éviter tout incident[76]. Mais c'est le 26 janvier 1952 qui marquera profondément leur esprit. Un immense incendie ravage Le Caire[77]. Durant cette journée, qualifiée de « tragique »

---

73. Abdel Nasser 1954, p. 18. Voir l'édition critique proposée par D. Inowlocki (2021).

74. Roussillon 1998, p. 339.

75. Au lendemain de l'abrogation unilatérale par le gouvernement wafdiste, en octobre 1951, du traité anglo-égyptien de 1936, une période agitée commence : manifestations, grèves et boycott économique visent à provoquer le départ des Britanniques. Voir à ce propos De Gayffier-Bonneville 2010.

76. ASC, F741, institut Don Bosco d'Alexandrie, Chronique 1950-1951, 13 novembre 1950.

77. De Gayffier-Bonneville 2010, p. 565.

par les missionnaires, les émeutiers prennent notamment pour cible des symboles de la présence européenne[78]. C'est ainsi que le père Fedrigotti résume la situation politique du pays à l'occasion de sa visite aux écoles d'Égypte en janvier 1953 :

> La situation politique du pays est critique. L'année dernière a éclaté au Caire une révolte qui pouvait se révéler fatale pour notre œuvre. Échafaudé dans tous ses détails par des éléments musulmans, nationalistes [et] communistes, le plan visait à éliminer les étrangers avec leurs écoles et leurs usines [...] La foule était en train de se diriger vers notre institut quand soudain l'armée fit son apparition [...] La haine contre les étrangers, les Anglais notamment, est en train de s'accentuer. On dit que le mouvement ne s'arrêtera que lorsqu'il n'y aura plus un seul soldat étranger (lire : anglais) sur le territoire égyptien. Nos relations administratives avec le gouvernement égyptien deviennent chaque jour plus délicates, la bureaucratie se fait de plus en plus lente, incompétente, irraisonnée… Le pire est à craindre[79].

Si les craintes du père Fedrigotti de voir les émeutiers attaquer l'école Don Bosco de Rawḍ al-Farag peuvent paraître exagérées, une école relevant de la mouvance française est bel et bien prise d'assaut au cours de la journée[80]. Le chaos dans la capitale est tel que l'autobus qui vient de ramasser les élèves de l'institut Don Bosco fait demi-tour pour les ramener chez eux. Le soir même, par crainte de représailles contre les établissements d'enseignement étrangers, beaucoup de parents en retirent leurs enfants[81]. Un sentiment d'insécurité s'installe chez les religieux, accru par les premières mesures engagées par les nouveaux leaders du pays.

Lorsque le père visiteur rédige son rapport, le nouveau régime est en place depuis quelques mois et il a déjà pris quelques mesures radicales : la réforme agraire (9 septembre 1952), les purges dans l'armée et dans la haute administration (septembre 1952), la dissolution des partis politiques

---

78. À propos de cette journée, passée à l'histoire sous le nom de « Samedi noir », voir Kerbœuf 2001.
79. ASC, F038, Rapport de la visite du P. Fedrigotti aux maisons d'Égypte, janvier 1953.
80. La principale école de la communauté israélite du Caire à al-ʿAbbāsiyya est saccagée et incendiée. L'école professionnelle Cicurel voisine est également touchée par les violences. Abécassis 2000, p. 656.
81. ASC, F771, institut Don Bosco du Caire, Chronique 1951-1952.

(16 janvier 1953) et la promulgation d'une « proclamation constitutionnelle » qui investit d'une totale souveraineté « le leader de la révolution au sein du conseil de commandement de la Révolution » (10 février 1953[82]).

Les déclarations officielles visant à rassurer les communautés étrangères sur leur présence en Égypte ne suffisent pas à dissiper les craintes. Les communautés chrétiennes sont tout aussi inquiètes. Les discours arabistes puisent dans un vocabulaire musulman[83]. À cela s'ajoute le fait que les juridictions communautaires confessionnelles sont abolies (1955) et qu'une nouvelle Constitution, qui fait de l'islam la religion de l'État, est proclamée (1956). Avec la consolidation du régime nassérien, les Salésiens prennent conscience qu'une nouvelle page de l'histoire de l'Égypte est en train de s'écrire et qu'un point de non-retour a été franchi :

> L'Égypte poursuivait, au lendemain de la dernière guerre, son ascension rapide vers des conquêtes politiques et idéologiques, à un tel point que le mouvement nationaliste, déjà à l'œuvre contre les Anglais, atteignait le stade d'un fanatisme aveugle. Ce mouvement est en train de se consolider sous le commandement d'un gouvernement solide, sans qu'il y ait, hélas, aucun espoir de revenir aux privilèges dont jouissaient les communautés étrangères, avec leurs positions dominantes et leurs flux de capitaux[84].

En 1955, une nouvelle loi vient renforcer le contrôle de l'État sur l'enseignement étranger.

6.3.2. *Nouvelles lois et départ du public scolaire italien*

La loi du 4 décembre 1955 sur l'organisation des écoles libres réaffirme avec vigueur les principes contenus dans la loi n° 28 de 1948. Elle impose, en outre, l'enseignement religieux dans les établissements scolaires et étend l'arabisation au cursus secondaire, pour les Égyptiens comme pour les étrangers vivant en Égypte. Réglementant l'application de la loi, l'arrêté n° 512 de 1956 précise que les « matières nationales » (histoire, géographie et instruction civique) seront enseignées en arabe, y compris dans les écoles ne

---

82. Kirk 1994, p. III.
83. Mayeur-Jaouen 2000, p. 479.
84. ASC, F383, Mémorandum sur l'institut Don Bosco d'Alexandrie, mai 1955.

préparant pas aux examens officiels. La possibilité d'obtenir des diplômes étrangers est maintenue, mais la vocation de l'État à contrôler l'ensemble de l'enseignement privé, filières étrangères incluses[85], est réaffirmée.

Les Salésiens rechignent à se conformer aux nouvelles dispositions et, en ce qui concerne l'enseignement religieux aux élèves musulmans, ils défendent la pratique en vigueur depuis 1949[86]. Or, le gouvernement égyptien exige que la nouvelle loi soit appliquée dès la rentrée 1956-1957, menaçant de fermeture ou de réquisition les établissements récalcitrants. Au début de l'été 1956, les pourparlers entre le gouvernement égyptien et l'internonciature[87] entrent dans une phase critique[88]. Celle-ci doit faire face à l'intransigeance du ministère de l'Instruction publique, résolu à voir la loi appliquée à la lettre sans aucune dérogation. À l'été 1956, les Salésiens reçoivent, à l'instar des autres congrégations enseignantes en Égypte, une circulaire du vicariat apostolique précisant les mesures à mettre en œuvre dans chaque école à l'issue des négociations :

> D'un accord laborieusement passé entre Son Excellence Mgr Oddi, délégué apostolique, et le ministère de l'Instruction publique, il résulte :
>
> 1. que nous sommes obligés de tolérer l'enseignement du Coran aux élèves musulmans de nos écoles ;
> 2. que cet enseignement doit être donné dans des locaux se trouvant dans l'enceinte de la propriété (mais pas dans les classes) ;
> 3. qu'un élève ne peut être refusé pour motif de religion ;
>
> Par contre :
>
> 1. que l'enseignement islamique ne devra porter que sur les croyances, la morale et l'éthique à l'exclusion des pratiques rituelles ; le gouvernement s'engage à ne pas imposer de mosquée à l'école ;
> 2. que rien ne devra être contraire à la religion catholique tant dans l'enseignement que dans les textes en usage ;
> 3. que l'enseignement islamique ne sera obligatoire que s'il y a au moins 10 élèves musulmans par cycle : primaire, préparatoire, secondaire[89].

---

85. Abécassis 2000, p. 717.
86. AESA, Le P. Giraudo au consul italien, 18 décembre 1955.
87. C'est en 1947 que la délégation apostolique du Caire devient internonciature. En 1966 est instituée la nonciature apostolique de la République arabe unie, devenue nonciature apostolique d'Égypte en 1971.
88. ASC, F037, Le provincial au P. Manione, 24 mai 1956.
89. AESC, Circulaire du vicaire apostolique aux écoles catholiques, 16 août 1956.

Les Salésiens vivent l'issue des négociations comme une authentique défaite[90]. Le 19 octobre 1956, « pour la première fois dans l'histoire de l'institut Don Bosco », un cours de Coran est dispensé aux élèves musulmans dans le théâtre de l'établissement alexandrin[91]. Les dispositions ne concernent, en réalité, que les premières classes des écoles professionnelles où le nombre des élèves musulmans dépasse 10 élèves[92].

Au contrôle grandissant de l'État égyptien sur l'enseignement étranger, qui se répercute sur l'ensemble de l'organisation scolaire[93], s'ajoute dès le milieu des années 1950 une autre source d'inquiétude : les départs des Italiens, qui constituent la majorité du public des filières d'enseignement général. Commencés au lendemain de la Seconde Guerre mondiale, ils s'accélèrent au cours de la décennie suivante pour plusieurs raisons.

Au sortir du conflit, la lenteur des négociations entre l'Italie et l'Égypte maintient un climat d'attente et d'incertitude. La question du chômage, qui a tant inquiété les diplomates aux cours des années 1930, est de nouveau à l'ordre du jour. De nombreuses entreprises, qui ont prospéré durant les hostilités du fait de la présence sur le territoire égyptien des troupes alliées, ferment leurs portes au moment de leur départ, laissant sur place une importante réserve de main-d'œuvre. Cela contribue à créer une situation extrêmement concurrentielle sur le marché du travail[94]. En parallèle, le gouvernement égyptien promulgue une série de lois pour répondre à l'explosion démographique et dynamiser le marché du travail. Parmi celles-ci, la loi n° 138 de 1947 sur les sociétés anonymes établit des quotas pour les travailleurs étrangers[95].

Dès 1946, plusieurs centaines de ressortissants italiens s'engagent au service des *Labour Corps*, les services auxiliaires de l'armée britannique, et travaillent dans les ateliers disséminés le long du canal de Suez[96]. Mais il ne s'agit que d'un débouché provisoire. Dès 1954, le départ des troupes

---

90. ASC, F771, institut Don Bosco du Caire, Chronique 1955-1956.
91. ASC, F741, institut Don Bosco d'Alexandrie, Chronique 1955-1956.
92. ASC, F036, Le P. Morazzani au P. Puddu, 6 février 1957.
93. Au sujet des effets de la nouvelle législation sur le calendrier scolaire, voir Turiano 2019.
94. Issawi 1954, p. 172.
95. Alleaume 1997, p. 11.
96. ASDMAE, AP 1946-1950, b.2, Situation du marché du travail à Port-Saïd, 6 novembre 1946.

britanniques provoque le retour au chômage d'un millier d'individus[97]. Pour une grande partie des ressortissants italiens, quitter l'Égypte est la seule solution. Les raisons ne sont pas seulement d'ordre économique ; s'y ajoutent le départ progressif des autres communautés étrangères et des Britanniques, le renforcement de la politique d'arabisation[98] et la conscription obligatoire en cas de naturalisation[99].

En 1954, le consul italien à Alexandrie fait état d'un millier de départs depuis 1949. L'émigration suit deux directions : l'Italie ou des pays tiers. La première destination après l'Italie est l'Australie, suivie de certains pays d'Amérique du Sud (Brésil, Argentine et Venezuela) et d'Europe, dont la France. Ces pays constituent plus largement les destinations des migrants italiens au lendemain de la Seconde Guerre mondiale[100].

Le rythme des départs s'intensifie après la crise de Suez (1956) et affecte sensiblement le public des écoles salésiennes[101]. À Port-Saïd, la baisse des effectifs est vertigineuse au lendemain de l'intervention militaire tripartite de 1956 : les élèves ne sont plus qu'une trentaine à la fin de l'année scolaire[102]. À la rentrée 1957-1958, les dirigeants scolaires se voient contraints de fusionner certaines classes. Concernant les autres écoles salésiennes, la contraction des effectifs de nationalité italienne est plus sensible à Alexandrie qu'au Caire. La première est, après Port-Saïd, la ville la plus touchée par les départs. Aux destinations internationales s'ajoutent les destinations internes à l'Égypte, selon une tendance qui ne cesse de s'approfondir au cours de la décennie : beaucoup des ressortissants italiens quittent les villes côtières pour s'installer dans la capitale qui semble offrir plus d'opportunités de travail[103].

Le nationalisme croissant et la « fin d'un monde », qui se traduisent par les départs incessants de non-Égyptiens, sont, aux yeux de la majorité des

---

97. ASDMAE, AP 1951-1957, b.1006, Ambassade d'Italie au Caire, Rapport de fin de mission, 3 août 1955.
98. La loi n° 115 du 12 août 1958 renforce la politique d'arabisation, établissant l'obligation d'utiliser l'arabe pour tout document administratif. Abécassis 2000, p. 736.
99. ASDMAE, AP 1951-1957, b.1006, Ambassade d'Italie au Caire, Rapport de fin de mission, 3 août 1955.
100. ASDMAE, AP 1951-1957, b.1006, Le consulat général d'Italie à Alexandrie au MAE, Rapport consulaire sur l'année 1954, p. 24. Voir Turiano 2017b.
101. ASC, F035 Rapport sur l'état de la province orientale Jésus-Adolescent, 1950-1960.
102. AESC, dossier École de Port-Saïd, Compte-rendu de l'année scolaire 1956-1957.
103. Wian 1956, p. 105.

religieux, des indicateurs de la nécessité d'un changement. Les supérieurs salésiens réitèrent, dès le milieu des années 1950, les exigences d'une plus grande ouverture à l'«Orient» et indiquent les mesures à prendre pour pérenniser la présence salésienne en Égypte. La pénurie de vocations locales et la connaissance insuffisante de la langue arabe sont pointées du doigt comme des lacunes qu'il est devenu urgent de combler au moment où la promotion de la langue nationale s'accélère.

6.3.3. *« Il est temps de s'imprégner de l'esprit levantin »*

Dans les pays arabes, le sentiment national devient chaque jour plus vif et impétueux. Les drapeaux des nations européennes ne sont plus que des morceaux de tissu battus par le vent. Leur ombre devient chaque jour moins fiable [...] On va vers des restrictions et de nouvelles exigences. Les remarques contenues dans les mémoires du P. Cerruti sont d'une actualité déroutante : « Nous n'avons pas su ou voulu comprendre les écoles du Levant. Il est temps de se débarrasser des préjugées dogmatiques de l'Occident et de s'imprégner de l'esprit levantin[104]. »

Soulignant la nécessité impérieuse de se couler dans un moule oriental, le père Laconi, directeur du théologat de Ṭanṭūr (Jérusalem), n'ajoute rien de nouveau aux injonctions qui, depuis les années 1940 et plus encore au lendemain de la Seconde Guerre mondiale, viennent de l'intérieur de l'Église catholique, et plus particulièrement de la Congrégation pour les Églises orientales. Mais les supérieurs salésiens ne sont plus les simples récepteurs d'un message venu des plus hautes instances de l'Église latine. Ils se sont approprié le discours sur l'exigence de tourner plus résolument le regard vers l'Orient. Rapports, circulaires et missives se multiplient durant ces années et soulignent le caractère urgent des transformations que les missionnaires sont appelés à mettre en œuvre. Les avertissements des supérieurs portent en premier lieu sur la nécessité d'apprendre la langue arabe :

Combien sont-ils parmi nous ceux qui connaissent suffisamment bien l'arabe pour l'enseigner ? C'est l'une des questions les plus urgentes qui se

104. ASC, F037, Mémorandum du père Laconi sur le théologat dans la province orientale Jésus-Adolescent, 1952.

posent. Les doigts d'une main suffisent pour les compter (et même moins). Durant cette année scolaire 1952-1953, le cours de catéchisme en langue arabe a été confié à Bethléem à un prêtre maronite; à Alexandrie, il n'y a que le P. De Marco qui soit capable père tenir ce cours; dans la nouvelle école de Beyrouth, il n'y a aucun confrère qui puisse confesser en arabe les élèves. Au Caire, il y a le P. De Rossi. Personne à Port-Saïd[105] [...].

L'impératif de multiplier le nombre d'arabisants explique que la formation linguistique des missionnaires fasse l'objet d'un intérêt grandissant. Commencé dès la fin de la Seconde Guerre mondiale, la réorganisation des maisons de formation *in loco* se poursuit tout au long des années 1950. Le philosophat et le théologat, situés respectivement à Crémisan et Ṭanṭūr, sont censés fournir aux candidats au sacerdoce une formation linguistique sur place « de manière que les jeunes lévites parviennent au sacerdoce après au moins dix ans d'apprentissage intense et ininterrompu de la langue arabe, durant les quatre ans d'études philosophiques, les trois ans d'études théologiques et le triennat pratique[106] ». Le père De Marco, qui obtient le diplôme de langue et de littérature arabes de l'université d'Alexandrie en 1950, et le père Bergamin, qui, avant même de terminer le théologat, « maîtrise plutôt bien l'arabe », font partie de la nouvelle génération de prêtres arabisants qui intègre la communauté religieuse au cours des années 1950[107].

La question des vocations locales revient de manière fréquente dans les écrits des supérieurs. Le ralentissement des vocations en provenance d'Europe et la délicate conjoncture politique au Proche-Orient convainquent les supérieurs salésiens de la nécessité d'assurer une relève orientale[108]. Le mot d'ordre semble être devenu: «s'acclimater pour ne pas être contraints de partir.» La nécessité d'adaptation est particulièrement ressentie dans les quatre écoles professionnelles de la province (Bethléem, Alep, Le Caire et Alexandrie). Les maîtres d'art, provenant pour la plupart d'Italie ou bien recrutés au sein des communautés étrangères sur place, rencontrent des difficultés à dispenser un enseignement technique à un public arabophone.

105. ASC, F037, Mémorandum du père Laconi sur le théologat dans la province orientale Jésus-Adolescent, 1952.
106. ASC, F037, Le P. Garelli au P. Manione 1956.
107. ASC, F037, Le P. Garelli au P. Manione, 1956.
108. ASC, F037, Circulaire du P. Ziggiotti, 1954.

En Égypte, s'ajoute à ces éléments la législation devenant chaque jour plus restrictive à laquelle d'autres congrégations enseignantes se sont conformées en ouvrant de nouvelles filières. Le provincial estime que, « tôt ou tard, nous aussi, à l'instar des Frères et des Jésuites, serons obligés d'ouvrir, à côté de la section "étrangère", la section "arabe", avec l'enseignement de toutes les matières en arabe[109] ». En effet, depuis la promulgation de la loi n° 28 de 1948, les congrégations enseignantes françaises se sont progressivement pliées aux exigences de l'arabisation. Si dans de nombreux établissements confessionnels, deux filières coexistent (la section égyptienne et la section française), l'arabisation totale de la première est quasiment accomplie à la fin des années 1940[110].

Les supérieurs salésiens ont bien pris conscience de la nécessité d'un changement, mais l'application de leurs injonctions est ralentie par des résistances tant sur la question de l'apprentissage de l'arabe que sur l'étendue des vocations locales.

6.3.4. *Lenteurs et résistances*

En 1958, le provincial souligne la force des résistances à l'apprentissage de l'arabe parmi les candidats au sacerdoce qui le considèrent comme trop difficile. D'après lui, cela tient, entre autres choses, à « une tendance remarquable chez certains enseignants à décourager les élèves[111] ». Le père visiteur Pianazzi critique vivement le système d'enseignement en vigueur dans les maisons de formation comme étant à l'origine de la pénurie de « bons arabisants[112] ». D'autres voient dans la fermeture du noviciat à Crémisan l'une des causes de cette situation. À leur arrivée au Proche-Orient, les novices ne connaissent que quelques rudiments d'arabe. Sur place, ils ont peu de temps pour son apprentissage, accaparés qu'ils sont par la formation religieuse et leurs fonctions d'assistants dans les écoles de la province[113]. Les exhortations du provincial à n'épargner aucun effort pour l'apprentissage

---

109. ASC, F037, Le P. Garelli au P. Manione, 1956.

110. Abécassis 2000, p. 612.

111. ASC, F041, Mémorandum du P. Garelli sur l'apprentissage de la langue arabe dans la province orientale, 1958.

112. ASC, F038, Rapport de la visite extraordinaire du père Pianazzi, 1963.

113. ASC, F037, Le provincial au P. Manione, 10 avril 1957.

de cette langue révèle que l'objectif de former des confrères arabisants est loin d'être atteint en 1959[114].

D'autres résistances concernent l'étendue des vocations locales. Dans un mémorandum rédigé en 1952, le provincial répond à ceux «qui nous accusent de ne pas encourager les vocations arabes». Chiffres à l'appui, il souligne les efforts prodigués au cours de son provincialat pour en cultiver parmi les élèves des établissements professionnels. L'objectif a été et «doit être», d'après lui, «de former des relèves locales qui permettent, à terme, de se passer du personnel venu d'Europe[115]». Toutefois, si l'importance d'encourager des vocations «indigènes» pour former le personnel technique des écoles professionnelles est sans cesse soulignée, il ne saurait être question à ses yeux de former dans l'immédiat un personnel sacerdotal arabe:

Nous ne pouvons pas nous passer de la formation d'un personnel italien [...] Parmi nos anciens confrères arabes, il y en a qui sont des xénophobes fanatiques. Ils voudraient se débarrasser de tous les Salésiens étrangers, et notamment les Italiens, afin de rester eux seuls, de nationalité arabe, à la direction de nos résidences. Ce sont ces xénophobes qui insistent pour multiplier les vocations indigènes dont ils voudraient être eux-mêmes les formateurs. Ils voudraient inoculer aux nouvelles générations leur xénophobie et, dans la période de transition durant laquelle devraient cohabiter salésiens arabes et non arabes, cela produirait inévitablement des luttes, des désaccords, des scandales, des défections et, pour finir, la ruine de nos œuvres. Les expériences passées légitiment malheureusement ces prévisions sinistres[116].

Le souvenir des luttes intestines qui ont déchiré la congrégation durant la Grande Guerre est encore très vif dans l'esprit du provincial[117]. Les «confrères arabes» qu'il évoque appartiennent quasiment tous aux premières générations de Salésiens «indigènes». Certains ont occupé des postes de direction pendant l'entre-deux-guerres mais les préjugés à leur égard n'ont jamais

---

114. AESC, dossier Circulaires des provinciaux, Circulaire du 25 octobre 1959.
115. ASC, F037, Vocations arabes dans la province orientale, 18 janvier 1952.
116. ASC, F037, Vocations arabes dans la province orientale, 18 janvier 1952.
117. Se reporter au chapitre 3.

disparu[118]. Le contexte des années 1950 réactive les vieilles angoisses, faisant de nouveau peser le soupçon sur eux. Le supérieur craint qu'ils ne se fassent soudainement le fer de lance d'un nationalisme intransigeant et veuillent évincer les religieux de nationalité étrangère pour prendre les rênes des établissements salésiens au Proche-Orient. Sans exclure la formation à terme d'un nouveau personnel salésien «indigène», il estime que la priorité doit être accordée, pour le moment, à la formation linguistique des novices venus d'Europe, et tout particulièrement de la péninsule italienne:

> Tant que nous ne pourrons pas nous passer des maîtres d'art italiens, le personnel dirigeant devra être italien, mais connaissant très bien l'arabe et s'efforçant de se faire arabe au milieu des Arabes. Et c'est pour cela que nos novices, avant l'ordination sacerdotale, doivent s'adonner pendant de nombreuses années à l'apprentissage de la langue arabe. Lorsque les vocations arabes auront apporté leurs fruits dans les écoles professionnelles et que les maîtres d'art seront dans leur grande majorité des Arabes, il sera possible de nommer des supérieurs locaux[119].

La congrégation ne s'ouvre que timidement aux vocations locales en dépit des injonctions fréquentes des supérieurs du chapitre. Entre 1950 et 1960, seules quatre vocations de coadjuteurs s'éveillent dans l'ensemble de la province. Comme le souligne le rapport décennal sur l'activité salésienne (1950-1960), «pour les maîtres d'art, nous avons dû compter sur le contingent qui arrivait chaque année d'Italie[120]». Il faudra attendre le milieu des années 1960 pour qu'une véritable impulsion soit donnée à ces vocations.

En Égypte, comme le révèle un mémorandum daté de 1955, la communauté est tiraillée entre la croissance du nombre d'élèves égyptiens dans les filières professionnelles et l'encadrement d'un public scolaire européen. L'auteur, dans l'anonymat, décrit la situation à Alexandrie. D'après lui, le maintien

---

118. Le père Ya'qūb Hulū (1893-1960), salésien de nationalité syrienne, est en charge de l'enseignement de la langue arabe jusqu'en 1938 à l'institut Don Bosco d'Alexandrie. Il est ensuite nommé conseiller professionnel à l'institut Don Bosco du Caire (1937-1947). En 1948, il est chargé de la fondation d'une école professionnelle à Alep, mais il est remplacé deux ans après par le père Faoro. ASC, F771, Le Caire, Chronique 1947-1948 et Pozzo 2003, p. 55.
119. ASC, F037, Vocations arabes dans la province orientale, 18 janvier 1952.
120. ASC, F035, Rapport décennal sur l'activité salésienne dans la province orientale Jésus-Adolescent, 1950-1960.

de la langue italienne comme langue principale de travail et d'enseignement ne peut que compromettre l'avenir de la congrégation. Il prône avec vigueur un changement qui permette aussi de renouer avec l'idéal missionnaire:

> Les religieux sont des éducateurs qui œuvrent, en premier lieu, pour l'apostolat et le salut des âmes sur un terrain très difficile (en raison des différentes religions), corrompu, plein de dangers et de tentations de tout genre. Au lieu de faire preuve de patriotisme, il vaudrait mieux suivre les principes de notre fondateur: les missionnaires, lorsqu'ils ne trouvent pas de terrain favorable à leur langue, apprennent à se servir de la langue locale ou même d'une autre selon les exigences, au lieu de rester des idéalistes et des défenseurs de *curricula* qui n'ont plus de raison d'être. Et si un jour, à cause des restrictions continues, des lois et des décrets qui frappent la vitalité des écoles religieuses étrangères, l'on parvenait à un *redde rationem* et que l'on demandait aux Salésiens de quelle manière ils ont contribué à la diffusion de la langue arabe et à une instruction plus adaptée au milieu local? Sans doute il n'y aurait pas d'arguments favorables[121].

L'auteur du mémorandum préconise non pas un changement radical mais une transformation progressive. À l'image d'autres congrégations enseignantes, elle passerait, dans un premier temps, par l'adoption de la langue française comme langue véhiculaire avant d'aboutir, à terme, à un enseignement en langue arabe[122]. Le changement proposé, en conférant un «caractère international» aux écoles, assurerait «un avenir plus solide à la mission». Il permettrait, en outre, le remplacement d'une partie du personnel jugé responsable de l'état stagnant du réseau scolaire salésien[123]. Il s'agit, plus concrètement, d'appeler à la direction des écoles d'Égypte des «hommes neufs» à même de relever les défis que les temps nouveaux, et avant tout la politique d'arabisation, posent aux communautés religieuses.

---

121. ASC, F383, institut Don Bosco d'Alexandrie. Mémorandum, mai 1955, p. 5.
122. À la veille de la Seconde Guerre mondiale déjà, aussi bien au Caire qu'à Alexandrie, les écoles confessionnelles tenues par des congrégations féminines (Franciscaines et Pieuses Mères de la Nigritie) adoptent soit un programme d'enseignement mixte (italo-français), soit un programme en langue française. ASDMAE, AS 1936-1945, b.74, Le président de l'ANSMI au MAE, 18 mai 1938 et ASDMAE, AS 1936-1945, b.75, Écoles religieuses féminines au Caire, Morganti au MAE, 14 octobre 1938.
123. ASC, F383, institut Don Bosco d'Alexandrie. Mémorandum, mai 1955, p. 6.

Les Jésuites du Caire ont ressenti cette même exigence quelques années auparavant. À la rentrée 1953, une nouvelle équipe a pris la direction du Collège de la Sainte-Famille avec pour tâche de repenser la mission et de répondre au défi de l'arabisation[124]. Dans d'autres pays du Proche-Orient, les établissements d'enseignement confessionnel les plus prestigieux ont aussi renouvelé leurs directions dans les années 1950[125].

À la rentrée 1955, un vent de changement semble souffler sur l'institut Don Bosco d'Alexandrie aussi. Un nouveau directeur est nommé. Plus jeune que son prédécesseur, le père Giraudo a suivi une autre formation. Élève du théologat à Bethléem pendant les années 1930, il a accompli toute sa formation linguistique et religieuse sur place[126]. Cependant, en dépit du changement de direction, les restructurations proposées par l'auteur du mémorandum, notamment celles concernant la langue véhiculaire des instituts salésiens, demeurent sans suite. Au contraire, tout est fait pour maintenir un enseignement en langue italienne.

Conclusion

Période de transition vers l'abolition définitive des capitulations, la Seconde Guerre mondiale voit le ministère égyptien de l'Instruction publique étendre son contrôle sur l'ensemble des établissements d'enseignement étrangers, y compris les écoles appartenant aux congrégations de langue italienne. Le contexte de la guerre et la rupture des relations diplomatiques avec l'Italie sont particulièrement propices à cette opération. Les écoles religieuses ont beau faire valoir leur nationalité vaticane pour échapper à la fermeture, elles sont considérées comme des écoles italiennes à part entière, ne serait-ce que de par leurs programmes et leur public. De ce fait, elles sont strictement encadrées tout au long du conflit par la direction des écoles italiennes.

La guerre représente un tournant majeur pour les établissements salésiens. Ils sont, certes, moins nombreux, mais ils acquièrent une nouvelle centralité

---

124. Abécassis 2000, p. 688.

125. Au collège Saint-Vincent de Damas tenu par les Pères lazaristes, l'année 1952 s'ouvre sur un changement de personnel et de directeur. Ce changement témoigne du renouvellement de la communauté religieuse et de son souci d'adaptation à une législation de plus en plus contraignante à l'égard de l'enseignement étranger. Bocquet 2008, p. 214.

126. Caputa 2005, p. 398,409.

au sein du dispositif scolaire italien. Si jusqu'en 1940 ils constituent des écoles parmi d'autres, au lendemain du conflit, ils sont à Alexandrie et à Port-Saïd les seules écoles primaires et secondaires de garçons préparant les diplômes italiens, et au Caire, ils comptent parmi les rares qui les préparent. Toutefois, cette centralité se révèle très rapidement éphémère : dans l'Égypte post-capitulaire, l'enseignement en langue italienne s'achemine vers la disparition, comme l'atteste la contraction progressive des effectifs.

Les appels au changement se font nombreux au cours des années 1950, non sans ambiguïtés, à l'image des contradictions qui marquent le sommet même de la hiérarchie salésienne. La lenteur, si ce n'est l'immobilisme, prédomine tout au long de la décennie. Le recrutement d'un public allogène, encore nombreux bien qu'en déclin, devient un prétexte pour repousser des transformations pourtant qualifiées d'urgentes. Les années 1950 apparaissent à bien des égards comme les années d'une occasion manquée : celle du renouvellement du personnel religieux et de l'adaptation des *curricula* aux exigences de l'arabisation.

Alors que les congrégations françaises commencent après 1956 un travail « d'oblitération de la mémoire française[127] », et que des religieux orientaux prennent les rênes des établissements les plus importants, les Salésiens restent très liés à l'ancienne puissance protectrice et comptent une majorité de religieux de nationalité italienne. Pris dans leurs contradictions, ils semblent néanmoins convaincus de la priorité à donner à l'enseignement professionnel, perçu comme la seule condition de pérennité de la mission en Égypte et au Proche-Orient.

127. Abécassis 2000, p. 672.

Chapitre 7

Sur la voie de la coopération

L<small>E</small> « PROGRÈS » économique et social est le mot d'ordre du régime issu du coup d'État de 1952. Afin d'atteindre un niveau de développement comparable à celui des pays industrialisés, les dirigeants égyptiens donnent la priorité à l'industrialisation. Le progrès social passe avant tout par l'extension de l'éducation. Reprenant le projet amorcé sous la monarchie, la loi n° 210 de 1953 unifie l'enseignement élémentaire et l'enseignement primaire. Le cycle primaire devient obligatoire pour tous les enfants ayant atteint l'âge de six ans[1]. En 1956, la loi n° 213 établit la gratuité de l'enseignement à tous les niveaux. Les écoles publiques se multiplient dans les années suivantes[2].

Le nouveau régime durcit l'encadrement de l'enseignement étranger mais le public des écoles libres reste stable. À l'heure de la massification de l'enseignement, elles répondent à la demande sociale de nouvelles élites en quête de distinction sociale[3]. À la même période, alors que leurs filières d'enseignement général se dépeuplent, les Salésiens voient croître le public de leurs écoles professionnelles. L'enseignement technique fait alors l'objet de toutes les attentions. En se concentrant sur la formation d'ouvriers qualifiés au moment où l'Égypte s'engage dans la voie de l'industrialisation, ils espèrent ancrer leur présence dans le pays.

L'année 1958 sonne le glas de l'enseignement étranger en Égypte. Aboutissement d'un long processus visant à mettre les écoles étrangères sous le contrôle de l'État, la loi n° 160 supprime officiellement l'enseignement

---

1. Ikeda 2005, p. 222.
2. Cochran 1986, p. 52.
3. Abécassis 2000, p. 759.

étranger qui est ainsi égyptianisé. Trois ans plus tard, c'est une « révolution dans la révolution » qui se produit[4]. Après l'échec de l'union avec la Syrie, le régime nassérien radicalise sa politique nationaliste. Inaugurée par les nationalisations de 1961, l'option socialiste se traduit par une réorganisation de l'appareil de production.

La radicalisation du régime jette les missionnaires dans le désarroi : la communauté, qui ne compte dans ses rangs aucun confrère égyptien, se sent démunie face aux exigences imposées par la nouvelle loi sur l'enseignement étranger. Le départ massif du public scolaire italien et étranger au lendemain des lois sur les nationalisations ne fait qu'alimenter les inquiétudes. Menacée dans son identité et dans ses bases matérielles, la mission est placée devant deux options : disparaître avec son public étranger et levantin ou bien rester en se mettant au service de l'Égypte nouvelle.

En se plaçant sous l'égide du gouvernement italien, au moment où celui-ci entame des pourparlers afin d'assurer ses intérêts économiques et culturels dans le pays, les Salésiens optent pour une troisième voie : rester tout en négociant un statut spécial pour leurs filières techniques et professionnelles, les seules dont les effectifs ne fléchissent pas. Pendant que les diplomates discutent avec les autorités égyptiennes, les écoles de la mission connaissent des restructurations et leur public se recompose. En dehors des classes, d'autres transformations, encore plus durables, se produisent, qui attestent les nouvelles orientations de l'Église postconciliaire. À la fin des années 1970, la mission a tourné plus résolument son regard vers l'Égypte sans pour autant oblitérer la mémoire et l'identité italiennes.

7.1.   L'enseignement technique : un gage de durabilité

Dès la fin des années 1950, le projet développementaliste du nouveau régime se traduit par une croissance de l'emploi public, une amélioration de la situation sanitaire et sociale et une progression rapide du niveau de l'éducation. Si le principal objectif des politiques éducatives est la généralisation de l'enseignement primaire, un intérêt accru est accordé à l'enseignement technique et professionnel, censé soutenir les projets de développement qui font de l'industrie le moteur du développement.

---

4. Roussillon 1998, p. 344-345.

7.1.1. *La marche de l'Égypte vers l'industrialisation*

La Seconde Guerre mondiale a joué un rôle central dans le développement industriel. À la veille de la « Révolution », l'industrie représente 15 % du produit intérieur brut, occupe 8 % environ de la main-d'œuvre et rapporte 9,6 % des recettes en devises des exportations. Les dirigeants arrivés à la tête du pays en 1952 soulignent, dans tous leurs programmes et leurs plans, la nécessité de la développer afin de l'orienter vers des exportations susceptibles d'être compétitives sur le marché international[5]. Dans ces premières années, la politique industrielle qui a prévalu sous la monarchie, basée sur l'entreprise privée, n'est pas modifiée. Un certain nombre de lois sont votées visant à encourager l'investissement étranger[6]. Le nouveau régime innove, en revanche, sur le rôle du gouvernement dans la promotion et l'organisation de l'industrie[7]. En 1952 voit le jour le Conseil permanent pour le développement de la production nationale (CPDPN) chargé de mettre en œuvre un programme d'industrialisation sur trois ans[8]. La priorité est accordée à l'industrie lourde. La sidérurgie symbolise, aux yeux du *raʾīs*, « l'indépendance nationale et la voie d'accès au développement économique[9] ».

À partir de 1956, avec la nationalisation du canal de Suez et des biens des ressortissants français et britanniques, l'État se trouve à la tête d'un ensemble important de sociétés dont la gestion est confiée au Conseil économique créé en 1957[10]. La stratégie adoptée est de renforcer l'aide aux industries (sous forme de subventions, d'exemption de taxes et de protection tarifaire) et le contrôle de l'État sur la production industrielle. Les investissements publics prennent une place croissante. Tout cela s'accompagne de l'approfondissement de la politique d'égyptianisation et d'arabisation initiée dans les années 1920. La loi de 1947 sur les sociétés est amendée dans un sens plus radical. En 1958, la loi n° 115 impose l'arabe comme langue de travail des sociétés.

---

5. Wissa-Wassef 1977, p. 285.
6. Loi n° 156 de 1953 et lois n° 26 et n° 475 de 1954. Voir à ce sujet, Cottenet-Djoufelkit 2000-2001, p. 143.
7. Mabro 1974, p. 144.
8. Mabro, Radwan 1977, p. 65.
9. Cité par Hopwood 1982, p. 132.
10. Mabro, Radwan 1976, p. 66.

Le développement de l'industrie requiert un personnel technique hautement qualifié. Comme le souligne Malak Labib, la rationalisation du travail et l'introduction de nouvelles techniques managériales représentent un facteur-clé de la politique économique égyptienne à cette période : les responsables du pays sont convaincus qu'afin de transformer l'Égypte en une nation industrialisée, il faut « des managers modernes, des cadres intermédiaires compétents et des travailleurs disciplinés[11] ». La gestion des ressources humaines et de la main-d'œuvre industrielle émerge ainsi en tant que « domaine d'expertise[12] » au milieu du XXᵉ siècle.

Une véritable « mystique de la science et de la technique » se développe durant ces années[13]. À l'instar d'autres pays récemment libérés de la domination coloniale, l'État égyptien investit massivement dans les formations techniques[14]. Sous la monarchie, l'enseignement technique a connu un certain progrès. Dans les années 1920 et 1930, les effectifs des écoles industrielles croissent rapidement, passant de 6 000, en 1924, à 28 000, en 1939[15]. Dès les années 1950, un effort considérable est fait pour valoriser ce secteur éducatif censé former les cadres techniques indispensables à la réalisation des grands projets du régime.

Les nouveaux dirigeants s'attaquent d'abord à la réforme des cycles d'études. Jusqu'aux années 1940 ont coexisté deux types de filières, l'une d'« ancien régime » et l'autre de « nouveau régime ». Les premières s'adressaient aux élèves sortant des écoles coraniques de village (*katātīb*). Les secondes recrutaient parmi les titulaires du certificat d'études primaires et comptaient un cycle de trois ans et un autre de cinq ans[16]. Les lois nᵒ 22, nᵒ 261 et nᵒ 262 de 1956 réorganisent l'enseignement industriel en deux niveaux : un niveau préparatoire (trois ans), censé fournir à l'industrie une main-d'œuvre qualifiée, et un niveau secondaire (trois ans), censé former des contremaîtres et des agents techniques et auquel seuls les meilleurs élèves du niveau préparatoire peuvent accéder[17].

---

11. Labib 2020.
12. Labib 2020.
13. Longuenesse 2007, p. 18.
14. Hyde 1978, p. 92.
15. Vatikiotis 1991, p. 325.
16. Longuenesse 2003, p 180.
17. Harby 1965, p 25.

En plus des écoles secondaires, un certain nombre d'instituts techniques supérieurs sont créés. Ils sont destinés à former des techniciens à même de remplacer le personnel étranger parti ou licencié au lendemain des nationalisations de 1956[18]. Leur deuxième mission, tout aussi importante, est de réduire la pression sur les universités, notamment les établissements qui forment des ingénieurs de conception en surnombre[19]. L'enseignement technique pour les filles fait aussi l'objet d'un intérêt accru. Les statistiques officielles font état en 1964 de 27 établissements entre écoles préparatoires, écoles secondaires d'enseignement ménager et écoles préparatoires et secondaires polyvalentes[20].

Le nouveau régime s'efforce également de promouvoir une nouvelle image de l'ouvrier et de la main-d'œuvre industrielle. Alors que les ouvriers ont constitué, comme l'a relevé Joel Beinin, une «catégorie méprisée» sous l'ancien régime n'attirant l'attention de l'opinion publique que dans le cadre de l'émergence d'une «question ouvrière», au lendemain du coup d'État, aussi bien leur image que leur statut social connaissent une transformation sensible. On souligne désormais le rôle de premier plan qu'ils jouent dans le développement économique du pays. La rhétorique développementaliste s'accompagne d'une nouvelle iconographie: le travailleur industriel, notamment l'ouvrier métallurgiste, incarne la modernité et le progrès vers lesquels s'achemine l'Égypte nouvelle[21].

7.1.2. *Les Salésiens en quête de reconnaissance officielle*

L'importance accordée à l'enseignement industriel et la nouvelle image de l'ouvrier que le nouveau régime s'efforce de promouvoir influencent la perception qu'ont les Salésiens de leur propre mission en Égypte. Ils s'attèlent à valoriser leurs filières d'enseignement professionnel, les seules qui semblent pouvoir leur assurer un avenir. Depuis la fin de la Seconde Guerre mondiale, les deux écoles du Caire et d'Alexandrie enregistrent, en effet, une croissance des effectifs. À Alexandrie, ils passent de 204 en 1947

---

18. Appartient à cette dernière catégorie l'Institut pédagogique supérieur ouvert en 1955 à Ḥilwān. Boktor 1963, p. 64.
19. Moore 1980, p. 74.
20. Harby 1965, p. 25.
21. Beinin 1989, p. 85.

à 316 en 1952[22]. Cette progression réconforte les religieux alarmés par le déclin du public des filières générales[23].

L'augmentation des effectifs ne concerne pas de la même manière les différentes sections. À Alexandrie, elle bénéficie à la mécanique et à l'électrotechnique au détriment des autres filières qui comptent chacune moins de 10 élèves[24]. Au Caire, c'est la mécanique qui attire la plupart des élèves tandis que la section d'électrotechnique, récente et insuffisamment équipée, a du mal à décoller. Les Salésiens sont convaincus de la nécessité d'accorder la priorité à ces deux sections malgré leur évolution inégale d'un institut à l'autre ; elles apparaissent comme les plus prometteuses à mesure que l'industrialisation s'accélère. L'ouverture d'une filière textile est aussi préconisée[25].

Durant les années 1950, les religieux s'efforcent de promouvoir l'image de leurs écoles professionnelles. En mai 1953, à l'occasion du centenaire de la fondation de leur première école des arts et métiers, des articles consacrés à leurs établissements professionnels paraissent dans plusieurs périodiques italophones et francophones d'Égypte : *Cronaca*, *Images*[26] et *Le Rayon d'Égypte*[27]. Partout l'accent est mis sur la «modernité» de l'enseignement dispensé. L'image du fondateur de la congrégation est aussi revisitée. Un article de la revue francophone *Images* s'intitule «Un saint moderne : Don Bosco[28]». Si tous les articles insistent sur la contribution des écoles salésiennes au «développement économique de la nation égyptienne», l'accent est également mis sur la formation morale des apprentis :

À côté du travail, nous veillons aussi à la morale et au sens du devoir. Un ouvrier, un technicien moderne doit être avant tout un homme qui a le sens de la responsabilité. Ce n'est pas tout d'être habile de ses mains et de connaître les lois de la mécanique ou de l'électricité. Il faut être un honnête ouvrier. C'est la raison pour laquelle nos élèves obtiennent sans tarder, dans

22. AESA, Registres des inscriptions 1944-1948 ; 1951-1952.
23. ASC, F038, Visite extraordinaire du P. Fedrigotti, janvier 1953.
24. ASC, F383, Comptes rendus aux supérieurs, 1948-1960.
25. ASC, F037, Rapport de la visite extraordinaire du père Fedrigotti, janvier 1953.
26. C'est un hebdomadaire illustré édité par la maison d'édition Dār al-Hilāl et qui paraît entre 1929 à 1969 : http://www.cealex.org/sitecealex/ress_en_ligne/pfe/pfe_liste_F.htm.
27. Revue catholique qui paraît entre 1937 et 1957.
28. «Un saint moderne : Don Bosco», *Images*, 23 mai 1953.

les usines où ils sont engagés, des postes de confiance. Ils peuvent facilement remplacer des diplômés supérieurs[29].

De nombreuses photographies accompagnent les textes ; les ateliers y figurent au premier plan. Elles soulignent l'aspect pratique et la modernité technique de la formation dispensée[30]. Les sections de mécanique et d'électricité sont les plus représentées (annexe 3, figure 10). La mission entend souligner par là la priorité qu'elle accorde aux métiers dont l'industrie égyptienne « a le plus besoin[31] ». Dans les portraits des apprentis au travail, l'accent est mis sur le sérieux, la dextérité et la précision de ces futurs ouvriers qui ne lèvent pas le regard de la machine sur laquelle ils travaillent (annexe 3, figure 11). D'autres images mettent en scène l'outillage et l'équipement des ateliers. Le cliché (annexe 3, figure 12) représentant deux religieux, dont le P. Ottone, directeur de l'institut Don Bosco du Caire, en train de s'entretenir avec deux contremaîtres, dont M. Colonna, chef mécanicien, montre l'entente qui règne au sein de l'équipe enseignante, composée de religieux et de laïcs coopérant à un projet éducatif commun : la « diffusion de la science et de la technique[32] ».

Les religieux se montrent confiants en leurs établissements d'enseignement technique mais ils doivent faire face à plusieurs écueils. Le premier est de nature financière, l'ouverture de nouvelles sections demandant des sommes considérables. Il s'agit de rénover l'équipement et l'outillage des ateliers existants, dont les pères visiteurs et les inspecteurs égyptiens, malgré les mises en scène, ne cessent de souligner la vétusté et l'insuffisance par rapport au nombre croissant d'élèves[33]. Le deuxième écueil est celui du statut juridique des écoles et des diplômes délivrés, qui ne sont reconnus ni par le gouvernement italien, ni par le gouvernement égyptien. Pour les religieux, il est devenu impératif de sortir de ce flou juridique lié à l'incertitude sur la législation qui s'applique en la matière. Ils multiplient à

29. « Un saint moderne : Don Bosco », *Images*, 23 mai 1953.
30. Sur la mise en scène de l'enseignement technique et professionnel, voir Lembré 2020 et, plus généralement, le numéro 9/2020 de la revue *Images du travail. Travail des images* consacré à l'apprentissage et à l'enseignement professionnel en images.
31. « À l'Institut salésien de Rod el Farag », *Le rayon d'Égypte*, 7 juin 1953.
32. « Un saint moderne : Don Bosco », *Images*, 23 mai 1953.
33. AESC, *Taftīsh warshat al-mīkānīka* (Inspection de l'atelier de mécanique), 12 décembre 1952.

cette fin les démarches aussi bien auprès des autorités égyptiennes qu'auprès des autorités italiennes.

Dans le premier cas, il s'agit d'assurer aux diplômés des écoles de la mission la possibilité de préparer des concours leur donnant accès à la fonction publique, débouché convoité par la grande majorité des bacheliers égyptiens[34]. Le but est aussi de garantir aux anciens élèves la possibilité de poursuivre des études supérieures[35]. Par la reconnaissance de leurs diplômes les Salésiens espèrent rendre plus attractives leurs écoles et répondre au désir de promotion sociale et symbolique de leurs diplômés égyptiens. Ces derniers demandent en 1951 à être admis au Syndicat des ingénieurs en tant qu'assistants ingénieurs. Sous prétexte que leur diplôme est équivalent à celui décerné par les écoles industrielles égyptiennes, ce syndicat leur oppose une fin de non-recevoir[36]. Il a, en effet, jusque-là refusé d'admettre dans ses rangs les diplômés de l'enseignement technique égyptien, montrant ainsi sa volonté de résister à toute « démocratisation » de son recrutement[37].

En 1952, une grande cérémonie est organisée à l'institut Don Bosco du Caire. Différentes salles sont dédiées à l'exposition professionnelle. Les religieux prennent le soin d'inviter des représentants du nouveau régime : le général Wagīh Abāza, le sous-secrétaire d'État à l'Instruction publique, Ḥasan Marʿī, et le directeur général de la zone nord du ministère de l'Instruction publique, Saʿīd Muḥammad (annexe 3, figure 14). Dans son discours de bienvenue, le père Ottone reprend à son compte la rhétorique développementaliste du nouveau régime :

> Vous pouvez admirer ici une synthèse de travail salésien, synthèse qui concorde
> bien avec les mots d'ordre de la nouvelle Égypte : union, discipline, travail
> [...] La mécanisation, comme vous le savez, prend une place primordiale

34. La fonction publique et les services de l'État symbolisent l'appartenance à une élite. Pourtant, les employés de l'État sont loin d'être des privilégiés. Nombre d'entre eux sont payés à la journée et le niveau de recrutement est très bas. Berger 1975, p. 69-80.

35. Dans un système d'enseignement fortement hiérarchisé et orienté vers les études supérieures, la tendance au rallongement des formations s'observe parmi une grande majorité de bacheliers, y compris ceux issus des écoles industrielles. Voir à ce propos, Longuenesse 2003, p. 181.

36. *"Maʿhad al-saliziyān fī al-qāhira"* (L'institut salésien au Caire), *Majallat al-muhandisīn* (Revue des ingénieurs), 11 mai 1952.

37. Longuenesse 2003 ; Moore 1980, p. 34.

dans le monde, et l'Égypte en particulier a besoin de techniciens pour subvenir aux besoins de son industrie en plein développement. Nos écoles ont formé et continuent de former des techniciens et des ouvriers d'élite, appelés à rendre de réels services au pays[38].

En insistant sur la place de plus en plus grande qu'ils réservent à la langue arabe et sur la formation d'une élite ouvrière indispensable à la mise en œuvre des projets de modernisation, les Salésiens espèrent s'attirer la bienveillance des nouvelles autorités[39]. Mais celles-ci ne semblent pas plus pressées que les précédentes de leur accorder la reconnaissance tant attendue[40].

Les démarches entreprises auprès des autorités italiennes se révèlent plus fructueuses. Lorsqu'ils traitent avec elles, les religieux mettent l'accent sur l'importance de cette reconnaissance officielle pour l'avenir des élèves italiens. D'après le directeur du Caire, elle permettrait à tous ceux qui quittent progressivement le pays de poursuivre leurs études en Italie[41]. Ces démarches aboutissent à l'été 1955. Un arrêté interministériel (l'arrêté n° 2734), qui établit la reconnaissance des écoles salésiennes en Égypte, est promulgué le 10 juillet 1955[42].

Dès la rentrée scolaire 1955-1956, ces écoles préparent aux diplômes des écoles techniques et professionnelles de la péninsule italienne. Leur reconnaissance par le gouvernement italien se traduit par une réorganisation des cycles d'études : les *curricula* en vigueur en Italie sont adoptés, les études se déroulant désormais en deux cycles, le premier d'une durée de trois ans (*corso di avviamento professionale*) et le second de deux ans (*scuola tecnica*)[43]. Les examens de fin d'année sont présidés par une

---

38. « Un saint moderne : Don Bosco », *Images,* 23 mai 1953.

39. « Il y a cent ans, Don Bosco fondait la première école des arts et métiers », *Le Journal d'Égypte,* 15 mai 1953.

40. ASC, F771, institut Don Bosco du Caire, Chronique 1955-1956. Il faut attendre l'année 1967-1968 pour que les diplômes des écoles salésiennes soient reconnus par le ministère égyptien de l'Instruction publique et que leurs titulaires soient considérés comme éligibles aux études supérieures. Nous reviendrons sur cette question dans le chapitre 8.

41. AESC, Le P. Odello au MAE, 12 juillet 1954.

42. ASDMAE, AP, 1944-1958, b.65, Le MAE à la légation d'Italie au Caire, 30 août 1955.

43. Les écoles *d'avviamento professionale* sont créées en 1928 dans le but de compléter l'éducation élémentaire obligatoire par une formation professionnelle secondaire de base dans différents métiers et secteurs économiques. Trois ans après sont instituées les écoles techniques (*scuole tecniche*) où la formation dure deux ans et auxquelles peuvent accéder les

commission ministérielle. Certains enseignants sont nommés par le ministère italien des Affaires étrangères et les Salésiens doivent remettre chaque année un rapport à la direction des affaires culturelles relevant de ce ministère[44].

7.1.3.   *Un métier pour partir ou pour rester ?*

Au moment où l'avenir des communautés étrangères apparaît incertain et que les départs s'intensifient, les Salésiens clarifient les objectifs qu'ils assignent à leurs établissements professionnels. La formation technique est tantôt décrite comme la seule à même de garantir un avenir aux ressortissants étrangers en Égypte, tantôt comme la meilleure formation pour ceux d'entre eux qui envisagent de quitter le pays. C'est ce dernier objectif qui est mis en évidence dans un document de 1955 :

> Près de 300 élèves, qui reconnaissent à quel point l'industrie est importante de nos jours, fréquentent les cours de notre école professionnelle. Peut-être qu'un idéal les anime : un pays de mirage, une terre d'émigration qui leur permettra de faire fortune s'ils y apportent la force de leurs bras ainsi que leur intelligence et leur habileté.[45]

Les missionnaires ne sont pas seuls à souligner l'importance de l'enseignement professionnel pour les candidats à l'émigration. Les dirigeants de la *kinotis* grecque, qui réfléchissent durant ces années à la réforme du réseau scolaire grec et à son réajustement à la nouvelle réalité égyptienne, mettent l'accent sur sa double utilité. Comme le souligne Angelos Dalachanis, l'enseignement technique est perçu par les autorités grecques comme le meilleur moyen de préparer des techniciens et des ouvriers qualifiés à même de trouver un emploi aussi bien en Égypte que dans les pays où ils émigreraient[46].

élèves ayant accompli le cursus *d'avviamento*. Ce double cursus est resté en vigueur jusqu'en 1962, date à laquelle les écoles *d'avviamento professionale* sont supprimées et remplacées par l'école *media unica* (école moyenne). Sur les restructurations de l'enseignement technique et professionnel en Italie au cours du XXᵉ siècle, voir Morandi 2014.

44. ASC, F771, L'institut Don Bosco d'Alexandrie, Chronique 1955-1956.
45. AESC, Écoles professionnelles Don Bosco en Égypte, mai 1955.
46. Dalachanis 2017, p. 136.

Avec la reconnaissance des diplômes professionnels salésiens par le gouvernement italien en 1955, le deuxième objectif, « former des ouvriers qualifiés pour l'émigration », semble être devenu prioritaire[47]. À partir de ce moment, les écoles professionnelles de la mission forment de nombreux candidats au départ. Dans le rapport qu'il rédige à l'intention des supérieurs, le père provincial souligne que les diplômés grecs trouvent facilement du travail aussi bien en Grèce qu'en Australie, « deux pays où ils sont en train d'émigrer massivement[48] ».

Au-delà de leur public scolaire, les instituts salésiens participent à l'encadrement des migrants, en collaboration avec d'autres organismes. En cela, les missionnaires s'alignent sur les positions des diplomates italiens pour qui il n'y a d'avenir en Égypte que pour une minorité restreinte de ressortissants[49]. En 1957, les Italiens d'Égypte obtiennent, comme les Grecs quelques années auparavant, d'être inclus dans les quotas réservés aux migrants italiens par le programme du Comité intergouvernemental pour les migrations européennes (CIME[50]). À la même date, les instituts Don Bosco d'Alexandrie et du Caire mettent en place des cours de qualification professionnelle destinés aux candidats au départ. En 1961, l'école du Caire accueille l'antenne cairote de la Commission internationale catholique pour les migrations (CICM). Animée par le père Cosentino, elle est chargée de recueillir les demandes d'émigration et d'assister les candidats sélectionnés dans leurs démarches. Elle coopère en cela avec d'autres organismes tels que le CIME[51].

Par l'intégration du dispositif mis en place pour encadrer et assister les migrants, les instituts Don Bosco participent à la fabrique des diasporas étrangères et des minorités confessionnelles. Dans ces conditions, on

---

47. « Giusto Riconoscimento », *Cronaca*, 1er octobre 1955.
48. ASC, F035, Rapport sur l'état de la province Jésus-Adolescent, 1958-1959.
49. En 1956, les diplomates italiens se préparent à l'éventualité d'évacuer quelques milliers d'Italiens d'Égypte. À partir de cette date, le gouvernement italien intervient plus énergiquement afin d'encadrer l'émigration de ses ressortissants. Il s'agit de les orienter vers des pays tiers afin d'éviter des rapatriements massifs. Le ministère des Affaires étrangères coopère en cela avec des organismes internationaux. À ce sujet voir Turiano 2017b.
50. Fondé à Genève en 1951, le CIME a pour but d'encadrer et d'orienter les migrations au départ des pays européens. ACS, PCM, 59-61, 956/61 2.3, b.59993, Le MAE au ministère de l'Intérieur et aux représentations diplomatiques, 2 mai 1957.
51. ASC, F035, Rapport sur l'état de la province Jésus-Adolescent, 1962-1963.

pourrait croire que leurs écoles professionnelles s'acheminent, comme les filières générales, vers la disparition. Il n'en est pas ainsi. Les anciennes clientèles scolaires cèdent le pas à un nouveau public, bien que le rythme des recompositions soit différent dans chaque établissement.

7.1.4. *Entre ancien et nouveau publics scolaires*

Les effectifs des écoles professionnelles du Caire et d'Alexandrie augmentent à un rythme comparable jusqu'à 1954. À partir de cette date, la croissance continue dans la capitale, tandis qu'à Alexandrie, le départ des élèves européens provoque une contraction des effectifs[52]. Au Caire, la croissance est due avant tout aux effectifs égyptiens, qui constituent près de 63 % du public scolaire à la rentrée 1958-1959 (figure 17). Cette égyptianisation progressive n'est plus seulement le fait des anciens sujets ottomans naturalisés, avant tout de rite arménien : elle tient aussi à la présence de coptes et de musulmans (figure 18). Quelques années plus tard, l'école d'Alexandrie connaît des recompositions semblables. Un nouveau public occupe les places laissées vacantes par les anciennes clientèles (figure 19). À la veille des années 1960, les effectifs sont à la hausse dans les deux villes.

Si les écoles accueillent une majorité d'élèves chrétiens, la progression du public musulman est considérable. À Alexandrie, il passe de 5 % en 1954 à 39 % en 1959 (figure 20[53]). À cette date, il constitue également une minorité importante au Caire (20 %[54]). À des rythmes différents, ces recompositions traduisent l'appropriation d'un modèle d'enseignement étranger par un nouveau public. Il est toutefois plus approprié de parler de cohabitation entre anciennes et nouvelles clientèles scolaires. Il faudra attendre la fin des années 1960 pour assister à une véritable substitution.

---

52. ASC, F383, Le P. Giraudo au préfet de la congrégation, 7 juin 1957.
53. ASC, F035, Rapport sur l'état de la province orientale Jésus-Adolescent, 1958-1959.
54. AESC, Registres des inscriptions, 1958-1959.

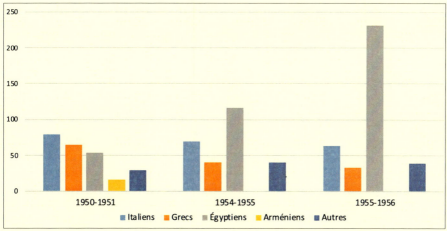

Fig. 17. Institut Don Bosco du Caire, ventilation des effectifs par nationalité, 1950-1956.
Source : AESC, Registres des inscriptions, 1950-1959.

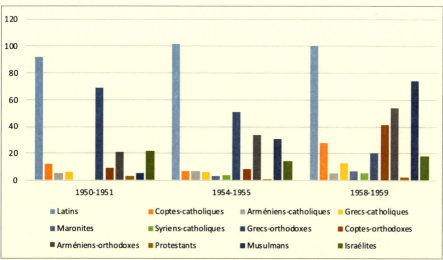

Fig. 18. Institut Don Bosco du Caire, ventilation des effectifs par rite et par confession, 1950-1959.
Source : AESC, Registres des inscriptions, 1950-1959.

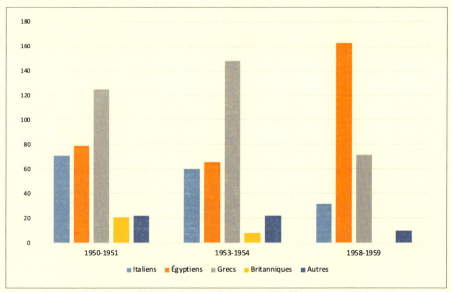

Fig. 19. Institut Don Bosco d'Alexandrie, ventilation des effectifs par nationalité, 1950-1959. Source : ASC, F035, Rapports sur l'état de la province Jésus-Adolescent, 1958-1959.

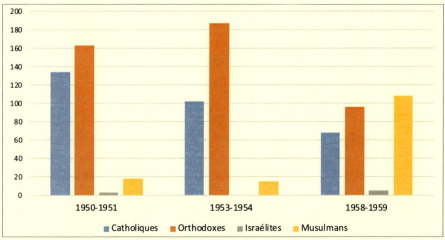

Fig. 20. Institut Don Bosco d'Alexandrie, ventilation des effectifs par confession, 1950-1959. Source : ASC, F035, Rapport sur l'état de la province Jésus-Adolescent, 1958-1959.

L'ouverture à un public plus large du point de vue confessionnel traduit-elle un changement du regard que portent les missionnaires sur leurs élèves ? Dès la fin des années 1950, on remarque une inflexion dans leur discours sur ce plan. La frontière ne passe plus entre catholiques, orthodoxes et musulmans, mais entre chrétiens et non-chrétiens. Les Salésiens semblent adopter une nouvelle posture à l'égard des leurs élèves musulmans. Alors que dans les années 1940, ceux-ci suscitaient encore des espoirs de conversion, en 1953 le P. Fedrigotti souligne la nécessité d'un changement de cap :

> Tout le travail d'évangélisation, ici appelé prosélytisme, a échoué notamment auprès des musulmans qui se lèveraient en masse contre la première conversion [...] Il faudrait voir maintenant quelle pourrait être notre influence religieuse sur ces éléments. Mais on pourrait pour l'instant se contenter du travail social sur lequel l'Église compte beaucoup dans des pays si éloignés de la pensée chrétienne[55].

Le supérieur salésien se fait l'écho des récentes orientations missionnaires qui seront entérinées par le concile Vatican II[56]. L'échec de l'évangélisation dans les pays musulmans est à l'origine d'une réflexion renouvelée sur la mission. Influencée par le modèle de l'Action catholique, une nouvelle génération de missionnaires s'efforce de renouveler les méthodes d'apostolat, en remplaçant l'évangélisation classique par une action tournée davantage vers le progrès économique et le travail social. Sous l'influence du dominicain Louis-Joseph Lebret (1897-1966), fondateur du mouvement Économie et Humanisme, la préoccupation du développement imprègne l'esprit missionnaire, quoique avec des écarts importants entre les générations[57]. Cette préoccupation va de pair avec un intérêt croissant pour les coutumes des pays d'accueil et les modalités d'adaptation de l'évangélisation aux cultures locales.

Le Saint-Siège prône des relations nouvelles entre christianisme et islam fondées sur une foi commune en Dieu et sur la fraternité. Dans ses discours, Pie XII affirme à plusieurs reprises que l'unité du genre humain est enrichie par la diversité des peuples. Dès le mois de juin 1951, il appelle les missionnaires, dans son encyclique *Evangelii Precones*, à prendre en compte les valeurs culturelles et spirituelles des peuples qu'ils sont amenés à côtoyer[58]. À la lumière de la doctrine sociale de l'Église, la mission extérieure reformule son ambition civilisatrice[59]. Il faudra toutefois attendre Vatican II

---

55. ASC, F038, Rapport de la visite extraordinaire du P. Fedrigotti, janvier 1953.
56. Sur Vatican II, voir la dernière section du chapitre.
57. Pelletier 1996.
58. Bocquet 2008, p. 289.
59. Prudhomme 2014, p. 385.

et la déclaration *Nostra Aeatate* (28 octobre 1965) sur les relations de l'Église avec les religions non chrétiennes pour que l'appellation « non-chrétiens » remplace celle d'« infidèles » qui prévalait jusque-là.

Les archives salésiennes gardent la trace de ces mutations internes à l'Église[60]. Toutefois, sur le terrain la méfiance envers l'islam reste de mise. Au moment où les enseignants et les moniteurs d'origine européenne commencent à quitter l'Égypte, les religieux hésitent à les remplacer par d'anciens élèves musulmans qui ne leur inspirent pas « assez de confiance[61] ».

La rareté croissante de personnel amènera les religieux à mettre progressivement de côté leurs préjugés mais l'islam est encore perçu comme menaçant. Ainsi, plus qu'à un véritable changement de regard, l'ouverture des écoles à un nouveau public traduit leur pragmatisme et la prise en compte de la nécessité d'élargir leur recrutement afin de pérenniser leur mission en Égypte. À l'instar des dirigeants d'autres écoles congréganistes, ils sont bien conscients qu'en excluant le public musulman, ils compromettent la survie de leurs établissements[62].

À la veille des années 1960, le profil du public scolaire est en mutation. Les écoles salésiennes connaissent des restructurations semblables à celles qui touchent d'autres établissements d'enseignement catholiques en Égypte[63]. Malgré ces recompositions, la communauté religieuse se trouve dans une position extrêmement inconfortable lorsqu'est promulguée la loi n° 160 de 1958, dont l'objectif est de mettre au pas l'enseignement étranger.

7.2. Le protocole de 1970

Promulguée le 20 septembre 1958, la loi n° 160 établit le cadre général d'égyptianisation auquel tous les établissements d'enseignement, qu'ils soient religieux ou laïcs, doivent se conformer. Elle constitue un pas définitif sur le chemin de l'abolition de l'enseignement étranger en Égypte, en établissant que le directeur, le propriétaire et les professeurs des écoles

---

60. Le qualificatif péjoratif « infidèles », réservé aux musulmans, disparaît des sources.
61. ASC, F035, Rapport sur l'activité salésienne dans la province orientale Jésus-Adolescent durant l'année 1960-1961.
62. Abécassis 2000, p. 676.
63. À partir de 1956, aussi bien au Collège de la Sainte-Famille au Caire qu'au Collège Saint-Marc à Alexandrie, la clientèle catholique commence à céder la place aux musulmans et aux orthodoxes. Abécassis 2000, p. 672.

privées doivent être égyptiens à partir de la rentrée 1962-1963. Des étrangers peuvent être embauchés pour enseigner les langues étrangères, mais leur nomination est soumise à une autorisation ministérielle (articles 4 et 7). De même, les programmes d'enseignement doivent être les mêmes que ceux du gouvernement pour tous les élèves, qu'ils soient arabes ou étrangers, dont les parents résident en République arabe unie (article 18). Des exceptions sont admises pour le renforcement de l'apprentissage des langues et l'enseignement en langue étrangère de certaines matières. Mais aucune exception ne peut être accordée, ni pour les élèves arabes ni pour les étrangers, concernant les matières dites « nationales » : histoire, géographie et instruction civique. Mettant officiellement un terme à l'existence de l'enseignement étranger, la loi suscite, plus encore que celles qui l'ont précédée, de vives réactions chez les dirigeants des écoles étrangères. Mais le temps n'est plus à la négociation.

7.2.1. *La nationalisation de l'enseignement étranger*

Après la réquisition du Collège de la Sainte-Famille (1959) du Caire[64], dont le recteur est aussi à la tête du secrétariat des écoles catholiques, les Jésuites prennent conscience que leur établissement ne peut plus apparaître comme le relais d'une politique culturelle étrangère. Amorcée dès le lendemain de la crise de Suez, la tendance à l'inversion des hiérarchies entre les Orientaux et les Français s'y poursuit. Entre 1957 et 1962, le recrutement devient plus international et très largement oriental[65].

Dans le milieu des missions protestantes, les mois qui suivent la promulgation de la loi témoignent d'une accélération des restructurations à l'œuvre depuis déjà quelques années. Les missionnaires évangéliques américains s'empressent de transférer leurs écoles et leurs autres propriétés à l'Église copte-évangélique, qu'ils ont contribué à créer, et nomment à la tête de leurs établissements des directeurs égyptiens. Les missionnaires

---

64. Le 25 janvier 1959, le collège de la Sainte-Famille est réquisitionné par les autorités égyptiennes. Par ce coup de force, elles entendent pousser les milieux catholiques et missionnaires à appliquer résolument et sans louvoyer les dispositions de la loi n° 160. Voir au sujet de cet événement et de ses conséquences sur les milieux missionnaires Abécassis 2000, p. 741-742.
65. Abécassis 2000, p. 743-747.

s'éclipsent petit à petit et cèdent le pas aux évangéliques égyptiens, même dans les activités où ils restent activement impliqués[66].

Pour la première fois, les Salésiens réfléchissent à la possibilité de mettre un terme à leur mission dans la vallée du Nil et de se replier vers le Liban, où « la moitié de la population est encore catholique[67] ». L'application de la loi se heurte à un écueil considérable : la nationalité des membres de la congrégation. Si en 1958, le provincial se réjouit de l'ordination sacerdotale de six nouveaux confrères, dont deux Français et quatre Arabes issus de la province, la communauté ne compte qu'un seul Égyptien dans ses rangs, le coadjuteur Ra'ūf[68]. N'étant pas à même de remplir les conditions de nationalité imposées par la nouvelle loi, les Salésiens craignent d'être évincés de la direction des écoles ou d'être obligés de les fermer. Ces inquiétudes sont partagées par la communauté religieuse à l'échelle de la province. Avec la proclamation de la RAU, la loi est adoptée aussi en Syrie, où les religieux viennent d'ouvrir une école[69].

Dans ce climat tendu, le père Laconi réunit en urgence les chefs de tous les établissements salésiens. « À l'heure où le Proche-Orient s'agite et se met en marche, il est temps que nous fassions notre examen » : avec ces mots, il ouvre la première journée du chapitre provincial extraordinaire qui se déroule à Bethléem du 28 au 31 décembre 1960. Les journées se terminent par une série de recommandations que les dirigeants des écoles sont appelés à mettre en œuvre le plus rapidement possible. L'enseignement professionnel doit désormais être considéré comme la priorité des priorités[70]. Des ajustements sont vivement encouragés pour pérenniser l'implantation missionnaire dans la région. À ce propos, le P. Morazzani, directeur de l'institut Don Bosco du Caire, souligne l'opportunité de la naturalisation pour les missionnaires. L'urgence des vocations « indigènes » est le troisième et dernier point que tous les participants abordent longuement.

---

66. Sharkey 2008, p. 199.
67. ASC, F035, Rapport annuel sur l'état de la province Jésus-Adolescent,1958-1959.
68. ASC, F035, Rapport annuel sur l'état de la province Jésus-Adolescent, 1959-1960.
69. En Syrie, les missionnaires rechignent à se conformer à la loi n° 160. L'arrivée au pouvoir du Baath, qui en exige l'application, fait tomber leurs dernières réticences. Bocquet 2008, p. 250.
70. ASC, Procès-verbal du chapitre provincial extraordinaire, 28-31 décembre 1960.

Avec la réouverture du noviciat au Liban (1962), les dernières réticences vis-à-vis des vocations locales disparaissent[71]. Les sources à notre disposition ne permettent pas, toutefois, de vérifier si, à la suite des suggestions du P. Morazzani, des démarches de naturalisation sont entreprises. Il n'est pas inutile de rappeler à ce propos que le gouvernement égyptien n'accorde que rarement la naturalisation aux ressortissants étrangers. La loi n° 160 de 1950 sur la nationalité égyptienne rend son acquisition particulièrement compliquée et laborieuse[72]. La longueur des démarches et les nombreux critères auxquels les candidats doivent satisfaire peuvent avoir découragé les religieux qui reconnaissent, pour leur part, ne pas «connaître suffisamment la langue arabe[73]».

La promulgation des lois sur les nationalisations effraie davantage les Salésiens. En juillet 1961, la moitié de l'industrie nationale, la totalité des activités bancaires et d'assurance ainsi que le commerce du coton et plusieurs compagnies de construction, de transport et de commerce sont nationalisés[74]. Ces mesures entraînent une révolution dans la structure économique égyptienne, inaugurant la phase du socialisme d'État et portant un coup dur aux intérêts de la bourgeoisie industrielle, commerciale et foncière, qu'elle soit égyptienne ou étrangère. Elles provoquent une nouvelle vague de départs parmi les communautés étrangères et la communauté syro-libanaise.

Face à l'accélération des événements, les Salésiens se mettent sous la houlette du gouvernement italien. Ce dernier a entre-temps entamé des négociations avec son homologue égyptien afin d'obtenir pour les écoles italiennes implantées sur le territoire de la RAU l'exemption de la loi n° 160 de 1958.

---

71. Nous reviendrons sur ce point dans la dernière section de ce chapitre.
72. Dalachanis 2017, p. 96.
73. ASC, F035, Rapport annuel sur l'état de la province Jésus-Adolescent, 1960-1961.
74. Cottenet-Djoufelkit 2000-2001, p. 148.

7.2.2. Sous la férule du gouvernement italien : une «diplomatie de l'amitié»

Depuis le milieu des années 1950, et plus particulièrement au lendemain de la crise de Suez, l'Italie cherche à tirer profit du discrédit de la France et de la Grande-Bretagne et ne cache pas son aspiration à jouer un rôle de premier plan dans le bassin méditerranéen. Le gouvernement italien entend acquérir une marge de manœuvre plus large par le développement de relations privilégiées avec les pays arabes, en se posant comme intermédiaire «naturel» entre l'Europe et le Proche-Orient, tout en restant aligné sur les positions du Pacte atlantique[75]. Matteo Pizzigallo a qualifié de «diplomatie de l'amitié» le modèle politique développé par la péninsule dans ses relations avec les pays arabes méditerranéens au lendemain de la Seconde Guerre mondiale[76]. Ce modèle s'appuie sur la rhétorique de la civilisation partagée et du lien culturel durable entre les deux rives de la Méditerranée. Cette politique arabo-méditerranéenne, qui se décline en plusieurs initiatives d'ordre culturel, politique et économique, trouve une justification dans la défense des intérêts économiques et commerciaux italiens au Proche-Orient en général et en Égypte en particulier[77].

Le 8 janvier 1959, à l'occasion de la visite du Premier ministre démocrate-chrétien Amintore Fanfani dans la capitale égyptienne, un accord culturel est signé par les représentants des deux gouvernements[78]. Il établit les grandes lignes d'un programme de coopération qui prévoit, entre autres choses, le maintien des écoles italiennes en RAU, sans toutefois en préciser les modalités. Il est décidé à ce sujet qu'une nouvelle délégation italienne se rendra en Égypte pour en définir le statut. Les Salésiens obtiennent que leurs établissements, en tant qu'écoles reconnues et subventionnées par le gouvernement italien, soient inclus dans les négociations en cours.

75. Sur cette politique, qualifiée de «néo-atlantisme», voir De Leonardis 2003.

76. Pizzigallo 2008.

77. Il suffit de penser aux intérêts de *l'Ente Nazionale Idrocarburi* (ENI) présidé par Enrico Mattei, qui, en 1961, acquiert 51 % des actions de la Société orientale du pétrole chargée de l'exploitation du pétrole dans péninsule du Sinaï et qui obtient, dans les années qui suivent, d'autres importantes concessions. Bagnato 2017. Sur le volet culturel de la diplomatie italienne en Méditerranée, voir Medici 2008.

78. Melcangi 2013, p. 62. L'échange de notes prévoit le transfert réciproque de terrains pour le siège de l'Académie de la RAU à Rome et de l'Institut culturel italien au Caire.

Les accords signés en 1959 tardent toutefois à être ratifiés et restent pendant un temps de simples déclarations d'intention. Alors que les inspections des fonctionnaires égyptiens se multiplient, les Salésiens se plaignent de l'«immobilisme» des diplomates italiens[79]. Le provincial s'adresse alors directement au chef du gouvernement démocrate-chrétien. Dans une longue lettre, il rappelle à l'homme d'État et l'«homme de foi» les grands traits de l'apostolat salésien au Proche-Orient :

> Christianisme pratique, travail, compréhension entre les peuples, amour de la patrie italienne : c'est de cela que s'occupent les Salésiens dans leurs écoles [...] L'évolution sociale des peuples du Moyen-Orient montre comment nous pouvons exercer une influence sur eux par le biais de nos écoles professionnelles. Sans battre pavillon italien (aujourd'hui, l'heure n'est plus propice à cela), mais en déployant avec tact et charité chrétienne un vrai apostolat basé sur les principes d'égalitarisme social et inspiré des enseignements de Jésus, nous semons les graines d'une plus grande entente entre les individus et les peuples [...] La grande mission de l'Italie, mère du progrès et de la civilisation, continue ainsi dans le bassin méditerranéen à travers l'œuvre humble et constante des fils de Don Bosco[80].

Le père Laconi inscrit l'action de la mission à la fois dans le cadre des nouvelles inflexions de la politique du Saint-Siège (catholicisme social, engagement contre la faim et pour le développement, etc.)[81] et dans celui des orientations récentes de la politique italienne en Méditerranée. En insistant sur la «grandeur de la mission» que l'Italie serait appelée à accomplir, les Salésiens flattent les ambitions méditerranéennes du gouvernement italien[82]. Si dans sa lettre datée de novembre 1961, le père provincial se borne à souligner les intérêts communs que partagent ce gouvernement et la congrégation salésienne, c'est sur un ton alarmiste qu'au lendemain de

---

79. ASC, F035, Rapport annuel sur l'état de la province Jésus-Adolescent, 1959-1960.
80. ACS, ACS, PCM, Bureau du conseiller diplomatique, b.17-/B16, Le P. Laconi à Fanfani, 11 février 1962.
81. Depuis le radio-message de Noël 1952, Pie XII appelle à la solidarité économique entre les peuples et soutient la FAO installée à Rome. En 1961, Jean XXIII publie l'encyclique *Mater et Magistra* sur les développements de la question sociale. Prudhomme 2005, p. 24.
82. Sur la politique méditerranéenne de l'Italie, voir les travaux de Bruna Bagnato 2012 ; 2017a ; 2017b.

la promulgation des lois de nationalisations, il demande une intervention gouvernementale plus énergique :

> J'ai eu hier une longue conversation avec le professeur La Pira[83]. Parmi les questions que nous avons abordées, il y a celle de nos écoles en Égypte, et en particulier de nos écoles professionnelles. L'Égypte a aujourd'hui fortement besoin de ces écoles, tout comme les autres pays du Moyen-Orient. J'estime, et en cela le professeur La Pira est d'accord avec moi, que nous ne devons épargner aucun effort pour sauver nos écoles, notamment celles qui forment des techniciens et des ouvriers qualifiés. Que notre gouvernement cherche un *modus vivendi*, qu'il passe un accord avec les autorités égyptiennes ! Faisons-leur comprendre que nous ne travaillons que pour le bien et l'intérêt du pays[84] !

Au printemps 1962, une délégation de diplomates italiens se rend au Caire. Première d'une série de délégations dépêchées en Égypte, la « mission del Balzo » négocie les grandes lignes du programme de coopération culturelle. Elle parvient à un accord de principe sur les écoles d'enseignement général : en tant qu'écoles destinées aux seuls ressortissants italiens, elles seront exemptées de l'application de la loi, sauf en ce qui concerne l'enseignement de l'arabe. Quant aux filières techniques et professionnelles, il est décidé qu'elles feront l'objet de négociations ultérieures. Un comité mixte sera chargé d'en proposer une restructuration et d'en fixer le statut définitif[85]. Les Salésiens sont d'autant plus soulagés que, à l'issue des négociations, l'ambassadeur Magistrati confie à leur provincial que les écoles professionnelles de la mission seront maintenues dans le cadre d'un plan d'aide et d'assistance technique à l'Égypte et que l'institut technique que le gouvernement italien « veut offrir » à l'Égypte pourra être confié à la congrégation[86].

83. Maire de Florence et député parlementaire à plusieurs reprises, Giorgio La Pira est, parmi les démocrates-chrétiens, l'un des plus fervents partisans du « néo-atlantisme ». Ianari 2003, p. 389.
84. ACS, PCM, Bureau du conseiller diplomatique, b.17/B16, Le P. Laconi à Fanfani, 11 février 1962.
85. ACS, PCM, Bureau du conseiller diplomatique, b.17/B16, Le P. Laconi à Fanfani, 25 août 1962.
86. ASC, F035, Rapport annuel sur l'état de la province Jésus-adolescent à l'intention du chapitre supérieur, 1961-1962.

7.2.3. *Le temps de la coopération*

Les négociations entre les deux gouvernements s'inscrivent dans le cadre d'ambitieux programmes de coopération technique généralement mis en place entre les anciens pays colonisés, d'un côté, et les pays d'Europe occidentale et du bloc socialiste, de l'autre. Les grandes puissances passent d'un rôle de pilotage et de tutelle à des formes de *soft power* représentées notamment par la diplomatie culturelle et l'aide au développement[87]. La coopération se décline en un système d'aides multiples comprenant subventions, crédits à faible taux d'intérêt et bourses universitaires[88]. De l'Algérie à la Syrie baathiste, ces programmes prévoient également l'envoi d'experts (ingénieurs et techniciens entre autres) destinés à contribuer au développement des anciens pays colonisés[89].

Dès les années 1960, les dirigeants égyptiens signent des accords bilatéraux avec plusieurs pays du bloc soviétique et d'Europe occidentale[90]. Parmi les premiers, la Russie occupe le premier rang, et les experts russes (ingénieurs, techniciens et officiers) sont les plus nombreux[91]. D'autres pays socialistes participent à ce qu'on pourrait qualifier de « ruée » vers la coopération technique. Parmi les pays d'Europe occidentale, l'Allemagne fédérale occupe une place de choix : le volet culturel des accords signés au début des années 1960 porte sur la coopération technique et l'enseignement de la langue allemande dans le système scolaire égyptien. Un des objectifs est d'améliorer les performances et d'accroître la productivité dans le secteur de l'enseignement technique et de la formation professionnelle. Un institut technique est inauguré en 1961 au Caire, dont le but est de former des contremaîtres, des petits entrepreneurs et des enseignants pour les écoles industrielles. Par la suite, plusieurs autres projets sont débattus dont ceux

---

87. Matasci *et al.* 2020, p. 25.
88. Voir à ce propos Frey *et al.* 2014.
89. À propos de l'Algérie, voir Henry, Vatin 2012 ; au sujet des experts allemands dans la Syrie baathiste, voir Trentin 2020.
90. Comme le souligne Malak Labib, les efforts de planification du gouvernement égyptien impliquent des échanges Sud-Sud, les économistes égyptiens s'intéressant à l'expérience indienne en matière de planification, ce qui conduit à faire appel à l'expertise d'économistes indiens. Labib 2019.
91. Bishop 1997.

d'un institut du pétrole et d'un centre de formation pour la mécanique de précision[92].

L'Italie participe aussi activement aux programmes de coopération technique. En Afrique, l'Égypte est, après la Somalie, le premier bénéficiaire de crédits publics italiens ainsi que de financements privés conséquents[93]. Le programme italien d'aide et d'assistance technique comprend différents types de soutien aux efforts d'industrialisation égyptiens, dont l'envoi de techniciens italiens pour participer à la construction du haut barrage d'Assouan. L'implication italienne dans la coopération technique et l'aide au développement n'est pas seulement liée au nouveau rôle que l'Italie souhaite jouer dans la Méditerranée arabe ; elle est aussi à mettre en relation avec des intérêts politiques et économiques spécifiques, ce pays ayant notamment besoin du pétrole arabe pour assurer sa croissance économique[94]. En 1973, le ministre des Affaires étrangères Aldo Moro souligne l'importance que doit revêtir la coopération technique en tant que « composante fondamentale de la politique étrangère et outil indispensable pour consolider la paix[95] ».

La coopération et l'aide au développement deviennent un terrain concurrentiel et un moyen de repenser le paradigme des relations internationales, en particulier pour des pays comme la France, dont le rôle est en déclin dans la région. Pour le conseiller des Affaires étrangères André Mattei, la France doit orienter ses efforts dans le domaine de la coopération technique qu'il qualifie de « direction d'avenir où, déjà, les Allemands et les Italiens nous ont précédés en n'hésitant pas parfois – c'est le cas de l'Allemagne – à consacrer à leur action des moyens très importants (32 professeurs et 400 millions d'anciens francs)[96] ».

Dès 1960-1961, plusieurs missions d'experts sont envoyées au Caire pour étudier les modalités d'une participation française aux trois projets de coopération proposés par le sous-secrétaire d'État à l'Enseignement technique

---

92. Wissa-Wassef 1972, p. 626.

93. Rusca 2009, p. 58. À propos de la politique italienne d'aide au développement, voir les travaux d'Elena Calandri 2013 ; 2019.

94. Voir Soave, Monzal 2020 et Riccardi 2014.

95. Le ministre démocrate-chrétien voit en cette forme de coopération un outil indispensable pour atténuer les déséquilibres économiques et sociaux dans le monde. Moro 1971, p. V-VII.

96. AMAE, Levant 1944-1965, RAU 1960-1965, 1012, Mattei à Couve de Murville, 15 février 1961.

'Alī Shu'ayb[97]. D'après l'attaché culturel au Caire, l'engagement français dans le secteur de l'enseignement technique permettrait non seulement d'exercer une influence sur des couches montantes, « une classe moyenne engagée dans des activités industrielles et techniques[98] », mais aussi de réorienter la présence culturelle française dans de nouvelles directions. Alors que l'égyptianisation de l'enseignement étranger progresse, la formation technique est à ses yeux, comme aux yeux des responsables italiens, le vecteur privilégié d'une présence culturelle renouvelée[99].

7.2.4. La « neutralité » de l'enseignement technique

C'est sur la « neutralité » de l'enseignement technique que mettent l'accent les Salésiens : « Si une école étrangère peut paraître coloniale hors de son contexte, une école technique et professionnelle dispense quant à elle un savoir universel[100]. » Dans un contexte de décolonisation, ce discours vise à relégitimer la présence missionnaire en soulignant ses « apports développementalistes[101] ». Promouvoir un enseignement industriel à l'heure du développement est un moyen de faire taire les accusations qui associent les missionnaires et leurs écoles à la colonisation et à l'impérialisme culturel. Pourtant, l'aide au développement entretient une filiation directe avec les fondements « moraux et bienfaisants » de la colonisation[102].

L'insistance des Salésiens sur la « neutralité » de l'enseignement professionnel révèle aussi l'adhésion plus ou moins enthousiaste d'une partie des missionnaires chrétiens aux politiques développementalistes. Durant ces années, la plupart des Églises intègrent le développement à leur réflexion

---

97. La première porte sur la réorganisation de l'école technique d'al-Qubba à travers le détachement d'enseignants français spécialisés et l'envoi d'un complément de matériel et de machines. Les deux autres prévoient la création d'un institut pétrolier et d'un institut d'études électroniques. AMAE, Levant 1944-1965, RAU 1960-1965, 1012, Mattei à l'attention des Affaires culturelles et d'Afrique-Levant, 1er avril 1961.
98. AMAE, Levant 1944-1965, RAU 1960-1965, 1012, Mattei à l'attention des Affaires culturelles et d'Afrique-Levant, 1er avril 1961.
99. AMAE, Levant 1944-1965, RAU 1960-1965, 1012, Mattei à Couve de Murville, 15 février 1961.
100. AESC, L'opera salesiana del Cairo, 1959.
101. Sur ces thèmes, voir le numéro de la revue *Histoire politique* coordonné par Desgrandchamps, Matasci 2020.
102. Matasci *et al* 2020, p. 28.

doctrinale. Dans le cas de l'Église catholique, c'est l'encyclique *Populorum Progressio* (1967) qui traduit la prise en compte doctrinale de ce nouveau mot d'ordre des relations internationales[103]. Les Salésiens considèrent que leurs écoles ont un rôle à jouer dans une telle entreprise:

> S'il y a un État africain qui peut sortir du sous-développement, c'est bien l'Égypte: l'adaptation de la production agricole à la population, la création d'une classe moyenne capable de représenter un frein aux tentations oligarchiques, une coexistence pacifique entre tous les groupes ethniques et religieux sont des étapes obligatoires. Les Salésiens sont intégrés depuis longtemps dans ce pays, à la fois ancien et moderne, qui progresse au milieu de nombreuses difficultés et de nombreux obstacles[104].

C'est dans ce contexte de foi en les promesses du développement que le comité mixte italo-égyptien se réunit pour la première fois du 10 au 22 janvier 1963 au Caire. Il est présidé pour la partie italienne par l'ambassadeur Babuscio Rizzo et pour la partie égyptienne par le sous-secrétaire d'État au ministère de l'Instruction publique Muḥammad Ṭāha al-Nimr[105]. Les négociations aboutissent, après près de dix ans (le 27 mars 1970), à la signature d'un protocole d'entente qui établit la création d'un institut technique italien au Caire confié aux Salésiens et fixe le statut définitif des écoles salésiennes, de l'institut Leonardo da Vinci et des autres écoles italiennes sur le territoire de la RAU[106].

Le nouvel institut technique, qui commence à fonctionner à la rentrée 1970, adopte les programmes des établissements italiens du même niveau. L'article 4 du protocole d'entente introduit le principe d'un enseignement bilingue: les matières scientifiques (mathématiques, sciences naturelles,

---

103. Sur l'articulation entre missions et développement, voir Bourmaud, Zaragori 2016; Carbonnier 2013; Duriez *et al.* 2007; Fountain *et al.* 2015.

104. «Capire l'Egitto e accettarne la sfida», *BS*, décembre 1977, p. 12.

105. ASC, F040, Déclaration sur les accords pour définir le nouveau statut des écoles salésiennes, 14 janvier 1963.

106. Décret 939 de 1970 concernant le protocole d'entente signé au Caire le 27 mars 1970 entre les gouvernements de la RAU et de la République italienne, relatif à la fondation d'un institut technique industriel italien confié à la congrégation salésienne, aux autres écoles salésiennes, à l'institut Leonardo da Vinci et aux autres écoles et instituts italiens en Égypte, *al-Jarīda al-rasmiyya*, 22 octobre 1970, p. 714.

etc.) sont enseignées en italien et les « matières nationales » en arabe. Les diplômes délivrés, qui correspondent à ceux des lycées techniques italiens (*diploma di maturità dell'Istituto tecnico industriale*), sont reconnus par les deux gouvernements et permettent à leurs titulaires l'accès aux facultés et aux instituts techniques supérieurs des deux pays (article 11). Un système de bourses pour des missions de courte durée en Italie est prévu à la fois pour les élèves de l'institut et pour les techniciens égyptiens appelés à y enseigner ou à enseigner dans les établissements similaires en RAU (article 12).

Au niveau de la direction et de l'administration de l'école, le document établit les principes d'une codirection et d'une cogestion : un directeur italien, nommé par la congrégation, est épaulé par un directeur adjoint de nationalité égyptienne, chargé tout particulièrement de l'application de la législation relative à l'enseignement des « matières nationales » (histoire, géographie et éducation civique) et de l'organisation des activités extra-scolaires (article 8). Au sommet de l'édifice, un haut conseil composé de six membres permanents (trois Italiens et trois Égyptiens) est chargé de la planification éducative et budgétaire annuelle ainsi que du placement des anciens élèves (article 8).

La composition des organes administratifs et de direction est censée assurer une véritable cogestion de l'institut mais la congrégation se voit reconnaître des marges de manœuvre assez amples : le directeur adjoint, bien que sa désignation soit soumise à l'approbation du ministère de l'Éducation égyptien, est nommé par la congrégation salésienne (article 7). L'institut et les écoles peuvent embaucher un nombre indéterminé d'enseignants et de techniciens étrangers (article 16).

Les Salésiens sont les premiers bénéficiaires de l'accord, qui leur garantit, au prix de quelques réajustements, une réelle autonomie. Mais ses autres signataires y trouvent aussi leur compte. Pour le gouvernement italien, il s'agit en premier lieu de maintenir une présence culturelle en Égypte, en s'appuyant sur des structures déjà en place. Les écoles salésiennes sont aussi susceptibles de fournir une main-d'œuvre qualifiée et des cadres intermédiaires de la production aux sociétés industrielles et commerciales italiennes qui interviennent dans ce pays dès la fin des années 1950, principalement dans l'assainissement des terres, la prospection pétrolière et l'industrie automobile[107]. En ce sens, l'accord passé avec les Salésiens

---

107. ACCIC, Procès-verbal de l'AG des associés, 18 mars 1964 ; Briani 1982, p. 116-119.

illustre la mise à contribution de l'« expertise » et des réseaux missionnaires pour les projets de développement des pays du Sud[108].

Du côté égyptien, il s'agit de laisser intactes des structures existantes qui garantissent, à de moindres coûts pour le gouvernement, la formation d'ouvriers et de techniciens maîtrisant une ou plusieurs langues étrangères, au moment où la pénurie de cadres intermédiaires de la production pour la mise en place de projets de développement est particulièrement ressentie[109]. Aux yeux des autorités égyptiennes, ces structures sont susceptibles de servir de support à la mise en place d'autres projets de coopération. Ce sera chose faite en 1983, avec la signature d'un accord entre le ministère de la Main-d'œuvre et les écoles de la mission qui prévoit la mise en place de cours de formation professionnelle pour adultes[110].

Si les établissements salésiens parviennent à échapper à la nationalisation, c'est aussi parce qu'ils ne revêtent pas, aux yeux des autorités égyptiennes, les mêmes enjeux symboliques que les établissements d'enseignement étrangers les plus prestigieux, ceux français et britanniques notamment. En nationalisant ces derniers tout en maintenant des frais d'admission élevés et une exigence de niveau de langue renforcé, il s'agit pour les nouvelles élites issues de la Révolution d'en faire, à l'heure de l'enseignement de masse, le lieu de leur propre reproduction[111].

La politique du gouvernement égyptien vis-à-vis des écoles salésiennes n'est pas dépourvue d'hésitations comme l'attestent la longueur des négociations et le fait qu'elles s'enlisent à plusieurs reprises. Toutefois, la présumée neutralité de l'enseignement technique a joué, à terme, en faveur du maintien des établissements professionnels. Avant même que les négociations entre les deux gouvernements n'aboutissent à la signature du protocole de 1970, des restructurations se produisent aussi bien au niveau des filières d'enseignement que de la composition des publics scolaires.

---

108. Sur le rôle des missionnaires comme acteurs du développement, voir Bourmaud, Zaragori 2016 ; Turiano 2025 (à paraître).
109. À propos de la fabrique du développement en Égypte entre 1940 et 1960, voir Labib 2020.
110. DWQ, Majlis al-wuzarā', 0081-159203, Accords sur le protocole exécutif concernant l'enseignement technique et industriel signé par le gouvernement italien et le gouvernement de la RAU, 20 décembre 1983.
111. Abécassis 2000, p. 720.

7.2.5. *Des écoles égyptianisées*

Les lois sur les nationalisations sont suivies d'une nouvelle vague de départs parmi les communautés étrangères et allogènes, ce qui a de profonds retentissements sur l'audience des écoles étrangères. À la rentrée 1962-1963, le public des établissements français est devenu presque totalement égyptien[112]. Les Salésiens voient, quant à eux, leurs classes d'enseignement général se vider. C'est l'école de Port-Saïd qui souffre le plus du départ des élèves italiens. Les ressortissants italiens résidant dans le Canal passent de 7 000 à 2 000 entre 1940 et 1956[113]. À la rentrée 1960-1961, les effectifs de l'école ne comptent plus que 44 élèves italiens répartis entre les trois premières classes du primaire[114]. Deux ans plus tard, le père Laconi prend la décision de la fermer, mettant ainsi un terme à la mission salésienne dans le Canal.

À Alexandrie aussi, la régression des effectifs des filières générales est particulièrement criante. Les départs des ressortissants italiens sont massifs entre 1962 et 1968. La communauté ne compte plus que 2 000 individus au début des années 1970. À la rentrée 1962-1963, la section primaire comprend seulement quatre classes, la première ayant été supprimée pour manque d'élèves[115]. Deux ans plus tard, c'est au tour de la filière secondaire (*liceo scientifico*) de fermer ses portes. Les quelques élèves restants sont absorbés par le lycée tenu par Salésiens au Caire.

Dans la capitale, la situation est quelque peu différente. Depuis le milieu des années 1950, de nombreux ressortissants italiens quittent les villes côtières pour s'installer au Caire. Dans quasiment toutes les sections de l'institut Don Bosco, les effectifs sont stables et connaissent même une croissance au début des années 1960. Ce n'est qu'au lendemain de la guerre des Six Jours (1967) que l'ensemble des filières se contractent[116]. Le lycée ferme ses portes en 1971 et les quelques étudiants restants sont transférés au lycée des religieuses franciscaines de Qasr al-Nīl, qui devient, à partir de ce moment, un lycée mixte.

---

112. Abécassis 2000, p. 727.
113. ASDMAE, AG 1944-1958, b.66, Télégramme Port-Saïd, décembre 1956.
114. ASC, F035, Rapport annuel sur l'état de la province Jésus-Adolescent, 1960-1961.
115. ASC, F035, Rapport annuel sur l'état de la province Jésus-Adolescent, 1962-1963.
116. ASC, F035, Rapport annuel sur l'état de la province Jésus-Adolescent, 1967-1968.

Avec la fermeture de l'école de Port-Saïd et la suppression progressive des filières d'enseignement général au Caire et à Alexandrie, tout un pan de l'activité salésienne, lié à l'encadrement des ressortissants italiens, s'éteint. En revanche, les sections professionnelles gardent leur vitalité et connaissent des recompositions. À la fin des années 1970, l'égyptianisation du public est achevée. Les Salésiens assistent plus particulièrement à une mutation du profil confessionnel de leurs élèves. Au Caire, une quasi-égalité des effectifs s'instaure entre catholiques, orthodoxes et musulmans à la fin des années 1960 (figure 21). À Alexandrie, la très forte contraction des effectifs chrétiens, et parmi eux avant tout des catholiques, est compensée par une croissance spectaculaire des effectifs musulmans (figure 22).

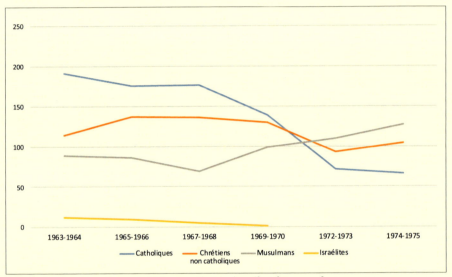

Fig. 21. Institut Don Bosco du Caire, ventilation des effectifs par confession, 1963-1975.
Source : AESC, Comptes rendus au MAE 1963-1965.

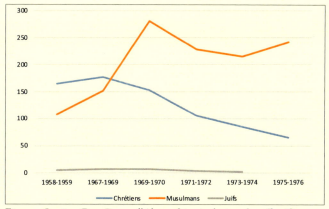

Fig. 22. Institut Don Bosco d'Alexandrie, évolution des effectifs par confession, 1958-1976.
Source : AESA, Comptes rendus au MAE 1958-1976.

En dépit des changements des origines confessionnelles du public, les sources révèlent la permanence d'un recrutement parmi les classes moyennes inférieures et la classe ouvrière. Les statistiques des professions parentales dressées par les missionnaires attestent que les catégories « employés », « ouvriers » et « commerçants » sont les plus représentées aussi bien au Caire qu'à Alexandrie, avec quelques variations d'un établissement à l'autre (figures 23 et 24).

Ce qui est nouveau est l'investissement des écoles par des professions techniques intermédiaires et supérieures (ingénieurs et techniciens) et par un petit entrepreneuriat égyptien. Élèves de l'école du Caire, 'Ādil Ḥāmid Ḥusnī, Ismaʿīl al-Khidīwī et Shukrī Rifʿat sont, respectivement, les fils d'un entrepreneur des transports, d'un « fabricant » et du directeur de l'usine al-Sharāb[117]. À Alexandrie, Ibrāhīm Aḥmad Mūsā est le fils du directeur de la production de l'usine Salt and Soda ; le père de Muḥammad Saʿd Muḥammad est le directeur d'une des unités de la Société nationale de plastique ; celui de Muḥammad ʿAbd al-Munʿim est le propriétaire d'une manufacture de pianos[118].

117. AESC, Registre des inscriptions 1959-1960.
118. AESA, Registre des inscriptions 1959-1960.

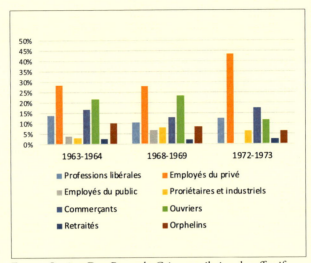

Fig. 23. Institut Don Bosco du Caire, ventilation des effectifs par profession du père, 1963-1973.
Source : AESC, Comptes rendus au MAE, 1963-1973.

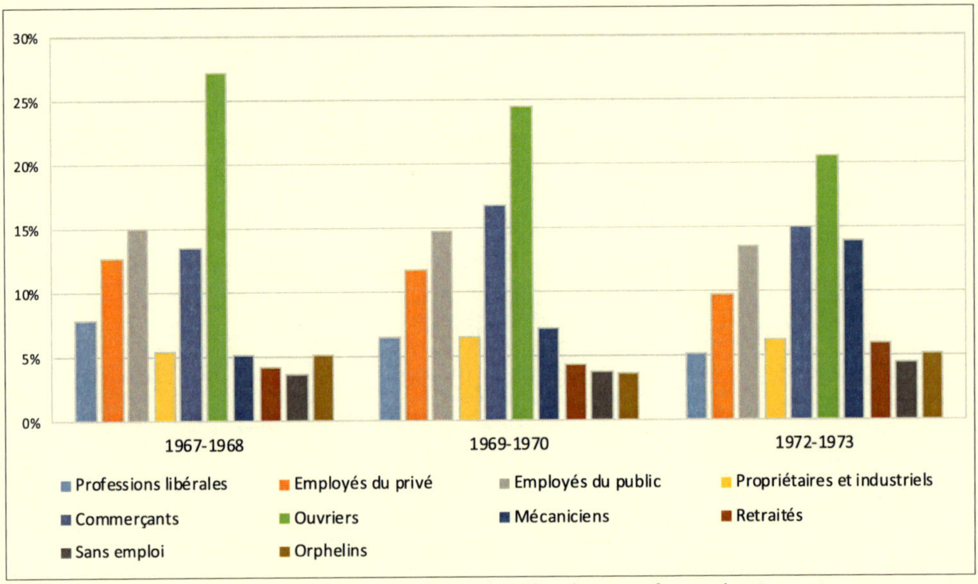

Fig. 24. Institut Don Bosco d'Alexandrie, ventilation des effectifs par profession du père, 1967-1973.
Source : AESA, Comptes rendus au MAE, 1967-1973.

L'égyptianisation du public est donc en partie le fait de l'arrivée, dans les deux écoles, d'élèves issus de familles égyptiennes engagées dans des activités industrielles et techniques. Ce nouveau public semble reprendre à son compte les pratiques de scolarisation d'un petit entrepreneuriat allogène sur le départ. Les opportunités qui s'ouvrent au lendemain des nationalisations, les places laissées vacantes par le départ des communautés non égyptiennes, l'amélioration du statut des ouvriers dans l'industrie nationalisée et le rôle dévolu aux experts techniques dans tous les rouages de l'État et de l'économie sont autant de raisons de l'attrait exercé par les établissements salésiens sur ces catégories professionnelles. Les familles chrétiennes y trouvent également la caution d'une formation religieuse et morale. Mais le nouveau public a aussi d'autres attentes comme le souligne le P. Russo, directeur de l'institut d'Alexandrie, dans une missive envoyée aux supérieurs :

> La plupart de nos élèves issus des écoles gouvernementales égyptiennes ont été recalés et ne peuvent espérer obtenir un titre qu'en fréquentant une école étrangère payante comme la nôtre. Ils éprouvent dès lors de vraies difficultés à suivre nos programmes qui sont entièrement en langue italienne[119].

Ces remarques méritent une rapide mise en contexte. Depuis que l'enseignement égyptien a été rendu libre et gratuit à tous les niveaux, une forte pression s'exerce sur l'éducation. Le premier plan quinquennal (1960-1965) se propose de réduire la pression sur l'enseignement secondaire, voie d'accès privilégiée aux études supérieures[120]. L'accès au degré supérieur repose sur la note obtenue aux examens de passage. En cas d'échec, c'est à l'enseignement privé payant que nombre de familles ont recours[121]. Dès le milieu des années 1960, ce sont donc des laissés-pour-compte de l'enseignement gouvernemental qui investissent l'école d'Alexandrie. En acceptant des élèves en échec scolaire, les Salésiens font une entorse à leur règlement qui établit que seuls les détenteurs du certificat préparatoire peuvent être admis. Mais c'est un compromis qui se révèle nécessaire pour assurer à l'école une nouvelle audience, comme le souligne le P. Russo : « Si nous n'admettions

---

119. ASC, Le P. Russo à l'inspecteur général de la congrégation, 1964.
120. Szyliowicz 1973, p. 266.
121. Abdallah 1985, p. 109.

que des élèves qui détiennent un diplôme, en l'espace de trois ans nos classes se videraient[122]. »

À Alexandrie, le départ définitif de l'ancien public pousse ainsi les religieux à mettre en œuvre des stratégies de survie. Au Caire aussi, l'Institut technique devient une solution de repli, surtout pour des élèves qui ont échoué dans une des « écoles de langues[123] », comme le révèlent les témoignages que nous avons recueillis. Pour Alfred Karaguejian, diplômé de l'institut Don Bosco du Caire en 1974, la scolarisation chez les Salésiens est un choix contraint, après des échecs répétés au Collège de la Sainte-Famille :

> J'ai dû m'inscrire chez les Salésiens parce qu'il n'y avait plus de place pour moi chez les Jésuites. J'ai été recalé deux fois en langue arabe. Pour la loi égyptienne, je ne pouvais pas tenter une troisième fois, et les Jésuites dépendaient du ministère de l'Éducation […] Ils m'ont suggéré de m'inscrire chez les Salésiens, parce que le niveau d'arabe était faible. J'ai deux autres frères qui ont fait l'école chez les Jésuites et qui ont terminé. Moi je suis le seul à avoir eu des difficultés, mais je parle le français très bien[124].

Accueillant les élèves les plus « faibles », les écoles salésiennes sont reléguées au rang de parent pauvre des « écoles de langues ». Le choix d'une école privée étrangère assure par ailleurs aux familles appartenant aux classes moyennes un certain niveau de distinction sociale à l'heure de l'enseignement de masse.

7.3.   Dieu est-il toujours italien ?

Les Salésiens se tournent plus résolument vers ce nouveau public scolaire, bien que l'attachement nostalgique à un passé révolu soit encore vif, comme en témoignent les nombreux débats autour de la langue d'enseignement. En même temps, ils développent une pastorale fondée sur une collaboration plus stricte avec les laïcs, qui reflète les orientations du concile Vatican II. L'exigence d'assurer une « relève orientale » trouve une traduction

---

122. ASC, F383, Le P. Russo au P. Pianazzi, 18 fevrier 1964.
123. C'est ainsi que sont appelées les écoles autrefois étrangères à partir de 1961. Aujourd'hui, cette appellation désigne les écoles où l'enseignement est dispensé dans une langue européenne et non pas en langue arabe. À propos de ce glissement de nomenclature, voir les travaux de Frédéric Abécassis en bibliographie.
124. Entretien avec A. Karaguejian, Le Caire, 14 décembre 2010.

institutionnelle dans l'ouverture, en 1974, d'un noviciat à Alexandrie. À la fin de la décennie, le profil du missionnaire salésien au Proche-Orient est en mutation.

7.3.1. *La nostalgie d'un ordre colonial*

Les Salésiens continuent de dispenser un enseignement en langue italienne, ce qui pose d'abord des problèmes d'ordre pratique. Le taux élevé d'échec scolaire et les abandons fréquents en cours d'études révèlent les difficultés éprouvées par les élèves à apprendre des matières techniques dans une langue qu'ils ne maîtrisent qu'après plusieurs années[125]. La mise en place de cours intensifs de langue italienne durant les mois d'été ne suffit pas. L'apprentissage mnémonique, que les Salésiens considèrent, avec beaucoup de mépris, comme une caractéristique de l'enseignement gouvernemental égyptien, semble pourtant être la règle chez leurs élèves[126].

La question de la langue d'enseignement préoccupe aussi la communauté religieuse. Le procès-verbal du chapitre provincial qui se tient au printemps 1975 révèle le malaise qu'éprouvent les religieux à se servir d'un idiome inconnu de la plupart des élèves lors de leur première inscription. Des changements sont proposés qui concernent à la fois les filières d'enseignement général encore existantes et les filières professionnelles. Les religieux envisagent l'adoption de l'arabe comme langue d'enseignement. D'après le P. Oberosler, directeur de l'institut Don Bosco du Caire, un tel changement impliquerait, certes, le recours à un nombre croissant d'enseignants et d'«auxiliaires» locaux, mais il représenterait un bénéfice pour les confrères qui, d'après lui, «pourraient se consacrer aux tâches de coordination et d'animation et mieux remplir leurs devoirs religieux[127]».

À la rentrée 1975-1976, une école maternelle et une école primaire de statut égyptien ouvrent leurs portes à Alexandrie. L'année suivante, elles scolarisent près de 450 élèves[128]. En revanche, aucune restructuration n'est entreprise dans les filières techniques et professionnelles. Dans le mémorandum qu'il

---

125. AESA, Comptes rendus au MAE, Statistiques scolaires, 1970-1975.
126. Entretien avec R. Terouz, Le Caire, 27 novembre 2010 ; et avec E. Minetjian, Le Caire, 24 mars 2013.
127. ASC, G039, Chapitres provinciaux, Maison mère Moyen-Orient, 1975.
128. AESA, Le directeur au MAE, 31 décembre 1978.

rédige à l'intention des supérieurs, le P. Bergamin, proviseur de l'Institut technique du Caire, revient sur les raisons qui ont amené au maintien du *statu quo* :

> C'est une situation qui pose sans aucun doute des problèmes. La solution la plus logique serait de parvenir à une école de statut égyptien, avec l'arabe comme langue d'enseignement. Plusieurs facteurs l'exigent :
> – Le contexte missionnaire : nous ne sommes pas envoyés par une nation mais par l'Église.
> – Ne pas surcharger les élèves : afin d'assimiler les contenus théoriques, ils doivent d'abord maîtriser la langue italienne.
> La transformation suggérée est-elle viable ? D'autres arguments plaident pour le maintien du *statu quo* :
> – D'autres écoles techniques étrangères se trouvent dans la même situation que nous.
> – Le fait de maîtriser une langue européenne donne à nos diplômés beaucoup d'avantages.
> – Jouissance d'une autonomie totale par rapport aux inspecteurs égyptiens : en raison de notre statut « italien », ils nous laissent travailler en paix ; dans une école égyptienne, au lieu d'avoir des enseignants salésiens étrangers, on nous imposerait des enseignants égyptiens.
> – À l'heure actuelle, le gouvernement italien vient en notre aide et nous accorde des subventions.
> Une solution médiane serait une école technique de langue : l'italien pourrait être étudié comme une langue étrangère, certaines matières techniques seraient dispensées en italien ; toutes les autres disciplines seraient enseignées en arabe. Cette solution, si elle était approuvée par le gouvernement italien, permettrait de conserver tous ou presque tous les bénéfices mentionnés. Mais il faudrait préparer les Salésiens à bien se servir de la langue arabe ; la question des diplômes détenus par le personnel enseignant serait par ailleurs difficile à régler[129] […].

Le cadre contraignant des accords avec le gouvernement italien, les forces d'inertie au sein de la communauté et les marges de manœuvre dont elle jouit à l'égard du gouvernement égyptien comptent parmi les raisons qui

---

129. ASC, F415, L'opera salesiana del Cairo, 1979.

poussent les Salésiens, malgré les questionnements répétés, au maintien de la langue italienne comme langue d'enseignement. Ils doivent, en outre, tenir compte de la demande des familles. Dans les deux villes, les effectifs sont à la hausse. Pour une grande partie des familles, la scolarisation de leur progéniture dans une école étrangère, malgré les sacrifices pécuniaires qu'elle comporte, multiplie leurs chances de promotion sociale et d'accession à des postes plus rémunérateurs à l'heure de l'ouverture économique[130].

Le *statu quo* est finalement maintenu mais des adaptations sont considérées comme nécessaires. Dans la section technique, un volume horaire considérable est consacré à l'étude de la langue italienne durant la première année[131]. Selon une pratique déjà en vigueur depuis de nombreuses années, les élèves sont répartis en classes différentes selon leur niveau de connaissance des langues européennes[132]. Les programmes sont simplifiés, notamment dans les filières professionnelles. Les Salésiens remplacent le plus souvent les manuels par des brochures bilingues voire trilingues qu'ils préparent avec l'aide des enseignants égyptiens. Recrutés parmi les anciens élèves, ces derniers deviennent nombreux dès le milieu des années 1960. Dans la section professionnelle, ils se servent souvent, si ce n'est exclusivement, de la langue arabe, que ce soit pour les cours pratiques ou les cours théoriques[133].

Le maintien de la langue italienne se veut en partie une réponse à la demande des familles. Il trahit aussi la réticence des missionnaires, encore majoritairement italiens, à abandonner des pratiques pédagogiques qui sont autant de vestiges de l'hégémonie européenne sur l'Égypte ; c'est ce que le P. Bergamin qualifie de « poids de la tradition[134] ». En dehors des classes, les transformations sont plus profondes. Les Salésiens s'orientent progressivement vers d'autres formes de ministère, conformément aux orientations de l'Église

---

130. Dans les années 1970, le président égyptien Anouar el-Sadate lance la politique d'ouverture économique (*Infitāḥ*) qui vise à attirer les investissements étrangers en réduisant le rôle de l'État dans l'économie. Dans le dernier chapitre, nous aborderons les effets de cette ouverture sur le devenir professionnel des diplômés des écoles salésiennes. Sur la politique économique de l'Égypte sous les présidences d'Abdel Nasser et el-Sadate, voir Waterbury 1983.
131. AESC, Rapport à l'attention du MAE, 1973-1974.
132. AESC, Rapport à l'attention du MAE, 1973-1974, 1971-1972.
133. Entretien avec G. G., Le Caire, 4 mars 2013.
134. ASC, F415, L'opera salesiana del Cairo, 1979.

postconciliaire. Ce faisant, ils s'ouvrent progressivement à un public plus large que leurs seuls élèves.

7.3.2. *Une nouvelle pastorale au lendemain du concile Vatican II*

Le concile Vatican II marque une étape importante sur la voie de l'œcuménisme et du dialogue entre les différentes Églises[135]. Plus que tous les précédents, le décret *Unitatis Redintegratio*, promulgué le 21 novembre 1964, souligne la nécessité d'une collaboration étroite entre catholiques et non-catholiques dans l'action caritative et sociale et affirme la nécessité d'une bonne connaissance mutuelle entre les différentes Églises, n'hésitant plus à qualifier les chrétiens séparés de Rome de «disciples du Christ». Plus généralement, le concile souhaite que les activités catholiques en matière œcuménique se développent en liaison avec celles des autres chrétiens[136]. Malgré ses imperfections et les critiques qu'il soulève, le décret *Ad Gentes* (1965) ouvre la voie à une réflexion missionnaire renouvelée, commencée quelques décennies plus tôt à la faveur des décolonisations[137]. Il insiste notamment sur la dimension sociale de l'évangélisation[138].

Comme le rappellent Étienne Fouilloux et Frédéric Gugelot, le concile ne reste pas un événement romain. Il prend rapidement une dimension mondiale, «mobilisant bien au-delà des frontières de la catholicité occidentale[139]». En Égypte, différentes initiatives s'inscrivent dans la voie de l'œcuménisme tracée par Vatican II. Au début du patriarcat de Shenouda III (1971-2012), des collaborations sont mises en œuvre entre catholiques et orthodoxes en matière de travail social. En 1972, à l'initiative d'*anba* Ṣamū'īl (représentant de l'Église copte à l'étranger), est créé un Comité œcuménique d'alphabétisation (al-Lajna al maskūniyya li maḥw al ummiyya),

---

135. Sur le concile Vatican II, voir Fouilloux 1997 ; Fouilloux, Gugelot 2016 ; Truchet 2016 et l'ouvrage collectif *Le deuxième concile du Vatican (1959-1965)* paru en 1989 (voir la bibliographie). Sur le concile et ses conséquences pour l'apostolat missionnaire en Égypte et les catholiques égyptiens, voir Mayeur-Jaouen 2016.
136. Aubert, Soetens 2000, p. 106.
137. Aubert, Soetens 2000, p. 104. À propos des crises et des mutations de la mission chrétienne, voir Prudhomme, Zorn 2000, p. 343. Sur l'Église catholique et la décolonisation, voir les travaux de Forno 2016 ; 2017.
138. Prudhomme 2016, p. 117.
139. Fouilloux, Gugelot 2016, p. 223.

qui réunit différents mouvements orthodoxes, protestants et catholiques, autour d'un programme d'alphabétisation inspiré de la méthode élaborée en Amérique latine par Paulo Freire[140].

Ce mouvement œcuménique atteint son apogée lors de la rencontre tenue en 1973 à Rome entre le patriarche Shenouda III et le pape Paul VI. L'un des résultats les plus marquants de cette rencontre est la déclaration christologique commune mettant un terme à l'accusation de monophysisme à l'encontre des coptes-orthodoxes. Toutefois, comme le relève Catherine Mayeur-Jaouen, les espoirs œcuméniques suscités par le concile sont rapidement déçus par le mouvement de renouveau copte-orthodoxe[141]. Répondant à un double défi, « face à l'islam » et « face aux autres chrétiens[142] », ce mouvement – entre autres choses – débouche sur une prise de conscience des différences profondes entre foi catholique et foi copte[143].

Il y a cependant un domaine où le concile laisse une empreinte durable en Égypte : l'impulsion donnée à la mobilisation des laïcs. Trois mouvements catholiques dirigés par le laïcat égyptien se développent dans les années 1960 : le mouvement Justice et Paix, l'Association de la Haute-Égypte pour l'éducation et le développement et Caritas Égypte[144]. Ils s'engagent tous sur le front de l'action sociale et du développement, notamment dans le milieu rural de la Haute-Égypte. De manière générale, le concile accompagne des mutations en cours, dont le processus d'arabisation et d'égyptianisation de l'Église catholique. Durant la décennie 1960, le départ des communautés chrétiennes allogènes s'accélère et profite à la petite église copte-catholique qui devient une Église nationale, arabisée et égyptianisée[145].

---

140. Mayeur-Jaouen 2016, p. 369-371.

141. Mayeur-Jaouen 2016, p. 369-372.

142. El-Khawaga 1992, p. 347.

143. Par « renouveau copte », on entend généralement le réveil communautaire qui se manifeste à partir des années 1940 autour du mouvement des Écoles du dimanche et du renouveau du monachisme. La revalorisation et la revivification du patrimoine religieux et national copte s'accompagnent de la cléricalisation progressive de la communauté. À l'instigation du patriarche Kyrillos VI (1959-1971), le renouveau aboutit à la mise à l'écart des laïcs de l'administration de l'Église copte-orthodoxe, qui devient le principal représentant des coptes auprès de l'État. À propos du renouveau copte, voir El-Khawaga 1991, p. 84-96 ; Voile 2004 ; Mayeur-Jaouen, Voile 2003 ; du Roy 2022.

144. Voir Mayeur-Jaouen 2016 ; 2019.

145. Mayeur-Jaouen 2016, p. 380.

C'est dans le cadre de ces mutations cruciales pour le catholicisme égyptien que les Salésiens tournent davantage le regard vers un public local. Depuis la fin de la Seconde Guerre mondiale, ils se sont efforcés d'élargir leur rayonnement à la chrétienté d'Égypte au-delà des communautés chrétiennes allogènes. Dès sa réouverture en 1949, le patronage d'Alexandrie accueille des centaines de jeunes chrétiens issus des quartiers avoisinants. La tendance à l'ouverture s'approfondit dans les années suivantes. En 1960, les jeunes qui fréquentent les patronages salésiens sont, pour la plupart, de rite copte-orthodoxe. À cette date, le père provincial dresse le portrait d'une jeunesse pauvre, à la fois du point de vue matériel et du point de vue spirituel, qu'il incombe à la mission de « sauver ». Le bilan des activités menées depuis une dizaine d'années lui paraît prometteur :

> Le travail effectué par les confrères est providentiel dans le cadre de la préservation de la foi chez les catholiques (10 %). Nous aidons les autres à abandonner leurs préjugés, à clarifier leurs idées dans l'esprit de charité universelle. Le vendredi après-midi et le dimanche, des centaines de jeunes coptes jouent et s'amusent dans nos cours, heureux de s'éloigner, ne serait-ce que pour un après-midi, des quartiers insalubres où ils vivent ; contents de respirer un air sain et de passer quelques heures dans un climat de grâce[146].

Qualifiant le patronage alexandrin d'« œcuménique » au lendemain de l'ouverture des travaux du concile, le père Ottone inscrit l'action de la communauté dans la nouvelle voie tracée par Rome. Les portes du patronage restent en revanche fermées aux non-chrétiens. Alors que les classes de l'école se remplissent d'élèves musulmans, le patronage d'Alexandrie demeure une enclave chrétienne tout comme son homologue cairote[147]. Dans les deux villes, deux jours par semaine, le vendredi après-midi et le dimanche, différentes activités sont proposées aux jeunes : jeux, excursions, sport, théâtre, etc.

La priorité est tout de même donnée à l'encadrement religieux : « Ouvrant la voie par le jeu, les Salésiens ne rencontrent pas de difficultés à

---

146. ASC, F035, Rapport sur l'activité de la province Jésus-Adolescent pendant la décennie 1950-1960.

147. Les mêmes pourcentages sont enregistrés dans l'oratoire du Caire qui accueille près de 300 jeunes (90 % de coptes-orthodoxes et 10 % de catholiques).

amener les jeunes à l'Église[148]. » Ce travail de catéchèse se déroule en arabe et requiert le recours à un personnel arabophone. Dès le début des années 1960, les Salésiens forment des auxiliaires et des catéchistes. En 1962, le patronage d'Alexandrie est dirigé par les pères De Rossi et Alessi, secondés par six prêtres, deux coadjuteurs et deux catéchistes formés parmi les jeunes qui fréquentent le patronage. C'est le coadjuteur libanais Īliyyā Salāma qui en prend la direction dans les années 1970[149].

Aussi, de manière similaire à d'autres missionnaires installés au Proche-Orient et aux associations de laïcs que nous avons mentionnées plus tôt, les Salésiens s'engagent-ils plus fermement dans des activités socio-caritatives. Elles prennent le plus souvent la forme de distribution de vêtements et de produits alimentaires (lait en poudre et farine). Dans le domaine caritatif, la communauté salésienne collabore avec des organismes humanitaires internationaux tels que le Catholic Relief Center[150]. Le père chroniqueur souligne qu'à Alexandrie, au cours des années 1960-1961 « des tonnes de farine ont pu être distribuées, ce qui a permis de soulager pendant quelques jours la plaie de la faim. Il faut avouer que les jeunes ici sont attirés plus par la farine que par le cinéma[151] ». Par cette activité, les Salésiens ont le sentiment d'avoir retrouvé leur mission de charité. « Jeunes pauvres et abandonnés : c'est cela le véritable champ de travail salésien[152]. »

Les Salésiens ne se consacrent pas seulement à l'activité caritative. Dès 1961, nous l'avons vu, l'institut Don Bosco du Caire accueille une antenne de la CICM. Après le départ massif des ressortissants italiens, le bureau réoriente son activité vers l'assistance aux migrants et aux réfugiés de toutes nationalités[153]. Durant la seule année 1967, près de 6 000 individus

---

148. ASC, F383, « Un patronage œcuménique », 1962. Voir Turiano 2019.

149. ASC, F383, « Un patronage œcuménique », 1962.

150. Organisation fondée en 1943 à l'initiative de la Conférence des évêques des États-Unis pour secourir les populations européennes en guerre. En Égypte, elle commence ses activités lors de la crise de Suez en 1956. Elle se réoriente ensuite vers le secours des pauvres et des réfugiés ainsi que vers la promotion du dialogue interreligieux. L'historique du CRS en Égypte est consultable en ligne : http://www.crs.org/our-work-overseas/where-we-work/egypt#toc-link.

151. ASC, F741, institut Don Bosco d'Alexandrie, Chronique 1960-1961.

152. ASC, F741, institut Don Bosco d'Alexandrie, Chronique 1960-1961.

153. Une lettre envoyée par le P. Cavasin, directeur de l'institut Don Bosco, à Mgr Nicholas Di Marzio, membre de la Conférence des évêques catholiques des États-Unis et directeur du Bureau pour les migrations et les réfugiés basé à Washington, nous informe que l'antenne

s'adressent aux Salésiens. Seul un millier d'entre eux réussissent à émigrer, la plupart étant dépourvus de toute qualification professionnelle ou de garants dans les pays d'outre-mer[154]. Se chargeant de la direction du bureau égyptien de la CICM, la communauté salésienne renoue avec une de ses premières activités en Égypte : l'assistance aux migrants[155].

D'autres initiatives ont pour objectif l'aide au développement technique et industriel. Dès le milieu des années 1970, les Salésiens mettent en place, dans les deux instituts, des cours de qualification et de mise à niveau professionnelles en langue arabe. Ils collaborent en cela avec le ministère du Travail et de la Main-d'œuvre et des organismes internationaux (l'Arab Organization for Industrialization[156]), mettant à disposition leurs locaux et une partie de leur personnel technique pour des cours de tournage, de fraisage, de dessin technique et de soudure. Au fil des années, les effectifs grossissent. Entre 1977 et 1978, 102 certificats de tournage et 365 certificats de soudure sont délivrés par l'institut Don Bosco du Caire[157]. Si dans les documents officiels, les Salésiens soulignent l'opportunité que leur offre cette activité de se mettre davantage au service de la société égyptienne, il est aussi question d'accroître leurs ressources financières[158].

Dès les années 1960, la diversification des terrains d'intervention met les religieux en contact avec un public plus large. On retrouve la même tendance chez d'autres sociétés missionnaires au Proche-Orient. Après la fermeture de leurs écoles à Damas en 1967, les Lazaristes s'engagent sur des terrains d'intervention semblables : catéchèse, activités charitables et accueil de réfugiés, notamment palestiniens[159]. Chez les Salésiens, le recrutement des personnels religieux et laïc connaît aussi, à la même période, des transformations sensibles qui traduisent à la fois la nécessité d'assurer une relève orientale et celle d'associer un nombre plus important de laïcs

cairote de la CICM est encore active dans les années 1990 et qu'elle s'occupe principalement de l'assistance aux réfugiés érythréens. AESC, Le P. Cavasin à Mgr Di Marzio, 21 février 1991.

154. ASC, F771, institut Don Bosco du Caire, Chronique quinquennale, 1962-1967.

155. Se reporter au chapitre 2.

156. Structure militaire arabe, elle est créée en 1975 par quatre pays (l'Égypte, le Qatar, l'Arabie Saoudite et les Émirats arabes unis) afin de promouvoir le développement de l'industrie arabe de l'armement.

157. « Don Bosco al Cairo », 1978.

158. ASC, G039, Actes du chapitre provincial, 1975.

159. Bocquet 2008, p. 321-327.

aux activités de la mission. En cela, les missionnaires témoignent une fois de plus des nouvelles orientations de l'Église post-Vatican II[160].

7.3.3.   *Assurer une relève orientale ?*

L'exigence maintes fois soulignée d'assurer l'intégralité de la formation religieuse et linguistique *in loco* se traduit, en 1962, par la réouverture du noviciat à al-Ḥuṣūn, au Liban. La formation de missionnaires venus d'Europe et notamment d'Italie ne peut toutefois pas suffire, le nombre de vocations en provenance du Vieux Continent étant à la baisse. La nationalité du personnel religieux dirigeant apparaît désormais comme l'une des conditions de la pérennité des établissements missionnaires au Proche-Orient. L'urgence d'assurer une relève orientale, déjà mise en évidence lors du conseil provincial extraordinaire tenu à Bethléem à l'automne 1960, est réitérée par une circulaire du provincial du 24 novembre 1962[161]. Entre 1962 et 1967, sept vocations s'éveillent dans la province[162].

La communauté en Égypte fait montre de dynamisme à partir de 1965 en ouvrant un pré-noviciat (*aspirantato*) à Alexandrie. L'année suivante, le provincial peut se réjouir des résultats obtenus : 12 jeunes en font partie. Leur provenance, tout comme leur appartenance religieuse, atteste, d'après lui, le rayonnement de l'action missionnaire : trois sont issus de l'institut salésien du Caire, neuf du patronage, cinq fréquentent les filières professionnelles et sept les écoles tenues par les grecs-catholiques[163]. Dans sa circulaire de 1966, le supérieur appelle les dirigeants des autres instituts à prendre exemple sur les efforts de la communauté alexandrine : « Nous sommes fiers de cette tentative, la première que nous faisons, pour avoir des vocations locales. Nous nous ouvrons ainsi aux vocations indigènes avec clairvoyance et selon l'esprit œcuménique de Vatican II[164]. »

Dans les années qui suivent, le pré-noviciat d'Alexandrie devient le principal vivier de vocations dans la province. En 1974, quatre candidats au noviciat sur cinq sont de nationalité égyptienne. La centralité prise par

---

160. Poulat 1989, p. 820.
161. AESC, Circulaires des provinciaux 1949-1962, Circulaire du 24 novembre 1962.
162. ASC, F037, Circulaire du provincial, 28 novembre 1966.
163. ASC, F035, Rapport sur l'état de la province Jésus-Adolescent, 1965-1966.
164. ASC, F037, Circulaire, 28 novembre 1966.

l'Égypte dans le renouvellement du personnel religieux pousse le provincial à demander aux supérieurs l'autorisation d'ouvrir un noviciat à Alexandrie[165]. Il est ouvert en 1974. Il faudra, toutefois, attendre l'été 1980, pour que la communauté célèbre l'ordination sacerdotale du premier salésien de rite copte[166].

D'autres transformations concernent les modalités de recrutement des enseignants laïcs et du personnel technique des écoles. Jusque-là, les religieux ont eu recours à des moniteurs externes recrutés majoritairement parmi les anciens élèves de nationalité grecque ou italienne mais ces derniers quittent l'Égypte à un rythme constant. Pour parer au manque de personnel enseignant, ils prennent temporairement les rênes des ateliers et s'improvisent moniteurs. Cette solution ne peut que compromettre la qualité de l'enseignement, comme le souligne le P. Pianazzi lors de sa visite extraordinaire aux écoles d'Égypte en 1963[167]. Ne pouvant plus compter sur les enseignants étrangers, qui quittent massivement l'Égypte, les Salésiens se tournent vers leurs élèves égyptiens, qu'il s'agit de former à enseigner en langue italienne. La tâche est loin d'être aisée, comme l'explique le P. Bergamin :

> Sept de nos anciens élèves sont en train d'intégrer progressivement nos équipes enseignantes. Leur préparation pédagogique s'avère longue. En plus, le risque est de les voir partir une fois formés. Mais il n'y a pas d'autres alternatives. C'est seulement en misant sur eux que nous pourrons assurer notre avenir[168].

Les sources sur la formation des enseignants et des moniteurs égyptiens font terriblement défaut[169]. Nous ignorons si certains ont bénéficié de bourses pour perfectionner leur formation en Italie comme prévu par le protocole d'entente de 1970. Quoi qu'il en soit, le recrutement d'anciens élèves égyptiens semble devenir systématique dans les années qui suivent et, contrairement aux craintes des Salésiens, certains resteront longtemps au service de la communauté. Leur bilinguisme apparaît particulièrement

165. ASC, F383, Le provincial au P. Ricceri, 1974.
166. *Istituto Don Bosco, Alessandria d'Egitto: cento anni di storia (1896-1996)*, p. 45.
167. ASC, F037, Visite du P. Pianazzi, 1963.
168. AESC, Don Bosco al Cairo, n° 4, 1978.
169. Nous n'avons pu réaliser qu'un entretien avec un ancien élève devenu enseignant de l'institut Don Bosco du Caire. On reviendra sur sa trajectoire dans le chapitre 8.

avantageux, aussi bien en cas de maintien du *statu quo* (enseignement selon les programmes italiens et en langue italienne) qu'en cas de restructuration débouchant sur l'adoption de l'arabe comme langue d'enseignement[170].

Au début des années 1980, le personnel laïc (enseignants, moniteurs et instructeurs) est composé à 100 % d'Égyptiens. Le recrutement des religieux est devenu quant à lui plus oriental, mais surtout plus international. Loin d'être une spécificité salésienne, l'internationalisation du personnel missionnaire s'observe également dans d'autres congrégations, aussi bien en Égypte que dans le reste du Proche-Orient. Elle vient contrarier le mouvement en faveur de son arabisation qui a prévalu avant et après la Seconde Guerre mondiale[171].

Dans le cas des Salésiens, cette internationalisation est aussi à mettre en lien avec l'ouverture, en 1965, du «théologat salésien international» à Crémisan. L'année suivante, il accueille près d'une cinquantaine d'élèves issus de toutes les provinces salésiennes et devient l'un des théologats les plus grands et les plus importants de la congrégation[172]. Malgré les recompositions à l'œuvre dans le recrutement missionnaire, il faudra attendre les années 2000 pour qu'un religieux de nationalité syrienne, le père Bashīr, soit nommé à la direction de l'institut Don Bosco d'Alexandrie.

---

170. ASC, G039, Actes du chapitre provincial, Moyen-Orient, 1975.
171. N. Neveu (2022) dresse le même constat à propos des instituts missionnaires féminins en Jordanie.
172. ASC, F037, Circulaire du provincial, 28 novembre 1966.

Conclusion

Fréderic Abécassis a relevé le paradoxe de l'enseignement étranger qui, menacé de disparition durant les années nassériennes, finit par maintenir l'essentiel de son autonomie[173]. Le statut particulier accordé aux écoles salésiennes s'explique par la neutralité présumée de l'enseignement technique qu'elles dispensent et par le fait qu'elles ne revêtent pas, aux yeux du gouvernement égyptien, les mêmes enjeux symboliques que les écoles étrangères les plus prestigieuses, qu'il s'empresse de nationaliser. Le traitement de faveur réservé aux écoles italiennes s'explique aussi, vraisemblablement, par la position de neutralité que l'Italie a observée durant la crise de Suez. La liaison avec ce pays, qui a constitué un handicap à l'époque de la Seconde Guerre mondiale, se révèle un atout dans les nouvelles conditions des alliances et des équilibres internationaux engendrés par cette crise.

Les écoles salésiennes se maintiennent dans un nouveau cadre : la coopération. La formule est ambiguë car si le protocole qui régit leur nouveau statut établit le principe d'une cogestion et d'une codirection, la congrégation jouit dans les faits de marges de manœuvre très larges. Le maintien de la langue italienne comme langue d'enseignement atteste aussi bien les limites de la politique d'égyptianisation de l'enseignement étranger que les atermoiements de la communauté salésienne en Égypte quant à l'arabisation.

Au-delà des négociations entre gouvernements, les écoles ont bel et bien connu une égyptianisation par le bas. En offrant un accès rapide au marché du travail, notamment à des postes rémunérateurs à l'heure de l'ouverture économique (*Infitāḥ*), une possibilité de distinction sociale par rapport à un enseignement de masse ainsi qu'une solution de repli pour les exclus de l'enseignement gouvernemental (des « écoles de langues » notamment), les instituts salésiens répondent aux attentes d'un public hétérogène qui leur assigne de nouvelles fonctions. La mission n'a d'autre choix que de se plier à cette demande pour assurer sa pérennité.

D'autres transformations se produisent en dehors des classes et, plus particulièrement, dans le domaine du recrutement du personnel laïc et religieux. L'égyptianisation du personnel enseignant s'accompagne d'une ouverture aux vocations locales, bien que le recrutement du personnel

---

173. Abécassis 1995, p. 215.

missionnaire se fasse principalement à l'international. La diversification de l'apostolat traduit une volonté d'action tournée davantage vers l'Égypte, et avant tout en direction des coptes. L'ouverture qui se réalise durant ces années n'est pas pourtant dépourvue d'ambiguïté : la volonté de collaborer plus strictement avec la chrétienté locale se double du désir, jamais éteint, de ramener ces « ouailles » dans le giron de l'Église romaine.

Chapitre 8

Professions techniques
et développement industriel (1950-1980)

S'INSPIRANT des démarches de la micro-histoire et du « jeu d'échelles », ce chapitre se concentre sur les parcours professionnels des diplômés des instituts salésiens entre 1950 et 1980[1]. Que révèlent-ils de l'univers professionnel de la petite et moyenne entreprise durant la période nassérienne, puis lors des réformes économiques lancées par le gouvernement de Sadate à partir des années 1970 ? Quelle valeur revêt le diplôme technique sur un marché du travail en recomposition ? Quel rôle joue la détention d'un savoir-faire technique dans le départ des diplômés non égyptiens ou, au contraire, leur décision de rester en Égypte ?

L'attention portée aux trajectoires individuelles permet de réfléchir, sous un angle nouveau, à des processus et à des phénomènes plus larges[2]. En réduisant l'échelle d'analyse afin de « voir des choses qui échappent à une vue d'ensemble[3] », nous formulons l'hypothèse que celles des anciens élèves éclaire plusieurs dynamiques relatives à l'univers professionnel de l'atelier et des métiers techniques dans l'Égypte post-capitulaire. Suivre les anciens élèves au travail durant près de trois décennies permet également d'apporter de nouveaux éclairages sur le départ massif des minorités confessionnelles et non égyptiennes durant les années 1960. En observant l'exercice de métiers techniques, il devient possible de réfléchir aux modalités d'ancrage en Égypte en dépit des mutations sociales et économiques qui ont eu un impact profond sur la démographie du pays.

1. Levi 1989 ; Ginzburg 1989 ; Revel 1996.
2. Revel 1996, p. 10.
3. Ginzburg 1994, p. 520.

Quatre sources ont été exploitées pour mener cette analyse : les annuaires et, plus particulièrement, *l'Egyptian Directory,* les fichiers personnels des ressortissants italiens relevant de la circonscription consulaire d'Alexandrie, le fonds « Maṣlaḥat al-sharikāt » (Office des sociétés) conservé aux Archives nationales égyptiennes et près de 30 entretiens (sous forme de récits de vie et d'entretiens semi-directifs) effectués entre 2010 et 2013 avec d'anciens élèves résidant en Égypte et en Italie[4]. Le croisement de ces sources a permis de relever deux périodes correspondant *grosso modo* à deux générations de diplômés :

1. La décennie 1950, durant laquelle les anciens élèves non égyptiens, tout en étant encore nombreux, commencent à quitter définitivement l'Égypte. Les modalités de leur insertion dans un marché du travail de plus en plus fermé aux non-Égyptiens et les moyens dont dispose une minorité d'entre eux pour rester en Égypte font l'objet des deux premières sections du chapitre.

2. La fin des années 1970 et le début des années 1980, période durant laquelle les premières promotions d'élèves formés après la restructuration des écoles et la signature du protocole d'entente de 1970 arrivent sur le marché du travail. Le pays entre officiellement dans la phase d'ouverture économique, censée ranimer une économie en forte récession[5].

Nous nous autoriserons également quelques incursions dans les décennies 1980 et 1990, marquées par les plans d'ajustement structurel et l'approfondissement des politiques de privatisation qui s'accompagnent d'une montée du chômage et de la pauvreté entraînant de vives contestations sociales[6].

Dans les pages qui suivent, Alexandrie sera plus évoquée que Le Caire. Parmi les diplômés non égyptiens, les Italiens se taillent la part du lion, tandis que la voix des Grecs reste muette, bien qu'ils constituent le groupe national le plus représenté jusqu'au milieu des années 1950. Si pour certains

---

4. Ils nous ont donné leur accord pour la publication de leurs noms et d'extraits de leurs entretiens, à l'exception de deux interviewés qui ont été anonymisés.

5. Kirk 2000, p. 105.

6. À propos du Moyen-Orient, voir Destremau *et al.* 2004 ; Longuenesse *et al.* 2005 et le numéro spécial *d'EgMA* « Ruins of the Welfare State : Material Legacies of a Socialist Middle East » (à paraître). Sur les contestations sociales et les grèves en Égypte et au Moyen-Orient voir Chalcraft 2016 ; Henry 2021.

anciens élèves, nous disposons de trajectoires plus ou moins complètes et détaillées, pour d'autres, il a fallu se contenter de bribes d'informations qui les saisissent à un moment particulier de leur existence. Dans l'analyse du parcours professionnel des diplômés, une attention particulière est portée aux espaces relationnels dans lesquels ils s'inscrivent[7], à commencer par l'espace familial, la famille étant conçue comme le « lieu initial de production des trajectoires socio-professionnelles[8] ».

8.1.   *Melting workshops*[9]

Alors que l'enseignement étranger fait l'objet d'un contrôle de plus en plus strict de la part du gouvernement égyptien, les Salésiens se réjouissent de la réussite de leurs élèves :

> Tandis que le gouvernement se montre de plus en plus hostile aux établissements catholiques, y compris le nôtre, les entreprises et les industries demandent nos anciens élèves, recourant souvent à des annonces dans les journaux. La meilleure propagande pour nous est la bonne réussite de nos élèves dans les industries mécaniques et électromécaniques du pays[10].

Dès le début des années 1950, les écoles salésiennes forment une majorité d'ouvriers mécaniciens et électriciens. Une partie d'entre eux intègre le personnel des grandes sociétés industrielles. Nombreux sont ceux qui travaillent dans l'univers des ateliers et des petites entreprises qui restent très actifs au cours de la décennie, notamment dans le secteur de la confection, du bois et des produits métalliques.

---

7. À propos de l'analyse des réseaux, voir l'ouvrage de M.-C. Smyrnelis sur les relations sociales à Smyrne entre les XVIIIe et XIXe siècles (2005) et l'ouvrage de C. Bidart *et al.* (2011) sur les réseaux de relations interpersonnelles.
8. Battagliola *et al.* 1991, p. 145.
9. Cette section doit beaucoup à la lecture des travaux de Claire Zalc sur le commerce et le petit entrepreneuriat immigré en France. Le titre est inspiré de son ouvrage *Melting Shops : une histoire des commerçants étrangers en France* (2010).
10. ASC, F035, Rapport sur l'état de la province orientale Jésus-Adolescent, 1960-1961.

8.1.1. *Grande industrie et petits ateliers*

Débouché professionnel pour de nombreux diplômés durant les premières décennies du XXe siècle, la Société générale des sucreries et des raffineries d'Égypte continue de recruter une partie de son personnel qualifié parmi les anciens élèves de l'institut Don Bosco du Caire. La scolarisation chez les Salésiens semble s'inscrire à la fois dans des stratégies de reproduction familiales et des stratégies patronales de formation d'une main-d'œuvre qualifiée. De 1950 à 1959, une dizaine d'élèves inscrits dans la section de mécanique sont issus de familles ouvrières travaillant à l'usine d'al-Ḥawāmdiyya[11]. Diplômés de l'institut du Caire en 1954 et 1955, les frères Zenone et Dimitri Mandalufas, fils de Costa, mécanicien à l'usine d'al-Ḥawāmdiyya, intègrent la société en 1955 et 1956, respectivement, le premier en tant que mécanicien à l'usine où travaille son père, le second en tant que dessinateur à l'usine d'Armant[12].

Les diplômés pourvoient largement aux besoins en main-d'œuvre d'autres sociétés industrielles. Dans la ville d'Alexandrie, les principales sociétés qui recrutent les anciens élèves sont la Société nationale de matières plastiques, The Alexandria Glass and Porcelaine Factory, Tissage Victoria, l'Egyptian Copper Works et la Delta Trading & Co[13]. Au Caire, c'est dans les entreprises de télécommunications et dans l'industrie de la production d'énergie que les anciens élèves trouvent à s'employer : la Centrale électrique de Shubrā, la Société d'électricité d'Héliopolis, La Marconi Radio Telegraph Company et la Delta Steel Mill[14].

La grande entreprise ne constitue pas le seul débouché pour les anciens élèves[15]. Pour les diplômés non égyptiens, la petite industrie constitue un secteur refuge à mesure que les opportunités d'emploi se réduisent et que les portes de la grande industrie se ferment pour se conformer à la législation visant la protection de la main-d'œuvre nationale. Le travail

---

11. AESC, Registres des inscriptions 1950-1959. Les trois frères Mandalufas, Tewfiq Giuseppe, Cernitz Giovanni, Grech Duilio, Sofia Armando, Simirian Hagop.

12. DWQ, Maṣlaḥat al-Sharikāt (fonds « Office des sociétés »), 2019-002411, *Sharikat al-sukkar wa-l-taqṭīr al-miṣriyya* (Société égyptienne du sucre et de la distillation), 1957.

13. Sociétés identifiées à partir des fichiers personnels des ressortissants italiens consultés aux ACGIA.

14. AESC, Prospectus de l'institut Don Bosco du Caire, 1952.

15. Cottenet-Djoufelkit 2000-2001, p. 143.

dans ce secteur prend des formes multiples. La plupart des anciens élèves intègrent les ateliers mécaniques et électromécaniques en tant que salariés. C'est le cas de Sebastiano Pinciamore, diplômé de la section de mécanique du Caire en 1950 qui travaille pendant plusieurs années à l'atelier mécanique appartenant aux frères Testa (situé à Būlāq[16]). D'autres anciens élèves intègrent l'entreprise familiale. C'est le cas des frères Bernardo et Luciano Gaeta. Ils codirigent avec leur père Vincenzo l'entreprise Berté & Gaeta, spécialisée dans les travaux en fer forgé et sise à Ghamra (Le Caire). C'est aussi le cas de Raphael Kallinian, diplômé de la section mécanique de l'institut Don Bosco d'Alexandrie dont le père est propriétaire de l'atelier Volcan, spécialisé dans les travaux métalliques et mécaniques de précision ainsi que dans la robinetterie[17].

Plus rarement, les anciens élèves se mettent à leur compte. Antoine Bustros, diplômé de l'institut salésien du Caire en 1950, ouvre un atelier mécanique spécialisé dans la remise en état des pompes diesel[18]. Aîné d'une fratrie de neufs enfants, Mario D'Andrea ouvre, au lendemain de la Seconde Guerre mondiale, un atelier électromécanique au Caire. Son frère Giovanni, diplômé lui aussi de l'institut salésien d'Alexandrie, le rejoint en 1951. L'activité privée s'inscrit, pour les frères D'Andrea, dans une tradition familiale. Le père Giuseppe gère un atelier de fabrication de châssis en fer forgé à Alexandrie jusqu'à son décès en 1940. Au lendemain du conflit, une partie de la fratrie déménage au Caire comme nombre d'autres Italiens[19].

Les diplômés qui arrivent sur le marché du travail dans les années 1950 semblent intégrer indifféremment le personnel qualifié de la grande et de la petite industrie. Toutefois, les anciens élèves non égyptiens, encore majoritaires, voient les opportunités d'embauche se restreindre au cours de la décennie[20]. Leur insertion sur le marché du travail passe par l'activation de plusieurs réseaux d'entraide et de solidarité professionnelles.

---

16. *Egyptian Directory*, 1963-1964.
17. *Egyptian Directory*, 1963-1964.
18. Entretien avec R. Terouz, Le Caire, 27 novembre 2010.
19. G. D'Andrea : http://xoomer.virgilio.it/nuovopapiro/dopo_egitto_file/dandrea-giovanni.htm.
20. ASC, F035, Rapport décennal sur l'état de la province orientale Jésus-Adolescent, 1950-1960.

8.1.2. *Une communauté de métiers*

Un premier réseau est représenté par la famille et la parentèle élargie. Une fois obtenu le diplôme de mécanique en 1947, Augusto Ferrucci intègre la Delta Trading & Co. par l'entremise d'un oncle, directeur de la section de mécanique[21]. Il arrive que plusieurs diplômés appartenant à la même fratrie travaillent en tant que salariés pour la même entreprise. C'est le cas des frères Peritore : quatre frères et sœurs sur neuf travaillent pour l'entreprise de construction Egyco[22] durant les années 1950. Il semble que ce soit par l'entremise de la sœur aînée Olimpia, téléphoniste chez Egyco depuis 1947, que les trois frères aient été tour à tour embauchés : Carlo et Vincenzo en tant qu'électriciens et Ferdinando en tant que mécanicien à bord de l'une des dragues appartenant à la société[23].

L'itinéraire de certains anciens élèves semble attester l'importance du réseau communautaire dans leur insertion professionnelle. Diplômé de l'école d'Alexandrie en 1956, Hagop Macarian devient, quelques années plus tard, directeur technique de l'usine de clous King Osman appartenant à l'Arménien N. Benohanian et sise à al-Labbān[24]. Après avoir démissionné de la société Ferguson, Gastone Maggiore travaille un temps dans de petits ateliers de réparation[25]. C'est à un réseau communautaire qu'il impute la facilité de son insertion professionnelle : «Au Caire, il y avait beaucoup d'ateliers mécaniques appartenant à des Italiens ; il était donc facile d'aller travailler pour eux. Moi j'ai travaillé dans l'atelier Miro, situé près de la gare, à Ramsīs[26].»

Ces exemples semblent suggérer que l'activité économique (l'usine, l'atelier, etc.) participe à forger des solidarités communautaires. Toutefois, une trop grande insistance sur la dimension communautaire risque d'occulter les configurations relationnelles plurielles dans lesquelles s'inscrivent les anciens élèves. Leurs itinéraires révèlent, en effet, une inscription dans des réseaux d'entraide et de collaboration économiques qui dépassent très

---

21. Entretien avec O. Laterza, Alexandrie, 21 mars 2013.
22. Société anonyme de construction, ASDMAE, AP 1950-1957, b.1006, Rapport du consul général d'Italie au Caire, 1954.
23. ACGIA, Registres d'état civil.
24. *Egyptian Directory* 1963-1964.
25. Nous reviendrons sur son itinéraire plus loin dans le chapitre.
26. Entretien avec G. Maggiore, Le Caire, 21 mars 2013.

souvent les frontières communautaires. Diplômé de la section de mécanique d'Alexandrie, Osvaldo Laterza insiste sur l'importance de ces réseaux : « On se connaissait tous : Grecs, Arméniens, Maltais, etc., du moins dans notre secteur. Beaucoup d'anciens élèves travaillaient dans ces ateliers. Moi, j'ai été tout de suite embauché [27]. » Après avoir obtenu son diplôme de mécanique, O. Laterza travaille pendant cinq ans dans l'atelier appartenant à un Maltais, Deodato, avant que celui-ci ne soit réquisitionné en 1956 et son propriétaire forcé, en tant que sujet britannique, de quitter l'Égypte.

Avant même l'arrivée des diplômés sur le marché du travail, les écoles constituent le lieu où se forgent des liens d'entraide et de solidarité. C'est par l'entremise d'O. Laterza que deux de ses anciens camarades yougoslaves achètent l'atelier appartenant à l'Italien Cambria mis en vente en vue du départ de celui-ci au Brésil en 1950 [28]. Nombre d'élèves se retrouvent à travailler pour la même entreprise une fois les études terminées. C'est le cas de Gaetano De Carli et de Muṣṭafā Darwīsh qui travaillent, pendant quelques années, comme mécaniciens pour l'Alexandria Glass and Porcelaine [29]. Tullio Di Giorgio qui, après avoir obtenu un diplôme d'électrotechnique, intègre l'atelier Terzakian, souligne l'importance des réseaux d'interconnaissance et d'entraide pour l'insertion professionnelle :

Dans le domaine du travail, c'était du bouche à oreille. On s'entraidait beaucoup. Mon père connaissait l'atelier Terzakian parce celui-ci faisait des réparations pour la société dans laquelle il travaillait comme comptable, l'Egyptian Rice Mills. Quand j'ai terminé les études à l'école Don Bosco, il a demandé au propriétaire s'ils avaient besoin de quelqu'un et celui-ci a répondu : envoie-le, envoie-le… Nous avons besoin d'un chef d'atelier. Et c'est comme ça que j'ai commencé [30].

La cohabitation sur les lieux de travail est à l'origine de solidarités professionnelles et de projets de collaboration économique qui ne s'embarrassent pas des frontières communautaires. Ayant quitté l'institut d'Alexandrie avant la fin de ses études, Gaetano Santoro travaille un temps

---

27. Entretien avec O. Laterza, Alexandrie, 21 mars 2013.
28. ACGIA, Registres d'état civil.
29. Entretien avec O. Laterza, Alexandrie, 21 mars 2013.
30. Entretien avec T. Di Giorgio, Rome, 20 mai 2012.

en tant qu'apprenti électricien chez His Master's Voice. Il continue ensuite chez la Mifano Electric House appartenant aux frères Armand et Roger Mifano, puis à la Naxon Electric[31]. C'est à ce moment-là qu'il mûrit l'idée de lancer une activité à son compte. La réalisation de son projet nécessite un investissement initial que G. Santoro ne peut pas faire tout seul. C'est avec deux associés, l'un Arménien, l'autre Maltais connus à la Naxon Electric, qu'il ouvre une petite boutique d'électricité à la rue de la Fortune[32].

Le partage d'un même lieu de travail suscite aussi des tensions et des concurrences. T. Di Giorgio évoque l'« envie » dont il fait l'objet durant les premiers mois de travail, du fait de son jeune âge et de sa position dans la hiérarchie ouvrière : « J'ai commencé comme chef d'atelier. Je n'avais que 18 ou 19 ans. J'avais sous ma direction des ouvriers qui avaient 40-45 ans. Vous imaginez ? Les premiers temps, ç'a été un enfer[33] ! »

L'activité professionnelle dans des ateliers de réparation qui exécutent des travaux en sous-traitance met les anciens élèves en contact avec une pluralité d'individus et d'entreprises. Par les relations entretenues avec les fournisseurs et les clients, de nouveaux réseaux se créent comme en témoigne Mario Giordano :

> L'atelier où je travaillais était situé près de l'église Sainte-Catherine. On passait la plupart du temps là-bas ; le reste du temps, on se déplaçait pour l'entretien et la réparation des machines dans d'autres établissements industriels. Il y avait une usine d'oignons à Mīnā al-Baṣal... À l'époque c'était le boom des machines automatiques... le coupe-oignon, par exemple... S'il y avait une panne ou bien si ces machines se cassaient, on les réparait. Après, il y avait le moulin à farine, la Société des eaux... La Société des eaux nous apportait d'énormes moteurs qu'il fallait réparer... Bref, on traitait avec divers clients et cela nous amenait à nous connaître[34].

Réseaux d'entraide et de solidarité professionnelles, collaborations économiques, contacts avec fournisseurs et clientèles : c'est l'image d'une communauté de métiers qui émerge des trajectoires professionnelles des

31. Entretien avec G. Santoro, Rome, 20 septembre 2010.
32. Entretien avec G. Santoro, Rome, 20 septembre 2010.
33. Entretien avec T. Di Giorgio, Rome, 20 mai 2012.
34. Entretien avec M. Giordano, Rome, 20 mai 2012.

élèves et que les alliances matrimoniales viennent consolider. La sœur
d'O. Laterza, Ileana, épouse un ancien camarade de son frère, Giovanni
Mascico, qui travaille un temps chez la Marconi Radio Telegraph et dont
le père, Manuele Mascico, est propriétaire d'un atelier de réparation de
moteurs à explosion et de moteurs diesel[35]. La sœur de Giovanni Mascico,
Marie, ancienne élève de l'école Marie Auxiliatrice à Alexandrie, se marie à
un ancien élève de l'école Don Bosco, Gabriel Awad, d'origine libanaise[36].
C'est l'une des nièces de son patron Terzakian que T. Di Giorgio épouse
au début des années 1960[37].

L'endogamie professionnelle est fréquente dans le milieu de la petite
entreprise. Luigi Monaco, héritier de la fabrique de charcuterie Monaco
sur lequel nous reviendrons plus loin, est marié à Pompea Nuzzolese, fille
de Luigi Nuzzolese, propriétaire de Miroiterie moderne[38]. Vincenzo Marlia
est marié à Elena Mafera[39]. Les deux familles sont propriétaires de deux
ateliers mécaniques[40]. Plus rarement, des alliances matrimoniales se nouent
par-delà le groupe professionnel. C'est le cas d'Edoardo Farina, diplômé
de l'école Don Bosco en 1955, qui épouse Josette Baladi, fille d'un ancien
diplomate et ancienne élève de l'école tenue par les religieuses franciscaines
à la rue Antikhāna, au Caire. Cette union représente pour E. Farina le
couronnement de l'ascension sociale dont l'entreprise familiale, fondée,
on s'en rappellera, dans les années 1920, a été le vecteur[41]. Ces unions en
dehors du groupe, qu'il soit professionnel ou communautaire, permettent
aux conjoints d'élargir les réseaux de clientèles et de connaissances et
semblent constituer, pour certains, un vecteur d'ancrage dans l'Égypte en
voie de transformation.

Dans ces unions, l'institution scolaire joue un rôle de premier plan,
participant à structurer le marché matrimonial. Comme E. Farina et
G. Awad, d'autres diplômés se marient à d'anciennes élèves des écoles
religieuses italiennes, l'école Maria Ausiliatrice et les écoles des religieuses

35. Entretien avec O. Laterza, Alexandrie, 21 mars 2013.
36. Bulletin de l'AAHA, n° 21, décembre 2003, p. 6.
37. Entretien avec T. Di Giorgio, Rome, 20 mai 2012.
38. Bulletin de l'AAHA, n° 25, décembre 2005, p. 11.
39. ACGIA, Registres d'état civil.
40. ASDMAE, AP 1951-1957, b.1006, Rapport sur l'état de la communauté italienne, 1954.
41. Se reporter au chapitre 5 pour la trajectoire de la famille Farina dans l'entre-deux-guerres.

franciscaines[42]. L'école et la paroisse constituent des espaces de sociabilité et créent des occasions de rencontre comme le rappelle M. Giordano :

> La vie était très belle ; le soir on se rencontrait, on s'amusait. On fréquentait Sainte-Catherine, le Sacré-Cœur. On organisait des tournois de basket, mais aussi des fêtes... Le sacristain du Don Bosco avait des disques. Il les amenait souvent à San Stefano et on dansait. Il y avait la tombola aussi et d'autres jeux encore [...] On était presque tous Italiens, mais il y avait aussi quelques Arméniens et quelques Grecs[43].

Les écoles salésiennes concourent à façonner des communautés de métiers, unies par des liens familiaux, d'entraide et de solidarité professionnelles. Une analyse de la géographie des entreprises et des ateliers qui recrutent les anciens élèves à Alexandrie atteste que ces communautés de métiers s'inscrivent de préférence dans un secteur plutôt restreint de la ville.

8.1.3. *Un quartier d'ateliers à Alexandrie*

Une source en particulier a permis d'identifier et de localiser les activités professionnelles exercées par les diplômés italiens et l'univers professionnel autour duquel ils gravitent. Il s'agit d'un rapport du consul général d'Alexandrie daté de 1954. Constituant une sorte de diagnostic de la communauté italienne dans la circonscription consulaire d'Alexandrie, il consigne une liste de petites et moyennes entreprises détenues par les ressortissants italiens au milieu de la décennie. En dressant un état des lieux de la présence « économique italienne » dans la ville, le consul observe que depuis la Seconde Guerre mondiale, « l'entrepreneuriat italien » en Égypte a connu une forte récession. Beaucoup d'activités qui étaient florissantes dans l'entre-deux-guerres ont fermé au lendemain du conflit ; d'autres connaissent des difficultés[44].

Ce rapport photographie une situation qui est en train d'évoluer rapidement. La contraction ne fait que s'accélérer dans les années suivantes

---

42. C'est le cas de P. Gregoriadis et de P. La Valle Reale, diplômés de l'institut du Caire en 1967. Entretien avec P. Gregoriadis, Le Caire, 4 décembre 2010, et entretien avec de P. La Valle Reale, Le Caire, 7 décembre 2010.
43. Entretien avec M. Giordano, Rome, 20 mai 2012.
44. ASDMAE, AP 1951-1957, b.1006, Rapport sur l'état de la communauté italienne, 1954.

au gré des départs. Entre 1957 et 1962, d'autres petits entrepreneurs mettent en vente leurs ateliers. Les données extraites de ce document attestent une forte concentration des ateliers et des usines qui recrutent les anciens élèves dans un même secteur de la ville, à la jonction entre al-Labbān, Karmūs et al-'Aṭṭarīn (carte 5). La comparaison de ces données avec celles consignées par *l'Annuario degli Italiani d'Egitto* de 1933 met en évidence une certaine continuité dans la géographie des activités économiques. En l'espace de vingt ans, si des recompositions se produisent et que certaines activités ferment et d'autres sont reprises par de nouvelles générations[45], les ateliers et les petites entreprises restent concentrés dans le même secteur de la ville.

D'autres sources, les annuaires égyptiens, et avant tout *l'Egyptian Directory*, permettent d'élargir l'échelle d'observation au-delà des seuls diplômés de nationalité italienne. L'examen de l'implantation de ces activités aboutit à un constat similaire : la plupart de celles exercées par les anciens élèves et leurs familles s'inscrivent dans le même espace géographique. Le croisement de ces trois sources (l'*Annuario degli Italiani in Egitto*, les rapports du consulat général d'Italie à Alexandrie et *l'Egyptian Directory*) a permis d'identifier une centaine de noms, entre anciens élèves et employeurs (annexe 2), et de relever quelques grands secteurs d'activité, dont la mécanique et la confection sont les plus représentées (carte 5).

Les ateliers, les usines et les boutiques se concentrent en particulier dans certaines rues. À la rue Abū al-Dardā' sont situés la fabrique de pâtes alimentaires propriété de l'ancien élève Aḥmad al-Sawwāq, l'établissement mécanique Santoro et l'atelier métallurgique Volcan appartenant à Hratch Kallinian, dont le fils obtient en 1955 un diplôme en mécanique de l'institut Don Bosco[46]. Six ateliers mécaniques sont situés à la rue 'Abd al-Mun'im, où se trouve aussi la boutique de l'ancien élève et tailleur Baldassarre Sgandurra. L'atelier électrotechnique Marucci et l'imprimerie Procaccia, qui recrutent plusieurs anciens élèves, sont situés à la rue Ṣalāḥ al-Dīn. Des boutiques, des ateliers et de petites entreprises alternent dans la rue Masjid al-'Aṭṭarīn (l'atelier Terzakian, l'entreprise de peinture Pezzi, la boutique Monaco et l'épicerie des frères Tsoucalas[47]).

---

45. C'est le cas de l'atelier Marlia fondé en 1914 par Ettore Marlia et repris par l'un des fils, Antonio. ACGIA, Registres d'état civil.

46. *Egyptian Directory*, 1954, et ASDMAE, AP 1951-1957, b.1006, Rapport sur l'état de la communauté italienne, 1954.

47. *Egyptian Directory*, 1954 ; ASDMAE, AP 1951-1957, b.1006, Rapport sur l'état de la communauté italienne, 1954.

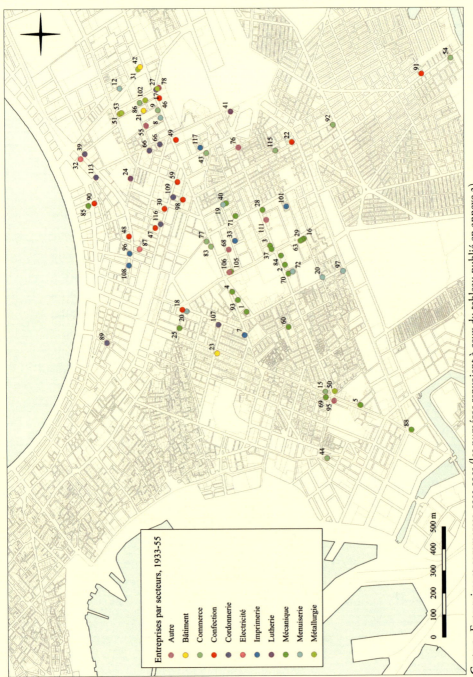

Carte 5. Entreprises et commerces, 1933-1955 (les numéros renvoient à ceux du tableau publié en annexe 2). SIG ALOM/CEAlex/IREMAM. Sources : *Annuario degli Italiani d'Egitto*, 1933 ; *The Egyptian Directory*, 1930 à 1955 ; ASDMAE, AP 1951-1957, b.1006, Rapport sur l'état de la collectivité italienne, 1954.

Entreprises par secteurs, 1933-55

- Autre
- Bâtiment
- Commerce
- Confection
- Cordonnerie
- Électricité
- Imprimerie
- Lutherie
- Mécanique
- Menuiserie
- Métallurgie

Ce « quartier d'ateliers » se caractérise par une forte présence chrétienne : trois églises (arménienne, latine et grecque), le siège de la nonciature apostolique et plusieurs écoles confessionnelles le marquent de leur empreinte. Faut-il en déduire que l'appartenance religieuse structure l'espace économique ? Une partie des ateliers mentionnés ont été édifiés sur des terrains mis en location par les églises et les congrégations religieuses qui constituent, pour certains de ces petits entrepreneurs, des clients réguliers. L'entreprise Pezzi réalise à plusieurs reprises des travaux de peinture pour l'école Don Bosco[48]. La fréquence des implantations dans le même espace s'explique surtout par la possibilité de s'appuyer sur des structures déjà en place : en ouvrant une boutique ou un atelier de mécanique, les petits ouvriers-entrepreneurs exploitent les réseaux de fournisseurs et de clientèles résidant dans les quartiers ou habitués à s'y rendre pour s'approvisionner. Le « bouche à oreille » évoqué par T. Di Giorgio à propos de l'insertion des élèves dans l'univers professionnel semble aussi valoir pour l'implantation des activités économiques. Les ateliers fermés ou mis en vente en vue du départ d'Égypte sont repris ou rachetés par d'autres membres de la communauté de métiers[49].

La concentration des activités économiques dans un secteur plutôt restreint de la ville d'Alexandrie traduit, au niveau spatial, les liens d'interdépendance qui unissent cette communauté de métiers. La géographie des implantations économiques confirme par ailleurs la vocation industrielle des quartiers et des rues environnant l'école : alors que les grandes activités industrielles s'implantent majoritairement au sud-est de la ville[50], al-Labbān, Karmūs et, dans une moindre mesure, al-ʿAṭṭarīn restent, tout au long des années 1950, des quartiers d'ateliers, de boutiques et de petites unités industrielles.

Si l'on examine attentivement la carte 5, on s'aperçoit que deux activités (une horlogerie et une boutique de tailleur) sont situées à la marge de ce « quartier des ateliers ». Sises au sud de la ville, vers le canal d'al-Maḥmūdiyya, elles appartiennent à deux élèves égyptiens de confession musulmane : Ḥasan Muḥammad ʿAlī et Ḥabīb Nagīb[51]. Faut-il en déduire que c'est

---

48. ASC, F741, institut Don Bosco d'Alexandrie, Chroniques 1952-1953 et 1956-1957.
49. Entretien avec O. Laterza, Alexandrie, 21 mars 2013.
50. Ramleh, Muḥarram Bik, Karmūs, Mīnā al-Baṣal et Bāb Sharʿī sont les districts avec la plus haute concentration d'industries. El Saaty et Hirabayashi, 1959, p. 88.
51. Voir l'annexe 2.

une autre géographie industrielle que produit la majorité de la population égyptienne, longtemps restée minoritaire, voire exclue, des écoles de la mission ? Les communautés de métiers que nous venons de décrire comprennent avant tout des non-Égyptiens et des chrétiens d'origine levantine. Quelques cas de collaboration économique avec des Égyptiens coptes et musulmans ont pu être relevés. Le père de G. Santoro s'associe en 1953 à M. Ghānim, qui finance l'ouverture d'une boutique d'antiquaire[52]. À mesure que la nationalité égyptienne devient une condition *sine qua non* pour ouvrir et gérer une activité privée, ces associations sont plus fréquentes ; elles assurent à un certain nombre d'anciens élèves la poursuite de leur activité[53].

Les écoles salésiennes concourent à alimenter des communautés des métiers unies par des liens familiaux, des réseaux d'interconnaissance et de solidarité professionnelles, qui dépassent les frontières communautaires et, dans une moindre mesure, les clivages confessionnels. C'est l'espace urbain environnant que l'école d'Alexandrie participe à façonner à travers l'activité de ses diplômés. Avec la fermeture de nombreux ateliers et le départ définitif de petits entrepreneurs parmi les non-Égyptiens et les *mutamaṣṣirūn,* les espaces relationnels se recomposent. Si la plupart des anciens élèves non égyptiens et une partie du public chrétien oriental choisissent la voie de l'émigration, une minorité reste en Égypte.

8.2.   Savoir-faire techniques et ancrages

Les diplômés qui quittent définitivement l'Égypte renégocient leur savoir-faire dans les pays où ils émigrent. En Australie, au Canada et en Europe, qui représentent leurs principales destinations, ils reconstituent des réseaux d'entraide et des communautés de métiers comme en témoigne Edouard Minetjian[54] : « Je le vois quand je me rends au Canada. Tout le

---

52. Entretien avec G. Santoro, Rome, 20 septembre 2010.
53. C'est le cas des frères Laterza et de la famille Farina. Nous y reviendrons dans la section suivante.
54. Diplômé de l'ITI en 1978, il se rend presque tous les ans à Montréal en visite à ses proches qui ont quitté l'Égypte après les lois sur les nationalisations. Nous reviendrons sur sa trajectoire à la fin du chapitre.

monde se connaît. Beaucoup d'Arméniens qui résident là-bas sont d'anciens élèves des écoles Don Bosco[55]. »

Certains anciens élèves quittent l'Égypte plus tardivement. D'autres encore y restent après le départ massif des communautés d'origine étrangère. Quel rôle joue la possession d'un savoir-faire technique dans leurs trajectoires ? Deux anciens élèves rencontrés l'un au Caire, l'autre à Alexandrie, ont accepté de retracer leurs parcours biographiques. Les trajectoires d'autres diplômés restés durablement en Égypte ont été restituées par des tiers, leurs fils ou leurs épouses. Nous avons formulé l'hypothèse qu'elles éclairent les modalités de permanence des non-Égyptiens dans l'Égypte nassérienne.

8.2.1. *Petits entrepreneurs*

Parmi les diplômés qui restent en Égypte, certains appartiennent à des familles qui possèdent une activité privée (atelier, boutique, entreprise, etc.) depuis plusieurs générations. La famille Farina est implantée au Caire depuis les années 1920. Edoardo Farina, nous l'avons vu, ouvre dans l'entre-deux-guerres un atelier de mécanique qu'il gère avec deux de ses enfants, Eugenio et Ugo[56]. L'atelier prospère grâce au développement des transports et au succès commercial de la voiture. Au lendemain de la Seconde Guerre mondiale, les deux frères se séparent et ouvrent chacun un atelier de tournage mécanique. Deux membres de la troisième génération fréquentent l'école Don Bosco à Rawḍ al-Farag : Aldo Farina, fils d'Eugenio, et Edoardo Farina, fils d'Ugo, qui intègrent chacun, une fois leurs études terminées, l'atelier familial. Deux générations sont donc passées par l'école de mécanique tenue par les Salésiens[57].

La famille Monaco, implantée en Égypte depuis 1902, possède, quant à elle, depuis 1936, une fabrique et une boutique de charcuterie rue de l'Archevêché, à Alexandrie. Avant cette date, Francesco Monaco dirige un commerce d'importation de denrées alimentaires d'Italie. L'idée d'une fabrique vient après, à mesure que la clientèle s'élargit. Le fils de Francesco,

---

55. Entretien avec E. Minetjian, Le Caire, 24 mars 2013.
56. Voir le chapitre 5.
57. AESC, Registre des inscriptions 1955-1956 et 1960-1961.

Luigi, diplômé de la section commerciale de l'institut Don Bosco, reprend l'activité du père au lendemain de la Seconde Guerre mondiale[58].

Giuseppe Sampieri est le fils d'un ancien commerçant, Ermenegildo, qui se reconvertit à la veille de la Seconde Guerre mondiale dans l'industrie hôtelière, profitant de l'essor du secteur touristique. En 1942, Ermenegildo est déjà propriétaire de plusieurs hôtels à Marsā Maṭrūḥ, à l'ouest d'Alexandrie. Giuseppe fréquente la section mécanique de l'école Don Bosco du Caire durant la guerre. À sa fin, il travaille un temps à l'institut salésien d'Alexandrie en tant que moniteur. Il est ensuite embauché par l'Egyptian Copper Works, société de raffinage et de filage de métaux à Alexandrie de laquelle il démissionne en 1960. À partir de cette date, il rejoint son père dans l'industrie hôtelière[59].

La longévité de leur implantation, la connaissance approfondie de l'environnement économique et un réseau de clientèle qui ne s'embarrasse pas des frontières ethniques et communautaires ont contribué à ancrer ces différentes activités en Égypte. Toutefois, les difficultés ne sont pas absentes. Les diplômés mentionnés ont presque tous été internés durant la Seconde Guerre mondiale avec leurs pères. Le temps de la reprise des activités après le conflit varie d'une famille à l'autre. La famille Monaco reprend très rapidement l'activité qui, grâce à un prête-nom, n'est pas réquisitionnée pendant le conflit[60].

Dans les années 1950, au climat d'incertitude sur l'avenir des non-Égyptiens s'ajoutent les difficultés financières liées aux restrictions sur les importations qui poussent nombre de petits entrepreneurs à arrêter leur activité[61]. Néanmoins, leur petite taille – et, dans le cas de la famille Sampieri, la nature du secteur d'activité concerné, l'hôtellerie – ont permis à ces activités d'échapper aux lois de nationalisation. Les entreprises se plient et s'adaptent à la demande du marché. Josette Baladi, épouse d'Edoardo Farina et propriétaire en 2013 de l'atelier Farina sis à Būlāq, rappelle qu'«à l'époque de Gamal Abdel Nasser, il y avait une très grande pénurie

---

58. Entretien avec F. Monaco, Alexandrie, 20 décembre 2010.
59. Entretien avec G. Sampieri, Alexandrie, 18 décembre 2010.
60. «The Last Chapter», *Egypt Today*, February 2010.
61. A. Dalachanis voit dans ces difficultés, qui ont commencé au lendemain de la Seconde Guerre mondiale, l'une des raisons du départ définitif des ressortissants grecs d'Égypte (2017, p. 161).

de pièces de rechange en Égypte ; c'est pour cette raison que beaucoup d'ateliers, y compris le nôtre, se sont spécialisés dans cette activité[62] ».

Les écoles salésiennes contribuent ainsi à consolider un petit entrepreneuriat familial implanté en Égypte depuis plusieurs générations. D'autres diplômés lancent dans les années 1950 une activité qui les ancrera durablement dans le pays. C'est le cas des frères Laterza, dont l'aîné, Osvaldo, est diplômé de la section de mécanique de l'institut Don Bosco d'Alexandrie. Leur trajectoire est d'autant plus intéressante qu'elle atteste les capacités d'adaptation des petites entreprises à un marché économique en recomposition.

« Au moment où tout le monde partait, moi je commençais l'activité avec mon frère » : c'est en ces termes qu'O. Laterza relate le début de sa carrière professionnelle en tant qu'autoentrepreneur à Alexandrie en 1956. Cette date, qui est pour de nombreux ressortissants étrangers celle de leur départ définitif d'Égypte, inaugure pour les frères Laterza un parcours ascendant. Né à Alexandrie en 1928, O. Laterza est issu d'une famille d'édiles italiens implantée en Égypte depuis plusieurs générations. Le grand-père paternel, originaire des Pouilles, travaille dans le commerce du bois. En 1849, il arrive à Alexandrie accompagné d'un neveu. Le secteur du bâtiment et des métiers techniques et artisanats qui y sont associés est, nous l'avons vu, très porteur[63]. Le grand-père d'Osvaldo se trouve, en l'espace de quelques années, à la tête d'une scierie qui prospère à la faveur du boom immobilier du tournant du siècle et réalise lors de la Première Guerre mondiale de grands profits en travaillant pour l'armée britannique.

Des trois fils de Giovanni Laterza, l'aîné devient, après des études en France, architecte ; le cadet est ingénieur à la Compagnie des eaux ; le père d'Osvaldo est, sans trop de surprise, entrepreneur en construction. En 1928, il est engagé sur les chantiers de la digue de Nagʿ Ḥammādī, en Haute-Égypte. Après la fin des travaux, la famille rentre à Alexandrie et se fait construire une maison à Abū Qīr où Osvaldo habite encore en 2013. Aîné de trois frères, il fréquente d'abord l'école Vittorio Emanuele. Les écoles italiennes étant réquisitionnées pendant la Seconde Guerre mondiale, il poursuit ses études dans la section de mécanique de l'école professionnelle Don Bosco.

Comme beaucoup de ses camarades au lendemain de la guerre, O. Laterza intègre l'univers professionnel des petits ateliers. Il est embauché en tant que

---

62. Entretien avec J. Baladi, Le Caire, 29 mars 2012.
63. Volait 1987, p. 153. Voir chapitre 2.

mécanicien dans un atelier d'électromécanique situé à la rue Ṣalāḥ al-Dīn « qui faisait des travaux pour le Palais royal ». Il travaille ensuite chez A. Marlia, propriétaire d'un atelier mécanique, puis à l'atelier appartenant au Maltais Deodato, spécialisé dans la fabrication de matières plastiques[64]. Les départs des ressortissants étrangers qui se succèdent dans les années 1950 et les liquidations de biens qui les accompagnent constituent pour les frères Laterza une opportunité à saisir. En 1956, un des anciens camarades d'Osvaldo met en vente son petit atelier à la rue Abū al-Dardā' avant d'émigrer en Australie. Les frères Laterza bénéficient d'un prêt d'une tante maternelle qui gère un atelier de mode et l'achètent. En l'espace de quelques mois, ils se spécialisent dans la réparation et la fabrication de pièces de rechange pour la société Philips :

> L'activité a bien marché parce qu'on travaillait dans le secteur de la mécanique. On faisait beaucoup de pièces de rechange pour la société Philips qui fabriquait des télévisions et de petites radios. Nous avons fait beaucoup de composantes pour les radios et télévisions. Après, ils nous ont demandé de faire 10 mt de montage. Presque toutes les chaînes de montage, c'est moi qui les ai faites pour eux. Cette activité a représenté un vrai tremplin pour nous[65].

La deuxième vague de départs, au début des années 1960, et les lois sur les nationalisations ne semblent pas perturber l'activité des frères Laterza qui ont entre-temps acheté des machines et mieux équipé leur atelier. Ils commencent à se faire connaître sur le marché alexandrin et travaillent en sous-traitance pour différentes sociétés, épousant la demande d'une clientèle devenue nombreuse. Leur activité s'apparente à celle des petites unités et entreprises industrielles qui continuent d'opérer sous le régime nassérien. Éric Gobe affirme que la nationalisation est presque du « pain bénit » pour ces petits entrepreneurs qui saisissent les occasions que leur fournit le marché intérieur, très protégé et qui, pour étendre leur activité en tant que sous-traitants, tirent profit de l'absence de concurrence internationale et

---

64. Entretien avec O. Laterza, Alexandrie, 4 avril 2013.
65. Entretien avec O. Laterza, Alexandrie, 4 avril 2013.

d'une demande croissante, due notamment à l'expansion du secteur public[66]. Le capital cumulé pendant ces années permet aux frères Laterza, après le début officiel de l'*Infitāḥ*, d'élargir leur activité en ouvrant, en association avec un Égyptien, une usine de fabrication de cadenas à Muḥarram Bik, Maṣnaʿ qufūl iskandariyya. D'autres anciens élèves travaillent comme les frères Laterza dans les petits ateliers en tant que salariés. Certains se mettent à leur compte, mais l'activité indépendante n'est pas systématiquement synonyme de parcours ascendant.

8.2.2.   *Un métier... pour bricoler*

Diplômé de l'école de mécanique d'Alexandrie, Alessandro Meo ouvre un atelier de réparation de motos et d'automobiles à Alexandrie[67]. Les frères Ghezzi, originaires de Damanhūr, obtiennent le certificat de mécanique de l'institut Don Bosco d'Alexandrie, respectivement en 1946 et 1947. Au début des années 1950, ils s'associent et ouvrent un atelier de mécanique dans leur ville natale[68]. Le fait de se mettre à leur compte ne représente pour aucun d'eux le début d'une trajectoire ascendante. Les ressources qu'ils tirent de ces activités sont, en effet, plutôt modestes. Ils appartiennent à une catégorie d'artisans et de petits commerçants que le consul général d'Alexandrie décrit comme de «petits travailleurs indépendants, n'employant pas pour la plupart de personnel salarié et dont les conditions économiques peuvent être considérées plus précaires que celles des salariés de l'industrie[69]».

Pour ces diplômés, l'ouverture d'une activité ne constitue qu'une étape d'un parcours professionnel qui est loin d'être linéaire. Le passage du statut d'indépendant au statut de salarié est fréquent. De Ferrari, qui a fréquenté la section de mécanique de l'école d'Alexandrie de 1941 à 1946, gère au début des années 1950 un atelier de réparation de motos et de location de vélos à Cleopatra. On le retrouve quelques années plus tard comme salarié de l'usine de clous King Osman sise à al-Labbān[70]. La trajectoire d'Alessandro Rollo est comparable. Après avoir travaillé pendant un temps à son compte

---

66. Le nombre d'établissements industriels s'accroît dans les années 1960 passant de 4 047 en 1961 à 5 259 en 1966-1967. 83 % de ces sociétés ont moins de 50 employés. Gobe 1999, p. 57.
67. Entretien avec O. Laterza, Alexandrie, 4 avril 2013.
68. ACGIA, Registres d'état civil.
69. ASDMAE, AP, 1950-1957, Rapport du consulat général d'Italie à Alexandrie, 1954.
70. Entretien avec A. De Ferrari, Alexandrie, 7 avril 2013.

en tant que menuisier, il est employé par l'entreprise de peinture Pezzi & Co., sise à la rue de la Mosquée d'al-ʿAṭṭarīn, de laquelle il démissionne en 1958[71]. Ses revenus demeurent modestes[72]. Issu d'une famille de tailleurs, Baldassarre Sgandurra fréquente la section de couture de l'école Don Bosco d'Alexandrie de 1940 à 1945. Après les études, il se met assez rapidement à son compte. En 1960, après la naissance de son troisième enfant, il adresse une demande de subsides au consulat italien en raison de ses revenus « très variables[73] ».

Ces trois diplômés reçoivent également de la part du consulat des aides pour la scolarisation de leurs enfants admis, à titre gratuit ou quasi gratuit, à l'institut Don Bosco et à l'école Marie Auxiliatrice[74]. La possession d'un savoir-faire technique leur permet de « se débrouiller », mais la tentation d'émigrer et le rêve de promotion qui l'accompagne restent forts, d'autant plus que d'autres membres de la famille ont déjà émigré[75].

La plupart des diplômés mentionnés ont contracté des mariages mixtes. L'un des frères Ghezzi est marié à une Irakienne. De Ferrari est marié, quant à lui, à une Grecque. Alessandro Rollo s'unit en mariage à une Égyptienne de rite copte-orthodoxe[76]. « Affaire économique tout autant que culturelle et sentimentale », le mariage apporte un certain nombre de ressources indirectes, ouvrant au conjoint les portes d'une nouvelle famille et de nouveaux réseaux[77]. C'est par l'entremise d'un beau-frère que De Ferrari est embauché à l'usine de clous[78]. En ce sens, les alliances matrimoniales semblent constituer un vecteur d'ancrage en Égypte[79].

Artisans aux revenus plutôt modestes, petits entrepreneurs implantés en Égypte depuis quelques générations ou qui lancent leur activité dans les années 1950 profitant des opportunités offertes par le départ des étrangers, ce sont des trajectoires hétérogènes que présentent les anciens élèves qui restent dans le pays. Contrairement à la plupart des salariés de la grande

---

71. ACGIA, Registres d'état civil.
72. ACGIA, Registres d'état civil.
73. ACGIA, Registres d'état civil.
74. AESA, La direction de l'institut Don Bosco au consulat général d'Italie. Liste des familles indigentes, 1968.
75. ACGIA, Registres d'état civil.
76. ACGIA, Registres d'état civil ; entretien avec A. De Ferrari, Alexandrie, 7 avril 2013.
77. Pearson, Richardson 2001, p. 664.
78. Entretien avec A. De Ferrari, Alexandrie, 7 avril 2013.
79. Entretien avec A. Rollo, Alexandrie, 21 décembre 2010.

industrie, qui optent pour le départ définitif d'Égypte, un de nos enquêtés a effectué une longue carrière dans l'industrie nationalisée. Sa trajectoire est d'autant plus intéressante qu'elle jette la lumière sur l'une des options envisagées par les non-Égyptiens pour rester en Égypte : la naturalisation.

8.2.3. *Une carrière dans l'industrie nationalisée*

Les diplômés qui travaillent comme salariés de la grande industrie sont encore nombreux en 1960. À cette date, ils demandent à être rapatriés ou à émigrer vers d'autres pays. Une pluie de demandes de rapatriement s'abat sur le consulat général d'Italie à Alexandrie dans la même année[80]. Il semble qu'à l'origine de ces demandes, il y ait la loi n° 91 promulguée en 1959 et entrée en vigueur à l'automne 1960, qui redéfinit les modalités de travail des non-Égyptiens en RAU[81]. Elle est perçue comme une énième mesure discriminatoire à leur égard. De son côté, le gouvernement italien, de plus en plus convaincu de la nécessité d'évacuer une partie de la communauté italienne d'Égypte, promulgue la loi n° 1306 du 25 octobre 1960 qui étend les mesures d'assistance prévues pour les rapatriés des anciennes colonies aux ressortissants résidant en Égypte, en Tunisie et à Tanger[82]. Ces mesures jouent un rôle de catalyseur des départs à en croire les sources consulaires qui font état d'un nombre accru de rapatriements durant l'année 1960[83].

La plupart des salariés de la grande industrie quittent l'Égypte en 1960. Gastone Maggiore, lui, y reste et effectue une longue carrière dans l'industrie du cinéma. Né au Caire en 1931, il est issu d'une famille d'origine sicilienne vivant depuis deux générations en Égypte. Du côté paternel, l'Égypte est la deuxième étape d'un parcours migratoire qui passe d'abord par la Grèce (le père Giovanni est né à Volos). Après des études chez les Frères des écoles

---

80. Sur les 90 fichiers personnels consultés aux archives du consulat général d'Italie à Alexandrie, 60 contiennent des demandes de rapatriement en 1960.
81. Pour pouvoir travailler, les non-Égyptiens doivent disposer d'un permis de travail qu'ils doivent renouveler tous les ans auprès de la direction de la Main-d'œuvre. À propos du cas des Grecs, voir Dalachanis 2017, p. 10.
82. Loi n° 1306 du 25 octobre 1960 *Provvidenze e benefici per i connazionali rimpatriati dall'Egitto, dalla Tunisia e da Tangeri*. Elle étend aux ressortissants italiens résidant en Égypte les mesures d'assistance prévues par la loi fondamentale n° 137 sur les rapatriés, promulguée le 4 mars 1952.
83. Voir à ce sujet, Turiano 2017b, p. 68.

chrétiennes, Giovanni est embauché en tant que comptable par le Banco di Roma. Comme de nombreux autres migrants arrivés en Égypte des anciens territoires de l'Empire ottoman, il est apatride. S'il échappe à l'internement dont sont victimes beaucoup d'Italiens durant la Seconde Guerre mondiale, il n'a jamais bénéficié des privilèges réservés aux ressortissants étrangers jusqu'à l'abolition des capitulations.

G. Maggiore grandit avec sa sœur et ses parents à Shubrā, où réside aussi la famille de sa mère, originaire, quant à elle, des Pouilles. Ce quartier incarne tout l'univers relationnel du jeune Gastone qui fréquente l'école primaire Saint-Paul tenue par les Frères des écoles chrétiennes et participe, dans son temps libre, aux activités récréatives organisées par le cercle juvénile de l'église Saint-Marc. Au début des années 1940, il s'inscrit à la section mécanique de l'institut Don Bosco. Il n'a pas l'intention de poursuivre ses études. À cela s'ajoute le fait que, même si son père a échappé à l'internement, l'apprentissage d'un métier permet toujours de venir en aide à une famille « somme toute modeste[84] ».

Une fois obtenu le certificat de mécanique en 1947, G. Maggiore commence à travailler à la société Ferguson, spécialisée dans le montage des pompes hydrauliques. Mais la même année, celle-ci est appelée à se conformer à la loi n° 138 qui établit des quotas pour la main-d'œuvre égyptienne et étrangère[85] : « Pour rester, il fallait posséder la nationalité égyptienne ; j'ai dû démissionner[86]. » La détention de la nationalité égyptienne est une question à laquelle, apatride comme son père, il se confrontera à nouveau dans la décennie suivante. Entre-temps, c'est vers les petits ateliers privés qu'il se tourne, comme beaucoup d'autres camarades. Il travaille pendant un temps à l'atelier mécanique Miro situé près de la Gare centrale, à Ramsīs. En 1955, cet atelier ferme ses portes. La même année, par l'entremise d'un oncle qui travaille dans l'industrie du cinéma, il passe un entretien aux studios al-Ahrām. Ce sont les années du boom de l'industrie cinématographique en Égypte, très demandeuse de main-d'œuvre. Alors qu'il commence à travailler en tant que mécanicien dans l'atelier de montage et de réparation des machines cinématographiques, sa demande de naturalisation est en cours d'étude. À l'heure où les mesures de protection de la main-d'œuvre

---

84. Entretien avec G. Maggiore, Le Caire, 21 mars 2013.
85. Alleaume 1997, p. 11.
86. Entretien avec G. Maggiore, Le Caire, 21 mars 2013.

nationale se multiplient, G. Maggiore finit par opter pour la nationalité égyptienne. Pour lui, la naturalisation est à la fois un choix contraint et un choix stratégique qui, en raison de son statut d'apatride, n'est pas vécue sur le mode du renoncement :

> La nationalité [égyptienne] était une obligation… A l'époque, Nasser avait promulgué un décret. Si on remplissait certains critères, on pouvait obtenir la nationalité. Et moi je l'ai obtenue en 1956-1957, après avoir commencé à travailler aux studios al-Ahrām… Je crois que cette histoire de nationalité a été une grosse erreur de la part de Gamal Abdel Nasser… Mais bon… Moi, puisque j'étais apatride, j'en ai profité… Même si j'avais eu la nationalité italienne, elle ne m'aurait pas servi à grand-chose[87].

L'année 1955 marque le début d'une carrière dans l'industrie du cinéma qui durera 36 ans. À l'atelier, il parle le français et l'arabe, qu'il a appris au cours de sa première scolarisation chez les Frères des écoles chrétiennes, cette langue n'étant pas alors encore enseignée à l'institut Don Bosco. Embauché comme ouvrier mécanicien, il devient, après quelques années, chef de section de l'atelier de montage. Les lois socialistes et la législation ouvrière entraînent une amélioration du statut des ouvriers de l'industrie nationalisée qui jouissent désormais d'une certaine sécurité de l'emploi et voient leurs salaires augmenter[88]. G. Maggiore rappelle à ce propos : « Mon premier salaire était de 16. LE. Après trois ou quatre ans, il s'élevait à 36 LE et on vivait bien. Il n'y avait pas d'inflation à l'époque ; et puis ma femme travaillait aussi à l'ambassade suisse. Nous vivions plutôt bien[89]. »

La naturalisation apparaît donc comme un facteur décisif dans la trajectoire de G. Maggiore. Son parcours est-il pour autant représentatif d'une tendance à la naturalisation parmi les non-Égyptiens ? Concernant les Grecs d'Égypte, Angelos Dalachanis a montré que les demandes de naturalisation restent rares, malgré les encouragements à l'égyptianisation

---

87. Entretien avec G. Maggiore, Le Caire, 21 mars 2013.
88. Mabro 1974, p. 154.
89. Entretien avec G. Maggiore, Le Caire, 21 mars 2013. C'est plus tard, vers la fin des années 1960, que l'activité privée commence à paraître plus rémunératrice. Après la défaite de 1967, qui induit des contraintes budgétaires, une atmosphère plus propice à la liberté économique s'instaure. Mabro 1974, p. 154.

qui viennent de tous les côtés[90]. Nous ne disposons pas de données chiffrées sur les demandes de naturalisation des ressortissants italiens à l'exception d'un rapport consulaire de 1954 qui recense, sur près de dix ans (1946-1954), 263 cas de renoncement à la nationalité italienne, dont 37 naturalisations dans la seule circonscription consulaire d'Alexandrie[91].

Comme c'est le cas pour les Grecs, chez les ressortissants italiens la naturalisation semble être le fait de quelques individus plutôt que le fruit d'un choix collectif. En revanche, la correspondance échangée entre les sociétés anonymes et l'Office des sociétés au lendemain de la promulgation de la loi n° 138 de 1947 et qui porte sur les demandes de naturalisation du personnel de ces sociétés, suggère que l'acquisition de la nationalité égyptienne est une option envisagée par nombre d'apatrides qui, comme G. Maggiore, travaillent dans la grande industrie. Par une législation du travail qui établit des frontières strictes entre étrangers et Égyptiens, l'État ne semble plus disposé à reconnaître des «infra-citoyens[92]».

Le témoignage de G. Maggiore et les trajectoires des autres diplômés attestent que la possession d'un savoir-faire technique ne suffit pas à elle seule à rendre compte de leur ancrage durable en Égypte. La naturalisation, les alliances matrimoniales avec des Égyptiennes, la disponibilité d'un capital de départ pour lancer une activité, la connaissance de l'environnement économique et la capacité de prendre des risques sont autant de facteurs qui infléchissent leurs parcours. Ces derniers sont en outre loin d'être pour tous ascendants.

D'anciens élèves des établissements salésiens quittent l'Égypte pendant un temps pour y revenir à l'heure de la libéralisation économique. C'est le cas de la famille Farina qui, tout en n'étant pas affectée par les mesures de nationalisation, quitte le pays en 1962 et laisse un associé égyptien à la tête de l'entreprise familiale jusqu'à son retour en 1974[93]. Qu'ils restent en

---

90. Dalachanis 2017, p. 92.

91. ASDMAE, AP, 1950-1957, b.1006 ; Rapport du consulat général d'Italie à Alexandrie, 1954.

92. DWQ, Maṣlaḥat al-Sharikāt (fonds «Office des sociétés»), 3019-004701, *Sharikat al-nashr al-miṣriyya bi-l-Iskandariyya* (Société égyptienne d'édition à Alexandrie)1948-1951 ; 3019-015209, *Sharikat trām al-Iskandariyya* (Société des tramways d'Alexandrie) 1948-1954 ; *Sharikat trām al-qāhira* (Société des tramways du Caire), 1949-1952.

93. Entretien avec J. Baladi, Le Caire, 29 mars 2012.

Égypte ou partent temporairement, certains diplômés profitent des nouvelles opportunités offertes par l'*Infitāḥ*.

8.3.   Des intermédiaires à l'heure de l'*Infitāḥ*

Au lendemain de la guerre d'Octobre (1973), la popularité du président Anouar al-Sadate est à son comble. Le nouveau *ra'īs* en profite pour lancer les premières mesures de libéralisation économique[94]. En mai 1974, « le Document d'octobre », où sont proclamés les principes du nouveau cours, est ratifié par référendum. Promulguée en juillet, la loi n° 43 ouvre la voie aux investissements arabes et étrangers, conférant des garanties et des privilèges considérables aux investisseurs étrangers[95]. Ces réformes reflètent la croyance selon laquelle la combinaison de la technologie occidentale, du capital arabe et d'une main-d'œuvre qualifiée est la clef du développement économique[96].

L'objectif est de dynamiser l'économie et le marché de l'emploi et d'endiguer la récession qui affecte le pays depuis 1967. L'espoir est de créer, en attirant le capital étranger, des opportunités d'emploi dans les entreprises étrangères et les joint-ventures. Ces années se caractérisent aussi par l'accélération des migrations égyptiennes à travers le monde. Après le premier choc pétrolier, l'Égypte devient le principal exportateur de main-d'œuvre vers les pays du Golfe[97].

Comment les recompositions de l'économie et du marché de l'emploi sont-elles vécues par les diplômés des établissements salésiens ? Dans quelle mesure participent-ils aux mobilités professionnelles et aux migrations Sud-Sud qui marquent cette période ? Les entretiens conduits avec les premières promotions de l'Istituto Professionale per l'Industria (3 ans) et de

---

94. Roussillon 1998, p. 362.
95. Waterbury 1983, p. 131.
96. Gobe 1999, p. 76.
97. Après 1973, la rente pétrolière permet aux pays du Golfe de lancer d'immenses chantiers qui attirent des centaines de milliers de travailleurs étrangers, recrutés dans de conditions souvent pénibles. Sur les migrations égyptiennes vers le Golfe, voir Fargues 1985 ; Zibani, Bouchez 1990. Pour une ethnographie des migrants égyptiens dans le Golfe, voir Schielke 2020.

l'Istituto Tecnico Industriale (5 ans[98]), qui arrivent sur le marché du travail au moment de l'*Infitāḥ*, permettent de donner quelques éléments de réponse.

8.3.1. *Construire l'oléoduc Suez-Méditerranée (SUMED)*

Dans les années 1970, les diplômés des établissements salésiens fournissent avant tout du personnel aux compagnies étrangères qui obtiennent des concessions en Égypte. Leur présence est considérable (80 % des enquêtés) dans les sociétés italiennes qui opèrent dans le secteur pétrolier, aussi bien en Égypte que dans d'autres pays arabes[99]. Pour ces entreprises, ils apparaissent comme étant particulièrement aptes à assumer des fonctions d'intermédiaires à la fois linguistiques et techniques.

Trois de nos enquêtés travaillent à la Cimi Montubi, société de montage spécialisée dans la construction d'installations industrielles. En 1970, elle est chargée de réaliser le projet de l'oléoduc SUMED reliant la mer Rouge à la Méditerranée. Dans ce projet, réalisé avec le concours de capitaux arabes et américains, elle opère en tant que coordinatrice d'un groupe de sociétés italiennes (Saipem, Sadelmi et Micoperi) unies en joint-venture. Elle réalise, pour sa part, une série de travaux dont la construction du terminal de de Sīdī Krīr[100]. C'est au sein de ces sociétés partenaires que les autres enquêtés effectuent leur première expérience professionnelle après l'obtention du diplôme. Ils travaillent tous dans les chantiers implantés dans le désert égyptien, entre Suez et Alexandrie, ou dans les villes qui bordent la mer Rouge (Rās Abū Rudays, Rās Ghārib et Rās Shuqayr).

Diplômé de l'IPI d'Alexandrie en 1975, George Sassine travaille, pendant quelques années, en tant qu'ouvrier électricien sur des plateformes au large de Rās Ghārib, celles de la Saipem chargée de réaliser des conduits sous-marins[101]. Affectés initialement à des tâches qui ne les distinguent pas vraiment des ouvriers qualifiés, les diplômés de l'ITI progressent assez rapidement, devenant chefs de sections ou intégrant le personnel d'encadrement, comme le souligne Raouf Terouz, qui travaille de 1975

---

98. IPI et ITI à partir de maintenant.

99. AESA, Rapport au MAE sur l'état de l'école et quelques propositions de restructuration, 1976.

100. Briani 1982, p. 116.

101. Entretien avec G. Sassine, Alexandrie, 2013.

à 1978 à la Saipem : « Je travaillais à l'atelier… je m'occupais de la partie électrique… Pour n'importe quelle chose, un fil électrique, j'intervenais. Avec moi, il y avait deux Italiens qui sont partis peu après. Moi je suis resté en tant que chef de section[102]. » Diplômé de la section d'électrotechnique de l'IPI d'Alexandrie en 1974, Muḥammad Maḥmūd al-Naḥḥās poursuit ses études à l'Institut technique supérieur de Ḥilwān. Pendant ce temps, il commence à travailler pour la Sadelmi (société de montage et de construction de centrales électriques ; devenue ensuite ABB), partenaire du projet SUMED spécialisée dans les installations électriques. C'est là qu'il effectuera la plus grande partie de sa carrière :

> J'ai commencé avec eux à Ḥilwān. Puis, nous avons réalisé 4 chaudières à Abū Sulṭān, sur la route entre Ismaïlia et Suez. Je suis ensuite devenu un « chef » à l'ABB. Ils m'ont confié deux projets. À l'époque, on s'occupait de traitements thermiques. Je voyageais régulièrement entre Ismaïlia et Suez. Nous avons construit 4 autres centrales à vapeur à Suez et sur la montagne de ʿAttāqa puis trois autres à Talkhā, Damanhūr et Rās al-Barr, près de Damiette. Puis je suis allé à Banī Suwīf où j'ai participé à la construction de la plus grande centrale du Moyen-Orient : deux chaudières de 1 200 MW[103].

Les interviewés changent de ton lorsqu'on les interroge sur les conditions matérielles de travail. Les salaires, bien que plus élevés dans le secteur privé que dans le secteur public, sont bien en deçà des besoins, ce qui pousse certains à exercer d'autres activités ou à émigrer pour tenter leur chance ailleurs, comme nous le verrons plus loin. C'est au prix d'une extrême mobilité géographique et d'horaires de travail particulièrement pénibles que les diplômés restent un temps employés dans des sociétés étrangères. En 1978, R. Terouz est envoyé en Algérie par la Saipem, qui effectue des travaux de forage. Après un an de travail dans le département du montage, il est de retour au Caire :

> J'aurais pu continuer mais je n'ai pas voulu car la vie était trop dure. Il n'y avait rien. On était dans des camps dans le désert ; tu voyais toujours les mêmes personnes, 20 à midi, 20 le soir. À l'époque j'avais 24-25 ans, le salaire était

---

102. Entretien avec R. Terouz, Le Caire, 27 novembre 2010.
103. Entretien avec M. M. al-Naḥḥās, Alexandrie, 13 mars 2013.

bon. Moi je gagnais 600 LE ; ici les ingénieurs en gagnaient 50, mais tu perds les amis, tu n'as pas de vie sociale, tu ne peux pas fonder une famille…[104].

Le parcours professionnel de M. M. al-Naḥḥās à l'ABB se caractérise par une extrême mobilité : « J'ai été avec eux en Algérie, au Pakistan, au Congo. Le système était le suivant : 90 jours de travail et 15 jours de congé. J'ai tenu le coup mais à la longue, ça m'a fatigué[105]. » Après 26 ans au service de l'ABB, il revient à Alexandrie, sa ville natale, où il commence à travailler, grâce à la médiation d'un ancien camarade, en tant que *head of mechanical department* pour la MAS, société égyptienne d'ingénierie et de fourniture.

8.3.2. *Trajectoires modestes…*

Pierre Bourdieu et Luc Boltanski ont souligné l'autonomie du système d'enseignement et son décalage vis-à-vis de l'appareil économique[106]. Les trajectoires professionnelles de certains anciens élèves illustrent bien l'écart entre le titre scolaire et le poste occupé. Diplômé de l'ITI en 1975, Giorgio Giddio travaille pendant 36 ans en tant qu'expert-comptable pour la Montubi. Un seul de ses deux frères, pourtant tous deux diplômés de l'ITI, travaille dans le secteur technique. Le second poursuit une carrière dans le groupe Alitalia en tant que comptable. Lors de son premier entretien d'embauche chez la Bengoa, société espagnole partenaire du projet SUMED, G. Giddio se voit répondre par le responsable des ressources humaines : « Oublie ton diplôme de technicien, ici nous avons besoin d'un archiviste[107]. »

Dans le secteur privé, soumis aux impératifs de rentabilité, le diplôme n'est que la traduction d'une formation scolaire qui est loin d'être opératoire. Diplômé de l'IPI, Antonio Rollo est embauché en 1975 par la société Saipem dans le cadre du projet SUMED ; il y travaille en tant que comptable pendant cinq ans. Bilingue maîtrisant l'arabe et l'italien, il parle aussi couramment le français. La maîtrise de ces trois langues lui ouvre de nouvelles portes :

---

104. Entretien avec R. Terouz, Le Caire, 27 novembre 2010.
105. Entretien avec M. M. al-Naḥḥās, Alexandrie, 13 mars 2013.
106. Bourdieu, Boltanski 1975, p. 98.
107. Entretien avec G. Giddio, Le Caire, 4 mars 2013.

J'ai eu une opportunité avec Saipem. Comme je parlais le français, ils m'ont proposé de les suivre en Algérie. Mais je n'y suis pas allé à cause de ma mère… Ensuite, j'ai travaillé pour la société Micoperi ; ils m'ont tout de suite embauché parce qu'ils cherchaient des gens qui parlent l'italien et l'arabe[108].

C'est une trajectoire similaire que décrit Georges Sassine, diplômé de l'IPI d'Alexandrie en 1975 :

Après le diplôme, j'ai passé un ou deux ans ici à Alexandrie… J'ai travaillé dans les hôtels, comme je connaissais plusieurs langues. Dans le désert, il y avait de nombreuses compagnies italiennes. Beaucoup de ces Italiens logeaient dans un hôtel à Agami. La propriétaire de cet hôtel, quand je suis allé la voir, m'a demandé : tu parles italien ? J'ai dit oui. Très bien, alors tu peux travailler à l'accueil car j'ai beaucoup de clients italiens et personne ne comprend ce dont ils ont besoin. Et comme ça, j'ai travaillé à l'hôtel pendant deux ans… puis j'ai quitté et je suis parti travailler pour la Montubi, dans la mer Rouge[109].

C'est moins grâce à leur savoir-faire technique qu'à leur maîtrise de plusieurs langues qu'une partie non négligeable de diplômés trouvent à s'employer. Classements et déclassements sont, en outre, fréquents et scandent des parcours professionnels rarement linéaires. Diplômé de la section mécanique du Caire en 1970, Alfred Perpinjian travaille pendant onze ans dans une usine de fabrication de moules industriels : « Elle appartenait à un Arménien, Alexanian ; il était très connu ici. Comme nous faisions partie de la même communauté, il m'a tout de suite embauché… Vous savez, nous sommes très proches les uns des autres[110]. »

Cependant, la solidarité communautaire ne suffit pas pour garantir un bon salaire à A. Perpinjian. Il décide alors de partir à Athènes, où réside un oncle maternel, en quête de meilleures opportunités. Il est embauché par une entreprise de transports : « Il fallait changer l'huile, réparer les voitures… et tout un tas d'autres choses… Ce n'était pas mon travail ![111] »

---

108. Entretien avec G. Giddio, Le Caire, 4 mars 2013.
109. Entretien avec G. Sassine, Alexandrie, 23 mars 2013.
110. Entretien avec A. Perpinjian, Le Caire, 15 mars 2013.
111. Entretien avec A. Perpinjian, Le Caire, 15 mars 2013.

Il démissionne assez rapidement et cherche un emploi plus adapté à son niveau de qualification. Il finit par être recruté dans une usine de fabrication de machines à café où il devient rapidement chef-mécanicien. À son retour en Égypte, au milieu des années 1980, il doit « repartir de zéro ». Il travaille pendant un temps comme réceptionniste dans un hôtel appartenant au groupe Meridien avant d'être embauché, par l'entremise d'un ancien camarade d'école, dans une entreprise de production de réfrigérateurs, en tant que mécanicien-fabricant de moules industriels.

Les départs d'Égypte suivis de retours sont tout aussi fréquents que les allées et venues entre plusieurs secteurs d'activité. C'est ce qu'illustre le cas de Vincenzo Meli. Diplômé de l'ITI en 1975, il travaille pendant deux ans à la compagnie Medgenco en tant qu'assistant technique. « La compagnie utilisait des machines italiennes. Le propriétaire était palestinien et avait besoin de techniciens. Moi, je m'occupais de l'assistance technique au département spécialisé dans la production de chaussures en plastiques[112]. » En 1977, il est embauché par l'Institut italien pour le commerce extérieur (ICE) comme chargé des relations publiques et du marketing. Dans les années qui suivent, il passe régulièrement du secteur de la production industrielle à celui de la promotion commerciale et du marketing, aussi bien en Égypte que dans d'autres pays d'Afrique et du Moyen-Orient.

Contrairement aux espoirs initiaux, les mesures d'ouverture économique n'entraînent pas le miracle promis par Sadate. L'*Infitāḥ* joue un rôle restreint en termes de création d'emplois, tandis que l'inflation croissante provoque une dégradation des conditions des vie pour le plus grand nombre[113]. Dans ce contexte, la pluriactivité est fréquente. Certains diplômés de l'IPI cumulent deux, voire trois emplois. Le travail à Micoperi occupe A. Rollo trois jours par semaine. Le reste du temps, il travaille à son compte comme électricien, activité qu'il exerce encore en 2010 :

J'ai commencé à exercer ma profession d'électrotechnicien et je me suis bien débrouillé. Encore aujourd'hui, je continue à effectuer ce travail. J'ai mes clients ; ce sont des gens aisés qui ont des villas, des piscines. J. E. est depuis plusieurs années un de mes clients. Tous les travaux d'installation du système informatique, c'est moi qui les ai faits… Ça fait près de 20 ans

112. Entretien avec V. Meli, Le Caire, 15 novembre 2010.
113. Roussillon 1982, p. 451.

que je travaille avec lui… Puis j'ai été élu membre du comité de la Casa di riposo[114]. J'ai rénové beaucoup de choses ici… Le nouveau système électrique, c'est moi qui l'ai fait[115].

La trajectoire d'A. Rollo s'apparente à celle d'Antonio De Ferrari. Une fois obtenu le diplôme d'électricien en 1979, il est embauché par l'usine de fabrication de clous où travaille déjà son père située à al-Labbān. Dans son temps libre et pendant les week-ends, il travaille à son compte comme électricien[116]. À la fois auto-entrepreneurs et travailleurs salariés, les anciens élèves de l'IPI se voient obligés de mener plusieurs activités pour subvenir aux besoins de leurs familles, dans un contexte de hausse des prix[117].

Tous les proches d'A. Rollo ont émigré en Italie. Une partie de la famille d'A. De Ferrari a émigré en Grèce et en Australie. Ces deux diplômés ont envisagé à plusieurs reprises de quitter l'Égypte, mais, comme le souligne A. Rollo, l'émigration ne semble pas garantir une amélioration des conditions de vie : « J'ai été plusieurs fois rendre visite à mon frère et à ma sœur en Italie… J'ai l'impression que nous, Italiens d'Égypte, on est traités comme des Arabes, comme des citoyens de série B[118]. » C'est la même hantise de déclassement exprimée par A. De Ferrari, qui insiste aussi sur l'importance des réseaux d'interconnaissance en Égypte : « Ici on connaît, on bricole. En Italie, en Grèce ou ailleurs, on ne sait pas[119]. » Comme leurs parents, la possession d'un savoir-faire technique leur permet de se « débrouiller ». C'est sur les enfants que reposent les espoirs de réussite et de promotion :

Je ne suis pas parti en Italie. En revanche, j'ai pensé à mes deux enfants. Je les ai inscrits dans les écoles françaises. L'aîné fait la faculté de commerce française. Il a étudié au Saint-Marc auparavant. Le cadet est encore au collège, à Saint-Vincent-de-Paul. Je pense qu'il est préférable d'inscrire les enfants dans les écoles où il y a des religieux et des religieuses. Les écoles religieuses

---

114. Maison de retraite fondée par la communauté italienne d'Alexandrie. Située à al-Shāṭbī, elle existe encore de nos jours.
115. Entretien avec A. Rollo, Alexandrie, 21 décembre 2010.
116. Entretien avec A. De Ferrari, Alexandrie, 7 avril 2013.
117. Roussillon 1982, p. 435.
118. Entretien avec A. Rollo, Alexandrie, 21 décembre 2010.
119. Entretien avec A. De Ferrari, Alexandrie, 7 avril 2013.

sont plus organisées que les écoles gouvernementales… Bien sûr, elles coûtent cher, mais je suis plus content comme ça, avec un peu de sacrifices…[120].

En 2013, les deux fils d'A. De Ferrari étaient inscrits aux écoles Saint-Marc (l'aîné) et Saint-Gabriel (le cadet). Le désir d'assurer les chances d'une promotion sociale à sa progéniture rend encore plus nécessaire la pluriactivité, alors que la détérioration des conditions de vie ne fait que s'accentuer, avec l'approfondissement des politiques néolibérales dans les années 2000[121].

8.3.3. *… et parcours ascendants*

Au cours de deux entretiens que nous avons conduits au Caire et à Alexandrie, nos enquêtés ont évoqué d'anciens camarades qui ont « fait carrière », devenant des patrons de petites et moyennes entreprises. Pour O. Laterza, il ne fait pas de doute que ce sont avant tout les Égyptiens, majoritaires à fréquenter l'école dès la fin des années 1950, qui ont « foncé ». Pour illustrer son propos, il retrace la carrière de Georges T., diplômé de l'ITI en 1975 :

> Quand il a terminé les études, il a été embauché par l'une de ces sociétés italiennes… la Montubi, je crois. Il a fait des économies et a acheté un terrain dans le Sinaï, en pensant qu'à l'avenir, il pourrait lui servir à lancer une activité. Il y avait ici à Alexandrie un certain T. qui était millionnaire. Il produisait des tuyaux pour les serres qu'il exportait en Libye et dans d'autres pays arabes. Il avait besoin d'un local, d'un terrain. G. T. lui a proposé le terrain qu'il venait d'acheter. Les deux se sont associés et G. T. a foncé. Il est devenu à son tour presque millionnaire[122].

Un autre cas de réussite est celui de Fadel B. C'est R. Terouz qui retrace la trajectoire de son ancien camarade, diplômé comme lui de la section d'électrotechnique de l'ITI en 1975 :

> Il a terminé avec moi. Après l'école, j'ai perdu pendant quelque temps ses traces… Je sais qu'au début des années 1980, il s'est associé à une entreprise

---

120. Entretien avec A. Rollo, Alexandrie, 21 décembre 2010.
121. Entretien avec A. De Ferrari, Alexandrie, 7 avril 2013.
122. Entretien avec O. Laterza, Alexandrie, 10 avril 2013.

italienne et a ouvert une usine de chaussures en plastique non loin des pyramides. L'activité est allée à merveille. Il a commencé à produire non seulement pour le marché intérieur mais aussi pour l'exportation. Il est devenu un businessman[123].

Fadel B. et Georges T. incarnent aux yeux de nos interlocuteurs la réussite[124]. Entre fiction et réalité, le récit des parcours fulgurants de ces entrepreneurs laisse transparaître les rêves d'ascension qu'a pu susciter l'ouverture économique sadatienne. La figure du businessman qui fait carrière dans le secteur privé n'est pas une figure entièrement fantasmée ; elle devient une réalité dès le milieu des années 1970. Au lendemain de l'*Infitāḥ*, on assiste, comme l'a montré Éric Gobe, à la fois à la réapparition d'une ancienne bourgeoisie d'affaires et à l'éclosion d'une nouvelle génération d'hommes d'affaires qui saisissent les opportunités offertes par la libéralisation économique. Ce chercheur, qui s'intéresse à la « couche sociale moyenne et supérieure des dirigeants d'entreprises du secteur privé », admet que la masse des sociétés créées en Égypte à la fin des années 1970 est constituée de petites et de moyennes entreprises industrielles et commerciales, formées souvent par des Égyptiens de retour du Golfe[125].

Trois anciens élèves ont investi, au tournant des années 1970, l'un le domaine du commerce et les deux autres celui de l'industrie. Leurs trajectoires présentent des points communs et attestent l'importance du capital familial dans la réussite.

Gildo Sampieri est né à Alexandrie en 1955. Fils d'un entrepreneur de l'industrie hôtelière gérant plusieurs hôtels à Marsā Maṭrūḥ, il fréquente l'ITI du Caire entre 1970 et 1975. Il envisage, une fois obtenu le diplôme, de partir en Italie. L'émigration est censée assurer une ascension professionnelle difficilement envisageable, d'après lui, en Égypte[126] :

123. Entretien avec R. Terouz, Le Caire, 27 novembre 2010.
124. Nous n'avons pas pu rencontrer ces anciens élèves : le premier n'a jamais répondu à notre demande d'entretien, tandis que le second était en déplacement à l'étranger lors de notre dernier terrain de recherche.
125. Gobe 1999, p. 64.
126. Cela confirme les remarques faites par A. Roussillon à propos des modes de mobilité et de promotion sociales inaugurés par *l'Infitāḥ*. D'après lui, l'alternative migratoire est censée assurer à des groupes jusque-là bloqués dans leur ascension sociale par les bas niveaux de rémunération une occasion d'accumulation leur permettant d'asseoir leur

Les entreprises où j'ai postulé avaient leurs filiales en Égypte, mais, ici, elles n'embauchaient qu'avec des contrats locaux. Les salaires qu'elles proposaient étaient trop bas… Moi, cela ne m'intéressait pas. Alors j'ai fait une demande à Milan et ils m'ont tout de suite embauché[127].

De 1975 à 1977, G. Sampieri travaille à la Cimi Montubi, dans les chantiers de Porto Torres, en Sardaigne, en tant qu'électrotechnicien. Une fois rentré en Égypte en 1978, il monte rapidement sa propre affaire. Grâce à l'expérience acquise pendant deux ans et demi et bénéficiant d'un héritage conséquent, il ouvre dans sa ville natale, Alexandrie, une usine de fabrication de moules industriels. Située à la rue al-Farāhda, à quelques centaines de mètres de l'institut Don Bosco, elle occupe une partie des locaux de l'ancienne école des arts et métiers des Frères des écoles chrétiennes. G. Sampieri suit entre-temps des cours de remise à niveau en mécanique à commande numérique. Lorsqu'en 2010 il nous fait visiter les locaux de l'usine, c'est avec la fierté du pionnier qu'il nous montre les machines et l'outillage : «Comme vous pouvez le voir, je n'ai que des machines à commande numérique. Nous ne sommes pas très nombreux à Alexandrie à disposer de ce genre d'outillage[128].»

Issu de la diaspora arménienne en Égypte, E. Minetjian est né au Caire en 1956. Son grand-père paternel fonde au début des années 1930 une usine d'huiles et de savons à Shubrā, puis encore une seconde, et les deux usines emploient «plus de 1 000 ouvriers[129]». Elles sont reprises par son père et son oncle mais, en 1962, elles sont nationalisées. Alors qu'une partie de la famille émigre au Canada, son père décide de rester au Caire. E. Minetjian fréquente avec son frère l'institut technique des Salésiens de 1973 à 1978. Une fois obtenu le diplôme, il commence à travailler pendant un temps pour la société américaine IBM[130]. En même temps, il est embauché par une société italienne de production de matériaux en aluminium en tant que réparateur et installateur de machines. Il mène en parallèle une troisième activité :

position et d'acquérir les signes extérieurs des statuts correspondant à leur formation et à leurs ambitions (1982, p. 450).

127. Entretien avec G. Sampieri, Alexandrie, 18 décembre 2010.
128. Entretien avec G. Sampieri, Alexandrie, 18 décembre 2010.
129. Entretien avec E. Minetjian, Le Caire, 24 mars 2013.
130. Spécialisée dans le matériel et les services informatiques.

la réparation d'autoradios. La pluriactivité lui permet d'accumuler un petit capital pour lancer une activité indépendante. En 1981, il s'associe à deux oncles et crée une entreprise d'importation d'accessoires autos à Héliopolis. L'association à des membres de la famille semble limiter les risques liés au lancement d'une activité indépendante : « L'activité allait très bien. Petit à petit, j'ai racheté leurs parts. J'importais d'Italie, du Japon... J'ai été très souvent en Italie. » Alors qu'une partie de la famille poursuit son parcours migratoire vers le Canada, les affaires vont très bien pour E. Minetjian[131].

La trajectoire familiale de Costanzo D'Angelo s'apparente à celle d'E. Minetjian. Né à Ismaïlia, il est issu d'une famille d'entrepreneurs et de propriétaires terriens originaires de Naples[132]. La Seconde Guerre mondiale et les confiscations entraînées par la réforme agraire réduisent considérablement les activités et les propriétés de sa famille. En 1956, la plupart de ses proches retournent en Italie. Seul son père reste à Ismaïlia, où il gère une agence de location de voitures, une activité familiale qui n'a pas été nationalisée. Lors de la guerre des Six Jours, la famille est évacuée de la zone du Canal et arrive au Caire, où le père transfère petit à petit son activité. C. D'Angelo commence sa scolarité chez les religieuses franciscaines puis la continue à l'école Don Bosco où il fréquente l'ITI, faute de pouvoir s'inscrire au Liceo qui vient à peine de fermer ses portes. Une fois obtenu le diplôme d'électrotechnique, il cherche du travail en Italie. Le début de sa carrière professionnelle rappelle celui de Gildo Sampieri. Comme pour ce dernier, le départ en Italie est, pour lui, susceptible d'assurer une promotion sociale rapide et une meilleure rémunération :

Au début, il était difficile de trouver du travail ici... ; et puis les salaires étaient trop bas. Pour moi, il était hors de question de travailler avec ces salaires-là. La Montubi ici payait 500 LE par mois. Alors que le premier salaire que j'ai perçu en Italie était presque de deux millions de lires italiennes[133] !

131. Entretien avec E. Minetjian, Le Caire, 24 mars 2013.
132. Entretien avec C. D'Angelo, Le Caire, 22 mars 2013.
133. Entretien avec C. D'Angelo, Le Caire, 22 mars 2013.

C. D'Angelo trouve un emploi à la société Rossetti, spécialisée en isolation thermique et dont le siège légal se trouve à Milan. Il travaille pendant trois ans sur ses chantiers en Irak et au Koweït. Retraçant son itinéraire professionnel, il insiste sur l'importance qu'a représentée pour sa carrière et son avancement la maîtrise de plusieurs langues :

> J'ai travaillé les six premiers mois en tant qu'employé, mais comme je maîtrisais plusieurs langues… Vous savez, les chefs de chantier parlent seulement l'italien. Comme je connaissais plus d'une langue, j'ai commencé à remplacer le chef de chantier. En l'espace de six mois, j'ai beaucoup appris. Après, on m'a confié un chantier en Irak. Puis les chantiers sont devenus cinq. À la fin, je suivais tous les chantiers en Irak. J'ai très vite progressé[134].

C. D'Angelo revient en Égypte en 1982 avec la même société qui vient de passer un contrat de sous-concession avec la Sadelmi. Il y travaille pendant quelques années en tant que *project manager*. En 1986, la société ferme ses portes. C'est à ce moment-là qu'il prend la relève et crée une entreprise avec un associé égyptien. Pendant près de 10 ans, elle travaille pour la Sadelmi puis, petit à petit, elle conclut des contrats de sous-traitance avec d'autres sociétés étrangères, comme la DPL, société italienne spécialisée en installations pétrochimiques.

Le cas de C. D'Angelo atteste de multiples opportunités d'enrichissement ouvertes aux catégories sociales intermédiaires par l'*Infitāḥ*. Il montre également que ces opportunités sont multipliées par la nécessité pour les intervenants étrangers de trouver des partenaires locaux[135]. En 2013, son entreprise compte 60 employés. Elle devient, au fil des années, une entreprise familiale ; à mesure que ses fils terminent leurs études, ils l'intègrent, occupant des postes de responsabilité et de gestion[136].

Si la plupart des diplômés dont nous avons examiné le parcours intègrent le marché du travail au lendemain de l'obtention du diplôme technique, pour d'autres, la scolarisation chez les Salésiens constitue une étape dans un itinéraire scolaire plus long, censé déboucher sur le statut convoité d'ingénieur.

---

134. Entretien avec C. D'Angelo, Le Caire, 22 mars 2013.
135. Roussillon 1982, p. 450.
136. Entretien avec C. D'Angelo, Le Caire, 22 mars 2013.

8.3.4. *Devenir ingénieur*

Encore plus que par le passé, les diplômés des écoles industrielles ambitionnent de se rapprocher du statut des ingénieurs[137]. Incorporés dans les ministères chargés de la mise en œuvre des principaux projets de développement, ces derniers jouissent d'un très grand prestige par rapport aux détenteurs d'autres diplômes[138].

Les élèves des instituts salésiens, désormais majoritairement égyptiens, partagent avec leurs homologues de l'enseignement gouvernemental l'ambition de poursuivre des études plus longues. C'est l'une des raisons pour laquelle les missionnaires se mobilisent, dès les années 1950, pour obtenir la reconnaissance officielle de leurs diplômes[139]. À mesure que leur ancien public quitte l'Égypte, ils craignent que leur non-reconnaissance ne freine l'arrivée d'un autre, nouveau. Mais cette reconnaissance, nous l'avons vu, tarde à être obtenue. Certains élèves diversifient alors leurs stratégies scolaires. C'est le cas d'Artin Miskdjian. Fils d'un fabricant de chaussures, il effectue sa première scolarisation à l'école arménienne Boghossian d'Alexandrie. Il poursuit ensuite une double formation, à l'école technique des Salésiens (1961-1965) et à l'école secondaire égyptienne :

> À l'époque, à l'institut Don Bosco, il n'y avait que le drapeau italien ; pas de drapeau égyptien. Les Salésiens n'enseignaient que l'italien et avec leur diplôme, je ne pouvais pas aller à l'Université. Je devais passer le diplôme d'*al-thānawiyya al-ʿāmma*[140] ; je devais fréquenter le lycée égyptien. C'est pour ça que j'ai fait les deux à la fois, le matin, je me rendais à l'école Don Bosco et le soir, je suivais les cours du lycée égyptien[141].

Une fois les études secondaires terminées, A. Miskdjian est admis à la faculté d'ingénierie d'Alexandrie où il choisit la branche mécanique. Pour les écoles salésiennes, la décision tant attendue arrive le 11 janvier 1967 : leurs diplômes sont reconnus équivalents à ceux des écoles secondaires

---

137. À ce sujet, voir Longuenesse 2003.
138. Longuenesse 1989, p. 16.
139. Voir chapitre 7.
140. Correspondant au baccalauréat général.
141. Entretien avec A. Miskdjian, Alexandrie, 20 décembre 2012.

industrielles égyptiennes. Leurs titulaires deviennent désormais éligibles aux instituts techniques supérieurs, qui se multiplient durant les années 1950 et sont censés former des techniciens de haut niveau.

Le décret qui établit cette reconnaissance a un effet rétroactif. Certains anciens élèves, qui ont obtenu leur diplôme avant 1967, entreprennent les démarches pour être admis dans les instituts techniques supérieurs. C'est le cas de Muḥammad Ḥāfiz. Issu d'une famille ouvrière, il obtient le diplôme de mécanique de l'école salésienne d'Alexandrie en 1964. Il est ensuite embauché à l'usine de fibres textiles al-ʿArabiyya où il travaille pendant quatre ans. Mais il est insatisfait de son poste d'assistant technique. Son désir de poursuive ses études trahit son aspiration à atteindre un statut social supérieur, à être l'égal de ses collègues ingénieurs :

> À l'usine, j'avais des amis et des collègues qui étaient ingénieurs. Alors j'ai dit : moi aussi je veux devenir ingénieur. Mais c'était impossible. J'avais besoin du baccalauréat égyptien : il fallait être passé par l'école préparatoire puis le lycée, c'est à dire huit années d'études dans l'enseignement gouvernemental. Alors je suis retourné voir les Salésiens et j'ai dit au P. Cavasin : « Père, moi je veux aller en Italie et m'inscrire à Polytechnique. » Le père a répondu : « Vous n'avez pas lu les journaux ? » C'était le 24 août [1967], un mercredi, je m'en souviens encore. Dans les journaux, il était écrit que les diplômés du Don Bosco pouvaient continuer leurs études à la faculté d'ingénierie, pas seulement les nouveaux, mais aussi ceux qui avaient terminé, comme moi, quelques années auparavant, à la condition de n'avoir pas dépassé 21 ans[142].

Quelques mois plus tard, Muḥammad Ḥāfiz est admis à l'Institut technique de Helwān. Une fois le cursus terminé en 1972, il est affecté comme enseignant de technologie dans une école professionnelle égyptienne, à Alexandrie. C'est un parcours semblable à celui d'A. Miskdjian qui, après l'obtention du diplôme d'ingénieur, intègre le département de mécanique de la faculté d'ingénierie d'Alexandrie en tant qu'assistant. Pour l'un et pour l'autre, cette expérience dans le système éducatif gouvernemental s'inscrit

---

142. Entretien avec M. Ḥāfiz, Alexandrie, 19 décembre 2010.

dans la cadre des mesures mises en œuvre par le ministère de l'Instruction publique pour faire face à la pénurie de personnel enseignant[143].

La carrière de ces deux diplômés des écoles salésiennes dans l'enseignement gouvernemental est courte. A. Miskdjian quitte son poste d'assistant en 1975, une année après le début officiel de *l'Infitāḥ*. L'activité privée apparaît désormais plus rentable. La même année, il ouvre une usine de fabrication de moules industriels, Art-Tech, qu'il dirige encore en 2013. C'est un chemin différent qu'emprunte M. Ḥāfiz. En 1974, les Salésiens, à la recherche d'enseignants égyptiens, lui proposent un emploi à plein temps. La carrière d'enseignant dans le secteur public étant dépréciée et mal rémunérée, il accepte de bon gré et commence une longue carrière à l'institut Don Bosco[144]. Bien que sensiblement différentes, les trajectoires de ces anciens élèves reflètent une tendance grandissante parmi les titulaires du diplôme d'ingénieur à se détourner du service de l'État, jusque-là le principal employeur, pour s'orienter vers le secteur privé[145].

Dans les années 1970, les anciens élèves qui poursuivent des études supérieures représentent encore une minorité. Nombre d'entre eux ne réussissent pas à obtenir le pourcentage suffisant pour être admis dans une faculté d'ingénierie[146]. À cela s'ajoute, pour une partie d'entre eux, le problème linguistique. Dans les facultés scientifiques, l'enseignement est bilingue, en arabe et en anglais, deux langues auxquelles l'institut technique géré par les Salésiens n'accorde pas un volume horaire conséquent dans les années 1970. Certains éprouvent de vraies difficultés à poursuivre leurs études supérieures. C'est le cas d'E. Minetjian qui renonce aux siennes après une tentative infructueuse[147]. Pour d'autres, la question de la poursuite des études ne se pose même

---

143. En 1972, le gouvernement promulgue un décret qui établit que les jeunes diplômés des facultés scientifiques ou techniques doivent être temporairement affectés, comme enseignants, aux écoles secondaires et aux instituts techniques où la pénurie d'enseignants est particulièrement criante. Hyde 1983, p. 33.

144. Entretien avec M. Ḥāfiz, Alexandrie, 19 décembre 2010.

145. Au sujet des trajectoires des ingénieurs à l'heure de la libéralisation économique, voir Hanafi 1995 et Gobe 2004.

146. À propos de la question des pourcentages, se reporter au chapitre 7.

147. Entretien avec E. Minetjian, Le Caire, 24 mars 2013.

pas. Ils revendiquent un savoir-faire pratique distinct, voire plus « utile » que celui des ingénieurs :

> Ce que tu apprenais à Don Bosco était largement suffisant pour entrer dans la vie active. Écoutez ! Moi, dans mon travail au CEPC, j'ai été chef de poste, ensuite chef de section et après chef de département technique. Quant au niveau, c'était le niveau 3. Alors, en tant que chef, j'ai fait passer des entretiens à de jeunes ingénieurs qui demandaient à être embauchés. Leur niveau était zéro ; ils ne connaissaient rien ! J'ai dû en renvoyer quelques-uns[148].

La valeur du savoir-faire pratique acquis à l'école par rapport à celui, trop théorique, des ingénieurs est aussi soulignée par A. Miskdjian. Mais pour lui, diplômé de la faculté d'ingénierie d'Alexandrie, les deux formations ne peuvent qu'être complémentaires comme l'atteste le choix de scolarisation qu'il effectue pour son fils :

> J'ai beaucoup appris chez les Salésiens. L'Université ne dispense aucune formation pratique. L'ingénieur ne sait pas travailler de ses mains. Les études sont toutes théoriques. L'ingénieur qui sort de l'Université ne met pas le nez dans l'atelier ; l'école, en revanche, m'a donné beaucoup de manualité. Aujourd'hui encore, elle est réputée pour sa formation pratique ; certains étudiants du Polytechnique suivent des cours chez les Salésiens pour voir le fonctionnement pratique. Moi aussi j'ai inscrit mon fils à l'institut technique Don Bosco du Caire. Il a ensuite continué à la faculté d'ingénierie du Caire[149].

Ces témoignages sont révélateurs du déchirement d'une partie des anciens élèves entre, d'une part, l'ambition de dépasser leur statut intermédiaire et d'acquérir celui, convoité, d'ingénieur et, d'autre part, la valorisation d'une formation initiale, technique et appliquée.

---

148. Entretien avec R. Terouz, Le Caire, 27 novembre 2010.
149. Entretien avec A. Miskdjian, Alexandrie, 20 décembre 2012.

Conclusion

Suivre l'itinéraire de deux générations de diplômés des écoles salésiennes a permis d'observer de près le monde des artisans et des petits entrepreneurs industriels dans l'Égypte de la seconde moitié du xxᵉ siècle. Les modes d'insertion dans le marché du travail et les relations qui s'y tissent révèlent certaines dynamiques qui traversent l'univers de petits ateliers mécaniques. Ce dernier se caractérise par la concurrence, mais aussi par des réseaux d'interconnaissance et de solidarité professionnelle. Critère essentiel chez les candidats au départ, la détention d'un savoir-faire technique se révèle aussi être, dans certains cas, un atout important dans les stratégies d'ancrage en Égypte.

Les profondes transformations que connaît le pays à partir de la fin des années 1960 ont des retentissements sur le parcours des anciens élèves : difficultés d'insertion dans une économie de plus en plus fermée aux non-Égyptiens qu'elle fait fuir vers la petite entreprise et l'activité indépendante ; émigration de la plupart d'entre eux et adaptation, plus ou moins réussie, pour une minorité d'anciens élèves, dans l'Égypte en recomposition ; travail au sein des sociétés étrangères en tant que cadres intermédiaires ; création d'entreprises privées à la faveur de la libéralisation économique.

Les entretiens font ressortir des trajectoires que beaucoup de choses opposent malgré les similitudes : des cas de réussite pour certains et, pour d'autres, des parcours plus modestes qui se traduisent par la pluriactivité. Si les diplômés de l'ITI semblent mieux armés que ceux des filières professionnelles (IPI), la détention d'un diplôme ne leur assure pas pour autant un poste d'emploi et le risque de déclassement est, pour certains, toujours présent. Dans les cas d'ascension, l'expérience initiale à l'étranger (Italie, Golfe, etc.) semble avoir permis l'accumulation d'un capital prêt à être investi dans une activité productive dès le retour en Égypte.

Le capital familial est un facteur tout aussi important pour rendre compte des cas de réussite. Les diplômés de l'ITI, qui créent dès le début des années 1980 leur propre entreprise, appartiennent soit à des familles d'anciens entrepreneurs qui ont vu leurs activités, en tout ou en partie, nationalisées durant la période nassérienne et dont les héritiers réapparaissent à la période de l'*Infitāḥ*, soit à des familles qui, sous le régime nassérien, ont réinvesti le capital accumulé dans le secteur commercial ou l'industrie, considérés comme particulièrement rentables au lendemain des mesures de restriction des importations. Les trajectoires de ces diplômés confirment, à une plus petite échelle (petit et moyen entrepreneuriat), les hypothèses formulées par Éric Gobe à propos des modalités de réapparition de la bourgeoisie d'affaires égyptienne à la faveur de l'*Infitāḥ*[150].

Les diplômés de l'IPI présentent des parcours bien plus modestes. Pour certains, issus de familles d'ouvriers et de petits artisans italiens restés en Égypte au lendemain du départ massif des étrangers, l'école semble jouer, sur deux générations, un rôle de reproduction. Dans ces cas, la pluriactivité se révèle nécessaire, surtout que, dès la fin des années 1970, et encore davantage dans l'Égypte de Hosni Mubarak, le chômage grimpe et n'épargne pas les diplômés des filières professionnelles[151]. Liées aux besoins spécifiques de l'industrie, l'inflation de diplômes techniques et l'essor de centres de formation ne font qu'accroître la concurrence sur le marché de l'emploi[152]. La dégradation des conditions de travail dans l'industrie privée fait fuir les détenteurs des diplômes professionnels vers d'autres secteurs plus rémunérateurs tels que le tourisme.

Les anciens élèves sont loin de constituer un groupe homogène : leurs itinéraires professionnels les rapprochent tantôt des ouvriers qualifiés, tantôt des cadres techniques intermédiaires et, dans les années d'ouverture économique, des petits hommes d'affaires. Malgré ces évolutions fort divergentes, ils participent tous de la valorisation des savoir-faire techniques qui, dans l'Égypte des années 1960-1970, érige les techniciens, et encore davantage les ingénieurs, en figures de proue du progrès.

---

150. Gobe 1999, p. 80.

151. Au printemps 1987, quatre anciens élèves de la section professionnelle de l'institut Don Bosco d'Alexandrie écrivent une lettre poignante au consul général d'Alexandrie dans laquelle, après avoir décrit leur recherche de travail infructueuse, ils le prient d'intercéder en leur faveur auprès de certaines sociétés italiennes implantées en Égypte. AESA, Un groupe de diplômés de l'IPI au consul général d'Italie à Alexandrie, 9 avril 1987.

152. Longuenesse 2001, p. 135.

Conclusion générale

L'HISTOIRE de la mission salésienne et des élèves qu'elle a formés participe d'une histoire méditerranéenne. En suivant l'insertion des diplômés sortis de ses écoles dans le tissu économique égyptien, en même temps que l'élaboration à Rome d'une politique arabe, cet ouvrage a éclairé l'enchevêtrement de destins individuels avec la « grande histoire » : celle de la « mission civilisatrice » dans une mer coloniale, des migrations méditerranéennes et trans-impériales ou encore des politiques de coopération à l'heure des décolonisations et de la guerre froide globale. C'est aussi une histoire partagée entre l'Europe et le Proche-Orient que le cas salésien a permis de mettre en évidence. Elle est faite de circulations et d'adaptations mais aussi de résistances et d'appropriations.

L'histoire des établissements salésiens participe aussi pleinement de l'histoire de l'Égypte et du Proche-Orient contemporain. À rebours d'une historiographie qui a considéré les missions et leurs établissements d'enseignement comme un élément externe à la région, nous avons montré ce que leur étude peut apporter à l'histoire sociale de l'enseignement et des métiers urbains dans l'Égypte contemporaine. De la mutation de la mission à la fabrique des départs et des ancrages, nous nous arrêterons sur quelques moments forts de cette histoire afin de dresser un court bilan d'un siècle de présence missionnaire.

1. Une mission à l'heure des transitions impériales

Nous avons retracé la survie paradoxale d'une mission catholique qui, à plusieurs reprises, semblait vouée à la disparition. Arrivés en Égypte pour encadrer un prolétariat immigré d'origine européenne, les Salésiens diversifient rapidement leurs terrains d'intervention. Plus que le fruit d'une stratégie définie à l'avance, leur mission s'est construite en saisissant les opportunités offertes par le terrain et en composant avec plusieurs acteurs. Le plus souvent, leur adaptation a été contrainte sans que pour autant ils adhèrent totalement à la politique d'arabisation impulsée à la fois par le gouvernement égyptien et la hiérarchie catholique.

1.1. *De quelques révisions chronologiques*

En montrant la permanence d'un ensemble d'écoles étrangères après les dates considérées comme des ruptures entre un ordre colonial et un ordre postcolonial, notre étude a proposé une chronologie émancipée des grandes césures de l'histoire politique. L'historiographie sur l'enseignement étranger en Égypte a identifié en les années 1920 et 1940 deux moments charnières correspondant, respectivement, à l'émergence de l'enjeu national et à l'extension de la gratuité de l'enseignement. L'analyse du réseau scolaire salésien a permis de déplacer le curseur temporel à l'entre-deux-guerres, et plus précisément aux années 1930. La crise économique et la fin annoncée de l'ordre capitulaire correspondent à une remise en question à la fois de la mission et des modalités de permanence des communautés étrangères en Égypte. La Seconde Guerre mondiale, puis les départs d'Égypte des années 1950 et 1960 ne font qu'approfondir une rupture, qui s'est produite dans les années 1930, d'un équilibre socio-économique, politique et symbolique[1].

À partir des données relatives aux anciens élèves (notamment ceux de nationalité italienne), une révision de la temporalité des départs des Italiens d'Égypte a été suggérée. Une littérature mémorielle et nostalgique les situe dans les décennies 1950 et 1960 et en tient pour principale responsable la politique de nationalisation du régime nassérien. Nous avons montré comment l'émigration des Italiens d'Égypte s'étale, en vérité, sur une trentaine d'années. Dans ce contexte, les lois promulguées durant les années 1960 ne font qu'accélérer un processus déjà en cours. La prise en compte de cette nouvelle temporalité conduit, d'une part, à nuancer l'impact des nationalisations sur les processus migratoires. Elle permet, d'autre part,

---

1. A. Dalachanis (2017) situe autour des années 1930 la rupture économique, politique et sociale ayant entraîné le départ définitif des Grecs d'Égypte. Nous avons relevé le même phénomène à propos de la communauté italienne. Turiano 2017b.

d'interroger le phénomène dans sa complexité et ses multiples dimensions. Tout en gardant leur spécificité, liée au contexte égyptien, les départs des Italiens d'Égypte s'inscrivent dans le contexte plus large de l'émigration italienne à travers le monde.

1.2. *Italianité et catholicisme : deux pôles identitaires en permanente redéfinition*

Les Salésiens s'installent à Alexandrie moins pour gagner de nouvelles âmes au catholicisme que pour assister des migrations de travail en provenance notamment de la péninsule italienne. La prise en considération de cette pastorale migratoire a permis d'apporter de nouveaux éclairages sur le phénomène missionnaire au Proche-Orient. En ajoutant une dimension italienne à l'étude des missions chrétiennes dans la région, il a été possible d'analyser l'évolution de la demande sociale relative à la langue italienne.

Ce sont aussi les liens entre religion, migrations et fabrique nationale que notre étude a permis d'interroger. Tout au long de la période étudiée, les Salésiens oscillent entre deux pôles identitaires : l'italianité et le catholicisme. Leur pastorale migratoire fait d'eux rapidement, aux yeux des diplomates italiens en poste en Égypte ainsi que du gouvernement central, des auxiliaires précieux d'une politique de sauvegarde de l'italianité. Cependant, s'ils peinent à se débarrasser de la tutelle étrangère, ils n'adhèrent pas complètement à la politique italienne dans ce pays. Alors que les autorités fascistes exigent que les écoles Don Bosco appliquent le principe de la préférence nationale, ils ouvrent leurs portes à un public plus large que les seuls Italiens. De même, de la Compagnie du canal de Suez à la municipalité alexandrine, ils s'inscrivent dans des circuits d'aide et de financement qui dépassent le cadre national.

Cette diversification des ressources n'empêche pas que les Salésiens apparaissent comme un symbole fort de la présence italienne en Égypte. Le personnel missionnaire est majoritairement italien avant de devenir plus international dans les années 1970. La Seconde Guerre mondiale représente un moment charnière dans l'histoire de la mission en Égypte. Au sortir du conflit, elle détient, du moins à Alexandrie, le monopole de l'enseignement en langue italienne. C'est cette dimension nationale très accentuée qui pousse le jésuite Henry Ayrout à émettre des doutes quant à la nature missionnaire de l'action salésienne en Égypte.

La lecture des sources diplomatiques italiennes semble à première vue conforter la thèse que les missionnaires, décrits comme de précieux vecteurs d'italianité, étaient les instruments d'un impérialisme culturel italien. Néanmoins, le point de vue proéminent dans ces sources dissimule plus qu'il n'éclaire les dynamiques à l'œuvre sur le terrain. L'approche micro-historique a permis de nuancer cette vision qui nie toute agentivité aux familles et aux élèves des écoles missionnaires. En particulier, l'analyse de la démographie scolaire, couplée aux entretiens oraux, a révélé l'attrait que les écoles professionnelles ont exercé sur un nombre croissant de familles grecques puis égyptiennes et les stratégies de scolarisation qu'elles déployaient.

1.3.   *Arabisation et ouverture à l'Égypte : un processus inachevé*

La promotion de la langue arabe et le projet d'arabisation de l'enseignement, corollaires d'un processus de définition d'une identité nationale, s'accélèrent sous le régime nassérien. Malgré cela, les Salésiens continuent de dispenser un enseignement en langue étrangère et leurs écoles préparent aux diplômes italiens. Au moment où d'autres congrégations ouvrent des filières arabes, ils ne cachent pas leur réticence vis-à-vis de la langue arabe que peu d'entre eux maîtrisent[2], malgré les injonctions à l'arabisation qui viennent, depuis la veille de la Seconde Guerre mondiale, de l'intérieur de l'Église catholique.

Entre 1957 et 1962, chez les Jésuites et les Lazaristes le recrutement devient plus « oriental ». Les Salésiens restent, quant à eux, majoritairement européens et, avant tout, italiens. Les instituts salésiens finissent tout de même par être rattrapés par l'histoire nationale : dès la fin des années 1960, de nouvelles recrues arabes intègrent la mission et les premiers Salésiens de rite oriental reçoivent l'ordination sacerdotale. Parallèlement, les missionnaires acceptent un plus grand nombre de non-chrétiens dans leurs écoles. Cette ouverture est moins le résultat d'un changement du regard qu'ils portent sur leur public qu'un choix contraint, sous-tendu par la volonté de ne pas compromettre l'avenir de la mission. Certains religieux appellent toutefois de tous leurs vœux l'adoption d'une nouvelle attitude envers les non-chrétiens, insistant sur la dimension sociale de leur apostolat.

---

2. ASC, F035, Rapport sur l'état de la province Jésus-Adolescent, 1962.

1.4.   *De la mission au développement?*

L'histoire que nous venons de retracer n'est pas aussi linéaire que pourrait le suggérer le titre de cet ouvrage. La transformation de la mission au cours d'un siècle d'histoire se heurte à des réticences et à des résistances. À partir du cas salésien, nous avons pu relever comment à l'évangélisation classique succède une «intervention plus systématique en faveur du progrès économique et de l'action sociale», ainsi qu'une reformulation de la «mission civilisatrice» pour emprunter les paroles de Claude Prudhomme[3]. Dès les années 1960, les Salésiens s'engagent dans une nouvelle pastorale centrée avant tout sur les œuvres caritatives et humanitaires, d'une part, et l'aide au développement, d'autre part.

Le cas salésien a également permis de mettre en évidence les nouvelles formes de collaboration qui se mettent en place entre anciennes puissances coloniales et missionnaires, les premières n'hésitant pas à recourir à l'«expertise» des seconds pour la mise en œuvre de programmes de coopération technique et culturelle. Ces dynamiques interagissent avec les enjeux de la guerre froide globale, le «tiers monde» devenant, dès le début des années 1960, une «arène où circulent et se côtoient des projets de coopération» portés par les anciennes métropoles et de nombreux autres pays du bloc soviétique[4].

Toutefois, même si ces mutations attestent l'«épuisement d'une certaine idée de la mission[5]», plusieurs permanences ont pu être remarquées. En 1978, à l'institut du Caire, «les chrétiens sont 281 pour 272 musulmans, une situation de vrai privilège dans un pays majoritairement musulman», lit-on dans un rapport[6]. Les Salésiens affirment offrir un témoignage chrétien à leurs élèves musulmans, tout en continuant de s'adresser en priorité, dans leurs écoles, aux chrétiens égyptiens.

---

3. Prudhomme 2005, p. 24.
4. Desgrandchamps, Matasci 2020, p. 7.
5. Prudhomme 2005, p. 26.
6. AESC, Don Bosco al Cairo, n° 4, 1978.

2. Une histoire sociale de l'enseignement technique : enjeux et appropriations

Afin de compléter le bilan d'un siècle missionnaire, il convient de revenir sur l'éducation offerte par la mission et les enjeux que représente l'enseignement technique et professionnel pour différents acteurs. Les filières professionnelles réussissent à perdurer par-delà ce qui fondait leur attractivité au moment de leur ouverture, à savoir l'hégémonie économique européenne en Égypte. Elles se maintiennent parce qu'elles remplissent une fonction économique et que les nouveaux publics qui les investissent à partir des années 1950 leur attribuent de nouveaux rôles.

2.1. *Démographie scolaire et modes de scolarisation*

L'observation du public scolaire a permis de relever plusieurs étapes de l'appropriation d'un modèle d'enseignement étranger par un public local. Durant la première décennie du XXe siècle, l'école d'Alexandrie est fréquentée par une majorité d'élèves italiens. Dans l'entre-deux-guerres, l'égyptianisation d'une partie du public s'effectue grâce à l'arrivée en nombre de chrétiens orientaux principalement de rite arménien. Dès le milieu des années 1950, les statistiques scolaires font état d'une contraction importante des effectifs. Moment clé de l'histoire démographique de l'école, cette contraction est le résultat du départ progressif du public européen. À la fin des années 1950, la courbe des effectifs recommence à croître. De «purs Égyptiens», pour reprendre l'expression utilisée par les religieux pour qualifier les coptes et les musulmans, investissent l'école et se substituent peu à peu aux anciennes clientèles sur le départ. À la fin des années 1960, l'égyptianisation du public est quasiment achevée.

Nous avons pu observer la permanence d'un recrutement parmi les petites classes moyennes et la classe ouvrière dans les deux établissements malgré les recompositions du point de vue national et confessionnel. S'ils accueillent, à titre gratuit ou semi-gratuit, quelques élèves issus de familles modestes, les missionnaires recrutent l'essentiel de leur clientèle scolaire dans d'autres catégories sociales à partir de l'entre-deux-guerres. Les petits employés du secteur privé, les ouvriers qualifiés, les commerçants et, dans une moindre mesure, les entrepreneurs industriels sont les plus représentés. Ce public investit différemment les écoles et les bénéfices qu'il espère en tirer sont multiples. Nous avons pu relever quelques profils d'élèves ayant fréquenté les écoles professionnelles dans la période étudiée :

- Les « subsidiés » : orphelins ou issus de familles démunies, les élèves qui bénéficient d'une scolarisation gratuite ou semi-gratuite sont avant tout des catholiques-latins et orientaux. À l'institut d'Alexandrie, ils sont de préférence scolarisés dans les sections de couture, de cordonnerie et de reliure ; ils sont, en revanche, quasiment absents des sections de mécanique et, plus tard, d'électrotechnique qui restent réservées aux élèves non subventionnés. Très élevée durant les premières années de vie de l'institut d'Alexandrie, la proportion des orphelins ne cesse de décroître, révélant la volonté des Salésiens de diversifier leur public.

- Les « héritiers » : il s'agit d'élèves issus de familles ouvrières ou de petits patrons pour lesquelles la scolarisation chez les Salésiens s'inscrit dans des stratégies de reproduction familiale : assurer l'accès à l'entreprise dans laquelle travaille le père ou préparer la reprise de l'activité familiale. Quelques familles (les familles Farina et Mosti, par exemple) ont fréquenté l'école de mécanique des Salésiens sur plusieurs générations. Dès les années 1960, on a pu observer l'investissement des écoles par un petit patronat égyptien, qui semble reprendre à son compte les stratégies de scolarisation d'un entrepreneuriat étranger et allogène sur le départ.

- Les « migrants » pour qui la formation professionnelle s'inscrit dans un projet migratoire, notamment à partir des années 1950. Le départ des non-Égyptiens et des minoritaires s'accélère durant ces années-là. Les destinations privilégiées sont le Canada, l'Australie et les pays d'Amérique latine. L'acquisition d'une qualification professionnelle accroît les chances d'être admis dans les quotas migratoires.

- Les « élèves en échec scolaire » : pour eux, la scolarisation chez les Salésiens constitue une solution de repli après un échec essuyé le plus souvent dans une « école de langues ». Elle est encouragée par les Salésiens eux-mêmes, notamment à Alexandrie. Alors que leur ancien public quitte l'Égypte à un rythme soutenu, ils revoient à la baisse leurs conditions d'admission afin d'attirer une nouvelle audience.

- Les « aspirants ingénieurs » : les années 1960-1970 sont celles de la valorisation des professions techniques et scientifiques. L'enseignement dispensé à l'Institut technique du Caire est perçu par certaines familles comme étant à même de rapprocher leur progéniture du statut d'ingénieur. Dans un système d'enseignement fortement hiérarchisé, l'ambition de poursuivre des études supérieures est le trait commun à la plupart de bacheliers. La scolarisation chez les Salésiens constitue, notamment au lendemain de la reconnaissance de leurs diplômes par le gouvernement égyptien, une étape dans un parcours scolaire plus long.

2.2.   *Les enjeux de l'enseignement technique*

Ce travail a permis de montrer les enjeux que représente l'enseignement technique pour au moins trois acteurs. Pour les Salésiens, il s'inscrit d'abord dans un projet de rechristianisation des classes laborieuses. Morale religieuse et éthique du travail se trouvent conjuguées dans les salles d'étude et dans les ateliers. Le but est aussi la formation d'ouvriers qualifiés à même d'intégrer les nombreuses industries étrangères implantées en Égypte. Lorsque l'hégémonie européenne dans le secteur économique est mise à mal, la mission revendique un nouveau rôle pour ses écoles : la participation au développement industriel et au progrès de l'Égypte indépendante et, plus tard, aux plans d'industrialisation dans un cadre nouveau, la coopération. Cette revendication s'inscrit dans des stratégies de ré-légitimation de la présence missionnaire.

Pour les diplomates italiens, l'enseignement professionnel dispensé par les écoles salésiennes est susceptible de moraliser et d'encadrer un prolétariat immigré jugé turbulent et potentiellement subversif. C'est dans ce but qu'ils encouragent les missionnaires à s'installer à Alexandrie à la fin du XIXᵉ siècle. Dans les années 1930, les établissements salésiens sont appelés à scolariser une colonie italienne paupérisée. L'objectif que ces diplomates assignent alors aux écoles de la mission est double : la réforme morale des couches populaires, qui constituent la plus grande partie de la colonie, et la réduction du nombre d'assistés. Enfin, dans les années 1960, sous le couvert de la coopération, l'enseignement technique constitue à la fois une manière de négocier une nouvelle présence culturelle en Égypte et un moyen d'assurer la main-d'œuvre qualifiée nécessaire aux projets économiques de l'Italie dans ce pays.

À travers l'histoire de la mission salésienne et de son réseau scolaire, c'est aussi l'émergence et la constitution d'un marché de l'enseignement technique et professionnel en Égypte que l'on a pu observer. À côté des ateliers modèles, censés former les ouvriers pour les administrations de l'État, des écoles professionnelles voient le jour au début du XXᵉ siècle à l'initiative d'une multitude d'acteurs. Ces premières formes d'apprentissage scolaire s'inscrivent toutes dans un cadre philanthropique. Sans perdre de vue les objectifs moralisateurs qui lui sont assignés, l'enseignement professionnel est, au lendemain de la Première Guerre mondiale, investi du rôle de formation d'une main-d'œuvre qualifiée pour l'industrie nationale.

Dès le milieu des années 1950, le nombre d'écoles et les effectifs croissent considérablement. Les écoles industrielles sont appelées à former l'« armée industrielle » à même de donner corps aux grands projets du régime nassérien. Mais l'enseignement professionnel est aussi investi d'un autre rôle : détourner une partie de la population scolaire des filières d'enseignement secondaire. L'impulsion donnée à cet enseignement révèle les contradictions qui sont au cœur de la politique scolaire du régime nassérien : d'un côté, l'école est démocratisée ; de l'autre, nombre de mesures sont prises pour réduire la pression qui s'exerce sur l'enseignement secondaire et, par là, sur les universités. L'enseignement professionnel devient par conséquent le parent pauvre du système éducatif et, le plus souvent, une voie de garage pour les élèves les plus faibles.

Les objectifs que ces trois acteurs (les Salésiens, les diplomates italiens et les autorités égyptiennes) assignent à l'enseignement professionnel sont tantôt contrariés dans la pratique, tantôt détournés par les élèves et leurs familles. À partir des années 1920, les Salésiens ne s'adressent plus que marginalement aux couches les plus démunies, et ce, contrairement à ce que prétendent leurs sources. Leurs écoles recrutent majoritairement dans un public de classes moyennes. Alors qu'ils sont formés pour les besoins d'un projet d'industrialisation du pays, les diplômés des filières techniques occupent le plus souvent des postes administratifs. Quant aux diplomates italiens, le projet d'appliquer aux écoles salésiennes le principe de la préférence nationale est rendu caduc par la politique de recrutement des missionnaires : c'est une majorité de non-Italiens qui investit leurs écoles à partir de l'entre-deux-guerres.

3.   Savoir-faire techniques, migrations et ancrages

Cette étude a mis évidence le rôle qu'ont joué les écoles salésiennes dans la formation de communautés de métiers. La manière dont les instituts Don Bosco ont contribué à l'ancrage de populations d'origine immigrée en

Égypte tout comme à la fabrique des diasporas mérite quelques réflexions conclusives.

3.1.   *Communautés de métiers et professions intermédiaires*

Les écoles salésiennes forment des artisans, des ouvriers qualifiés et des contremaîtres pour divers secteurs d'activité : l'artisanat urbain, la petite production industrielle, la grande industrie mécanisée et le secteur commercial. Nombre d'anciens élèves alimentent le personnel ouvrier qualifié et le personnel d'encadrement des sociétés concessionnaires et des sociétés anonymes. La Société des sucreries et des raffineries d'Égypte représente pour eux, jusqu'aux années 1960, un débouché privilégié. Leur recrutement s'inscrit dans des stratégies patronales de reproduction d'une main-d'œuvre qualifiée, avant tout européenne et levantine, sur des bases familiales.

Les écoles accompagnent également la formation et la consolidation, sur plusieurs générations, d'un petit entrepreneuriat familial qui s'oriente vers les secteurs les plus porteurs : bois et construction dans les premières décennies du XXᵉ siècle et travail des métaux et mécanique à partir de l'entre-deux-guerres. Certaines de ces entreprises se révèlent être pérennes et se reconvertissent au fil des années pour s'adapter à la demande du marché : dans les années 1950, nombre d'entre elles se spécialisent dans la réparation et la fabrication de pièces de rechange. Travaillant en sous-traitance, quelques-unes prospèrent même sous le régime nassérien. L'institut Don Bosco d'Alexandrie contribue à nourrir une communauté de métiers unie par des liens de solidarité professionnelle et de collaboration économique ainsi que par des alliances matrimoniales. Ces liens dépassent les frontières communautaires et, dans une moindre mesure, les clivages confessionnels.

Après avoir contribué au fonctionnement d'une économie largement dominée par les capitaux étrangers, les écoles salésiennes doivent renégocier leur présence parallèlement aux restructurations du marché et à l'égyptianisation croissante de l'économie. L'ajustement n'est pas aisé : durant les années 1950, elles perdent, du moins à Alexandrie, une large partie de leur audience. Mais un nouveau public, constitué pour partie d'un petit patronat égyptien, les investit progressivement. En faisant le choix des formations professionnalisantes à l'heure de la valorisation des métiers techniques supérieurs et intermédiaires, elles réussissent à l'attirer.

Les trajectoires des diplômés qui arrivent sur le marché du travail à l'heure de l'*Infitāḥ* divergent ; les possibilités offertes par un marché privé en expansion encouragent certains à créer des entreprises. Une minorité parvient à bâtir de véritables fortunes. Pour d'autres, issus des filières professionnelles, les carrières sont plus modestes.

Tout au long de la période étudiée, les diplômés trouvent à s'employer tantôt grâce à leur savoir-faire technique, tantôt à leur maîtrise de plusieurs langues. Mais ils restent exposés aux aléas de la conjoncture économique : la contraction du marché du travail dans les années 1930 pousse certains d'entre eux à tenter la chance en AOI. Au lendemain de la Seconde Guerre mondiale, nombre d'entre eux trouvent à s'employer dans les *labours corps* mais le départ des troupes britanniques en 1954 se traduit pour eux par un retour au chômage. Dès 1970, ils ne sont pas épargnés par les effets de la libéralisation économique et de la massification de l'enseignement. Le chômage et le recours à la pluriactivité sont le lot commun de nombreux diplômés de l'IPI. Si les carrières sont loin d'être linéaires, elles attestent la valorisation des métiers techniques dans l'Égypte des années 1960-1970.

3.2.   « *Diasporisation* » et permanences

Ce travail a apporté un éclairage sur les départs définitifs des non-Égyptiens ainsi que sur les modalités de permanence d'une minorité d'entre eux dans l'Égypte post-coloniale. Le cas italien met en évidence le fait que, dès les années 1930, les diplomates se posent la question des modalités de cette permanence. Parmi les mesures envisagées, il y a le réajustement des structures communautaires, notamment le dispositif scolaire. Il s'agit de donner un caractère plus professionnel aux établissements d'enseignement italien en vue de s'adapter à l'abolition des capitulations.

Néanmoins, les tentatives de restructuration ne portent pas les fruits espérés. Dès 1950, le gouvernement italien et ses représentants en Égypte sont convaincus de la nécessité d'évacuer une grande partie de leurs ressortissants de ce pays. Ils favorisent leur « rapatriement », notamment au lendemain de la crise de Suez, mais aussi leur départ vers des pays tiers. Les diplomates veulent éviter un retour massif en Italie, pays éprouvé par la guerre et qui doit compter avec un taux de chômage fort élevé.

Les départs définitifs d'Égypte ne sont pas seulement encouragés ; ils sont aussi encadrés. Les instances consulaires collaborent avec des organismes internationaux tels que le CIME ou la CICM. En accueillant dans leurs locaux l'antenne égyptienne de la CICM, les Salésiens intègrent ce dispositif. Ils jouent un rôle actif dans le processus de «diasporisation» des Italiens d'Égypte et d'autres groupes minoritaires en dispensant des cours de qualification professionnelle aux candidats au départ. Alors que la plupart des diplômés des écoles salésiennes prennent la route de l'émigration, une minorité d'entre eux reste en Égypte. La possession d'un savoir-faire technique constitue pour eux un important vecteur d'ancrage et permet une adaptation plus ou moins réussie à un marché du travail en recomposition.

4. Épilogue : révolution, contre-révolution et avenir de la mission

En avril 2010, le journal *al-Shurūq*[7] a consacré un long article à l'institut salésien du Caire intitulé « L'institut technique Don Bosco : l'enseignement industriel d'une autre manière ». Il a passé en revue son histoire récente, les formations qu'il offre et l'attrait qu'il exerçait sur les élèves égyptiens malgré les difficultés de l'apprentissage dans une langue étrangère[8].

Les évènements qui ont ponctué l'histoire récente de l'Égypte – la Révolution (janvier 2011), la contre-révolution marquée par le retour de l'armée au pouvoir (juillet 2013) et la montée des tensions interconfessionnelles – n'ont pas manqué d'affecter les écoles salésiennes. Celles-ci restent des écoles étrangères de statut religieux dont l'intégration dans la chrétienté locale est récente et pas encore tout à fait achevée. La crainte de représailles a poussé la direction à accorder plusieurs jours de congé exceptionnel aux élèves durant les années scolaires 2011-2012 et 2012-2013. Lors de notre dernière enquête de terrain en 2015, le directeur de l'institut du Caire nous a fait part de son inquiétude face à un avenir qui lui paraissait très incertain.

Plusieurs centaines d'élèves continuent malgré tout d'affluer chaque année vers les écoles salésiennes dont un nombre croissant de réfugiés syriens. Dans le contexte du discrédit de l'enseignement public, elles continuent d'exercer un certain attrait. Deux anciens élèves interviewés au Caire en 2010 et dont les fils étaient scolarisés chez les salésiens au moment de l'entretien,

---

7. Journal quotidien lancé par la maison d'édition Dār al-Shurūq en 2009.
8. «Maʿhad Dūn Buskū al-fannī... al-taʿlīm al-ṣināʿī bi-shakl thānī » (L'institut technique Don Bosco... L'enseignement industriel d'une autre manière), *al-Shurūq*, 1er avril 2010.

ont mis l'accent sur les avantages qu'offre l'enseignement privé (suivi des élèves, qualité de l'enseignement et propreté des locaux)[9].

Dans un système économique en mutation, qui fait moins de place à l'industrie, les tendances mises en évidence pour la fin des années 1970 s'approfondissent. Les filières professionnelles forment une grande majorité d'intermédiaires linguistiques qui travaillent de préférence dans les services. Certains occupent des postes de vigiles ou de chauffeurs à l'ambassade d'Italie et aux consulats italiens. L'institut technique attire, quant à lui, des élèves qui s'orientent vers les technologies de l'information et de la communication, spécialités que l'école a ajoutées récemment à son offre de formation.

Enfin, depuis 2007, l'Institut technique du Caire est le siège du pôle technologique de l'Université télématique internationale UNINETTUNO basée à Rome. Cette initiative offre la possibilité aux diplômés de l'ITI de poursuivre des cours de niveau supérieur par correspondance et d'obtenir une maîtrise en ingénierie informatique[10]. En 2013, la création d'un deuxième master d'« experts électrotechniciens et mécaniciens » était prévue. En l'absence de toute donnée statistique sur les effectifs, il est difficile d'évaluer la portée réelle de cette initiative. Reste à savoir comment les établissements salésiens se repositionneront sur un marché de l'éducation marqué par la multiplication d'établissements privés, souvent généreusement financés par les États du Golfe, et offrant plusieurs formations techniques en langue anglaise.

---

9. Entretien avec M. Y. al-Gammāl, 20 septembre 2010 ; entretien avec A. Bahnān, Le Caire, 23 novembre 2010.
10. La présentation du pôle technologique basé à l'institut Don Bosco du Caire est accessible en ligne : https://www.uninettunouniversity.net/en/fdbdonbosco.aspx.

Annexes

ANNEXE I. Professions des parents d'élèves, institut Don Bosco
d'Alexandrie 1930-1938, section commerciale
et professionnelle

Source : AESA, Registre des inscriptions 1930-1938.

	Secteur public		Secteur financier et bancaire		Commerce	Total
1	Inspecteur des irrigations (Mansourah)	1	Employé de la National Bank	1	Propriétaire de papeterie	
1	Inspecteur de police	1	Employé du Banco italo-egiziano	1	Propriétaire du café-bar *Bâb al-Lū'* (Le Caire)	
1	Adjoint administratif (*mu'āwin*) du district de Manshiyya	2	Employés de la Banque ottomane	1	Propriétaire du café-bar *La Vigne*	
1	Professeur à l'école d'al-'Aṭṭarīn	1	Employé de banque	1	Propriétaire d'un magasin de ventes et de réparation de bicyclettes et montres	
1	Fonctionnaire du service du transit	2	Employés de la National Bank (Suez)	1	Épicier	
1	Chef de gare	1	Comptable	1	Employé de l'*Hôtel America*	
1	Employé des Douanes à al-Maḥmūdiyya			1	Vendeur au bazar Rāghib Bāsha	

	Secteur public		Secteur financier et bancaire		Commerce	Total
1	Employé de l'administration des Douanes			1	Employé dans un magasin de meubles	
1	Employé de la police urbaine (Zaptiyya)					
2	Employés de la Poste					
1	Commis au magasin du service mécanique					
12		8		8		28
	Entrepreneurs et artisans		Ouvriers		Professions qualifiées	
1	Associé de la société Shahine Frères : bonne-teries et cigarettes	1	Ouvrier à l'usine Soda, Muḥarram Bik	1	Médecin	
1	Entrepreneur dans la construction immobi-lière et routière	1	Ouvrier à la Filature nationale	1	Ingénieur	
1	Entrepreneur de tra-vaux en asphalte	1	Ouvrier à la Compagnie du gaz			
1	Tailleur	1	Ouvrier à l'usine Bank Misr			
		1	Ouvrier à la compagnie Héliopolis			
		4	Ouvriers à la compagnie du Canal de Suez			
4		9		2		15

ANNEXE 2. Liste nominative des entrepreneurs et commerçants : type et secteur d'activité

Sources : Rapport du consulat général d'Italie à Alexandrie (RCGIA), *Annuario degli Italiani d'Egitto* (AIE) et *Egyptian Directory* (ED).

	Nom	Adresse	Activité	Date	Source
1	Mafera A. ing	Al-Baydāwī, 2-4	Mécanique	1906	Goad, 36
2	Amante Frères	Amīr ʿAbd al-Munʿim, 81	Fonderie-ferronnerie	1954	RCGIA[1], 1954
3	Amante V. P.	Amīr ʿAbd al-Munʿim, 94	Mécanique	1933	AIE[2], 1933
4	Andò Diego	Al-Baydāwī, 14	Mécanique	1933	AIE, 1933
5	Andò Giovanni	Ibrāhīm 1er, 49	Fonderie	1954	RCGIA, 1954
7	Azzellino M.	Isḥāq al-Nadīm, 18	Imprimerie-typographie	1933	AIE, 1933
8	Barbagallo Antonio & Fils	Fuʾād, 13	Menuiserie	1933	AIE, 1933
9	Barberio Alessandro	Fuʾād, 15	Commerce : vêtements	1933	AIE, 1933
12	Bellacci P.	César, 3-4	Menuiserie-charpenterie	1933	AIE, 1933
15	Būluṣ ʿAzīz	Ibrāhīm1er, 73	Commerce : musique	1948-1951	ED[3], 1948-1951
16	Cambria Guglielmo	Abū al-Dardāʾ, 20	Mécanique	1933	AIE, 1933
17	Carbonaro	Fuʾād, 22	Cordonnerie	1954	RCGIA, 1954
18	Caserta Filippo	Trieste, 10	Tailleur	1954	RCGIA, 1954
19	Casolaro Giuseppe	Ḥammām al-Dhahab, 7	Menuiserie-charpenterie	1933	AIE, 1933
20	Catanuso Frères	Al-Qāʾid Jawhar, 44	Menuiserie	1933	AIE, 1933
20	Catanuso Frères	Al-Farāhda, 23	Menuiserie-charpenterie	1933	AIE, 1933
21	Centofanti Galilelo	Fortune, 6	Bâtiment	1948-1951	ED, 1948-1951
22	Centofanti S.	Masjid al-ʿAṭṭārīn, 23	Tailleur	1933	AIE, 1933

1. RCGIA : Rapport du consulat général d'Italie à Alexandrie.
2. AIE : Annuario degli Italiani d'Egitto.
3. ED : Egyptian Directory.

	Nom	Adresse	Activité	Date	Source
23	Christodoulo Andrea	Sœurs, 36	Bâtiment-ferronnerie	1948-1951	ED, 1948-1951
24	Coschiera Antonio	Eglise copte, 7	Lutherie	1954	RCGIA, 1954
25	Costa Placido	Trieste, 3	Mécanique	1933	AIE, 1933
27	D'Agata	Fu'ād, 37	Ferronnerie	1954	RCGIA, 1954
28	D'Andrea Angelo	Amīr 'Abd al-Mun'im, 97	Mécanique	1954	RCGIA, 1954
29	D'Andrea Lorenzo	Abū al-Dardā', 22	Mécanique	1933	AIE, 1933
30	De Benedetto & Fils	Sharīf Bāsha, 21	Tailleur	1954	RCGIA, 1954
31	De Benedettis Fils	Ṣafiyya Zaghlūl, 33	Ferronnerie	1954	RCGIA, 1954
32	De Domenico Alfio	Sa'd Zaghlūl, 33	Électricité	1954	RCGIA, 1954
33	De Gennaro Frères	Laurens, 11	Imprimerie-typographie	1933	AIE, 1933
37	De Venuto Michele	Amīr 'Abd al-Mun'im, 92	Mécanique	1954	RCGIA, 1954
39	Di Rienzo Rocco	Sa'd Zaghlūl, 36	Cordonnerie	1954	RCGIA, 1954
40	Di Stefano & U. Zecca	Hammām al-Dhahab, 5	Mécanique	1933	AIE, 1933
41	Di Stefano	Al-Nabī Danyāl	Lutherie	1954	RCGIA, 1954
42	Egyco	Ṣafiyya Zaghlūl, 33	Bâtiment	1954	RCGIA, 1954
43	Fahmī Aḥmad	Maḥaṭṭat Maṣr, 6	Commerce : mercerie	1948-1951	ED, 1948-1951
44	Farḥāt Zakī	Al-Bāb al-Akhḍar, 4	Commerce : bijouterie	1948-1951	ED, 1948-1951
46	Felicetta E.	Fu'ād, 31	Tailleur	1933	AIE, 1933
47	Gaeta A.	Kinīsat al-Dibbāna, 1	Tailleur	1954	RCGIA, 1954
48	Gaeta G. M.	Sa'd Zaghlūl, 5	Tailleur	1933	AIE, 1933
49	Gallo V & Fils	Fu'ād, 6	Tailleur	1933	AIE, 1933
50	King Osman	Al-Muḥāfẓa, 1	Fabrique : métallurgie	1954	RCGIA, 1954

	Nom	Adresse	Activité	Date	Source
51	Giangreco	Patriarcat Grec, 14	Ferronnerie	1954	RCGIA, 1954
53	Greco Rosario	Patriarcat Grec, 14	Métallurgie	1954	RCGIA, 1954
54	Ḥasan Muḥammad 'Alī	Rāghib Bāsha, 10	Commerce : horlogerie	1948-1951	ED, 1948-1951
55	Isotta	Zancarole, 3	Garage	1954	RCGIA, 1954
59	Lo Tito C.	Sharīf Bāsha, 28	Tailleur	1954	RCGIA, 1954
60	Lodolini Romolo	Al-Ǧinīna, 10	Mécanique	1933-1954	AIE, 1933 ; RCGIA,1954
63	Mafera Antonio	Abū al-Dardā', 26	Mécanique	1933	AIE 1933
65	Mafera Giovanni	Amīr 'Abd al-Mun'im	Mécanique	1933	AIE, 1933
66	Magnifico & Fils	Al-Nabī Danyāl, 34	Cordonnerie	1954	RCGIA, 1954
66	Magnifico & Fils	Al-Nabī Danyāl, 28	Cordonnerie	1933	AIE, 1933
67	Marchesi Vittorio	Hippocrate, 19	Mécanique	1933	AIE, 1933
68	Mariani Antonio	Deggiarde, 1	Matières plastiques	1954	RCGIA, 1954
69	Marlia Ettore puis Anto-nio	Ibrāhīm 1ᵉʳ, 72	Mécanique	1933-1954	AIE, 1933 ; RCGIA,1954
70	Marradi FM	Amīr 'Abd al-Mun'im, 77	Mécanique	1933	AIE, 1933
71	Marucci Francesco & Co.	Salāḥ al-Dīn, 39 (Tunis)	Mécanique	1933-1954	AIE, 1933, RCGIA 1954
72	Masi Rosario	Amīr 'Abd al-Mun'im, 77	Menuiserie-charpenterie	1933	AIE 1933
74	Meo Silvio	Ayyūb, 14	Électromécanique	1954	RCGIA, 1954
76	Misr Shipping	Amīr 'Abd al-Mun'im, 121	Transport maritime	1948-1951	ED, 1948-1951
77	Monaco & Fils	Archevêché, 6 bis	Commerce : alimentation	1954	RCGIA, 1954
78	Montano Carlo & Co.	Fu'ād, 22	Fabrique : sacs de toile	1954	RCGIA, 1954

	Nom	Adresse	Activité	Date	Source
83	Nuzzolese Luigi	Sidi al-Mitwallī, 5	Commerce : miroiterie	1954	RCGIA, 1954
84	Omite	Amīr ʿAbd al-Munʿim, 83	Mécanique	1954	RCGIA, 1954
85	Orfanelli Amilcare	Saʿīd 1er, 26	Mécanique auto	1954	RCGIA, 1954
86	Orlandini & Co.	Patriarcat Grec, 6	Commerce : fourrure	1954	RCGIA, 1954
87	Palmisano A.	Adib, 7	Électricité	1954	RCGIA, 1954
88	Palombini & Marmini	Ibrāhīm 1er, 15	Mécanique	1933	AIE, 1933
89	Papazian Atam	Al-Shaykh Sulaymān Bāsha, 10	Fabrique : chaussure	1948-1951	ED, 1948-1951
90	Parisi Giacinto	Saʿīd 1er, 23	Tailleur	1954	RCGIA, 1954
91	Nagīb Ḥabīb	Rāghib Bāsha, 37	Tailleur	1948-1951	ED, 1948-1951
92	Pellegrini & Naoum	Masjid al-ʿAṭṭārīn, 4	Commerce : mercerie	1948-1951	ED, 1948-1951
93	Petrelli Frères	Al-Bayḍāwī, 8	Mécanique	1954	RCGIA, 1954
95	Piha Frères	Ibrāhīm 1er, 68	Fabrique de sacs de toile	1948-1951	RCGIA, 1954
96	Pisani A	Saʿd Zaghlūl, 1	Imprimerie-typographie	1933	AIE, 1933
97	Piscitelli Giuseppe	Al-Farāhda, 2	Menuiserie-charpenterie	1933	AIE, 1933
98	Pompa Generoso	Tawfīq Bāsha, 18	Tailleur	1933-1954	AIE, 1933; RCGIA,1954
101	Procaccia	Salāḥ al-Dīn, 20	Imprimerie-typographie	1933-1954	AIE 1933; RCGIA 1954
102	Rotta C.	Patriarcat grec, 6	Ferronnerie	1954	RCGIA, 1954
105	Santoro Giuseppe	Abū al-Dardāʾ, 55	Mécanique	1954	RCGIA, 1954
106	Ahmad al-Sawwāq	Abū al-Dardāʾ, 55	Fabrique : alimentation	1948-1951	ED, 1948-1951
107	Scagiavini V	Al-Qāʾid Jawhar, 24	Cordonnerie	1933	AIE, 1933

	Nom	Adresse	Activité	Date	Source
108	Serafini Arturo	Télégraphe anglais, 5	Imprimerie-typographie	1933	AIE, 1933
109	Sferlazzo Antonio	Sharīf Bāsha, 20	Tailleur	1933	AIE, 1933
111	Société égyptienne de caoutchouc	Amīr ʿAbd al-Munʿim, 95	Fabrique : pneumatiques	1954	RCGIA, 1954
113	Tartaglia A.	Al-Nabī Danyāl, 2	Cordonnerie	1933	AIE, 1933
115	Tsoucalas Frères	Masjid al-ʿAṭṭārīn 33	Commerce : alimentation	1933	AIE, 1933
116	Veneti A.	Sharīf Bāsha, 17	Cordonnerie	1933	AIE, 1933
117	Ventura Frères	Maḥaṭṭat Maṣr, 5	Imprimerie-typographie	1933	AIE, 1933

Annexe 3. Cartes et photographies

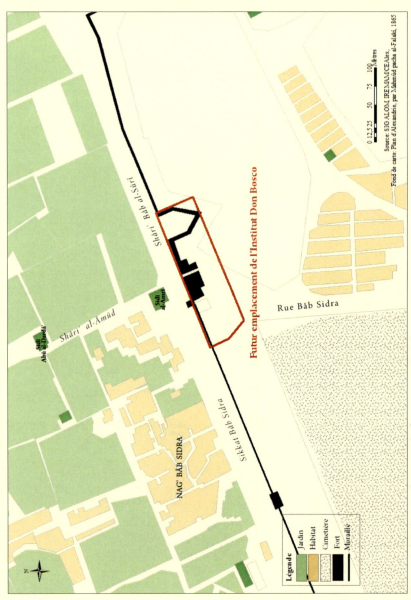

Fig. 1. Bâb Sidra, emplacement du futur institut Don Bosco, 1897. SIG ALOM/CEAlex/IREMAM. Fond de carte : Plan d'Alexandrie par Mahmūd al-Falakī, 1865 et plan d'Alexandrie dressé en 1887 par le *tanzīm* (service de la voirie urbaine).

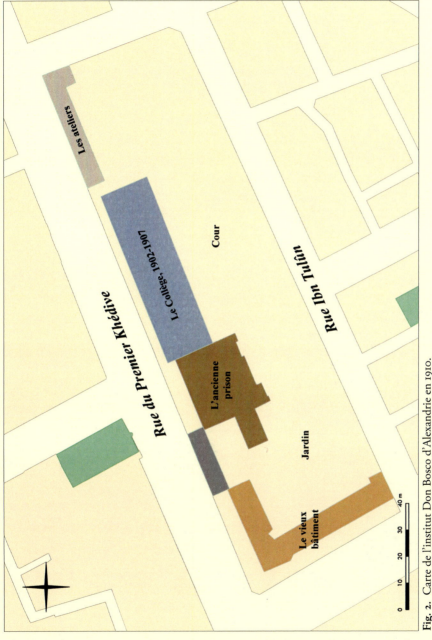

Fig. 2. Carte de l'institut Don Bosco d'Alexandrie en 1910.
SIG ALOM/CEAlex/IREMAM. Fond de carte : Survey of Egypt, Town Series,1/1000e, 1910.

Les ateliers

Rue du Premier Khédive

Le Collège, 1902-1907

Cour

L'ancienne prison

Rue Ibn Tulūn

Jardin

Le vieux bâtiment

0   10   20   30   40 m

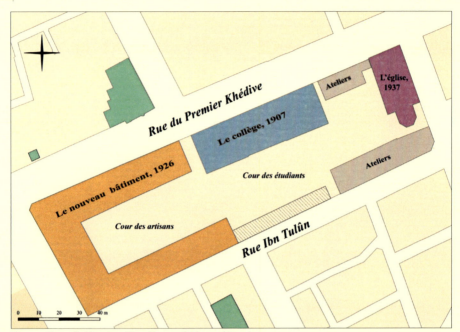

Fig. 3. Carte de l'institut Don Bosco d'Alexandrie, *circa* 1940.
SIG ALOM/CEAlex/IREMAM. Fond de carte : Survey of Egypt, Town Series,1/500e, 1935-1941.

Fig. 4. Rawḍ al-Farag, Le Caire, 1933.
Source : Fonds Robert Ilbert, médiathèque de la MMSH, Aix-en-Provence, 1933.

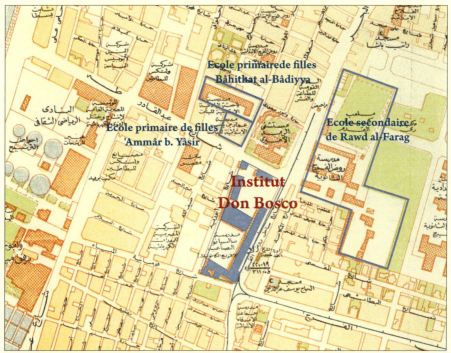

Fig. 5. Emplacement de l'institut Don Bosco à Rawḍ al-Farag, Le Caire, 1968.
Source : Fonds Robert Ilbert, médiathèque de la MMSH, Aix-en-Provence, 1/5000, planche 818,
feuille 14, 1968.

Fig. 6. La façade de l'institut Don Bosco d'Alexandrie, 1913.
Source : AANSMI, 5/A, Égypte-Alexandrie, 1887-1945.

Fig. 7. La façade de l'institut Don Bosco du Caire, s. d.
Source: *Al-Rahbana al-salīzyāniyya fī al-sharq al-awṣaṭ* (Les missionnaires salésiens au
Moyen-Orient), p. 64.

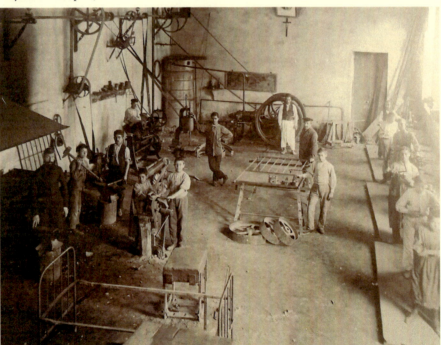

Fig. 8. L'atelier des forgerons-mécaniciens, Alexandrie, *circa* 1900.
Source: ANSMI, fonds iconographique.

Fig. 9. L'atelier de couture, Alexandrie, *circa* 1900.
Source : ANSMI, fonds iconographique.

Fig. 10. L'atelier d'électrotechnique, 1953.
Source : « Un saint moderne : Don Bosco », *Images*, 23, mai 1953.

Fig. 11. Un apprenti mécanicien, Le Caire, 1953.
Source: « Un saint moderne: Don Bosco », *Images*, 23, mai 1953.

Fig. 12. Une partie de l'équipe enseignante,
Le Caire, 1953.
Source: « Un saint moderne: Don Bosco », *Images*,
23 mai 1953.

Fig. 13. Élèves inscrits aux OGIE, Alexandrie, 1932.
Source: ASDMAE, AS, 1929-1935, b.798.

Fig. 14. Représentants du gouvernement égyptien en visite à l'exposition professionnelle,
Le Caire, 1952.
Source: Don Bosco in Egitto, 1952.

Bibliographie

1. Abréviations bibliographiques

AnIsl :   *Annales islamologiques.*
IJMES :   *International Journal of Middle East Studies.*
MEFRIM : *Mélanges de l'École française de Rome. Italie et Méditerranée modernes et contemporaines.*
REMMM : *Revue des mondes musulmans et de la Méditerranée.*

2. Instruments de travail

Gerhards 1998
A. Gerhards, *Dictionnaire historique des ordres religieux,* Paris, 1998.
Rordinò, Valentini (éd.) 1969
A. Rordinò, E. Valentini (éd.), *Dizionario biografico dei Salesiani,* Turin, 1969.

3. Sources d'archives

3.1. *Archives en Italie (Rome)*

3.1.1. Archives salésiennes centrales (ASC)

Série C : famille salésienne, anciens élèves, congrès.
Série D : chapitres généraux.
Série E : écoles professionnelles.
Série F : provinces et maisons.
Série G : chapitres provinciaux.

3.1.2. Archivio Storico-diplomatico del Ministero degli Affari Esteri (ASDMAE)

Affaires politiques (AP), 1919-1930 ; 1946-1950 ; 1946-1950.
Ambassade Le Caire (AC), 1864-1940.
Ambassade auprès du Saint-Siège (ASS) 1929-1946.
Archivio Scuole/Archives Écoles (AS), 1923-1928 ; 1929-1935 ; 1936-1945.

3.1.3. Archives de l'Associazione nazionale per soccorrere i missionnari italiani (ANSMI)

3.1.3.1. *Première série (1887 à 1945)*

5/A Égypte-Alexandrie.
5/B Égypte-Le Caire.
5/C Égypte-Port-Saïd.
5/D Égypte-Suez.
5/E Égypte-Ismaïlia.
33/H Salésiens.

3.1.3.2. *Deuxième série (1945 à 1965)*

9/A Le Caire, ANSMI.
9/B Le Caire.
9/C Instituts en Égypte.

3.1.4. Archivio centrale dello Stato (ACS)

Présidence du Conseil des ministres (PCM), cabinet, 1944-1947 ; cabinet, 1959-1961.
Présidence du Conseil des ministres (PCM), bureau du conseiller diplomatique.
Ministère du Travail, direction générale du Placement de la main-d'œuvre.
Division IX. Accords sur l'émigration vers les pays extracommunautaires.
Archives de personnalités, Fonds Aldo Moro.

3.2. *Archives vaticanes*

3.2.1. Archives de la Congrégation pour la propagation de la foi (ACPF)

Nouvelle série
Vol. 189, 1899.
Vol. 561, 1915.
Vol. 630, 1919.
Vol. 634, 1919.
Vol. 658, 1920.
Vol. 701, 1921.
Vol. 768, 1922.
Vol. 965, 1927.
Vol. 966, 1926-1928.

3.2.2. Archives apostoliques du Vatican (APV)

Archives de la Délégation apostolique du Caire (1839-1934).
Nonciature apostolique du Caire, Mgr Hughes (1942-1949).
Internonciature apostolique du Caire, Mgr Levame (1949-1954).

3.2.3. Archives de la Congrégation pour les Églises orientales (ACEO)

Rubrique 19, Missions orientales (1926).

3.3. *Archives en Égypte*

3.3.1. Archives de l'école Don Bosco, Le Caire (AESC).

Circulaires (inspecteur salésien, 1949-1962 ; ministère-consulat, Port-Saïd 1933-1961).
Correspondance (avec le consulat, 1936-1952 ; avec le provincial salésien ; Port-Saïd,1934-1962 ; avec le ministère des Affaires étrangères, 1962-1972 ; avec la légation suisse, 1940-1946).
Chronique Port-Saïd, 1930-1961.
Données statistiques sur la réouverture des écoles, 1940-1941.
Exonérations langue arabe, 1953-1970.
Procès-verbaux des chapitres de la maison, Port-Saïd 1940-1956.
Programmes de l'école professionnelle, 1955 ; 1953-1954.

Taftīsh al-lugha al-ʿarabiyya (Inspection de la langue arabe), 1948-1960.
Reconnaissance légale de l'école professionnelle, 1955-1956 ; 1950-1964.
Registres des inscriptions, 1930-1970.
Qāʾimat al-ṭullāb (liste des élèves), 1970-1975.
Secrétariat des écoles catholiques, 1950-1962.
Statistiques des élèves de l'école du Caire, 1953-1963.

3.3.2. Archives de l'école Don Bosco d'Alexandrie (AESA)

25/a - Correspondance avec le consulat italien (dossier 1-1900-1935 ; dossier 2 - 1953-1967 ; dossier 3-1975-1991).
26/c - Autorités égyptiennes (correspondance avec la municipalité, 1907-1949).
Légation italienne, 1915-1935.
Légation suisse, 1940-1944.
Comptes rendus annuels au ministère italien des Affaires étrangères, 1967-1980.

3.3.3. Archives des Filles de Marie Auxiliatrice à Alexandrie (AFMAA)

Chronique de la maison (1915-1939).
Registres des élèves (1914-1939)

3.3.4. Archives nationales égyptiennes (Dār al-wathāʾiq al-qawmiyya ; DWQ), Le Caire

DWQ, Majlis al-nuẓẓār wa-l-wuzarāʾ (présidence du Conseil des ministres), 1868-1922.
DWQ, Majlis al-wuzarāʾ (présidence du Conseil des ministres), 1923-1970.
DWQ, Maṣlaḥat al-sharikāt (Office des sociétés).

3.3.5. Archives du ministère de l'Éducation (Matḥaf al-taʿlīm), Le Caire

Taqārīr (rapports), 1920-1970.
Qarārāt (arrêtés), 1940-1975.

3.3.6. Archivio del Consolato generale d'Italia ad Alessandria (ACGIA)

Registres d'état civil de ressortissants italiens, 1900-1960.

3.3.7. Archivio de la Camera di commercio italiana al Cairo (ACCIC)

Registre des procès-verbaux des assemblées générales, 1947-1958 ; 1959-1972 ; 1972-1990.

3.4. *Archives en France*

3.4.1. Centre des archives diplomatiques du ministère des Affaires étrangères, La Courneuve, Paris

Correspondance politique et commerciale, Série K Afrique 1918-1940, sous-série Égypte.
Série Levant, 1944-1965 ; sous-série République arabe unie.
Série Relations culturelles, scientifiques et techniques, 1948-1968 ; sous-série Cabinet du directeur général 1948-1968.

3.5. *Archives au Royaume-Uni*

3.5.1. Archives du Foreign Office, Londres

FO 141/472/ 4 Technical Education in Egypt, 1926.
FO 371 Italian Schools in Egypt, 1944.
FO 407-164-Affairs of Egypt and Sudan. Further Correspondence, 1905.
FO 407-165-Affairs of Egypt and Sudan. Further Correspondence, Jan-March 1906.
FO 407-166-Affairs of Egypt and Sudan. Further Correspondence, April-June 1906.
FO 407-167-Affairs of Egypt and Sudan. Further Correspondence, July-September 1906.
FO 407-168-Affairs of Egypt and Sudan. Further Correspondence, October-December 1906.
FO 407-176-Affairs of Egypt and Sudan. Further Correspondence, Jan-June 1911.
FO 848/7-Milner Mission, Vol. VII Education.
BW 91/414 - Technical Training, Technical Cooperation, Egyptian Students in the UK.
BW 91/429 - Technical Institutes and Technical Cooperation.

4. Sources imprimées

4.1. *Statistiques, recensements et rapports ministériels*

Ministère des Finances, Département de la statistique générale et du recensement, *Statistique scolaire de l'Égypte*, 1906-1907 ; 1921-1922 ; 1924-1925 ; 1930-1931 ; 1933-1934 ; 1936-1937 ; 1939-1940 ; 1942-1943 ; 1945-1946.
Ministère des Finances, Département de la statistique générale et du recensement, *Recensements de la population*, Le Caire, 1987 ; 1907 ; 1917.
Ministero degli Affari esteri, *La cooperazione culturale, scientifica e tecnica*, Rome, 1971.
Ministry of Finance, Statistical Department, *Statistical Return of Pupils Attending Public and Private Schools in Egypt for the Year 1906–1907*, Le Caire, National Printing Department, 1907.

4.2. *Almanachs et annuaires*

Almanach catholique d'Égypte, Le Caire, 1921 ; 1922.
Annuaire catholique d'Égypte, Le Caire, 1946.
Annuario degli Italiani d'Egitto, Alexandrie, 1933.
Annuaire général de l'industrie égyptienne : inventaire et répertoire de la production industrielle de l'Égypte, Alexandrie, 1938.
The Egyptian Directory. Indicateur égyptien administratif et commercial, Le Caire, 1913-1963.
Le Mondain égyptien. The Egyptian Who's Who, Le Caire, 1939.

4.3. *Bulletins*

Bollettino salesiano (BS), Turin, 8 (août 1877) ; 10 (octobre 1887).
Ministero degli Affari esteri, *Bollettino del MAE*, Rome, 1897 ; 1898 ; 1899 ; 1900 ; 1928.
Ministero degli Affari esteri, *Bollettino dell'emigrazione*, Rome, 1902.

4.4. *Autres documents imprimés*

al-Rahbana al-salīzyaniyya fī al-sharq al-awṣat (La congrégation salésienne au Moyen-Orient), 1937.

Tārīkh Mi'at 'ām li-ajl al-shabība wa ma'a al-shabība. Ma'had Dūn Buskū, al-Iskandariyya, 1896-1996 - Cento anni di storia, Istituto Don Bosco, Alessandria, 1896-1996 (Une histoire de cent ans pour la jeunesse et avec la jeunesse, institut Don Bosco, Alexandrie, 1896-1996), Alexandrie, 1996.

4.5.   Journaux officiels

al-Jarīda al-rasmiyya (Journal officiel), Le Caire, 1970.

4.6.   Revues et périodiques

al-Shurūq, Le Caire, 1er avril 2010.
Cronaca, Alexandrie 1953 ; 1954 ; 1955 ; 1956.
Don Bosco in Egitto, Alexandrie, 1948 ; 1950 ; 1952.
Images, Le Caire, 1953.
Italiani nel mondo, Rome, 1955-1970.
L'Égypte contemporaine, Revue de la Société khédiviale d'économie politique, de statistique et de législation, Le Caire, 1910 ; 1923 ; 1934 ; 1940 ; 1943 ; 1947.
Il Giornale d'Oriente, Alexandrie, 1932 ; 1934 ; 1935 ; 1936 ; 1940.
L'Imparziale, Le Caire, 1904 ; 1911 ; 1920 ; 1924 ; 1926 ; 1928.
Il Messaggero egiziano, Alexandrie, 1911 ; 1918 ; 1920 ; 1926.
Le Rayon d'Égypte, Le Caire, 1953.
La Voce del Nilo, numéro spécial, cinquantième anniversaire de la fondation de l'ANSMI, Louxor, 1937.
Majallat al-muhandisīn (La revue des ingénieurs), Le Caire, 1953.

4.7.   Études

4.7.1.   Apprentissage, éducation scolaire et enseignement professionnel

W. Angliker, *Industrial and Commercial Education in Egypt*, Le Caire, 1935.
A. Boktor, *School and Society in the Valley of the Nile*, Le Caire, 1936.
R. Maunier, « L'apprentissage dans la petite industrie en Égypte : l'organisation actuelle, les réformes possibles », *l'Égypte contemporaine* 3, 1912, p. 341-369.
G. Meyer, « Enseignement technique et orientation professionnelle », *l'Égypte contemporaine* 110, 1928, p. 589-598.

M. Sultan, *Le problème de l'apprentissage en Égypte et le rôle de l'enseignement technique,* thèse de doctorat, université de Lyon, 1917.

S. H. Wells, « L'organisation et le développement de l'enseignement agricole, industriel et commercial en Égypte », *l'Égypte contemporaine* 7, mai 1911, p. 344-369.

4.7.2.   Économie et condition ouvrière

P. Arminjon, *La situation économique et financière de l'Égypte. Le Soudan égyptien,* Paris, 1911.

A. J. Dorra, « L'industrie égyptienne et ses possibilités de développement », *L'Égypte contemporaine* 214, 1943, p. 422-440.

H. El-Saaty, G. K. Hirabayashi, *Industrialization in Alexandria,* Le Caire, 1959.

S. G. Poffandi, *Indicateur égyptien administratif et commercial,* Alexandrie, 1897.

J. Vallet, *Contribution à l'étude de la condition des ouvriers de la grande industrie au Caire,* Valence, 1911.

4.7.3.   Villes

M. Clerget, *Le Caire : étude de géographie urbaine,* Le Caire, 1934.

C. Goad, *Insurance Plan of Alexandria,* vol. 2, Alexandrie, 1905.

4.7.4.   Colonies, communautés et missionnaires

L. A. Balboni, *Gli Italiani nella civiltà egiziana del secolo XIX,* Alexandrie, 1906.

M. Fargeon, *Les juifs d'Égypte des origines à nos jours,* Le Caire, 1938.

Frères des écoles chrétiennes, *Souvenir du centenaire de l'arrivée des Frères en Égypte 1847-1947,* Alexandrie, 1947.

4.8.   *Rapports*

Jam'iyyat al-'Urwa al-Wuthqā. Taqrīr sanawī. 1909-1910 (Société de bienfaisance Le Lien indissoluble. Rapport annuel 1909-1910).

Jam'iyyat al-'Urwa al-Wuthqā. Taqrīr sanawī. 1909-1910 (Société de bienfaisance Le Lien indissoluble. Rapport annuel 1910-1911).

5.   Entretiens

M. al-Gammāl, Le Caire, 6 janvier 2011.

M. M. al-Naḥḥās, Alexandrie, 13 mars 2013.

ʿA. Bahnān, Le Caire, 23 novembre 2010.

J. Baladi, Le Caire, 29 mars 2012.

L. Bergamin, Le Caire, 6 décembre 2010.

C. D'Angelo, Le Caire, 22 mars 2012.

A. De Ferrari, Alexandrie, 7 avril 2013.

T. Di Giorgio, Rome, 20 mai 2013.

M. Hâfiz, Alexandrie, 19 décembre 2010.

M. Iannuzzi, Le Caire, 18 novembre 2010.

G. Giddio, Le Caire, 4 mars 2013.

M. Giordano, Rome, 20 mai 2013.

P. Gregoriadis, Le Caire, 4 décembre 2010.

A. Karaguejian, Le Caire, 14 décembre 2010.

O. Laterza, Alexandrie 4 avril 2013.

P. La Valle Reale, Le Caire, 7 décembre 2010.

G. Maggiore, Le Caire, 21 mars 2013.

V. Meli, Le Caire, 15 novembre 2010.

E. Minetjian, Le Caire, 24 mars 2013.

A. Miskdjian, Alexandrie, 23 décembre 2010.

F. Monaco, Alexandrie, 20 décembre 2010.

A. Perpinjian, Le Caire, 15 mars 2013.

A. Rollo, Alexandrie, 21 décembre 2010.

G. Sampieri, Alexandrie, 18 décembre 2010.

G. Santoro, Rome, 20 septembre 2010.

G. Sassine, Alexandrie, mars 2013.

R. Terouz, Le Caire, 27 novembre 2010.

6.   Sources secondaires

ʿAbd al-Karīm 1945

   A. ʿI. ʿAbd al-Karīm, *Tārīkh al-taʿlīm fī miṣr*, Le Caire, 1945.

Abdallah 1985

   A. Abdallah, *The Student Movement and National Politics in Egypt, 1923-1973*,
   Londres, 1985.

Abdulhaq 2015

N. Abdulhaq, *Jewish and Greek Communities in Egypt: Entrepreneurship and Business before Nasser*, Londres, 2015.

Abécassis 1992

F. Abécassis, « Une certaine idée de la nation. Le Collège de la Sainte-Famille et l'Égypte nassérienne », dans C. Décobert (éd.), *Itinéraires d'Égypte : Mélanges offerts au père Maurice Martin s. j.*, Le Caire, 1992, p. 249-270.

Abécassis 1994

F. Abécassis, « Approche d'un champ : l'enseignement étranger en Égypte d'après les statistiques scolaires de l'Égypte, 1921-1951 », *EgMA* 18-19, 1994, p. 169-195.

Abécassis 1995a

F. Abécassis, « École étrangère, école intercommunautaire : enjeux de formation d'une élite nationale. Égypte, 1920-1960 », dans A. Roussillon (éd.), *Entre réforme sociale et mouvement national : identité et modernisation en Égypte. 1882-1962*, Le Caire, 1995, p. 215-234.

Abécassis 1995b

F. Abécassis, « L'enseignement étranger en Égypte (1930-1960) », *Aujourd'hui l'Égypte* 32-33, 1995, p. 99-104.

Abécassis 2000

F. Abécassis, *L'enseignement étranger en Égypte et les élites locales (1920-1960). Francophonie et identités nationales*, thèse de doctorat, université d'Aix-Marseille I, 2000.

Abécassis 2001

F. Abécassis, « L'enseignement du français en Égypte dans les années 1920 : une nébuleuse à plusieurs degrés de francité », *Documents pour l'histoire du français langue étrangère ou seconde* 27, 2001, http://journals.openedition.org/dhfles/2576.

Abécassis 2004

F. Abécassis, « Alexandrie 1929. Réflexions sur le cosmopolitisme à l'école française », *Cahiers de la Méditerranée* 67, 2004, p. 201-224.

Abécassis 2005

F. Abécassis, « De la protection par l'école : la sédimentation des traditions d'enseignement en Égypte au XIXᵉ siècle », dans B. Delpal, B. Hours, C. Prudhomme (éd.), *France-Levant : de la fin du XVIIIᵉ siècle à la Première Guerre mondiale*, Paris, 2005, p. 117-144.

Abécassis, Le Gall Kazazian 1992

F. Abécassis, A. Le Gall Kazazian, « L'identité au miroir du droit. Le statut des personnes en Égypte (fin XIXᵉ-milieu XXᵉ siècle) », *ÉgMA* 11, 1992, p. 169-194.

Aciman 1994

A. Aciman, *Out of Egypt: A Memoir*, New York, 1994.

Aglietti *et al.* (éd.) 2020

M. Aglietti, M. Grenet, F. Jesné (éd.), *Consoli e consolati italiani dagli Stati preunitari al fascismo (1802-1945)*, Rome, 2020.

Sayyid Aḥmad 2004

N. 'A. Sayyid Aḥmad, *al-Ajānib wa atharuhum fī al-mujtama' al-miṣrī min sanat 1882 ilā sanat 1992*, Le Caire, 2004.

Alleaume 1993a

G. Alleaume, « Les sources de l'histoire économique de l'Égypte moderne aux Archives nationales du Caire », *AnIsl* 27, 1993, p. 269-290.

Alleaume 1993b

G. Alleaume, *L'École polytechnique du Caire et ses élèves. La formation d'une élite technique dans l'Égypte du XIX*e *siècle*, thèse de doctorat, université Lumière Lyon 2, 1993.

Alleaume 1997

G. Alleaume, « La production d'une économie "nationale" : remarques sur l'histoire des sociétés anonymes par actions en Égypte de 1856 à 1956 », *AnIsl* 31, 1997, p. 1-16.

Alleaume 2012

G. Alleaume, « Les techniciens européens dans l'Égypte de Muḥammad 'Alî », *Cahiers de la Méditerranée* 84, 2012, p. 185-195.

Alleaume 2019

G. Alleaume, « Les voyages d'un paradigme : la réforme et ses usages (Égypte, XIXe et XXe siècles) », *ÉgMA* 20, 2, 2019, p. 19-36.

Amicucci 2002

D. Amicucci, « La comunità italiana in Egitto attraverso i censimenti dal 1882 al 1947 », dans P. Branca (éd.), *Tradizione e modernizzazione in Egitto, 1798-1998*, Pavie, 2000.

Arielli 2008

N. Arielli, « Italian Involvement in the Arab Revolt in Palestine, 1936-1939 », *British Journal of Middle Eastern Studies* 35, 2, 2008, p. 187-204.

Arielli 2010

N. Arielli, *Fascist Italy and the Middle East, 1933-1940*, New York, 2010.

Armanios 2011

F. Armanios, *Coptic Christians in Ottoman Egypt*, Oxford, New York, 2011.

Aubert, Soetens 2000

R. Aubert, C. Soetens, « Le temps de l'*aggiornamento* », dans J.-M. Mayeur *et al.* (éd.), *Histoire du Christianisme, t. 13. Crises et renouveau (de 1958 à nos jours),* Paris, 2000, p. 89-122.

Avon 2005

D. Avon, *Les Frères prêcheurs en Orient. Les Dominicains du Caire (années 1910-années 1960)*, Paris, 2005.

Awad 1987

M. Awad, « Le modèle européen : l'évolution urbaine de 1807 à 1958 », *ROMM* 46, 1987, p. 93-109.

Bagchi *et al.* (éd.) 2014

B. Bagchi, E. Fuchs, K. Rousmaniere (éd.) *Connecting Histories of Education. Transnational and Cross-cultural Exchanges in (Post)colonial Education*, New York, 2014.

Bagnato 2012

B. Bagnato, « Introduction », *Guerres mondiales et conflits contemporains* 245, 1, 2012, p. 3-5.

Bagnato 2017a

B. Bagnato, « Enrico Mattei e l'Africa : politica, economia, cultura », dans M. Bocci (éd.), *Cultura in azione. L'Eni e l'Università Cattolica per lo sviluppo dei popoli,* Milano, 2017, p. 177-207.

Bagnato 2017b

B. Bagnato, « Colonialisme, anticolonialisme et un plat de lentilles. Ambitions et limites de la politique italienne dans la Méditerranée après la perte des colonies (1949) », dans J. el-Gammal (éd.), *La France, l'Allemagne, l'Europe. Mélanges en l'honneur de Chantal Metzger,* Bruxelles, Berne, 2017, p. 261-274.

Baldinetti 1997

A. Baldinetti, *Orientalismo e colonialismo. La ricerca di consenso in Egitto per l'impresa in Libia,* Rome, 1997.

Bardinet 2013

M.-A. Bardinet, *Être ou devenir italien au Caire de 1861 à la Première Guerre mondiale : vecteurs et formes d'une construction communautaire entre mythes et réalités,* thèse de doctorat, université Sorbonne Nouvelle-Paris 3, 2013.

Baron 2010

B. Baron, « Nile Mother. Lillian Trash and the Orphans of Egypt », dans B. Reeves-Ellington, K. Kish Sklar, C. A. Shemo (éd.), *Competing Kingdoms. Women, Mission, Nation and the American Protestant Empire, 1812-1960*, Durham, 2010, p. 240-268.

Baron 2014

B. Baron, *The Orphan Scandal. Christian Missionaries and the Rise of the Muslim Brotherhood*, Stanford, 2014.

Barroero 1995

D. Barroero, *L'enseignement technique à Marseille de 1815 aux années 1960*, thèse de doctorat, université d'Aix-Marseille 1, 1995.

Barthélémy 2010

P. Barthélémy, « L'enseignement dans l'empire colonial français : une vieille histoire ? » *Histoire de l'éducation* 128, 2010, p. 5-27.

Battagliola *et al.* 1991

F. Battagliola, I. Bertaux-Wiame, M. Ferrand, F. Imbert, *Dire sa vie entre travail et famille. La construction sociale des trajectoires*, Champigny, 1991.

Bazzichi 2012

O. Bazzichi, *Giuseppe Toniolo : alle origini della dottrina sociale della Chiesa*, Turin, 2012.

Beinin 1989

J. Beinin, « Labor, Capital and the State in Nasserist Egypt, 1952-1961 », *IJMES* 21, 1, 1989, p. 71-90.

Beinin, Lockman 1987

J. Beinin, Z. Lockman, *Workers on the Nile. Nationalism, Communism, Islam, and the Egyptian Working Class, 1882-1954*, Princeton, 1987.

Ben Ghiat 2000

R. Ben Ghiat, *La cultura fascista*, Bologne, 2000.

Berger 1957

M. Berger, *Bureaucracy and Society in Modern Egypt. A Study of the Higher Civil Service*, Princeton, 1957.

Bernard, Figeat 1985

C. Bernard, M. Figeat, *Histoire de la formation des ouvriers 1789-1984*, Paris, 1985.

Berque 1967

J. Berque, *L'Égypte. Impérialisme et révolution*, Paris, 1967.

Berthonha 2001

J. F. Bertonha, « Emigrazione e politica estera : la " diplomazia sovversiva" di Mussolini e la questione degli italiani all'estero, 1922-1945», *Altreitalie* 23, 2001, p. 39-61.

Bessis 1981

J. Bessis, *La Méditerranée fasciste. L'Italie mussolinienne et la Tunisie*, Paris, 1981.

Betti 1999

C. M. Betti, *Missioni e colonie in Africa Orientale*, Rome, 1999.

Betti, De Maria (éd.) 2021

E. Betti, C. De Maria (éd.), *Genere, lavoro e formazione professionale nell'Italia contemporanea*, Bologne, 2021.

Bevilacqua *et al.* (éd.) 2001

P. Bevilacqua, A. De Clementi, E. Franzina (éd.), *Storia dell'emigrazione italiana, vol. 1. Partenze*, Rome, 2001.

Biancani 2018

F. Biancani, *Sex Work in Colonial Egypt: Women, Modernity and the Global Economy*, Londres, 2018.

Bidart *et al.* 2011

C. Bidart, A. Degenne, M. Grossetti, *La vie en réseau. Dynamique des relations sociales*, Paris, 2011.

al-Bishri 1983

T. al-Bishri, *al-Ḥaraka al-siyāsiyya fī miṣr. 1945-1952*, Le Caire, 1983.

Bishop 1997

E. Bishop, *Talking Shop: Egyptian Engineers and Soviet Specialists at the Aswan High Dam*, thèse de doctorat, University of Chicago, 1997.

Bocquet 2005

J. Bocquet, *Missionnaires français en terre d'islam. Damas, 1860-1914*, Paris, 2005.

Bocquet 2008

J. Bocquet, *La France, l'Église et le Baas*, Paris, 2008.

Bocquet (éd.) 2010

J. Bocquet (éd.), *L'enseignement français en Méditerranée. Les missionnaires et l'Alliance israélite universelle*, Rennes, 2010.

Bodenstein 2020

R. Bodenstein, « Sugar and Iron: Khedive Ismail's Sugar Factories in Egypt and the Role of French Engineering Companies (1867-1875) », *ABE Journal* [en ligne] 5, 2014, http://journals.openedition.org/abe/2498.

Boktor 1963

A. Boktor, *The Development and Expansion of Education in the United Arab Republic*, Le Caire, 1963.

Botman 1998

S. Botman, « The Liberal Age, 1923-1952 », dans M. W. Daly (éd.), *The Cambridge History of Egypt. Volume Two: Modern Egypt from 1517 to the End of the Twentieth Century*, Cambridge, 1998, p. 285-308.

Bouchez, Zibani 1990

D. Bouchez, N. Zibani, « Les migrations égyptiennes de main-d'œuvre et leurs enjeux du point de vue de l'*infitah* : bilan de deux enquêtes nationales », *Revue Tiers-Monde* 31, 121, 1990, p. 119-143.

Bouffartigue 1994

P. Bouffartigue, *De l'école au monde du travail. La socialisation professionnelle des jeunes ingénieurs et techniciens,* Paris, 1994.

Boulos 2016

S. Boulos, *European Evangelicals in Egypt (1900-1956). Cultural Entanglements and Missionary Spaces*, Leyde, 2016.

Bouquet 2007

O. Bouquet, *Les pachas du sultan. Essai sur les agents supérieurs de l'État ottoman (1839-1909),* Louvain, 2007.

Bourdieu 1978

P. Bourdieu, « Classement, déclassement, Reclassement », *ARSS* 24, 1978, p. 2-22.

Bourdieu 1979

P. Bourdieu, *La distinction. Critique sociale du jugement,* Paris, 1979.

Bourdieu, Boltanski 1975

P. Bourdieu, L. Boltanski, « Le titre et le poste : rapports entre les systèmes de production et le système de reproduction », *ARSS* 2, 1975, p. 95-107.

Bourdieu, Passeron 1970

P. Bourdieu, J.-C. Passeron, *La Reproduction : éléments pour une théorie du système d'enseignement,* Paris, 1970.

Bourmaud 2007

P. Bourmaud, *« Ya doktor » : devenir médecin et exercer son art en « Terre sainte ». Une expérience du pluralisme médical dans l'Empire ottoman finissant (1871-1918),* thèse de doctorat, université d'Aix-Marseille 1, 2007.

Bourmaud 2012

P. Bourmaud, « Discipline et familiarisation à travers la médecine : une mission médicale à Gaza (1878-1814) », *Histoire et Missions chrétiennes* 21, 2012, p. 81-102.

Bourmaud, Zaragori 2016

P. Bourmaud, A. Zaragori, « Revisiter les liens entre mission et développement dans une mondialisation incertaine », *Social Sciences and Missions* 29, 2016, p. 207-214.

Boutaleb *et al.* 2005

A. Boutaleb, I. Farag, E. Klaus, S. Radi, « Dires les classes moyennes : quand des citoyens égyptiens en parlent », *Carnets de bord* 10, 2005, p. 24-45.

Bozarslan 2013

H. Bozarslan, *Histoire de la Turquie. De l'Empire à nos jours*, Paris, 2013.

Brejon de Lavergnée (éd.) 2016

M. Brejon de Lavergnée (éd.), *Des Filles de la Charité aux Sœurs de Saint-Vincent-de-Paul. Quatre siècles de cornettes (XVIIᵉ-XXᵉ siècle)*, Paris, 2016.

Briani 1982

V. Briani, *Italiani in Egitto*, Rome, 1982.

Brice 2002

C. Brice, *Histoire de l'Italie,* Paris, 2002.

Brice 2010

C. Brice, *Monarchie et identité nationale en Italie (1861-1900),* Paris, 2010.

Cabanel (éd.) 2006

P. Cabanel (éd.), *Une France en Méditerranée. Écoles, langue et culture françaises, XIXᵉ-XXᵉ siècles*, Paris, 2006.

Cabanel, Durand (éd.) 2005

P. Cabanel, J.-D. Durand (éd.), *Le grand exil des congrégations religieuses françaises. 1901-1904,* Paris, 2005.

Calandri 2010

E. Calandri, « La politica italiana di cooperazione bilaterale allo sviluppo negli anni di Fanfani », dans A. Giovagnoli, L. Tosi, *Amintore Fanfani e la politica estera italiana*, Venise, 2010, p. 371-394.

Calandri 2013

E. Calandri, *Prima della globalizzazione. L'Italia, la cooperazione allo sviluppo e la Guerra fredda 1955-1995,* Padoue, 2013.

Calandri 2019

E. Calandri, « Italy, the Developing World and Aid Policy, 1969-1979 : The "Historic Compromise" and Italian Foreign Policy », *Cold War History* 3, 2019, p. 363-381.

Canadelli 2013

E. Canadelli, «La formazione professionale tra filantropia e istituzioni», dans V. Marchis, F. Profumo (éd.), *Il contributo italiano alla storia del pensiero,* Rome, 2013, p. 279-286.

Cantini 2014

D. Cantini, «Une université privée égyptienne dans le nouveau marché international de l'enseignement supérieur», *Cahiers de recherche sur l'éducation et les savoirs* 13, 2014, p. 167-179.

Capece 2016

F. Capece, «Il rimpatrio degli italiani all'estero durante il fascismo: elementi e riflessioni a partire da un caso di studio italo-marsigliese», *Archivio Storico dell'Emigrazione italiana,* 2016, https://www.asei.eu/it/2016/11/il-rimpatrio-degli-italiani-allestero-durante-il-fascismo-elementi-e-riflessioni-a-partire-da-un-caso-di-studio-italo-marsigliese/#_ftnref24.

Caputa 2005

G. Caputa, «I primi undici anni del teologato salesiano in Terra santa: Betlemme, 1929-1940. Documenti per scrivere una storia», *Ricerche Storiche Salesiane* 45, 2005, p. 363-427.

Carbonnier 2013

G. Carbonnier, «Religion and Development: Reconsidering Secularism as the Norm», *International Development Policy* 4, 2013, p. 1-5.

Carminati 2017

L. Carminati, «Alexandria, 1898: Nodes, Networks, and Scales in Nineteenth Century Egypt and the Mediterranean», *Comparative Studies in Society and History* 59, 1, 2017, p. 127-153.

Carminati 2019

L. Carminati, «Port Said and Ismailia as Desert Marvels: Delusion and Frustration on the Isthmus of Suez, 1859-1869», *Journal of Urban History* 46, 3, 2019, p. 1-26.

Carminati 2023

L. Carminati, *Seeking Bread and Fortune in Port Said. Labor Migration and the Making of the Suez Canal, 1859-1906,* Oakland, University of California Press, 2023.

Chalcraft 2004

J. Chalcraft, *The Striking Cabbies of Cairo and Other Histories. Crafts and Guilds in Egypt, 1863-1914,* Albany, New York, 2004.

Chalcraft 2015

J. Chalcraft, *Popular Politics in the Making of the Modern Middle East,* Cambridge, 2015.

Chiaranda (éd.) 2010

M. Chiaranda (éd.), *Storia comparata dell'educazione. Problemi ed esperienze tra Otto e novecento,* Milan, 2010.

Chiffoleau 2007

S. Chiffoleau, « Entre initiation au jeu international, pouvoir colonial et mémoire nationale : le Conseil sanitaire d'Alexandrie, 1865-1938 », dans M. Fintz, A.-M. Moulin, S. Radi (éd.), *Figures de la santé en Égypte, ÉgMA* 4, 2007, p. 55-74.

Chiosso 2007

G. Chiosso, *Carità éducativa e istruzione in Piemonte : Aristocratici, filantropi e preti di fronte all'educazione del popolo nel primo '800,* Turin, 2007.

Chiosso 2011

G. Chiosso, *Alfabeti d'Italia. La lotta contro l'ignoranza nell'Italia Unita,* Turin, 2011.

Chiti 2013

E. Chiti, *Écrire à Alexandrie (1879-1940). Capital social, appartenances, mémoire,* thèse de doctorat, université d'Aix-Marseille, 2013.

Chiti 2016

E. Chiti, « Quelles marges pour quels centres ? Perceptions arabes et européennes d'Alexandrie après 1882 », dans L. Dakhli, V. Lemire (éd.), *Étudier en liberté le monde méditerranéen. Mélanges offerts à Robert Ilbert,* Paris, 2016, p. 491-501.

Chiti 2017

E. Chiti, « Et si la Grande Guerre commençait en 1911 ? L'entrée en guerre vue d'Alexandrie », *REMMM* 141, 2017, p. 153-171.

Clancy-Smith 2002

« Marginality and Migration: Europe's Social Outcasts in Pre-Colonial Tunisia, 1830-81 », dans E. L. Rogan (éd.), *Outside in: On the Margins of the Modern Middle East,* Londres, 2002.

Cochran 1986

J. Cochran, *Education in Egypt,* Londres, 1986.

Cole 1993

J. R. Cole, *Colonialism and Revolution in the Middle East. Social and Cultural Origins of Egypt's Urabi Movement,* Le Caire, 1993.

Collotti 2000

E. Collotti, *Fascismo e politica di potenza : politica estera 1922-1939,* Florence, 2000.

Colombe 1951

M. Colombe, *L'évolution de l'Égypte, 1924-1950*, Paris, 1951.

Confessore 1976

O. Confessore, «Origini e motivazioni dell'associazione nazionale per soccorrere i missionari cattolici italiani: una interpretazione della politica estera dei conciliatoristi nel quadro dell'espansione crispina», *Bollettino dell'archivio per la storia del movimento cattolico in Italia* 2, 1976, p. 239-267.

Confessore 1989

O. Confessore, «L'associazione nazionale per soccorrere i missionari cattolici italiani, tra spinte "civilizzatrici" e interesse migratorio (1887-1908)», dans G. Rosoli (éd.), *Scalabrini tra vecchio e nuovo mondo*, Rome, 1989, p. 519-536.

Cooper, Stoler 1997

F. Cooper, A. L. Stoler, «Between Metropole and Colony: Rethinking a Research Agenda», dans F. Cooper, A. L. Stoler (éd.), *Tensions of Empire: Colonial Cultures in a Bourgeois World*, Berkeley, 1997, p. 1-56.

Corralluzzo 1991

W. Coralluzzo, «La politica mediterranea dell'Italia: le immagini dei decision-makers», dans C. M. Santoro (éd.), *il Mosaico mediterraneo*, Bologne, 1991, p. 39-62.

Corti 2013

P. Corti, *Temi e problemi di storia delle migrazioni italiane*, Viterbe, 2013.

Costet-Tardieu 2016

F. Costet-Tardieu, *Les minorités chrétiennes dans la construction de l'Égypte moderne. 1922-1952*, Paris, 2016.

Cottenet-Djoufelkit 2002-2001

H. Cottenet-Djoufelkit, «L'industrialisation en Égypte au xxe siècle. Des volontés politiques aux réalisations économiques», dans A. Ghislaine (éd.), *L'Égypte dans le siècle 1901-2000*, EgMA 4, 2002, p. 135-172.

Cresti 2008

F. Cresti, «Comunità proletarie italiane nell'Africa mediterranea tra xix secolo e periodo fascista», *Mediterranea. Ricerche storiche* V, 12, 2008, p. 189-214.

Crozet 1994

P. Crozet, «À propos de l'enseignement scientifique en Égypte. Transfert et modernisation des sciences exactes. 1834-1902», *EgMA* 18-19, 1994, p. 69-99.

Crozet 2008

P. Crozet, *Les sciences modernes en Égypte. Transfert et appropriation. 1805-1902*, Paris, 2008.

Cuno, Reimer 1997

K. Cuno, M. Reimer, « The Census Register of Nineteenth Century Egypt: A new Source for Social Historians », *British Journal of Middle Eastern Studies* 24, 1997, p. 193-216.

Curli (éd.) 2022

B. Curli (éd.), *Italy and the Suez Canal, from the Mid-nineteenth Century to the Cold War*, Londres, 2022.

Curtis 2010

S. Curtis, *Civilizing Habits. Women Missionaries and the Revival of French Empire*, Oxford, 2010.

Dakhli 2014

L. Dakhli, « Nahda », *Encyclopédie de l'humanisme méditerranéen*, 2014, www.encylopédie-humanisme.com/?Nahda.

Dakhli 2009

L. Dakhli, *Une génération d'intellectuels arabes. Syrie et Liban (1908-1940)*, Paris, 2009.

Dalachanis 2012

A. Dalachanis, « Du multilinguisme "cosmopolite" à l'option arabe ? Stratégies linguistiques et redéfinition identitaire des Grecs d'Alexandrie (1843-1960) », contribution discutée à la journée d'étude « Dire et écrire le pouvoir impérial en Méditerranée. xixe-xxe siècles », Maison méditerranéenne des sciences de l'homme (MMSH), Aix-en-Provence, 8 juin 2012.

Dalachanis 2017

A. Dalachanis, *The Greek Exodus from Egypt. Diaspora Politics and Emigration. 1937-1962,* New York, Oxford, 2017.

Dalachanis 2022

A. Dalachanis, « Transnational Labour in Conflict: the Italian and Greek Personnel of the Suez Canal Company and the Second World War », dans B. Curli (éd.) *Italy and the Suez Canal, from Mid-Nineteenth Century to the Cold War*, 2022, p. 313-328.

D'amico 2010

N. D'amico, *Storia e storie della scuola italiana, dalle origini ai giorni nostri*, Milan, 2010.

D'amico 2015

N. D'amico, *Storia della formazione professionale in Italia. Dall'uomo da lavoro al lavoro per l'uomo*, Milan, 2015.

De Caprariis 2000

L. De Caprariis, « "Fascism for Export"? The Rise and Eclipse of the Fasci Italiani all'Estero », *Journal of Contemporary History* 35, 2, 2000, p. 151-183.

Deeb 1978

M. Deeb, « The Socioeconomic Role of the Local Foreign Minorities in the Modern Egypt: 1905-1961 », *IJMES* 9, 1978, p. 11-22.

De Felice 1988

R. De Felice, *Il fascismo e l'Oriente: arabi, ebrei ed indiani nella politica di Mussolini*, Bologna, 1988.

De Fort 2011

E. De Fort, « La formazione professionale agli albori dell'industrializzazione: l'Ottocento », dans E. De Fort, S. Musso (éd.), *Storia della formazione professionale in Piemonte dall'Unità d'Italia all'Unione Europea*, Turin, 2011, p. 17-49.

De Gayffier-Bonneville 2005

A.-C. de Gayffier-Bonneville, « La guerre du Canal. 1951-1952 », *Cahiers de la Méditerranée* 70, 2005, p. 111-136.

De Gayffier-Bonneville 2005

A.-C. de Gayffier-Bonneville, « L'arbre sans racines: la Constitution égyptienne de 1923 », *EgMA* 2, 2005, p. 37-52.

De Gayffier-Bonneville 2010

A.-C. de Gayffier-Bonneville, *L'échec de la monarchie égyptienne, 1942-1952*, Le Caire, 2010.

De Gayffier-Bonneville 2016

A.-C. de Gayffier-Bonneville, *Histoire de l'Égypte moderne. L'éveil d'une nation. XIXᵉ-XXIᵉ siècle*, Paris, 2016.

De Giorgi 1999

F. De Giorgi, *Cattolici ed educazione tra restaurazione e risorgimento. Ordini religiosi, antigesuitismo e pedagogia nei processi di modernizzazione*, Milan, 1999.

Delacroix 1959

S. Delacroix, *Histoire universelle des missions catholiques. T. III: les missions contemporaines (1800-1957)*, Paris, 1959.

Delanoue 1977

G. Delanoue, « Le nationalisme égyptien », dans Groupe de recherche et d'études sur le Proche-Orient (éd.), *L'Égypte aujourd'hui. Permanences et changements, 1805-1976*, Aix-en-Provence, 1977, p. 129-156.

De Lavergne 2007

N. de Lavergne, « La modernisation des *kuttāb* en Égypte au tournant du xxᵉ siècle », *Cahiers de la Méditerranée* 75, 2007, p. 74-89.

De Leonardis (éd.) 2003

M. De Leonardis (éd.), *Il Mediterraneo nella politica estera italiana del secondo dopoguerra*, Bologna, 2003.

Della Seta 1989

S. Della Seta, « La presenza e l'opera dei salesiani in Palestina », *Storia Contemporanea* 20, 1, 1989, p. 81-101.

Della Sudda 2013

M. Della Sudda, « Réseaux catholiques féminins. Une perspective de genre sur une mobilisation transnationale », *Genre & Histoire* [en ligne] 12-13, 2013, http://journals.openedition.org/genrehistoire/1872.

Della Sudda 2020

M. Della Sudda, « L'action catholique féminine au xxᵉ siècle. Éclairer les transformations d'un engagement catholique féminin à la lumière du genre », dans B. Duriez, O. Rota, C. Vialle (éd.), *Femmes catholiques, femmes engagées. France, Belgique, Angleterre, XXᵉ siècle*, Villeneuve d'Ascq, 2020.

De Marco 1995

V. De Marco, « I santi nella Restaurazione : le nuove congregazioni missionarie e assistenziali », dans G. De Rosa (éd.), *Storia dell'Italia religiosa, vol. 3, L'età contemporanea*, Rome, Bari, 1995, p. 25-37.

De Nardis 2014

S. De Nardis, « La Società Dante Alighieri da Costantinopoli a Istanbul 1895-1922 : diffusione della lingua e pedagogia nazionale », *Diacronie* [en ligne] 20, 4, 2014, http://journals.openedition.org/diacronie/1785.

De Rosa, Malgeri 1995

G. De Rosa, F. Malgeri, « L'impegno politico dei cattolici », dans G. De Rosa (éd.), *Storia dell'Italia religiosa, vol. 3, L'età contemporanea*, Rome, Bari, 1995, p. 223-256.

Desramaut 1986

F. Desramaut, *L'orphelinat Jésus-Adolescent de Nazareth en Galilée au temps des Turcs puis des Anglais (1896-1948)*, Rome, 1986.

Destremau 2011

C. Destremau, *Le Moyen-Orient pendant la Seconde Guerre mondiale*, Paris, 2011.

Destremau *et al.* (éd.) 2004

B. Destremau, A. Déboulet, F. Ireton (éd.), *Dynamiques de la pauvreté au Moyen-Orient et au Maghreb*, Paris, 2004.

Devoto 2007

F. Devoto, *Storia degli italiani in Argentina*, Rome, 2007.

Diana 2014

C. Diana, « Children's Citizenship: Revolution and the Seeds of an Alternative Future in Egypt », dans L. Herrera, R. Rehab (éd.), *Wired Citizenship: Youth Learning and Activism in the Middle East*, New York, 2014.

Di Pasquale 2007

F. Di Pasquale, « La scuola di Arti e Mestieri di Tripoli in epoca coloniale (1911-1938) », *Africa* LXII, 2007, p. 399-428.

Di Pasquale, Giorgi 2016

F. Di Pasquale, C. Giorgi, « The "Worker Nuns of Nigrizia": The Pious Mothers of Nigrizia between Italy and Africa during the Imperial Age (1872-1950) », dans E. Olivito (éd.), *Gender and Migration in Italy. A Multilayered Perspective*, Londres, 2016, p. 21-38.

Di Pol 1994

R. S. Di Pol, « Chiesa, educazione e scuola in Piemonte », dans L. Pazzaglia (éd.), *Chiesa e prospettive educative in Italia, tra Restaurazione e Unificazione*, Brescia, 1994, p. 253-285.

Dirèche 2004

K. Dirèche, *Chrétiens de Kabylie, 1879-1954. Une action missionnaire dans l'Algérie coloniale*, Paris, 2004.

Dogan, Sharkey (éd.) 2011

M. A. Dogan, H. J. Sharkey (éd.), *American Missionaries, and the Middle East: Foundational Encounters,* Salt Lake City, 2011.

Dogliani 2020

P. Dogliani, *Le fascisme des Italiens : une histoire sociale*, Grenoble, 2020.

Doss 2004

M. Doss, « Le français en Égypte. Histoire et présence actuelle », *Cahiers de l'Association internationale d'études françaises* 56, 1, 2004, p. 75-98.

Doumato 2002

E. Doumato, « Missionary Transformations: Gender, Culture and Identity in the Middle East », *Islam and Christian-Muslim Relations* 13, 4, 2002, p. 373-376.

Doumato, Starrett (éd.) 2008

E. Doumato, G. Starrett (éd.), *Teaching Islam: Textbooks and Religion in the Middle East*, Lynne Rienner, 2008.

Drieu, d'Andurain 2017

C. Drieu, J. d'Andurain, « Par-delà le théâtre européen de 14-18. L'autre Grande Guerre dans le monde musulman », *REMMM* 141, 2017, p. 11-33.

Droux, Hofstetter 2014

J. Droux, R. Hofstetter, « Going International: The History of Education Stepping Beyond Borders », *Paedagogica Historica* 50, 1-2, 2014, p. 1-9.

Dufourcq 2009

E. Dufourcq, *Les aventurières de Dieu. Trois siècles d'histoire missionnaire*, Paris, 2009.

Dumons 2020

B. Dumons, « Pour une histoire transnationale du "catholicisme au féminin" (XIXe-XXe siècles). Circulations missionnaires, dévotions spirituelles, révolutions sociales et sexuelles », *Revue de l'histoire des religions* 3, 2020, p. 423-445.

Dumons, Sorrel 2017

B. Dumons, C. Sorrel, « Approches transnationales du catholicisme contemporain. Introduction », *Chrétiens et sociétés* 24, 2017, p. 99-107.

Dupont 2006

A.-L. Dupont, *Ǧurǧī Zaydān, 1861-1914. Écrivain, réformiste et témoin de la renaissance arabe*, Damas, 2006.

Dupont 2007

A.-L. Dupont, « Présentation », *Cahiers de la Méditerranée* 75 (numéro spécial), 2007, p. 7-16.

Dupont, Mayeur-Jaouen 2002

A.-L. Dupont, C. Mayeur-Jaouen, « Débats intellectuels au Moyen-Orient dans l'entre-deux-guerres », *REMMM* 95-98 (numéro spécial), 2002.

Durand 1995a

J.-D. Durand, « L'Italie entre renouveau et question nationale », dans J.-M. Mayeur, Ch. Pietri, L. Pietri, A. Vauchez, M. Venard (éd.), *Histoire du Christianisme 11. Libéralisme, industrialisation, expansion européenne (1830-1914)*, Paris, 1995, p. 263-278.

Durand 1995b

J.-D. Durand, « L'Église à la recherche de l'Italie perdue », dans J.-M. Mayeur, Ch. Pietri, L. Pietri, A. Vauchez, M. Venard (éd.), *Histoire du Christianisme 11. Libéralisme, industrialisation, expansion européenne (1830-1914)*, Paris, 1995, p. 611-636.

Durand 2013

J.-D. Durand, « Catholiques et orthodoxes face à la question sociale. Pour une approche comparée », dans N. Champ, C. Laux, J.-P. Moisset (éd.), *Contributions à une histoire du catholicisme. Papauté, Aquitaine, France et Outre-Mer,* Paris, 2013, p. 315-330.

Duriez 2016

B. Duriez, « L'engagement catholique social (1945-1970) », *Recherche sociale* 219, 3, 2016, p. 10-23.

Duriez *et al.* (éd.) 2007

B. Duriez, F. Mabille, K. Rousselet (éd.), *Les ONG confessionnelles. Religions et action internationale,* Paris, 2007.

Du Roy 2022

G. du Roy, *Les* zabbalin *du Muqattam. Ethnohistoire d'une hétérotopie au Caire (979-2021),* Leyde, 2022.

École française de Rome 1989

Le deuxième concile du Vatican (1959-1965), Rome, 1989.

El-Chazli 2018

Y. El-Chazli, « Introduction. Banaliser Alexandrie », *EgMA* 17, 2018/1, p. 11-21.

Eliraz 2018

G. Eliraz, *The intellectual Discourse of Interwar Egypt: Globalization of Ideas Amidst Winds of Change,* Tel Aviv, 2018.

El-Khawaga 1991

D. El-Khawaga, « Le renouveau copte actuel : raisons d'émergence et modes de fonctionnement », dans Cédej, *Modernisation et nouvelles formes de mobilisation sociale. Égypte-Brésil, 1970-1989,* Le Caire, 1991, p. 115-134.

El-Khawaga 1992

D. El-Khawaga, « L'affirmation d'une identité chrétienne copte. Saisir un processus en cours », dans C. Décobert (éd.), *Itinéraires d'Égypte. Mélanges offerts au père Maurice Martin,* Le Caire, 1992, p. 345-365.

El-Mahdy, El-Said 1998

A. El-Mahdy, H. El-Said, « Les petites industries de la ville du 10-Ramadan : situation de la main-d'œuvre », *EgMA* 33, 1998, p. 55-66.

D'Enfert 2003

R. d'Enfert, *L'enseignement du dessin en France. Figure humaine et dessin géométrique (1750-1880)*, Paris, 2003.

Etherington (éd.) 2005

N. Etherington (éd.), *Missions and Empire*, Oxford, 2005.

Evered 2012

E. O. Evered, *Empire and Education under the Ottomans: Politics, Reform and Resistance from the Tanzimat to the Young Turks*, Londres, 2012.

Fahmy 2004a

K. Fahmy, «For Cavafy with Love and Squalor: Some critical Notes on the History and Historiography of Modern Alexandria», dans A. Hirst, M. Silk (éd.), *Alexandria Real and Imagined*, Londres, 2004, p. 263-280.

Fahmy 2004b

K. Fahmy, «Toward a Social History of Modern Alexandria», dans A. Hirst, M. Silk (éd.), *Alexandria Real and Imagined*, Londres, 2004, p. 281-307.

Fahmy 2008

Z. Fahmy, «Francophone Egyptian Nationalists, Anti-British Discourse and European Public Opinion (1880-1910): The Case of Mustafa Kamil and Ya'cub Sannu'», *Comparative Studies of South Asia, Africa and the Middle East* 28, 1, 2008, p. 170-183.

Fahmy 2011

Z. Fahmy, *Ordinary Egyptians. Creating the Modern National through Popular Culture, 1870-1919*, Le Caire, 2011.

Farag 1994a

I. Farag, «Conflits et consensus, acquis et remises en cause», *EgMA* 18-19, 1994, p. 7-15.

Farag 1994b

I. Farag, «L'enseignement en question. Enjeux d'un débat», *EgMA* 18-19, 1994, p. 241-329.

Farag 1995

I. Farag, «Enjeux éducatifs et réforme sociale», dans A. Roussillon (éd.), *Entre réforme sociale et mouvement national: identité et modernisation en Égypte. 1882-1962*, Le Caire, 1995, p. 192-213.

Farag 2002

I. Farag, «Éduquer les éducateurs: les revues pédagogiques égyptiennes de l'entre-deux-guerres», *REMMM* 95-98, 2002, p. 337-354.

Fargues 1985

P. Fargues, « Du Nil au Golfe. Problèmes de l'émigration égyptienne », *Population* 40, 1, 1985, p. 71-101.

Fattorini (éd.) 2007

E. Fattorini (éd.), *Santi, culti, simboli nell'età della secolarizzazione (1815-1915)*, Turin, 1997.

Fauri 2015

F. Fauri, *Storia economica delle migrazioni italiane*, Bologne, 2015.

Ferragu 2000

G. Ferragu, « Église et diplomatie au Levant au temps des Capitulations », *Rives nord-méditerranéennes* 6, 2000, p. 69-78.

Fishman 2006

D. Fishman, *Il chilometro d'oro. Il mondo perduto degli Italiani d'Egitto*, Milan, 2006.

Fleischmann 2002

E. L. Fleischmann, « The Impact of American Protestant Missions in Lebanon on the Construction of Female Identity, c. 1860-1950 », *Islam and Christian-Muslim Relations* 13, 4, 2002, p. 411-426.

Fleischmann 2006

E. L. Fleischmann, « Evangelization or Education: American Protestant Missionaries, the American Board, and the Girls and Women of Syria (1830-1910) », dans H. Van der Murre (éd.), *New Faith in Ancient Lands: Western Missions in the Middle East in the Nineteenth and Early Twentieth Centuries*, Leyde, 2006, p. 263-280.

Floriani 1976

G. Floriani, *Cento anni di scuole italiane all'estero*, Rome, 1976.

Foisy *et al.* (éd.) 2021

C. Foisy, B. Dumons, C. Sorrel (éd.), *La mission dans tous ses états (XIXᵉ-XXᵉ siècles), Circulations et réseaux transnationaux,* Bruxelles, Berlin, Berne, New York, 2021.

Forlin 2017

O. Forlin, « Le fascisme et la Méditerranée arabo-musulmane dans les années 1930 », *Cahiers de la Méditerranée* 95, 2017, p. 209-222.

Forno 2017

M. Forno, *La cultura degli altri. Il mondo delle missioni e la decolonizzaione*, Rome, 2017.

Forno 2016

M. Forno, «La Chiesa cattolica e la decolonizzazione. Pagine di stampa missionaria dopo il 1945», *Passato e presente* 97, 2016, p. 79-102.

Forti 1988

E. Forti, *Fedeli a Don Bosco in Terra santa. Profili di otto coadiutori*, Rome, 1988.

Fortna 2002

B. Fortna, *Imperial Classroom: Islam, Education and the State in Late Ottoman Empire*, Oxford, 2002.

Fortna 2010

B. Fortna, *Learning to Read in the Late Ottoman Empire and Early Turkish Republic*, Houndmills, 2010.

Fouilloux 1982

E. Fouilloux, *Les catholiques et l'unité chrétienne du XIXᵉ au XXᵉ siècles, Itinéraires européens d'expression française*, Paris, 1982.

Fouilloux 2000

E. Fouilloux (éd.), *Histoire du concile Vatican II : 1959-1965*, 5 tomes, Paris, 1997-2000.

Fouilloux 2011

E. Fouilloux, *Eugène cardinal Tisserant. 1884-1972. Une biographie*, Paris, 2011.

Fouilloux, Gugelot 2016

E. Fouilloux, F. Gugelot, «Vatican II, un concile pour le monde ?», *Archives de sciences sociales des religions* 175, 2016, p. 223-230.

Fountain *et al.* (éd.) 2015

P. Fountain, R. Bush, R. M. Feener (éd.), *Religion and the Politics of Development*, Londres, 2015.

Franzina (éd.) 2017

E. Franzina (éd.), «Emigranti e profughi nel primo conflitto mondiale», *Archivio storico dell'emigrazione italiana* 13, Rome, 2017.

Franzina, Sanfilippo (éd.) 2003

E. Franzina, M. Sanfilippo (éd.), *Il fascismo e gli emigrati, la parabola dei fasci italiani all'estero (1920-1943)*, Rome, Bari, 2003.

Frémaux 2016

C. Frémaux, «La compagnie du canal de Suez et la construction de lieux de culte. Enjeux spirituels et enjeux politiques de l'architecture religieuse dans l'Isthme», dans C. Piaton (éd.), *L'Isthme et l'Égypte au temps de la Compagnie universelle du canal maritime de Suez (1858-1956)*, 2016, p. 15-46.

Frey *et al.*(éd.) 2014

M. Frey, S. Kunkel, C. R. Unger (éd.), *International Organizations and Development, 1945-1990*, Londres, 2014.

Gabry-Thienpont 2013

S. Gabry-Thienpont, *Anthropologie des musiques coptes en Égypte contemporaine. Tradition, identité, patrimonialisation,* thèse de doctorat, université Paris Ouest Nanterre La défense, 2013.

Gabry-Thienpont, Neveu 2021

S. Gabry-Thienpont, N. Neveu, « Missions and the Construction of Gender in the Middle East: Introduction », *Social Sciences and Missions* 34, 2021, p. 1-27.

Gadille 1995

J. Gadille, « Libertés publiques. Question sociale », dans J.-M. Mayeur, Ch. Pietri, L. Pietri, A. Vauchez, M. Vernard (éd.), *Histoire du christianisme des origines à nos jours 11. Libéralisme, industrialisation, expansion européenne (1830-1914)*, Paris, 1995, p. 15-44.

Gaiotti de Biase 2002

P. Gaiotti de Biase, *Le origini del Movimento cattolico femminile*, Brescia, 2002.

Galián Hernandez, Paonessa 2018

L. Galián Hernández, C. Paonessa, « Caught between Internationalism, Transnationalism and Immigration: A Brief Account of the History of Anarchism in Egypt Until 1945 », *Anarchist Studies* 26, 1, 2018, p. 28-54.

Garret 1998

P. Garret, « L'Égypte et ses marchés au début du vingtième siècle : la genèse d'un nouvel édifice marchand », *Les Annales de la recherche urbaine,* 1998, p. 72-81.

Gentile 1995

E. Gentile, « La politica estera del partito fascista. Ideologia e organizzazione dei Fasci italiani all'estero », *Storia Contemporanea* 26, 6, 1995, p. 897-957.

Gentile 2009

E. Gentile, *La Grande Italia. Il mito della nazione nel XX secolo*, Rome, Bari, 2009.

Georgeon 2003

F. Georgeon, *Abdulhamid, Le sultan calife,* Paris, 2003.

Gerard Plasmans 2005

D. Gerard Plasmans, *La présence française en Égypte entre 1914 et 1936. De l'impérialisme à l'influence et de l'influence à la coopération*, Darnétal, 2005.

Girard 2014

A. Girard, « Connaître l'Orient chrétien au prisme de l'unionisme : remarques sur le traitement des christianismes orientaux dans le *Dictionnaire de théologie catholique (1899-1950)* », dans S. Hermann De Franceschi (éd.), *Théologie et érudition de la crise moderniste à Vatican II. Autour du* Dictionnaire de théologie catholiques, Limoges, 2014, p. 131-148.

Ginzburg 1989

C. Ginzburg, *Mythes, emblèmes et traces. Morphologie et histoire*, Paris, 1989.

Ginzburg 1994

C. Ginzburg, « Microstoria : due o tre cose che so di lei », *Quaderni Storici* 86, 2, 1994, p. 511-539.

Ghazaleh 2004

P. Ghazaleh, « Commis, artisan, ouvrier. La question du salariat en Égypte au XIXe siècle », *REMMM* 105-106, 2004, p. 47-68.

Gobe 1999

E. Gobe, *Les hommes d'affaires égyptiens. Démocratisation et secteur privé dans l'Égypte de l'infitah,* Paris, 1999.

Gobe 2004

E. Gobe (éd.), *L'ingénieur moderne au Maghreb (XIXe-XXe siècles),* Paris, 2004.

Goldberg 1986

E. Golberg, *Tinker, Tailor, and Textile Worker: Class and Politics in Egypt,* 1930-1952, Berkeley, 1986.

Goodman *et al.* (éd.) 2009

J. Goodman, G. McCulloch, W. Richardson (éd.), « "Empires overseas" and "Empires at Home": Postcolonial and Transnational Perspectives on Social Change in the History of Education », *Paedagogica Historica,* 45, 6, 2009, p. 695-706.

Gorman 2003

A. Gorman, *Historians, State and Politics in Twentieth Century Egypt. Contesting the Nation,* Londres, 2003.

Gorman 2008

A. Gorman, « Foreign Workers in Egypt 1882-1914, Subaltern or Labour Elite? », dans S. Cronin (éd.), *Subalterns and Social Protest: History from Below in the Middle East and North Africa,* London, New York, 2008, p. 237-259.

Gorman 2010

A. Gorman, «Diverse in Race, Religion and Nationality… but United in Aspirations of Civil Progress. Anarchism in Egypt before the First World War», dans S. Hirsch, L. Van der Walt (éd.), *Anarchism and Syndicalism in the Colonial and Post-colonial World, 1870-1940: The Praxis of National Liberation, Internationalism and Social Revolution. Studies in Global Social History* 6, Leyde, 2010, p. 3-31.

Grange 1981

D. J. Grange, «Religion et politique au Levant avant 1914: le cas italien», *Relations internationales,* automne 1981, p. 277-301.

Grange 1994

D. J. Grange, *L'Italie et la Méditerranée (1896-1911). Les fondements d'une politique étrangère*, Rome, 1994.

Grenet 2016

M. Grenet, *La fabrique communautaire. Les Grecs à Venise, Livourne et Marseille, 1770-1880,* Athènes, Rome, 2016.

Gribaudi 1987

M. Gribaudi, *Itinéraires ouvriers. Espaces et groupes sociaux à Turin au début du XXe siècle,* Paris, 1987.

Grignon 1971

C. Grignon, *L'ordre des choses: les fonctions sociales de l'enseignement technique,* Paris, 1971.

Guidi 2018

P. Guidi, «For Good, God and the Empire: French Franciscan Sisters in Ethiopia 1896-1937», *History of Education* 47, 3, 2018, p. 384-398.

Guirguis, Van Doorn-Harder 2011

M. Guirguis, N. Van Doorn-Harder, *The Emergence of the Modern Coptic Papacy,* New York, Le Caire, 2011.

Hadhri, Pelletier 2016

M. Hadhri, F. Pelletier, «Le Moyen-Orient dans la Seconde Guerre mondiale: convoitises et rivalités des grandes puissances belligérantes», *Guerres mondiales et conflits contemporains* 262, 2, 2016, p. 93-106.

Hajjar 1962

J. Hajjar, *Les chrétiens uniates du Proche-Orient,* Paris, 1962.

Hajjar 1979

J. Hajjar, *Le Vatican, la France et le catholicisme oriental (1878-1914). Diplomatie et histoire de l'Église,* Paris, 1979.

Hammad 2016

H. Hammad, *Industrial Sexuality: Gender, Urbanization and Social Transformation in Egypt*, Austin, 2016.

Hamouda, Colin 2002

S. Hamouda, C. Colin, *Victoria College. A History Revealed*, Le Caire, 2002.

Hanley 2008

W. Hanley, « Grieving Cosmopolitanism in Middle East Studies », *History Compass* 6, 5, 2008, p. 1346-1367.

Hanley 2017

W. Hanley, *Identifying with Nationality: Europeans, Ottomans, and Egyptians in Alexandria*, New York, 2017.

Harby 1965

M. K. Harby, *L'enseignement technique dans les États arabes*, Paris, 1965.

Hassan 1994

M. H. Hassan, « Choix culturels et orientations éducatives en Égypte. 1923-1952 », *EgMA*, p. 17-37.

Hauser 2015

J. Hauser, *German Religious Women in Late Ottoman Beirut: Competing Missions*, Leyde, 2015.

Hauser 2016

J. Hauser, « From Transformation to Negotiation. A Female Mission in a "City of Schools" », *Journal of World History* 27, 3, 2016, p. 473-496.

Hauser *et al.* (éd.) 2016

J. Hauser, C. B. Lindner, E. Moeller (éd.), *Entangled Education: Foreign and Local Schools in Ottoman Syria and Mandate Lebanon*, Beirut, 2016.

Hazon 1991

F. Hazon, *Storia della formazione tecnica e professionale in Italia*, Rome, 1991.

Hellyer, Springborg (éd.) 2022

H. A. Hellyer, R. Springborg (éd.) *The Egyptian Revolution of 1919: Legacies and Consequences of the Fight for Independence*, Londres, 2022.

Henry 2021

M. Henry, « International Monetary Fund Riots or Nasserian Revolt? Thinking Fluid Memories: Egypt 1977 », *International Review of Social History* 66 (S29), 2021, p. 161-180.

Henry, Vatin (éd.) 2012

J. R. Henry, J.-C. Vatin (éd.), *Le temps de la coopération : sciences sociales et décolonisation au Maghreb*, Paris, 2012.

Herrera, Torres (éd.) 2006

L. Herrera, C. A. Torres (éd.), *Cultures of Arab Schooling. Critical Ethnographies from Egypt*, New York, 2006.

Hersch 2018

I. Hersch, *Enseigner l'histoire à l'heure de l'ébranlement colonial. Soudan, Égypte, Empire britannique (1943-1960)*, Paris, 2018.

Heshmat 2020

D. Heshmat, *Egypt 1919. The Revolution in Literature and Film*, Édimbourg, 2020.

Heyberger 1994

B. Heyberger, *Les chrétiens du Proche-Orient au temps de la Réforme catholique (Syrie, Liban, Palestine, XVIIᵉ-XVIIIᵉ siècle)*, Rome, 1994.

Heyberger 2013

B. Heyberger, *Les chrétiens au Proche-Orient. De la compassion à la compréhension*, Paris, 2013.

Heyberger 2019

B. Heyberger, «Conclusion. Pour une histoire des notions de "minorités" et de "protection"», dans V. Assan, B. Heyberger, J. Vokel (éd.), *Minorités en Méditerranée au XIXᵉ siècle. Identités, identifications, circulations*, Rennes, 2019.

Heyberger, Verdeil (éd.) 2009

B. Heyberger, C. Verdeil (éd.), *Hommes de l'entre-deux. Parcours individuels et portraits de groupes sur la frontière de la Méditerranée (XVIᵉ-XXᵉ siècle)*, Paris, 2009.

Heyberger, Girard 2015

B. Heyberger, A. Girard, «Chrétiens au Proche-Orient. Les nouvelles conditions d'une présence», *Archives de science sociales des religions* 171, 2015, p. 1-35.

Heyworth Dunne 1968

J. Heyworth Dunne, *An Introduction to the History of Education in Modern Egypt*, Londres, 1968.

Hitzel 2015

F. Hitzel, *Le dernier siècle de l'Empire ottoman (1789-1923)*, Paris, 2015.

Hobsbawm 2005

E. J. Hobsbawm, *L'età degli imperi 1875-1914*, trad.: F. Salvatorelli, Bari, 2005.

Hopwood 1982

D. Hopwood, *Egypt: Politics and Society. 1945-1981*, Londres, 1982.

Hurel (éd.) 2001

D. O. Hurel (éd.), *Guide pour l'histoire des ordres et des congrégations religieuses. France, XVIᵉ-XXᵉ siècles*, Turnhout, 2001.

Hyde 1978

G. Hyde, *Education in Modern Egypt, Ideals, and Realities,* Londres, 1978.

Ianari 2001

V. Ianari, «L'Italia e il Medio Oriente: dal Neoatlantismo al peace-keeping», dans A. Giovagnoli, S. Pons (éd.), *L'Italia Repubblicana nella crisi degli anni 70. Tra guerra fredda e distensione*, Rome, 2001, p. 30-63.

Ibrahim 2011

V. Ibrahim, *The Copts of Egypt. The Challenges of Modernisation and Identity,* Londres, New York, 2011.

Ikeda 2005

M. Ikeda, «Toward the Democratization of Public Education, the Debate in Late Parliamentary Egypt 1943-1952», dans A. Goldschmidt, A. Johnson, B. A. Salmoni (éd.), *Re-Envisioning Egypt: 1919-1952*, Le Caire, New York, 2005.

Ilbert 1987

R. Ilbert, «Bombardement et incendie: juillet 1882. Un témoignage», *ROMM 46*, 1987, p. 157-167.

Ilbert 1996

R. Ilbert, *Alexandrie 1830-1930. Histoire d'une communauté citadine*, Le Caire, 1996.

Inolowcki 2021

D. Inowlocki, *Philosophie de la Révolution de Gamal Abdel Nasser: entre questions nationale, sociale et culturelle. Édition critique bilingue, Égypte, 1953-1956*, Paris, 2021.

Iriye, Saunier (éd.) 2009

A. Iriye, P. Y. Saunier (éd.), *The Palgrave Dictionary of Transnational History. From the Mid-19th Century to the Present Day*, Londres, 2009.

Isabella 2014

M. Isabella, *Risorgimento in esilio. L'internazionale liberale e l'età delle rivoluzioni*, Rome, Bari, 2014.

Issawi 1954

C. Issawi, *Egypt at Mid-century. An Economic Survey*, Londres, 1954.

Issawi 1975

C. Issawi, *The Economic History of Middle East: 1800-1914*, Londres, 1975.

Ivani 2011

M. Ivani, «Il decollo dell'économia e della formazione professionale: l'éta giolittiana», dans E. De Fort, S. Musso (éd.), *Storia della formazione professionale in Piemonte dall'Unità d'Italia all'Unione Europea*, Turin, 2011, p. 51-80.

Jacob 2011

W. C. Jacob, *Working Out Egypt. Effendi Masculinity and Subject Formation in Colonial Modernity*, Duke, 2011.

Jesné 2006

F. Jesné, « Les racines idéologiques de l'impérialisme italien dans les Balkans, 1861-1915 », *Hypothèses* 2006/1, p. 271-281.

Jesné (éd.) 2017

F. Jesné (éd.), *Les consuls, agents de la présence française dans le monde (XVIIIᵉ-XIXᵉ siècles)*, Rennes, 2017.

Jusseaume 2016

A. Jusseaume, « Les archives des congrégations religieuses féminines : nouvelles sources et nouveaux objets pour l'histoire sociale à l'époque contemporaine », *Mélanges de l'École française de Rome - Italie et Méditerranée modernes et contemporaines* [en ligne] 128-2, http://journals.openedition.org/mefrim/3053.

Jusseaume 2017

A. Jusseaume, « Le recrutement des sœurs de charité dans le premier XIXᵉ siècle : enquête sur la vocation et l'entrée en religion », dans J. Pontet (éd.), *Année Cestac. Société, religion et charité au XIXᵉ siècle, Actes du colloque d'Anglet (15-17 octobre 2015)*, Bayonne, Anglet, 2017, p. 203-220.

Jusseaume 2019

A. Jusseaume, « En mission auprès des pauvres : l'apostolat des Petites Sœurs de l'Assomption au XIXᵉ siècle à Paris », dans C. Coutel, O. Rota (éd.), *Se faire apôtre du XIXᵉ siècle à nos jours. L'Église catholique et les différents régimes d'apostolat dans le monde moderne*, Paris, 2019, p. 101-124.

Kalmbach 2012

H. Kalmbach, « Dār al-'Ulūm », dans K. Fleet, J. Nawas, G. Kraemer, E. Rowson, D. Matringe (éd.) *Encyclopédie de l'Islam 3*, 2012-2, Leyde, p. 109-112.

Kalmbach 2016

H. Kalmbach, « Training Teachers how to Teach: Transnational Exchange and the Introduction of Social-Scientific Pedagogy in 1890s Egypt », dans M. Booth, A. Gorman (éd.), *The Long 1890s in Egypt: Colonial Quiescence, Subterranean Resistance*, Édimbourg, 2016, p. 87-116.

Kazazian 1990

A. Kazazian, « Les logiques associatives dans la communauté arménienne d'Égypte », *Égypte/Monde arabe* [en ligne] 3, http://journals.openedition.org/ema/233.

Kerbœuf 2001

A.-C. Kerbœuf, « La "racaille" et les "intrigants". Étude comparée de deux émeutes (Alexandrie, 11 juin 1882/Le Caire, 26 janvier 1952) », *EgMA* 4-5, 2001, p. 55-80.

Khuri-Makdisi 2008

I. Khuri-Makdisi, « The Nahda Revisited: Socialism and Radicalism in Beirut and Mount Lebanon », dans C. Schumann (éd.), *Liberal Thought in the Eastern Mediterranean*, Leyde, 2008, p. 147-174.

Kirk 1994

B. J. Kirk, *Egypt during the Nasser Years. Ideology, Politics and Civil Society*, Oxford, 1994.

Kirk 2000

B. J. Kirk, *Egypt during the Sadat Years*, New York, 2000.

Kitroeff 1989

A. Kitroeff, *The Greeks in Egypt, 1919-1937: Ethnicity and Class*, Oxford, 1989.

Kohstall 2009

F. Kohstall, « Une internationalisation concurrentielle. Les réformes de l'enseignement supérieur en Égypte et au Maroc », dans S. Mazzella (éd.), *La mondialisation étudiante. Le Maghreb entre Nord et Sud*, Paris, 2009, p. 173-186.

Kraemer 2010

G. Kraemer, *Hassan al-Banna*, New York, 2010.

Labanca 2002

N. Labanca, *Oltremare. Storia dell'espansione coloniale italiana*, Bologne, 2002.

Labib 2024

M. Labib, *Recenser l'Égypte. Dette publique et politiques de quantification à l'ère impériale (1875-1922)*, Le Caire, 2024.

Labib 2019

M. Labib, « Savoirs experts et réforme sociale : réflexions sur l'histoire de l'économie politique en Égypte, 1892-1922 », *EgMA* 20, 2, 2019, p. 95-110.

Labib 2020

M. Labib, « The Industrial Man: Development, Productivity, and the Rise of Management in Egypt, 1940s-1960s », *EUME Berliner Seminar*, 13 mai 2020.

Labib, Turiano 2024

M. Labib, A. Turiano, « Which Education for Development? Experts and Expertise on Technical Education. Egypt 1930s-1960s », *Scuola democratica* 1/2024 (numéro spécial), 2024, p. 69-87.

Lackani 1976

R. Lackani, *Quelques notes de toponymie alexandrine*, Alexandrie, 1976.

Lahalle 2006

A. Lahalle, *Les écoles de dessin au XVIIIe siècle. Entre arts libéraux et arts mécaniques*, Rennes, 2006.

Lambert, Lembré 2017

G. Lambert, S. Lembré, « L'enseignement technique en ses lieux. Conception, édification et usages (XIXe-XXe siècles) », *Histoire de l'éducation* 147, 2017, p. 9-35.

Langlois 1984

C. Langlois, *Le catholicisme au féminin. Les congrégations françaises à supérieure générale au XIXe siècle*, Paris, 1984.

Laurens 1999

H. Laurens, *La question de Palestine. Tome premier 1799-1922. L'invention de la Terre sainte*, Paris, 1999.

Laurens 2006

H. Laurens, « La projection chrétienne de l'Europe industrielle sur les provinces arabes de l'Empire ottoman », dans P.-J. Luizard (éd.), *Le choc colonial et l'islam. Les politiques religieuses des puissances coloniales en terre d'islam*, Paris, 2006, p. 39-56.

Lazarev 1987

A. Lazarev, *La communauté italienne en Égypte 1919-1939. Une italianité à l'épreuve des nationalismes*, mémoire de maîtrise, université Paris 1-Sorbonne, 1986-1987.

Lazarev 1992

A. Lazarev, « Italiens, italianité et fascisme », dans R. Ilbert et I. Yannakakis (éd.), *Alexandrie 1860-1960. Un modèle éphémère de convivialité : communautés et identités cosmopolite*, Paris, 1992, p. 92-111.

Le Gall-Kazazian 1990

A. Le Gall-Kazazian, « Les logiques associatives dans la communauté arménienne d'Égypte », *Égypte/Monde arabe*, première série 3, 1990, http://journals.openedition.org/ema/233.

Lembré 2015

S. Lembré, « L'enseignement technique industriel en Algérie : projets et enjeux (1900-1958) », *Artefact* 3, 2015, p. 83-96.

Lembré 2016

S. Lembré, *Histoire de l'enseignement technique*, Paris, 2016.

Lembré 2017

S. Lembré, « L'enseignement technique et professionnel dans l'Algérie coloniale, du territoire à l'atelier (1866-1958) », *Histoire de l'éducation* 147, 1, 2017, p. 91-117.

Lembré 2020a

S. Lembré, « L'enseignement technique à l'écran. Modernité technique et propagande cinématographique dans un film documentaire de 1930 », *Images du travail. Travail des images* [en ligne] 9, 2020, http://journals.openedition. org/itti/453.

Lembré 2020b

S. Lembré, « L'enseignement technique et professionnel et le développement économique de l'Afrique du Nord sous domination française (années 1920-années 1950) », dans D. Matasci, M. Bandeira Jerónimo, Gonçalves Dores (éd.), *Repenser la mission civilisatrice. L'éducation dans le monde colonial et postcolonial au XXᵉ siècle*, Rennes, 2020, p. 109-124.

Lembré, Millet 2014

S. Lembré, G. Millet, « Le bruit du dessin. À l'écoute de la fabrique, entre production et conservation », *Revue d'histoire du XIXᵉ siècle*, 48, 2014, p. 165-179.

Lembré, Moreau 2020

S. Lembré, G. Moreau, « Introduction. Les images, un autre regard sur l'apprentissage et l'enseignement professionnel », *Images du travail. Travail des images* [en ligne] 9, 2020, http://journals.openedition.org/itti/425.

Lemire 2013

V. Lemire, *Jérusalem 1900. La ville sainte à l'âge des possibles*, Paris, 2013.

Le Thomas 2012

C. Le Thomas, *Les écoles chiites au Liban. Construction communautaire et mobilisation politique*, Paris, 2012.

Levi 1989

G. Levi, *Le pouvoir au village. Histoire d'un exorciste dans le Piémont du XVIIᵉ siècle*, Paris, 1989.

Levi, Rosental 1990

G. Levi, P.-A. Rosental, « Carrières d'artisans et marché du travail à Turin (XVIIIᵉ-XIXᵉ siècles) », *Annales. Histoire, Sciences sociales* 6, 1990, p. 1351-1364.

Levra 2000

U. Levra, *Storia di Torino 4 : la città nel Risorgimento (1798-1864)*, Turin, 2000.

Lia 1998

B. Lia, *The Society of Muslim Brotherhood in Egypt: The Rise of an Islamic Mass Movement, 1928-1942*, Londres, 1998.

Lindner 2009

    C. Lindner, *Negotiating the Field: American Protestant Missionaries in Ottoman Syria, 1823-1860,* thèse de doctorat, The University of Edinburgh, 2009.

Lockman (éd.) 1994

    Z. Lockman (éd.), *Workers and Working Class in the Middle East: Struggles, Histories, Historiographies,* Albany, New York, 1994.

Loffler 2006

    R. Loffler, « The Metamorphosis of a Pietistic Missionary and Educational Institution into a Social Service Enterprise: The Case of the Syrian Orphanage (1860-1945) », dans H. Murre-van den Berg (éd.), *New Faith in Ancient Lands. Western Missions in the Middle East in the 19th and Early 20th Century,* Leyde, 2006, p. 151-175.

Longuenesse 1990

    É. Longuenesse (éd.), *Bâtisseurs et bureaucrates. Ingénieurs et sociétés au Maghreb et au Moyen-Orient,* Lyon, 1990.

Longuenesse 1998

    É. Longuenesse, « Les diplômés du technique à l'heure des réformes économiques : formation et emploi », *EgMA* 3, 1998, p. 125-146.

Longuenesse 2003

    É. Longuenesse, « Diplômes industriels et service de l'État. Les fantassins de la modernisation de l'Égypte. Remarques sur l'histoire de l'Association des diplômés de l'école industrielle (1943-1974) », *REMMM* 101-102, 2003, p. 175-197.

Longuenesse 2005

    É. Longuenesse, *Contribution à une sociohistoire des professions modernes au Proche-Orient,* mémoire d'habilitation à diriger des recherches, 2005.

Longuenesse 2007

    É. Longuenesse, *Professions et sociétés au Proche-Orient. Déclin des élites, crise des classes moyennes,* Rennes, 2007.

Longuenesse, Monciaud 2011

    É. Longuenesse, D. Monciaud « Syndicalismes égyptiens », dans V. Battisti, F. Ireton (éd.), *L'Égypte au présent, Inventaire d'une société avant révolution,* Arles, 2011, p. 367-384.

Longuenesse *et al.* 2005

    É. Longuenesse, M. Catusse, B. Destremau, « Le travail et la question sociale au Maghreb et au Moyen-Orient », *REMMM* 105-106, 2005, p. 15-41.

Loparco 2002

G. Loparco, *Le FMA nella società italiana (1900-1922), Percorsi e problemi di ricerca,* Rome, 2002.

Loparco 2017

G. Loparco, «Figlie di Maria Ausiliatrice e migranti italiani nel primo 900. Apporto di fonti inedite», *Rivista di scienze dell'educazione* 55, 1, 2017, p. 100-116.

Mabro 1974

R. Mabro, The *Egyptian Economy. 1952-1972,* Oxford, 1974.

Mabro, Radwan 1976

R. Mabro, S. Radwan, *The Industrialization of Egypt. 1939-1973 Policy and Performance,* Oxford, 1976.

Makdisi 2008

U. Makdisi, *Artillery of Heaven: American Missionaries and the Failed Conversion of the Middle East,* Ithaca, 2008.

Maksudyan 2011

N. Maksudyan, «Orphans, Cities and the State: Vocational orphanages (*islahhanes*) and Reform in the Late Ottoman Urban Space», *IJMES* 43, 2011, p. 493-511.

Maksudyan 2014

N. Maksudyan, *Orphans and Destitute Children in the Late Ottoman Empire,* Syracuse, 2014.

Makar 2023

F. Makar, *Progressive Education, Modern Schools and Egyptian Teachers: 1922-1956,* thèse de doctorat, University of Oxford, 2023.

Mangoni 2002

L. Mangoni, «I Patti lateranensi e la cultura cattolica», *Studi Storici* 43, 1, 2002, p. 153-165.

Marchi 2010

A. Marchi, «La presse d'expression italienne en Égypte, 1861-1945», *Rivista dell'Istituto di Storia dell'Europa Mediterranea* 5, 2010, p. 91-125.

Margiotta Broglio 1977

F. Margiotta Broglio (éd.), *La Chiesa del Concordato. Anatomia di una diocesi: Firenze, 1919-1939,* Bologne, 1977.

Martelli 2003

M. Martelli, *Il fascio e la mezza luna. I nazionalisti arabi e la politica di Mussolini,* Rome, 2003.

Martina 1978

G. Martina, « Gli istituti religiosi in Italia dalla Restaurazione alla fine dell'800 », dans *Dizionario degli Istituti di perfezione,* vol. 5, Rome, 1978, p. 217-219.

Martinelli 2019

C. Martinelli, *Fare i lavoratori? Le scuole industriali e artistico-industriali italiane in età liberale,* Rome, 2019.

Marzagalli 2015

S. Marzagalli (éd.), *Les consuls en Méditerranée, agents d'information. XVᵉ-XXᵉ siècle,* Paris, 2015.

Marzano 2017

A. Marzano, *Onde fasciste. La propaganda araba di Radio Bari (1934-1943),* Rome, 2017.

Matard-Bonucci 2002

M.-A. Matard-Bonucci, « Enjeux de la diplomatie culturelle fasciste. De l'Italien à l'étranger à l'Italien nouveau », *MEFRIM* 114, 1, 2002, p. 163-178.

Matasci, Desgrandchamps 2020

D. Matasci, M.-L. Desgrandchamps, « De la "mission civilisatrice" à l'aide internationale dans les pays du Sud : acteurs, pratiques et reconfigurations au xxᵉ siècle », *Histoire politique* 41, 2020, https://journals.openedition.org/histoirepolitique/284.

Matasci *et al.* (éd.) 2020

D. Matasci, M. Bandeira Jerónimo, Gonçalves Dores (éd.), *Repenser la mission civilisatrice. L'éducation dans le monde colonial et postcolonial au XXᵉ siècle,* Rennes, 2020, p. 109-124.

Mayeur 1972

J.-M. Mayeur, « Catholicisme intransigeant, catholicisme social, démocratie chrétienne », *Annales. Économies, sociétés, civilisations* 2, 1972, p. 483-499.

Mayeur 1986

J.-M. Mayeur, *Catholicisme social et démocratie chrétienne : principes romains, expériences françaises,* Paris, 1986.

Mayeur *et al.* (éd.) 1995

J.-M. Mayeur, Ch. Pietri, L. Pietri, A. Vauchez, M. Venard (éd.) *Histoire du Christianisme 11. Libéralisme, industrialisation, expansion européenne (1830-1914),* Paris, 1995, p. 611-636.

Mayeur-Jaouen 1987

C. Mayeur-Jaouen, « Le Collège de la Sainte-Famille dans la société égyptienne (1879-1919) », *AnIsl* 23, 1987, p. 117-130.

Mayeur-Jaouen 1992

C. Mayeur-Jaouen, « Un collège jésuite face à la société multiconfessionnelle égyptienne : la Sainte-Famille du Caire (1879-1919) », *Revue d'histoire de l'Église de France* 201, 1992, p. 265-286.

Mayeur-Jaouen 1995

C. Mayeur-Jaouen, « Les chrétiens d'Orient au XIXe siècle », dans J.-M. Mayeur *et al.* (éd.), *Histoire du christianisme des origines à nos jours 11. Libéralisme, industrialisation, expansion européenne (1830-1914)*, Paris, 1995, p. 793-849.

Mayeur-Jaouen 2000

C. Mayeur-Jaouen, « Le destin des chrétiens d'Orient à la fin du XXe siècle », dans J.-M. Mayeur *et al.* (éd.), *Histoire du christianisme des origines à nos jours 13. Crises et renouveau (de 1958 à nos jours)*, Paris, 2000, p. 471-508.

Mayeur-Jaouen 2016

C. Mayeur-Jaouen », Le Vatican II des catholiques égyptiens. Au temps de Nasser, l'espoir d'un monde meilleur », *Archives de sciences sociales des religions* 175, 2016, p. 361-389.

Mayeur-Jaouen 2019

C. Mayeur-Jaouen, *Voyage en Haute-Égypte. Prêtres, coptes et catholiques*, Paris, 2019.

Mayeur-Jaouen, Voile 2003

C. Mayeur-Jaouen, B. Voile, « Les paradoxes du renouveau copte dans l'Égypte contemporaine », dans B. Heyberger (éd), *Chrétiens du monde arabe. Un archipel en terre d'islam*, Paris, 2003, p. 163-177.

Medici 2009

L. Medici, *Dalla propaganda alla cooperazione. La diplomazia culturale italiana nel secondo dopoguerra (1944-1950)*, Padoue, 2009.

Melcangi 2013

A. Melcangi, « La collettività italiana nell'Egitto di Gamal Abd el Nasser. Alcune note a proposito dei documenti diplomatici italiani sulla visita di Fanfani al Cairo », *Polo Sud, Semestrale di studi storici* 3, 2013, p. 55-79.

Melfa 2008

D. Melfa, *Migrando a sud. Coloni italiani in Tunisia (1881-1939)*, Rome, 2008.

Menozzi 1973

D. Menozzi, « Le nuove parrocchie nella prima industrializzazione torinese », *Rivista di storia e letteratura religiosa*, 9, 1973, p. 69-87.

Menozzi 1993

D. Menozzi, *La Chiesa cattolica e la secolarizzaione*, Turin, 1993.

Menozzi 2015

D. Menozzi, « "Il piu' italiano dei santi, il piu santo degli Italiani" : la nazionalizzazione di San Francesco tra le due guerre », dans D. Menozzi (éd.), *Cattolicesimo, Nazione e Nazionalismo. Catholicism, Nation and Nationalism*, Pise, 2015, p. 87-110.

Mestyan 2017

A. Mestyan, *Arab Patriotism. The Ideology and Culture of Power in Late Ottoman Egypt*, Princeton, 2017.

Miège 1968

J.-L. Miège, *L'impérialisme colonial italien de 1870 à nos jours*, Paris, 1968.

Milza (éd.)1986

P. Milza (éd.), *Les Italiens en France de 1914 à 1940*, Rome, 1986.

Milza, Matard-Bonucci (éd.) 2004

P. Milza, M.-A. Matard-Bonucci (éd.), *L'homme nouveau entre dictature et totalitarisme (1922-1945)*, Paris, 2004.

Mitchell 1969

R. P. Mitchell, *The Society of the Muslim Brothers*, Londres, 1969.

Mola 1991

A. Mola, « Le logge italiane in Egitto dall'Unità al fascismo », dans R. Rainero, E. Serra (éd.), *L'Italia e l'Egitto dalla rivolta di Orabi Pacha all'avvento del fascismo, (1882-1922)*, Milan, 1991.

Monciaud 1995

D. Monciaud, « Le projet de la Piastre et Jeune Égypte. Entre réforme et conscience économique nationaliste », dans A. Roussillon (éd.), *Entre réforme sociale et mouvement national : identité et modernisation en Égypte. 1882-1962*, Le Caire, 1995, p. 113-127.

Monciaud 2002

D. Monciaud, « L'Égyptien pour l'Égyptien, (1930-1931), campagne nationaliste économique et controverse sur l'identité », *REMMM* 95-98, 2002, p. 355-380.

Montalbano 2023

G. Montalbano, *Les Italiens de Tunisie. La construction d'une communauté entre migrations, colonisations et colonialismes (1896-1918)*, Rome, 2023.

Moore 1980

C. H. Moore, *Images of Development. Egyptian Engineers in Search of Industry*, Cambridge, Massachusetts, Londres, 1980.

Morandi 2014

M. Morandi, «Istruzione e formazione professionale in Italia: evoluzione dell'ordinamento prospettive culturali», *Historia de la Educación* 33, 2014, p. 95-107.

Morandini 2003

M. C. Morandini, *Scuola e nazione. Maestri e istruzione popolare nella costruzione dello Stato unitario. (1848-1861)*, Milan, 2003.

Morcaldi 2004

M. Morcaldi, *Le scuole industriali: 1880-1930, formazione e capitale umano*, Milan, 2004.

Mourlane, Paini 2017

S. Mourlane, D. Païni (éd.), *Ciao Italia! Un siècle d'immigration et de culture italiennes en France*, Paris, 2017.

Mourlane *et al.* (éd.) 2022

S. Mourlane, C. Régnard, M. Martini, C. Brice. (éd.) *Italianness and Migration from the Risorgimento to the 1960s*, Londres, 2022.

Murre Van Den Berg (éd.) 2006

H. Murre Van Den Berg (éd.) *New Faith in Ancient Lands. Western Missions in the Middle East in the Nineteenth and Early Twentieth Centuries,* Leyde, 2006.

Murre Van Den Berg 2010

H. Murre Van Den Berg, «The Study of Western Missions in the Middle East (1820-1920): An Annoted Bibliography», dans N. Friedrich, U. Kaminsky, R. Loeffler (éd.), *The Social Dimension of Christian Missions in the Middle East. Historical Studies of the 19th and 20th Centuries*, Stuttgart, 2010, p. 35-54.

Navire 2009

F. Navire, *Torino come centro di sviluppo culturale. Un contributo agli studi della civiltà italiana*, Francfort, 2009.

Neveu 2022

N. Neveu, «Les Sœurs de Nazareth et le développement de l'assistance aux réfugiés palestiniens en Jordanie, 1948-1960», dans B. Dumons (éd.), *Les congrégations féminines missionnaires. Éducation, santé et humanitaire: une histoire transnationale (XIXe-XXe siècles)*, Rome, 2022, p. 77-105.

Okkenhaug 2005

I. M., Okkenhaug, «To Give Boys Energy, Manliness and Self-command in Temper: The Anglican Male Ideal and St George School in Jerusalem, c. 1900-1940», dans I. M. Okkenhaug, I. Flaskerund (éd.), *Gender, Religion and Change in the Middle East: Two Hundred Years of History,* Oxford, 2005, p. 47-65.

Okkenhaug (éd.) 2010

I. M. Okkenhaug (éd.), «Gender and Missions in the Middle East», *Social Sciences and Missions* 23,1, 2010.

Okkenhaug, Sanchez Summerer (éd.) 2020

I. M. Okkenhaug, K. Sanchez Summerer (éd.), *Christian Missionaries and Humanitarianism in the Middle East, 1850-1950*, Leyde, 2020.

Opera Don Bosco 1989

Opera Don Bosco, *Il Salesiano coadiutore. Storia, identità, pastorale vocazionale e formazione*, Rome, 1989.

Oppizzi 2022

M. Oppizzi, *Les juifs italiens de Tunisie pendant le fascisme. Une communauté à l'épreuve (1921-1943)*, Rennes, 2022.

Ostenc 2012

M. Ostenc, «Éducation et congrégations religieuses enseignantes en Italie pendant la Restauration», *Archives de sciences sociales des religions* [en ligne] 156, 2011, http://journals.openedition.org/assr/23400.

Owen 1969

R. Owen, «The Cairo Building Industry and the Building Boom of 1897 to 1907», *Colloque international sur l'histoire du Caire*, 1969, p. 337-350.

Owen 1984

R. Owen, «The Study of Middle Eastern Industrial History: Notes on the Interrelationship between Factories and Small-Scale Manufacturing with Special References to Lebanese Silk and Egyptian Sugar, 1900-1930», *IJMES* 16, 4, 1984, p. 475-487.

Owen 1987

R. Owen, *The Middle East in the World Economy. 1800-1914*, Londres, 1987.

Owen, Pamuk 1998

R. Owen, S. Pamuk, *A History of Middle East Economies in the Twentieth Century*, Londres, 1998.

Panfilo 1976

L. Panfilo, *Dalla scuola di arti e mestieri di don Bosco all'attività di formazione professionale (1860-1915). Il ruolo dei salesiani*, Milan, 1976.

Panzac 1978

D. Panzac, «Alexandrie: évolution d'une ville cosmopolite au XIXe siècle», *AnIsl* XIV, 1978, p. 194-215.

Paonessa 2020

    C. Paonessa, « L'anticléricalisme dans l'Égypte coloniale. Le cas de la colonie italienne (1860-1914) », *AnIsl* 54, 2020, p. 275-298.

Paonessa (éd.) 2021

    C. Paonessa (éd.), *Italian Subalterns in Egypt between Emigration and Colonialism (1861-1937)*, Louvain, 2021.

Pazzaglia 1981

    L. Pazzaglia, « Educazione e scuola nel programma dell'Opera dei Congressi », dans Centro di ricerca Letteratura e cultura dell'Italia unita (éd.), *Cultura e società in Italia nell'età umbertina. Problemi e ricerca*, Milan, 1981, p. 420-474.

Pazzaglia, Sani 2001

    L. Pazzaglia, R. Sani, *Scuola e società nell'Italia Unita, dalla Legge Casati al centro sinistra*, Brescia, 2001.

Pazzaglia, De Giorgi 2003

    L. Pazzaglia, F. De Giorgi, « Immagine, prescritto, vissuto : i cattolici e l'educazione degli italiani », dans A. Acerbi (éd.), *La Chiesa e l'Italia : per una storia dei loro rapporti negli ultimi due secoli*, Milan, 2003, p. 1-37.

Pearson, Richardson, 2011

    R. Pearson, R. Richardson, « Business Networking in the Industrial Revolution », *Economic History Review* 56, 4, 2011, p. 657-679.

Pécout 2004

    G. Pécout, *Naissance de l'Italie contemporaine (1770-1922)*, Paris, 2004.

Pécout 2007

    G. Pécout, « Histoire et pédagogie nationale dans l'Italie contemporaine », *Histoire@politique* 2, 2007, p. 1-11.

Pelletier 2004

    D. Pelletier, « Le catholicisme social en France (XIXe-XXe siècles) », dans B. Pellistrandi (éd.), *L'histoire religieuse en France et en Espagne*, Madrid, 2004, p. 371-387.

Pelletier 1996

    D. Pelletier, *Économie et humanisme. De l'utopie communautaire au combat pour le tiers-monde. 1941-1966*, Paris, 1996.

Pelpel, Troger 2001

    P. Pelpel, V. Troger, *Histoire de l'enseignement technique*, Paris, 2001.

Petricioli 1997

    M. Petricioli, « Italian Schools in Egypt », *British Journal of Middle Eastern Studies* 24, 2, 1997, p. 179-191.

Petricioli 2007

M. Petricioli, *Oltre il mito, l'Egitto degli Italiani (1917-1947)*, Milan, 2007.

Pettinaroli 2013

L. Pettinaroli, « Congrégation pour les Églises orientales », dans C. Dickès, avec la collaboration de M. Levant et de G. Ferragu, *Dictionnaire du Vatican et du Saint-Siège*, 2013, p. 312-314.

Piaton (éd.) 2016

C. Piaton (éd.), *L'Isthme et l'Égypte au temps de la Compagnie universelle du canal maritime de Suez (1858-1956)*, Le Caire, 2016.

Pieraccini 2017

P. Pieraccini, « The External Cultural and Linguistic Policy of the Italian Government in the Mediterranean Region and the Issue of the National Association for Aid to the Missionaries », dans K. Sanchez Summerer, F. Willem (éd.), *Linguistic and Cultural Foreign Policies of European States: 18th-20th Centuries*, Amsterdam, 2017, p. 91-112.

Pieraccini 2019

P. Pieraccini, « Catholic Missionaries of the "Holy Land" and the Nahda. The Case of the Salesian Society », *Social Sciences and Missions* 32, 3-4, 2019, p. 311-341.

Picquet 2006

C. Piquet, *La compagnie du canal de Suez : une concession française en Égypte (1888-1956)*, thèse de doctorat, université Paris 4, 2006.

Pirotte (éd.) 2005

J. Pirotte (éd.), *Les conditions matérielles de la mission. Contraintes, dépassements et imaginaires (XVIIe-XXe siècles)*, Paris, 2005.

Pizzigallo 2008

M. Pizzigallo, *La diplomazia italiani e i paesi arabi dell'Oriente Mediterraneo*, Milan, 2008.

Pizzigallo (éd.) 2009

M. Pizzigallo (éd.), *Cooperazione e relazioni internazionali. Studi e ricerche sulla politica estera italiana del secondo dopoguerra*, Milan, 2009.

Pollard 2005

L. Pollard, *Nurturing the Nation: The Family Politics of Modernizing, Colonizing and Liberating Egypt, 1805-1923*, Berkeley, 2005.

Pollard 2014

L. Pollard, « Egyptian by Association: Charitable States and Services Societies, circa 1850-1945 », *IJMES* 46, 2014, p. 239-257.

Porciani 1995

I. Porciani, « Lo Statuto e il Corpus Domini. La festa nazionale dell'Italia liberale », dans *Il Mito del Risorgimento nell' Italia unita,* Milan, 1995, p. 149-173.

Poulat 1989

E. Poulat, « La modernité à l'heure de Vatican II », dans École française de Rome, *Le deuxième concile du Vatican (1959-1965),* Rome, 1989, p. 809-826.

Pozzo 2003

V. Pozzo, *L'Ispettoria salesiana del Medio Oriente, i primi cinquant'anni (1902-1952),* Bethléem, 2003.

Prellezo 2010

J. M. Prellezo, *Scuole professionali salesiane. Momenti della loro storia (1853-1953),* Rome, 2010.

Pretelli 2010

M. Pretelli, *Il fascismo e gli italiani all'estero,* Bologne, 2010.

Pretelli 2011

M. Pretelli, *L'emigrazione italiana negli Stati Uniti,* Bologne, 2011.

Prudhomme 1994

C. Prudhomme, *Stratégie missionnaire du Saint-Siège sous Léon XIII (1878-1903). Centralisation romaine et défis culturels,* Rome, 1994.

Prudhomme 2007

C. Prudhomme, « Mission religieuse et action humanitaire : quelle continuité ? » *Annales de Bretagne et des pays de l'Ouest* [en ligne] 112-2, 2005, http://journals. openedition.org/abpo/1079.

Prudhomme 2009

C. Prudhomme, « Mission, colonisation, décolonisation : vue d'ensemble », dans D. Borne, B. Falaize (éd.), *Religion et colonisation. Afrique-Amériques-Asie-Océanie. XVIᵉ-XXᵉ siècle,* Paris, 2009, p. 64-74.

Prudhomme 2014

C. Prudhomme, « La France et les missions catholiques, XVIIIᵉ-XXᵉ siècles », dans A. Tallon, C. Vincent (éd.), *Histoire du christianisme en France,* Paris, 2014, p. 375-390.

Prudhomme 2016

C. Prudhomme, « La Congrégation de Propaganda Fide à l'épreuve du concile Vatican II », dans B. Truchet (éd.), *Quand la mission se cherche. Vatican II et ses prolongements,* Paris, 2016, p. 95-119.

Prudhomme, Zorn 2000

C. Prudhomme, J. F. Zorn, « Crises et mutations de la mission chrétienne », dans J.-M. Mayeur, Ch. Pietri, L. Pietri, A. Vauchez, M. Venard (éd.), *Histoire du christianisme des origines à nos jours 13. Crises et renouveau de 1958 à nos jours*, Paris, 2000, p. 343-367.

Qasim 1987

N. Qasim, *Taṭawwur al-ṣināʿa al-miṣriyya mundhu ʿahd Muḥammad ʿAlī ḥattā ʿAbd al-Nāṣir* Le Caire, 1987.

Raineau 2012

T. Raineau, « Mendiante et orgueilleuse ? L'université d'Al-Azhar et l'enseignement supérieur égyptien (1860-1930) », *REMMM* 131, 2012, p. 111-126.

Rainero 1991

R. H. Rainero, « La colonia italiana d'Egitto : presenza e vitalità », dans R. H. Rainero, L. Serra (éd.), *L'Italia e l'Egitto, dalla rivolta di ʿUrabi Pāsha all'avvento del fascismo (1882-1922)*, Settimo Milanese, 1991, p. 125-173.

Rainhorn, Zalc 2000

J. Rainhorn, C. Zalc, « Commerce à l'italienne : immigration et activité professionnelle à Paris dans l'entre-deux-guerres », *Le Mouvement social* 191, 2, 2000, p. 49-68.

Raymond 1993

A. Raymond, *Le Caire*, Paris, 1993.

Reimer 1987

M. J. Reimer, « Alexandrie. Les fondements de la ville moderne : un tableau socio-démographique entre 1820 et 1850 », *ROMMM* 46, 1987, p. 110-120.

Reimer 1997

M. J. Reimer, *Colonial Bridgehead: Government and Society in Alexandria, 1807-1882*, Boulder, 1997.

Rémond 1997

R. Rémond, « Conclusion générale », dans École française de Rome, *Rerum Novarum. Écriture, contenu et réception d'une encyclique*, Rome, 1997, p. 657-663.

Revel 1989

J. Revel, « L'histoire au ras du sol », préface à G. Levi, *Le pouvoir au village. Histoire d'un exorciste dans le Piémont du XVIIᵉ siècle*, Paris, 1989, p. 1-33.

Revel (éd.) 1996

J. Revel (éd.), *Jeu d'échelles. La microanalyse à l'expérience*, Paris, 1996.

Reynaud-Paligot 2020

C. Reynaud-Paligot, *L'École aux colonies. Entre mission civilisatrice et racialisation. 1816-1940*, Ceyzérieu, 2020.

Riccardi 2014

L. Riccardi, *L'ultima politica estera. L'Italia e il Medio Oriente alla fine della Prima Repubblica*, Soveria Mannelli, 2014.

Ricuperati 2015

G. Ricuperati, *Storia della scuola in Italia: dall'Unità a oggi*, Milan, 2015.

Rioli 2020

M. C. Rioli, *A Liminal Church. Refugees, Conversions and the Latin Diocese of Jerusalem, 1946-1956*, Leyde, 2020.

Rocca 1992

G. Rocca, «Istituti religiosi in Italia tra otto e novecento», dans M. Rosa (éd.), *Clero e società nell'Italia contemporanea*, Bari, 1992, p. 207-256.

Rodogno 2008

D. Rodogno, «Le nouvel ordre fasciste en Méditerranée, 1940-1944: présupposés idéologiques, visions et velléités», *Revue d'histoire moderne & contemporaine* 55, 3, 2008, p. 138-156.

Rogan 2016

E. Rogan, *The Fall of the Ottomans. The Great War in the Middle East, 1914-1920*, Londres, 2016 (1ère éd.: 2015).

Rogers 2014

R. Rogers, «Congrégations féminines et diffusion d'un modèle scolaire français: propositions pour une histoire transnationale», *Pro-posiçoes* 25, 1, 2014, p. 55-74.

Rogers 2018

R. Rogers, «Tisser des nouvelles histoires: les travaux d'aiguille à l'école des filles (France-Algérie coloniale)», dans M. Maruani (éd.), *Je travaille, donc je suis. Perspectives féministes*, Paris, 2018, p. 155-164.

Romano 2007

S. Romano, *Histoire de l'Italie du Risorgimento à nos jours*, Paris 2007.

Rosoli 1989

G. Rosoli, «Scalabrini e Bonomelli: due pastori degli emigranti», dans G. Rosoli (éd.), *Scalabrini tra vecchio e nuovo mondo*, Rome, 1989, p. 537-562.

Rosoli 1996

G. Rosoli, *Insieme oltre le frontiere: momenti e figure dell'azione della chiesa tra gli emigrati italiani nei secoli 19 e 20*, Caltanissetta, 1996.

Roushdy 2021

N. Roushdy, *Between Class and Nation: International Education and the Dilemmas of Elite Belonging in Contemporary Egypt,* thèse de doctorat, Boston University, 2021.

Roussillon 1982

A. Roussillon, « Continuités et ruptures dans l'Égypte de l'Infitah. Le secteur public en question », *Annuaire de l'Afrique du Nord* 21, 1984, p. 413-451.

Roussillon 1991

A. Roussillon, « Savoirs réformistes et politique en Égypte au tournant des années 1940 », *Genèses. Sciences sociales et histoire* 5 1991, p. 54-80.

Roussillon (éd.) 1995

A. Roussillon (éd.), *Entre réforme sociale et mouvement national : identité et modernisation en Égypte. 1882-1962,* Le Caire, 1995.

Roussillon 1998

A. Roussillon, « Republican Egypt Interpreted: Revolution and Beyond », dans M. W. Daly (éd.), *The Cambridge History of Egypt, Volume Two: Modern Egypt from 1517 to the End of the Twentieth Century,* Cambridge, 1998, p. 334-393.

Rusca 2009

M. Rusca, *La cooperazione internazionale allo sviluppo e il ruolo dell'Italia : premesse storiche e primo decennio (1960-1970),* thèse de doctorat, Università degli Studi Roma 3, 2009.

Russell 2001

M. Russell, « Competing, Overlapping, and Contradictory Agendas: Egyptian Education under British Occupation, 1882-1922 », *Comparative Studies of South Asia, Africa and the Middle East* 21, 1-2, 2001, p. 50-60.

Russell 2004

M. Russell, *Creating the New Egyptian Woman. Consumerism, Education and National Identity, 1863-1922,* Londres, 2004.

Ryad 2006

U. Ryad, « Muslim Response to Missionary Activities in Egypt: with a Special Reference to the al-Azhar High Corps of 'Ulama (1925-1935) », dans H. Murre-van den Berg (éd.), *New Faith in Ancient Lands. Western Missions in the Middle East in the 19th and Early 20th Centuries,* Leyde, 2006, p. 281-308.

Ryzova 2014

L. Ryzova, *The Age of the Efendiyya. Passages to Modernity in National-Colonial Egypt,* Oxford, 2014.

Saaidia, Zerbini (éd.) 2015

O. Saaidia, L. Zerbini (éd.), *L'Afrique et la mission. Terrains anciens, questions nouvelles avec Claude Prudhomme*, Paris, 2015.

Salāma 1963

G. Salāma, *Tārīkh al-taʿlīm al-ajnabī fī miṣr fī al-qarnayn al-tāsiʿ ʿashar wa-l-ʿishrīn*, Le Caire, 1962.

Sanchez Summerer 2009

K. Sanchez Summerer, *Politiques, Éducation et identités linguistiques. Le collège des Frères des écoles chrétiennes de Jérusalem (1922-1939)*, thèse de doctorat, université de Leyde, 2009.

Sanchez Summerer 2013

K. Sanchez Summerer, «Action sanitaire et éducative en Palestine des missionnaires catholiques et anglicans (début du xxᵉ siècle)», dans C. Verdeil (éd.), *Missions chrétiennes en terre d'islam, Anthologie de textes missionnaires*, Turnhout, 2013, p. 231-282.

Sanchez Summerer *et al.* 2021

K. Sanchez Summerer, P. Bourmaud, S. Gabry-Thienpont, M. Levant, N. Neveu, «Reconstructing Babel: Christian Missions and Knowledge Production in the Middle East (19th-20th Centuries)», *Contemporary Levant*, 2021.

Sanderson, Sanderson 1981

L. P. Sanderson, N. Sanderson, *Education and Politics in Southern Sudan, 1899-1964*, Londres, Khartoum, 1981.

Sanfilippo 1997

M. Sanfilippo, «Masse briache di livore anticlericale: la documentazione vaticana sul 20 settembre (1870-1922)», *MEFRIM* 109,1, 1997, p. 139-158.

Sanfilippo *et al.* (éd.) 2001

M. Sanfilippo, «Chiesa, ordini religiosi ed emigrazione», dans P. Bevilacqua, A. De Clementi, E. Franzina (éd.), *Storia dell'Emigrazione italiana. Vol. 1: Partenze*, Rome, 2001, p. 111-130.

Sanfilippo 2009

M. Sanfilippo, «Un approccio storico alla pastorale migratoria: Chiesa, ordini religiosi ed emigrazione», dans Fondazione migrantes, *Rapporto Italiani nel mondo*, Rome, 2009, p. 174-186.

Sanfilippo 2011

M. Sanfilippo, «Breve storia del cattolicesimo degli emigranti», dans A. Melloni (éd.), *Cristiani d'Italia. Chiesa, società, stato*, Rome, 2011, p. 987-999.

Sanfilippo 2017

M. Sanfilippo, «Aux origines de la sociologie catholique en Italie», *Archives de sciences sociales des religions* 179, 2017, p. 51-70.

Sanfilippo 2018

M. Sanfilippo, «Les migrations italiennes: un aperçu statistique sur la longue durée», *Revue européenne des migrations internationales* 34, 1, 2018, p. 29-52.

Sani 2017

R. Sani, «Tra esigenze pastorali e impegno per la preservazione dell'identità nazionale: la Santa Sede e l'emigrazione italiana all'estero tra Otto e Novecento», *Historia da Educaçao* 21, 51, 2017, p. 143-185.

Sani 2021

R. Sani, *La Santa Sede e l'emigrazione italiana all'estero tra Otto e Novecento. Tra esigenze pastorali e impiego per la preservazione dell'identità italiana*, Rome, 2021.

Sani 2018

R. Sani, *Storia dell'educazione e delle istituzioni scolastiche nell'Italia moderna*, Milan, 2018.

Santilli 2014

A. Santilli, «Penser et analyser le cosmopolitisme. Le cas des Italiens d'Alexandrie au XIXᵉ siècle», *MEFRIM* [en ligne] 125-2, 2013, http://mefrim.revues.org/1516.

Saul 1997

S. Saul, *La France et l'Égypte de 1882 à 1914. Intérêts économiques et implications politiques*, Paris, 1997.

Saunier 2004

P.-Y. Saunier, «Circulations, connexions et espaces transnationaux», *Genèses. Sciences sociales et histoire* 57, 2004, p. 110-126.

Scaraffia 1997

L. Scaraffia, «Fondatrici e imprenditrici», dans E. Fattorini (éd.) *Santi, culti e simboli nell'éta dela secolarizzazione (1815-1915)*, Turin, 1997, p. 479-491.

Schepens 2004

J. Schepens, «La formazione teologica nella società salesiana nel periodo 1880-1992», *Ricerche Storiche Salesiane* 23, 2004, p. 23-63.

Schielke 2020

S. Schielke, *Migrant Dream. Egyptian Workers in the Gulf States*, Le Caire, 2020.

Sedra 2011

P. Sedra, *From Mission to Modernity: Evangelicals, Reformers and Education in 19ᵗʰ Century Egypt*, Londres, 2011.

Seikaly 1970

S. Seikaly, «Coptic Communal Reform: 1860-1914», *Middle Eastern Studies* 6, 1970, 3, p. 247-275.

Shunūda 1967

E. F. Shunūda, *Tarīkh al-taʻlīm al-sināʻi hattā thawrat 23 yūlyū 1952*, Le Caire, 1967.

Sharkey 2008

H. J. Sharkey, *American Evangelicals in Egypt. Missionary Encounters in an age of Empire*, Princeton, 2008.

Sharkey (éd.) 2013

H. J. Sharkey (éd.), *Cultural Conversions: Unexpected Consequences of Christian Missionary Encounters in the Middle East, Africa and South Asia*, Syracuse NY, 2013.

Smyrnelis 2005

M.-C. Smyrnelis, *Une société hors de soi. Identités et relations sociales à Smyrne aux XVIIIᵉ et XXᵉ siècles,* Paris, 2005.

Smyrnelis 2007

M.-C. Smyrnelis, «Vivre ensemble dans l'Empire ottoman (XVIIIᵉ-XIXᵉ siècles)», *Siècles* 26, 2007, p. 55-66.

Soave, Monzali (éd.) 2020

P. Soave, L. Monzali (éd.), *Italy and the Middle East. Geopolitics, Dialogue and Power during the Cold War*, Londres, 2020.

Soetens 1977

C. Soetens, *Le congrès eucharistique international de Jérusalem (1893) dans le cadre de la politique orientale du pape Léon XIII*, Louvain, 1977.

Soldani 1981

S. Soldani, «L'istruzione tecnica nell'Italia liberale (1861-1900)», *Studi Storici* 22, 1, 1981, p. 79-117.

Soldani, Turi (éd.) 1993

S. Soldani, G. Turi (éd.), *Fare gli Italiani. Scuola e cultura nell'Italia contemporanea*, Bologne,1993.

Sraieb 1994

N. Sraieb, «Maîtres et ingénieurs comme vecteurs de la modernité», *REMMM* 72, 1994, p. 13-14.

Starrett 1998

G. Starrett, *Putting Islam to Work. Education, Politics, and Religious Transformation in Egypt,* Berkeley, 1998.

Stella 1976

P. Stella, « I coadiutori salesiani (1854-1874), Appunti per un profilo storico socio-professionale », dans P. Brocardo, N. Cerisio, R. Romaldi (éd.), *Actes de la conférence internationale sur le salésien coadjuteur*, Rome, 1976, p. 51-99.

Stella 1980

P. Stella, *Don Bosco nella storia economica e sociale (1815-1870)*, Rome, 1980.

Stella 1983

P. Stella, « I salesiani e il movimento cattolico in Italia fino alla prima guerra mondiale », *Ricerche Storiche Salesiane* 2, 1983, p. 223-251.

Stoler 2009

A. L. Stoler, *Along the Archival Grain: Epistemic Anxieties and Colonial Common Sense*, Princeton, 2009.

Stoler 1989

A. L. Stoler, « Rethinking Colonial Categories: European Communities and the Boundaries of Rule », *Comparative Studies in Society and History* 31, 1, 1989, p. 134-161.

Szyliowicz 1973

J. S. Szyliowicz, *Education and Modernization in the Middle East*, Londres, 1973.

Tassani 2013

G. Tassani, « Le patronage », dans M. Isnenghi (éd.), *L'Italie par elle-même. Lieux de mémoire italiens de 1848 à nos jours*, Paris, 2013.

Tignor 1984

R. Tignor, *State, Private Enterprises and Economic Change in Egypt, 1918-1952*, Princeton, 1984.

Tonelli 1964

A. Tonelli, *L'istruzione tecnica e professionale di stato nelle strutture e nei programmi da Casati ai giorni nostri*, Milan, 1964.

Traniello 2007

F. Traniello, *Religione cattolica e Stato nazionale. Dal Risorgimento al secondo dopoguerra*, Bologne, 2007.

Traniello, Campanini (éd.) 1997

F. Traniello, G. Campanini (éd.), *Dizionario storico del movimento cattolico. 1860-1980*, Turin, 1997.

Trentin 2020

M. Trentin, « Socialist Development and East Germany in the Arab Middle East », dans J. Mark, A. M. Kalnovsky, S. Marung (éd.), *Alternative Globalizations. Eastern Europe and the Postcolonial World*, Bloomington, 2020, p. 127-144.

Trimbur (éd.) 2004

D. Trimbur (éd.), *Des Européens au Levant, Entre politique, science et religion (XIXᵉ-XXᵉ siècles)*, Munich, 2004.

Trimi-Kirou 1996

E. Trimi-Kirou, « *Kinotis* » grecque d'Alexandrie : sa politique éducative (1843-1932), thèse de doctorat, université de Strasbourg 2, 1996.

Trinchese 1995

S. Trinchese, « Sviluppi missionari e orientamenti sociali. Chiesa e Stato nel magistero di Leone XIII », dans G. De Rosa (éd.), *Storia dell'Italia religiosa, vol. 3, l'éta contemporanea*, Rome, Bari, 1995, p. 61-86.

Truchet (éd.) 2016

B. Truchet (éd.), *Quand la mission se cherche. Vatican II et ses prolongements*, Paris, 2016.

Turiano 2016

A. Turiano, « Le consul, le missionnaire et le migrant. Contrôler et encadrer la main-d'œuvre italienne à Alexandrie à la fin du XIXᵉ siècle », dans L. Dakhli, V. Lemire (éd.), *Étudier en liberté le monde méditerranéen. Mélanges offerts à Robert Ilbert*, Paris, 2016, p. 337-346.

Turiano 2017a

A. Turiano, « État, réformistes et philanthropes : un état des lieux de l'offre d'enseignement industriel dans l'Égypte coloniale (1882-1919) », *Histoire de l'éducation* 148, 2, 2017, p. 41-70.

Turiano 2017b

A. Turiano, « Les départs des Italiens d'Égypte : temporalités et encadrement (1930-1960) », dans V. Baby-Collin, S. Mazzella, S. Mourlane, C. Régnard, P. Sintès (éd.), *Migrations et temporalités en Méditerranée. Les migrations à l'épreuve du temps (XIXᵉ-XXᵉ siècle)*, Aix-en- Provence, 2017, p. 59-75.

Turiano 2019

A. Turiano, « Une mission catholique en mutation. Les Salésiens dans l'Égypte nassérienne », *Social Sciences and Missions* 32, 2019, p. 1-27.

Turiano 2020

A. Turiano, *Missionnaires italiennes en Égypte et en Syrie (1900-1940). Genre, éducation et fabrique d'un empire informel*, mémoire de recherche présenté à l'Académie des sciences morales et politiques, Rome, 2020.

Turiano 2021

A. Turiano, « Masculinity, Industrial Education and Fascism in Egypt. Gender Construction in the Salesian Missionary Schools (1900-1939) », *Social Sciences and Missions* 34, 2021, p. 1-32.

Turiano 2022

A. Turiano, « Éduquer et soigner à l'heure des rivalités impériales (1880-1940). Les Franciscaines missionnaires d'Égypte dans la vallée du Nil », dans B. Dumons (éd.), *Les congrégations féminines missionnaires. Éducation, santé et humanitaire : une histoire transnationale (XIXᵉ-XXᵉ siècles)*, Rome, 2022, p. 105-143.

Turiano (à paraître en 2025)

A. Turiano, « Technical expertise in Nasserist Egypt. Catholic Missionaries, Vocational Training and Industrial Development (1954-1970) », *Contemporary Levant*, à paraître en 2025.

Turiano, Sanchez Summerer 2020

A. Turiano, K. Sanchez Summerer, « Les archives de l'Associazione nazionale per soccorrere i missionari italiani (ANSMI). Redécouverte d'un fonds, projet de préservation et perspectives de recherche », *MEFRIM* 132, 2, 2020.

Turiano, Viscomi 2018

A. Turiano, J. Viscomi, « From Immigrants to Emigrants: Educating the Italian Diaspora in Egypt (1937-1960) », *Modern Italy* 23, 1, 2018, p. 1-17.

Turiano, Viscomi 2022

A. Turiano, J. Viscomi, « Delegazione apostolica, internati italiani e carità transnazionale in Egitto, (1939-1945) », *MEFRIM* 134, 2, 2022, p. 215-230.

Valsecchi 1983

T. Valsecchi, « Origine e sviluppo delle Ispettorie salesiane, Serie cronologica fino all'anno 1903 », *Ricerche Storiche Salesiane* 2, 3, 1983, p. 252-273.

Van Kessel 2016

T. Van Kessel, *Foreign Cultural Policy in the Interbellum: The Italian Dante Alighieri Society and the British Council Contesting the Mediterranean*, Amsterdam, 2016.

Vatikiotis 1991

P. J. Vatikiotis, *A Modern History of Egypt, from Muhammad Ali to Mubarak*, Le Caire, 1991.

Verdeil 2001

C. Verdeil, «Travailler à la renaissance de l'Orient chrétien. Les missions latines en Syrie (1830-1945)», *Proche-Orient chrétien* 51, 3-4, 2001, p. 267-316.

Verdeil 2009a

C. Verdeil, «Religion et colonisation au Proche-Orient», dans D. Borne, B. Falaize (éd.), *Religion et colonisation. Afrique-Amériques-Asie-Océanie. XVIᵉ-XXᵉ siècle*, Paris, 2009, p. 177-184.

Verdeil 2009b

C. Verdeil, «L'Empire, les communautés, la France: les réseaux de médecins ottomans à la fin du XIXᵉ siècle», dans B. Heyberger, C. Verdeil (éd.), *Les hommes de l'entre-deux. Parcours individuels et portraits de groupes sur la frontière de la Méditerranée (XVIᵉ-XXᵉ siècle)*, Paris, 2009, p. 133-149.

Verdeil 2011

C. Verdeil, *La mission jésuite du Mont-Liban et de Syrie (1830-1864)*, Paris, 2011.

Verdeil (éd.) 2013

C. Verdeil (éd.), *Missions chrétiennes en terre d'Islam, Moyen-Orient, Afrique du Nord (fin XVIIᵉ-XXᵉ siècles), Anthologie de textes missionnaires*, Turnhout, 2013.

Verdeil 2017

C. Verdeil, «Histoire contemporaine de l'éducation au Moyen-Orient (XIXᵉ-XXᵉ siècle). Essai de synthèse historiographique», *Histoire de l'éducation*, 148, 2, 2017, p. 9-40.

Verlato 2021

O. Verlato, «Practicing Italian Education in Egypt: Alexandria, Port Tawfiq-Suez, and Zagazig in the Long 1890s», dans C. Paonessa (éd.), *Italian Subalterns In Egypt between Emigration and Colonialism (1861-1937)*, Louvain, 2021, p. 79-94.

Vermeren 2017

H. Vermeren, *Les Italiens à Bône (1865-1940). Migrations méditerranéennes et colonisation de peuplement en Algérie*, Rome, 2017.

Vermeren 2020

H. Vermeren, *Contrebandiers par tempérament, pêcheurs par habitude et bandits par occasion. Les Italiens de la Galite: territorialisation et rivalité franco-italienne dans le Maghreb colonial, (milieu XIXᵉ-années1930)*, mémoire de recherche présenté à l'Académie des sciences morales et politiques, Rome, 2020.

Veyne 1971

P. Veyne, *Comment on écrit l'histoire*, Paris, 1971.

Viscomi 2019

J. Viscomi, « Mediterranean Futures: Historical Time and Departure of Italians from Egypt, 1919-1937 », the *Journal of Modern History* 91, 2, 2019, p. 341-279.

Vitalis 1995

R. Vitalis, *When Capitalists Collide. Business Conflict and the End of Empire in Egypt*, Berkeley, 1995.

Voile 2004

B. Voile, *Les coptes d'Égypte sous Nasser. Sainteté, miracles, apparitions*, Paris, 2004.

Volait 1987

M. Volait, « La communauté italienne et ses édiles », *ROMM* 46, 1987, p. 137-156.

Volait 2008

M. Volait, « Passés et actualité d'un ensemble urbain d'origine coloniale: Héliopolis (1905-2005) », dans A. Roussillon, G. Alleaume, I. Farag (éd.) *Mélanges offerts à Jean-Claude Vatin*, Le Caire, 2008.

Volait 2011

M. Volait, « Une lignée d'architectes entre plusieurs mondes : les Fahmy d'Égypte », *Cahiers de la Méditerranée* 82, 2011, p. 251-266.

Volait 2016

M. Volait, « Introduction. L'invention de l'Isthme au prisme de l'histoire croisée : état des lieux et perspectives », dans C. Piaton (éd.), *L'Isthme et l'Égypte, au temps de la Compagnie universelle du canal maritime de Suez (1858-1956)*, Le Caire, 2016, p. 1-14.

Waterbury 1983

J. Waterbury, *The Egypt of Nasser and Sadat: The Political Economy of Two Regimes*, Princeton, 1983.

White, Daughton (éd.) 2012

O. White, J. P. Daughton (éd.), *In God's Empire. French Missionaries and the Modern World*, Oxford, 2012.

Wian 1956

G. Wian, *Il nuovo Egitto e L'Italia*, Pescara, 1956.

Wirth 2001

M. Wirth, « Orientamenti e strategie d'impegno sociale dei salesiani di Don Bosco (1880-1922) », dans F. Motto (éd.), *L'opera salesiana dal 1880 al 1922, Significatività e portata sociale, vol. 1, Contesti, quadro Generali, Interpretazioni*, Rome, 2001.

Wissa-Wassef 1972

C. Wissa-Wassef, « Les relations entre l'Égypte et les deux États allemands depuis la Seconde Guerre mondiale », *Politique étrangère* 5, 37, 1972, p. 609-638.

Wissa-Wassef 1977

C. Wissa-Wassef, « Problèmes économiques et sociaux », dans Groupe de recherche et d'études sur le Proche-Orient, *L'Égypte d'aujourd'hui. Permanence et changements. 1805-1976,* Aix-en-Provence, 1977, p. 267-304.

Yildiz 2015

M. C. Yildiz, *Strengthening Male Bodies and Building Robust Communities*: *Physical Culture in the Late Ottoman Empire*, thèse de doctorat, University of California, 2015.

Yousef 2013

H. A. Yousef, « Seeking the Educational Cure: Egypt and European Education, 1905-1920s », *European Education* 44, 4, 2012-2013, p. 51-66.

Yousef 2016

H. A. Yousef, *Composing Egypt. Reading, Writing and the Emergence of a Modern Nation. 1870-1930*, Stanford, 2016.

Zalc 2010

C. Zalc, *Melting Shops. Une histoire de commerçants étrangers en France*, Paris, 2010.

Zanini 2017

P. Zanini, « Vatican Diplomacy and Palestine 1900-1950 », *Jerusalem Quarterly* 71, 2017, p. 120-131.

Table des figures

Liste des tableaux

Liste des cartes

DIFFUSION
Vente directe et par correspondance

Au Caire
à l'Ifao,   tél.: (+20 2) 27 90 02 55
37 rue al-Cheikh Ali Youssef (Mounira)   https://www.ifao.egnet.net
[B.P. Qasr al-'Ayni 11562]
11441 Le Caire, Égypte
Section Diffusion Vente   mél: diffusion@ifao.egnet.net

En France
Vente en librairie

Diffusion AFPU-D   *Distribution DILISCO*
c/o Université de Lille   Zone artisanale Les Conduits
3 rue du Barreau   rue du Limousin
BP 60149 - 59653 Villeneuve-d'Ascq Cedex   BP 25 - 23220 Chéniers
tél. +33 (0)3 20 41 66 95   tél. +33 (0)5 55 51 80 00

Ministère de l'Enseignement supérieur et de la Recherche, Paris
Publication de l'Institut français d'archéologie orientale
Achevé d'imprimer sur les presses de l'Ifao, 37 rue al-Cheikh Ali Youssef au Caire, en février 2025
Dépôt légal: 1er semestre 2025; nº éditeur: 7247